高校文科精品教材

XIE
ZUO

写 作
（第五版）

主编◎谢亚非

华东师范大学出版社
·上海·

图书在版编目(CIP)数据

写作/谢亚非主编. —5版. —上海：华东师范大学出版社,2024. —ISBN 978-7-5760-5555-9

Ⅰ. H15

中国国家版本馆 CIP 数据核字第 2025BU8782 号

写作(第五版)

主　　编	谢亚非
责任编辑	张　婧
责任校对	郭　琳　时东明
装帧设计	俞　越

出版发行	华东师范大学出版社
社　　址	上海市中山北路3663号　邮编 200062
网　　址	www.ecnupress.com.cn
电　　话	021-60821666　行政传真 021-62572105
客服电话	021-62865537　门市(邮购)电话 021-62869887
地　　址	上海市中山北路3663号华东师范大学校内先锋路口
网　　店	http://hdsdcbs.tmall.com

印 刷 者	上海市崇明县裕安印刷厂
开　　本	787毫米×1092毫米　1/16
印　　张	20.5
字　　数	456千字
版　　次	2025年2月第1版
印　　次	2025年2月第1次
书　　号	ISBN 978-7-5760-5555-9
定　　价	56.00元

出版人　王　焰

(如发现本版图书有印订质量问题，请寄回本社客服中心调换或电话 021-62865537 联系)

主　编　谢亚非

副主编　李广德　刘敬瑞

编　委（以姓氏笔画为序）
　　　　　马明奎　王　正　毕建模　朱　祎　刘　畅
　　　　　刘丙芬　刘敬瑞　李广德　李殿勇　张　婵
　　　　　陈　罡　徐玉梅　高素英　谢亚非　谢锡文

第五版出版说明

《写作》是由教育部师范司组织编写,供全国高等院校使用的一本教材,出版后受到了各有关高等学校的普遍欢迎,并被广泛采用为写作教材。由于经济全球化而引发的教育思想、教育观念的变化,高校教学内容和课程体系的改革,正向着新型人才培养的国际化标准靠拢,教材的改革和建设工作也面临着一场革命。《写作》教材注重写作主体的基本素养和基本能力培养,配合大量可操作性强的实践训练题目,从20世纪90年代出版以来多次再版、重印。为适应高等教育发展的新形势,吸收学界最新研究成果,我们根据华东师范大学出版社的安排,组织修订、编写了这本新版《写作》。

借本教材再版之机,我们密切联系写作学科的发展和写作课教学改革的实际,对本书进行了修订:充分体现教材的时代性,重新审视修订编写大纲,更新大部分例文,增加二维码配套资源,增加新媒体写作内容等。全书编写工作由谢亚非教授主持,和李广德教授、刘敬瑞教授一起制订编写大纲,组织编写以及研讨活动,最后改定全部书稿。

编写任务分工为:第一章"写作主体基本修养":李广德;第二章"写作主体基本能力":刘敬瑞;第三章"记叙文体":朱祎、谢亚非、张婵;第四章"抒情文体":马明奎、李广德、刘畅、朱祎;第五章"议论文体":毕建模、高素英、刘畅、徐玉梅;第六章"说明文体":王正;第七章"应用文体":谢亚非、刘敬瑞、李殿勇;第八章"网络写作":陈罡;第九章"融媒:新媒体传播":刘丙芬。

本书修订再版工作得到了华东师范大学出版社的全力支持,临沂大学、山东浩元集团为修订工作提供了有力帮助,在此,谨致以深深的谢意!

2023年4月

目 录

上编　写作素养养成　　1

第一章　写作主体基本素养　3
- 第一节　人格修养　4
- 第二节　生活修养　20
- 第三节　学识修养　26
- 第四节　语言修养　29

第二章　写作主体基本能力　39
- 第一节　选材炼意能力　39
- 第二节　营构布局能力　54
- 第三节　语言表达能力　66
- 第四节　修改完善能力　78

中编　文体基本知识　　89

第三章　记叙文体　91
- 第一节　消息　91
- 第二节　通讯　105
- 第三节　报告文学　117
- 第四节　深度报道　127

第四章　抒情文体　140
- 第一节　诗歌　140
- 第二节　散文　154

第五章　议论文体　170
- 第一节　时评　170
- 第二节　文学评论　179
- 第三节　学术论文　189
- 第四节　杂文　198

第六章　说明文体 ·········· 209
- 第一节　说明书 ·········· 209
- 第二节　解说词 ·········· 218
- 第三节　科学小品 ·········· 224
- 第四节　广告 ·········· 231

第七章　应用文体 ·········· 238
- 第一节　计划 ·········· 238
- 第二节　总结 ·········· 243
- 第三节　调查报告 ·········· 247
- 第四节　简报 ·········· 253
- 第五节　纪要 ·········· 258
- 第六节　合同 ·········· 261
- 第七节　策划书 ·········· 268
- 第八节　演讲稿 ·········· 273

下编　新用具——新媒体写作与传播　283

第八章　网络写作 ·········· 285
- 第一节　网络写作概念与发展 ·········· 285
- 第二节　网络写作与网络语言 ·········· 286
- 第三节　网络写作的方法 ·········· 289

第九章　融媒:新媒体传播 ·········· 294
- 第一节　新媒体:媒体的今生 ·········· 294
- 第二节　写作与新媒体传播 ·········· 295
- 第三节　新媒体的写作 ·········· 296

写作素养养成

上编

第一章
写作主体基本素养

人是自然的人，更是社会的人。一个人要想在社会生活中有所成就，对人类作出自己的贡献，除了学习知识、掌握技能，更为重要的是要有良好的思想品德和人格道德修养。

中国古代大哲学家孟子说过："富贵不能淫，贫贱不能移，威武不能屈，此之谓大丈夫。"中国现代作家林语堂在《生活的艺术》一书中说，世界上的每个国家都重视自己民族和人民的素质培养，在中国古代，"儒家就把世界和平问题和我们私人生活的培养联系起来，宋朝以后的儒家学者认为每一个人都应该懂得这个道理，所以在儿童入学时所读的第一课包括着下列的一段话：'古之欲明明德于天下者，先治其国；欲治其国者，先齐其家；欲齐其家者，先修其身；欲修其身者，先正其心；欲正其心者，先诚其意；欲诚其意者，先致其知；致知在格物。物格而后知至，知至而后意诚，意诚而后心正，心正而后身修，身修而后家齐，家齐而后国治，国治而后天下平。自天子以至于庶人，壹是皆以修身为本。其本乱而末治者，否矣。其所厚者薄，而其所薄者厚，未之有也。物有本末，事有终始。知所先后，则近道矣。'"[1]

2014年5月4日，习近平总书记在北京大学师生座谈会上指出："核心价值观，其实就是一种德，既是个人的德，也是一种大德，就是国家的德、社会的德。国无德不兴，人无德不立。如果一个民族、国家没有共同的核心价值观，莫衷一是，行无依归，那这个民族、这个国家就无法前进。"又说："道德之于个人、之于社会，都具有基础性意义，做人做事第一位的是崇德修身。"党的二十大报告提出："培养大批德才兼备的高素质人才，是国家和民族长远发展大计。"

写作，作为现代人类复杂的实践活动之一，和人类其他的社会实践一样，既是有思想意识的活动，也是有情绪、情感并有针对性、指向性的活动。"凡事预则立，不预则废"，这已是人类写作实践活动的规律。古今中外的作家、写作学家和写作教育家都认为，从事写作实践的写作者需要具备基本的良好的素质。现代文豪鲁迅、郭沫若、茅盾、巴金等对此都有所论述。21世纪的写作者要写出优秀的文章，更应该重视养成基本的良好的素养。写作者作为写作主体，其基本素养主要包括：人格修养、生活修养、学识修养、语言修养等。写作者应该在这些方面强化锻炼，提高修养。

---

[1] 林语堂.生活的艺术[M].哈尔滨：北方文艺出版社，1987：71.

第一节　人格修养

一、人格修养与写作的关系

什么是人格？所谓人格，其日常用法带有浓厚的伦理色彩，主要是指一个人的品格、品质、格调、境界、道德水平以及尊严等。心理学家一般把人格看成是一种内在的组织与结构。我国心理学界一般将其定义为：人格是个人相对稳定的比较重要的心理特征的总和。人格指的是个人显著的性格、特征、态度或习惯的有机结合，也指"每个人所特有的心理—生理性状（或特征）的有机结合，包括遗传的和后天获得的成分。人格使一个人区别于他人，并通过他与环境和社会群体的关系表现出来"。[①] 例如艾青的《礁石》："一个浪，一个浪/无休无止地扑过来/每一个浪都在它脚下/被打成碎沫，散开……/它的脸上和身上/像刀砍过的一样/但它依然站在那里/含着微笑，看着海洋……"——短短几行诗句，体现出诗人特立不屈的高傲人格。

文艺理论家鲍昌在《人格心理学》中译本序言中指出："人格的内涵是极为丰富的。人格的定义应当是：由生理遗传与后天经验共同形成的、包容有人的各种心理要素并能根据客观条件变化的、相对稳定的内部行为和外部行为的统一。""在各种客观条件作用下，人格会发展和变化。发展的格式有正方向、负方向、双重方向、方向相反等多种。必须强调，在改变人格的各种客观条件中，最强有力的是社会条件。这是马克思主义的历史唯物主义原则，只有这个原则才能科学地解释各种复杂的人格现象。"[②]

人格需要修养。一个具体的人，因其先天遗传因素不同而具有不同的性格，这在生理学研究上已取得许多成果，并且早已应用于人的疾病医疗和卫生保健。而作为写作者修养构成之一的人格，更需重视后天心理因素的研究，从后天的心理因素方面进行人格修养的培养。以一个人格完美的作家来说，他的思想必定是进步的，思维必定是优化的，情感必定是丰富的，意志必定是坚强的。

人格修养与写作的关系十分密切。中国有句古话，叫作"世事洞明皆学问，人情练达即文章"。"世事洞明""人情练达"不仅意味着做学问、做文章的一种境界，而且也意味着做人的一种境界。中国还有一句古话，叫作"文如其人"。这句话的意思是说，做人具有什么样的品格，写出来的文章或文学作品也就具有什么样的品格；做人达到什么样的境界，写出来的作品也就能够达到什么样的境界。一个人如果没有独立的人格，那么他写出来的作品也就不可能具有独立的品格；一个人如果缺乏对人生的思考，那么他写出来的作品也就不可能具有独立的思想。相反，如果一个人能够达到"世事洞明""人情练达"的人生境界而又倾心为文的话，那么他写出来的作品也会自成高格、自有境界。写作的根本不在于辞藻的雕饰，不在于技术的操作——尽管技术有时也十分重要，而在于作品是否能够体现出独立的

[①] 覃光广,冯利,陈朴.文化学辞典[M].北京:中央民族学院出版社,1988:8.
[②] 鲍昌.人格与自我——《人格心理学》中译本序言[M]//B.R.赫根汉.人格心理学.冯增俊,何瑾,译.北京:作家出版社,1988:8—9.

思想和自由的品格,是否能够体现出人格的力量,其关键仍在于如何做人。

以文学创作来说,"文学是人学",文学是做人的学问,人如果不能做人、不会做人,那么也就不可为文。鲁迅作品的不朽人文价值正是他伟大人格的写照。

且以诗歌创作来说,评论家席云舒在《写作与做人》中认为:当代诗歌创作的"危机恰恰来自诗歌的内部,来自'作为世俗的中国人的人格修养'的繁荣与'作为诗人的人格修养'的枯萎"。今天,更有价值的写作是那种不仅能够选择和坚守其自我人格和自由独立的精神,而且能够选择和坚守自己的文化人格和文化价值立场的写作。没有文化价值立场的写作,尽管可能是具有自我意识的,也可能是具有自由独立思想的,但它缺乏自我的塑造,因而无法成就其更高的为文之境界。

对自我的文化价值立场和文化人格的选择与塑造是为文者自我实现的重要保障,而它的途径就蕴含在写作之中。"能够坚守自己文化价值立场的,并具有自我人格和自由独立思想的写作,是完善人生的一个重要的途径:它不仅能够使人摆脱虚无,而且能够使人的精神永存;不仅能够使其作品达到更高的境界,而且也能够实现自己的人生价值,并通过不断地自我塑造和自我完善,从而达到'世事洞明''人情练达'的人生境界。"

二、人格包含的五个方面素质

写作者修养人格必须重视写作主体的思想、道德、思维、情感、意志等素质的修养。

(一) 思想素质

什么是思想?通常认为思想是观念和意识的总称,凡涉及观念、意识的都属于思想的范畴,如世界观、社会观、科学观、人生观、价值观、道德观、文化观、教育观、经济观等。由于人是社会诸关系的总和,人的思想也只能从人的个体实践和社会实践活动中来。思想在属于意识形态的文章、作品中体现得十分明显。例如郭沫若《地球,我的母亲》:"地球!我的母亲!/我的灵魂便是你的灵魂,/我要强健我的灵魂,/来报答你的深恩。"诗中蕴藉着一种诗人独具的对地球报恩的思想。

鲁迅在《杂感录·四十三》中鲜明地指出:文艺创作"固然须有精熟的技工,但尤须有进步的思想与高尚的人格。他的制作表面上是一张画或一个雕像,其实是他的思想与人格的表现"。他有一句名言"从喷泉里出来的都是水,从血管里出来的都是血"就是强调作者要有好的思想和人格。

在一定的意义上来看写作活动,可以认为写作就是以语言文字为媒介来传递写作者思想的信息。而思想既有正确与错误、真实与虚假、先进与落后、美好与丑恶之分,也有多种思想的相交互融,从而表现出人格的高尚与低下、尊贵与卑贱、完善与残缺,以及所谓的"双重人格""多重人格"。虽然如此,我们却应该明确:优秀的写作者应该修养健康的、先进的、美好的思想,从而养成独立的、高尚的、完美的人格。茅盾在《创作的准备》里告诉我们:"伟大的作家,不但是一个艺术家,而且同时是思想家——在现代,并且同时一定是不倦的战士。"

(二) 道德素质

道德是社会意识形态之一,是人们共同生活及其行为的准则和规范。道德通过社会的或一定阶级的舆论对社会生活起约束作用。

道德一词,在汉语中可追溯到先秦思想家老子所著的《道德经》一书。老子说:"道生之,德畜之,物形之,势成之。是以万物莫不尊道而贵德。道之尊,德之贵,夫莫之命而常自然。"其中"道"指自然运行与人世共通的真理;而"德"是指人世的德性、品行、王道。但,德的本义实为遵循道的规律来发展变化的事物。在当时道与德是两个概念,并无道德一词。"道德"二字连用始于荀子《劝学》篇:"故学至乎礼而止矣,夫是之谓道德之极。"在西方古代文化中,"道德"(Morality)一词起源于拉丁语的"Mores",意为风俗和习惯。《论语·学而》:"其为人也孝弟,而好犯上者,鲜矣;不好犯上,而好作乱者,未之有也。君子务本,本立而道生。"钱穆先生的注解:"本者,仁也。道者,即人道,其本在心。"可见,"道"是人关于世界的看法,应属于世界观的范畴。

一般来说,道德即伦理,是一定社会为了调整人们之间以及个人和社会之间的关系所提倡的行为规范的总和。它通过各种形式的教育和社会舆论的力量,使人们具有善和恶、荣誉和耻辱、正义和非正义等概念,并逐渐形成一定的习惯和传统,以指导或控制自己的行为。道德在社会文化现象中,同政治、法律以及哲学、文艺、宗教等社会意识形态一样,都是社会物质生活的生产方式和人们的社会存在的反映。道德由一定社会的经济基础所决定,并为一定社会的经济基础服务。在人类社会生活中,人们之间发生的多种多样的社会现象之一就是道德现象。所以道德现象只能是人类社会或社会化了的人类所特有的现象。一定社会的道德规范,必定是确实反映了一定社会的经济基础和时代特征,体现了一定阶级、一定民族或一定社会集团的实际利益和本质要求,确实是从这些实际利益和本质要求所引申出来并且为这一定阶级、一定民族和一定社会集团的人们所真实奉行,而在实践行动中得到了证实的行为准则。

价值取向决定了人们的行为方式,决定着人们的道德规范。在社会转型、新旧道德交替时,我们必须选择新道德评价的标准,重塑价值观。兢兢业业、踏踏实实、忠贞不渝、与人为善、情操高尚等,无论在任何时候,都是做人也是写作者应当追求的目标。

道德素质不仅体现为价值观,它还是人们的生活和行为规范,因而对人具有约束力。这种约束力来自人们对道德规范的认可。每一个社会都有自己的道德规范,承认这些规范,才能为这个社会所接纳;承认这些规范,就得受这些规范的约束。因而,道德也是社会中无形的契约。今天我们在呼吁严肃法纪的同时,也不能忘了严肃道德的规范。

良好的道德素质即美德从哪里来?亚当·斯密指出:"在旁观者努力体谅当事人的情感和当事人努力把自己的情绪降低到旁观者所能赞同的程度这样两个基础上,确立了两种不同的美德。在前一种努力的基础上,确立了温柔、有礼、和蔼可亲的美德,确立了公正、谦让和宽容仁慈的美德;而崇高、庄重、令人尊敬的美德,自我克制、自我控制和控制各种激情——它们使我们出乎本性的一切活动服从于自己的尊严、荣誉和我们的行为所需的规矩——的美德,则产生于后一种努力之中。"他还提出道德建设中必须强调人的责任感。他说:"对一般行为准则的尊重,被恰当地称作责任感。这是人类生活中最重要的一条原则,并且是唯一的一条大部分人能用来指导他们行为的原则。"所以,作为一个写作者,首先要对道德的内涵有明确的认识,然后严格要求自己并认真修养自身的道德素质。

(三) 思维素质

思维属于人的心理范畴。恩格斯说:"我们的意识和思维,不论表面上如何像是超感性的东西,但它们是物质的、肉体的器官即头脑的产物。"① 思维是人的一种心理活动,它是人脑对客观事物的一种概括的、间接的反映。具体地说,思维"是在人的实践活动中,在感性认识,特别是表象的基础上,借助于词汇、语言的工具,以知识经验为中介而实现的"。② 因此,思维属于人的认识过程,是人的认识过程的高级阶段。思维能力是智力的核心部分;思维能力的发展程度,是整个智力发展的缩影和标志;思维能力的发展,既依赖于其他认识能力,又赋予其他认识能力以有意性、深刻性、创造性,也就是自觉的能动性。人依靠思维这个心理特征,才有可能创造出灿烂文化和高度文明。

人的思维素质包括以下三种:

1. 逻辑思维

逻辑思维又称抽象思维。它是运用概念、判断、推理来得出结论,以认识和反映现实世界的心理机制。在现实生活中,人们要完全地反映整个事物,反映事物的本质,反映事物的内部规律性,就必须经过思考,将丰富的感觉材料加以去粗取精、去伪存真、由此及彼、由表及里的改造制作,形成概念和理论的系统,即从感性认识跃进到理性认识。因此,逻辑思维是保证我们的认识活动得以正常地、有效地进行的一种重要心理机制。

逻辑思维不仅是一般议论文以及学术论文、文学评论、杂文写作所必需的,而且也是文学创作所不可缺少的。张贤亮在《写小说的辩证法》中指出:"只有通过抽象——逻辑思维才会使大千世界通过我的视听器官传到我脑子里的种种形象信息更为清晰和生动。而这种种形象信息一旦在我脑子里抽象成了某种观念,在观念的支配下,种种形象信息还会生发,还会串联,以至衍变成一段情节。并且,也只有通过抽象——逻辑思维才能把这种种形象信息变为稳固持久的形象记忆,就如只有理解了的古文才易于背诵一样。所以说,没有思考和分辨,作家就无法驾驭他所要表现的内容。而思考和分辨能力,只能来自学习。"③ 从他的经验中,我们可以认识到:第一,逻辑思维是写作者不可缺少的;第二,它不是天生的禀赋,任何一个写作者都必须经过学习、训练、实践,才能使自己不断提高逻辑思维能力。

2. 形象思维

形象思维是指那种选取并凭借具体的、富有感性特征的事物,通过想象并伴随强烈感情和鲜明态度,舍弃非本质的东西,来认识和把握现实世界的心理机制。简言之,这是一种运用具体可感的形象来进行思维的心理能力。

现代人类的形象思维与早期人类的形象思维已有很大的不同。马克思在《〈政治经济学批判〉导言》中认为,现代人类的形象思维是"艺术地"把握世界的思维方式,是人类认识

---

① 恩格斯.费尔巴哈与德国古典哲学的终结[M].张仲实,译.北京:人民出版社,1964.
② 朱智贤,林崇德.思维发展心理学[M].北京:北京师范大学出版社,1986.
③ 张贤亮.写小说的辩证法[M].上海:上海文艺出版社,1987.

的二重化和概念的两重性的突出表现。这种"艺术地"把握世界的思维方式,在文学创作、新闻写作、学术研究中普遍地存在着。

写作者的形象思维,除了有强有弱,还有类型的不同:有人长于实在的形象思维,有人长于艺术的形象思维。实在的形象思维常用于日常生活、劳动实践、科学发明等思维活动,而艺术的形象思维则多用于文艺创作。这是因为,实在的形象思维作用的结果是类型形象,即一般的、不具艺术性的形象,而艺术的形象思维作用的结果是典型形象,即特殊的、具个性特征的形象。实在的形象具有科学的理性价值,艺术的形象则具有审美价值,能唤起人的美感。在写作实践中,写作者既要运用实在的形象思维进行日常实用文、科技文章、新闻通讯的写作,又要运用艺术的形象思维进行文学写作。作为初学者,应同样重视实在的形象思维能力和艺术的形象思维能力的锻炼。

3. 灵感思维

灵感思维又称创新思维,它是人脑在高度兴奋状态下所出现的信息纷呈并互相沟通从而取得预期结果和效应的心理特征。这种"顿开茅塞"、新鲜而灵动的心理功能,也称为"顿悟"。没有灵感,就谈不上创造,也无法创新。诗人艾青说:"所谓'灵感',无非是诗人对事物发生新的激动,突然感到的兴奋,瞬即消逝的心灵的闪耀。所谓'灵感',是诗人的主观世界与客观世界的最愉快的邂逅。"在创造性写作中,灵感是整个思维的起点——写作的冲动。但确切地讲,它又不单是一种创作冲动,而是写作者在创作活动中精神高度集中、思维异常活跃时出现的一种新颖、奇妙的现象。当写作者为某一客观事物所激动而引起创作欲望时,为了表现他心中的意念,展开了积极的联想和想象,调动了他记忆中丰富的知识和生活体验,并十分活跃地在脑海中寻找各种足以表现它们的材料和形式,一旦找到了最满意的材料和表现形式,写作者也就获得了"主观世界与客观世界的最愉快的邂逅"。这种高度兴奋的精神状态,就是灵感——创新思维涌现时的心理现象。创造性写作所需的灵感——创新思维能力,是可以通过勤奋写作和科学训练而获得的。要培养灵感——创新思维能力,除了读书、研究、观察世界、深入生活、体验感受和加强平时的积累外,最重要的是写作时要精神高度集中,饱含激情,展开积极思维活动,以求出现思如泉涌的情景。袁枚说得好:"但肯寻诗便有诗,灵犀一点是吾师。夕阳芳草寻常物,解用多为绝妙词。"只要平时有丰富的生活积累和感情体验,并用心精研苦思,平凡的"夕阳芳草"就会因灵感的触发而成为妙语佳作。

以上这些思维素质不是先天的,而是后天养成的。写作者应该自觉、主动、积极地进行三种思维素质的修养。

(四) 情感素质

情感是一种非智力心理机制,但它同样是很重要的心理素质。列宁指出:"没有人的感情,就从来没有也不可能有人对于真理的追求。"我们也可以说,没有健康、真挚、丰富的感情,是无法写作的。古今中外的作家、文章家对于情感情绪在写作中的重要作用早已有所论述,《毛诗序》中说:"情动于中而形于言,言之不足故嗟叹之,嗟叹之不足故咏歌之,咏歌之不足,不知手之舞之足之蹈之也。"刘勰在《文心雕龙》中指出:"情者文之经,理者文之纬;经正而后纬成,理定而后辞畅。"别林斯基认为:"感情是诗人天性的最主要的动力之一;没有感情,就没有诗人,也没有诗歌。"这些前人的论述都强调感情在写作中占有极其重要的地位。因此,鲁迅对我们说:"能爱能憎才能文。"巴金对香港中文大学的师生谈自己创作的体会时说:"生活靠勇气,写作靠感情。"写作,尤其是文学创作,如果不是有感而发,文章就难免平淡、苍白,即使有华丽的形式,也难以感人。许多优秀的诗文都是在作者的真情推动之下产生出来的。巴金说他之所以写《激流》三部曲,"不是为要做作家才写小说,是过去的生活逼着我拿起笔来",是义愤使他起来控诉旧中国的封建伦理道德对于青年的迫害,所以他说:"一直到我在一九三一年底写完了《家》,我对于不合理的封建大家庭制度的愤恨才有机会倾吐出来。"

对于写作者的情感素质,应有以下的认识:

首先,情感具有生理特征和社会性。心理学者研究发现,在人的情感情绪活动过程中,大脑皮层起着控制和调节情感的作用。情感不仅与人的生理机能有关,而且,情感受人的社会性的制约。"世上决没有无缘无故的爱,也没有无缘无故的恨。"爱憎的产生皆有缘有故,这缘故就在于人是社会的人,是社会诸关系的总和,写作者的情感和其他人的情感一样,都受着自己存在的国家、时代、社会和自己从属的民族、阶级、集体、地域的制约。

其次,写作者写作时需要控制情感。鲁迅在谈到诗的写作时就曾对许广平说:"我以为感情正烈的时候,不宜做诗,否则锋芒太露,能将'诗美'杀掉。"至于写小说,作者不论是用第一人称叙述还是用"全知"的第三人称叙述,都需要控制自己的情感。契诃夫在对阿维洛娃提意见时就曾经说:"你要描写苦命人和可怜虫,而又希望读者怜悯的时候,自己要极力冷心肠才行,这会给别人的痛苦一种近似背景的东西,那种痛苦在这背景上就更明显地露出来。可是如今在你的小说里,你的主人公哭,你自己也在叹息。是的,应当冷心肠才对……"①这是因为只有自觉地控制住自己的情感,才能在写作中做到客观、冷静、含蓄、深沉,从而使作品更加震撼读者的灵魂世界,引起最为巨大、深刻的反应,获得最强烈的写作效果。至于新闻写作、理论写作,更需要控制情感,"让事实说话",或进行理性分析论证。

再次,应该经由热爱培养感受能力。写作者应该热爱人类,热爱祖国,热爱人民,热爱工作,热爱事业,热爱社会,热爱自然,热爱科学,热爱文学,热爱艺术,热爱历史,热爱生活,热爱家人,热爱他人……为此,写作者在平时应从培养感受能力入手,努力做到以下五点。

1. 五官开放,身心兼用

感受能力是一种带有浓厚主观情感色彩的对于客观事物的综合反映能力。这种能力的作用有赖于五官开放,身心兼用。也就是说,写作者对外界事物的感受不仅要开放各种感觉器官,充分发挥人的外感受器、内感受器和本体感受器的功能,而且要开动脑筋积极思

---

① 契诃夫.契诃夫论文学[M].汝龙译.北京:人民文学出版社,1959:402.

考,去分析各种感觉、知觉,并由大脑指挥自己的行为。感受既是写作者对自然环境的主观能动的反映,也是写作者对社会生活的主观能动的反映。而且如恩格斯所说:"当我们按照我们所感知的事物特性来利用这些事物的时候,我们就让我们的感性知觉的正确性受到确实可靠的检验。"写作者要培养自己的感受能力,首先就要努力去感受自然环境的各种事物,感受社会生活中的种种人物和事物,并在感受的同时进行思考,也就是进行"确实可靠的检验"。

2. 五官开放,整体感受

人的感受具有整体性,写作者在感受某一事物的时候,要从多方面感受该事物的各种属性。人类生活的世界不是平面的,而是立体的。这是一个有形有体、有声有色、有动有静、有生有死、有分有合、有真有假、有美有丑、有阴有阳的客观的实体。这种立体的客观实体的属性不是单一的,而是多方面的、具有整体性的。而且,写作者对这个客观实体的感受也是具有整体性的。这种感受的整体性表现在写作者感受某一事物的属性时,各种感觉、知觉往往作为一个整体发挥感受的作用。例如,从鲁迅对百草园的描写中,人们就可以看到这种感受的整体性。

3. 五官开放,具体感受

能否积极通过直接或间接的方式具体感受人类复杂的、丰富的感情,这是一个写作者能否在文章中生动、具体而又准确、充分地表达情感活动的关键。不论是生而即有的基本情绪,还是社会需要的高级情感,写作者都要以积极的态度,通过各种途径,深入各种场合,采用各种方式、方法,具体地去感受,去体验。例如,愤怒这种情绪的产生在人的机体上有什么变化,写作者只有自己对某人某事发生愤怒之后才能具体地感受和体验到:呼吸是怎样加快,又是如何短促,心跳怎样加速,毛发如何竖起,胸部怎样剧烈起伏,以及怎样横眉张目,紧握拳头。

4. 五官开放,独特感受

培养感受能力,要注意从生活中发现自己独特的感受。这种感受往往会因其独特性而使写作者有所创新。这种不同于他人的独特的感受,是一种宝贵的发现,只属于写作者个人所有。一旦把这种独特的感受形诸文字,就会产生动人的艺术力量。因此,写作者特别要注意培养自己对于生活独特的感受能力,并且努力表现这种感受的独特性。

5. 五官开放,通觉感受

什么是通感?它是人们的视觉、听觉、嗅觉、味觉、肤觉等各种不同的感受器官的"暂时联系"或"接通"。这时,在写作者的感觉中,颜色似乎有温度,声音仿佛有形象,冷暖宛若有色彩和重量。例如《荷塘月色》中有:"微风过处,送来缕缕清香,仿佛远处高楼上渺茫的歌声似的。"朱自清用优美的文句写出了他的感受:由嗅觉感受到的荷花清香,幽远缥缈好像是由听觉感受到的远处歌声。这种通觉感受是写作者的一种重要的心理能力。如果没有这种心理能力,而仅模仿他人的语句,则只能学到皮毛,不可能从根本上获得通感,也不可能真正掌握和运用通感。

(五) 意志素质

意志是一种很重要的心理素质,是人格构成的组成内容之一,是决定达到某种目的而产生的心理状态,往往由语言和行为表现出来。意志是人的意识的能动的反映。在意志的形成中,人的世界观对其有一定的影响。一个人的意志既在社会实践中形成和发展,又为客观规律所制约。人们在发挥意志的作用时,既要充分发挥其能动性,又不能违背客观规律、超越客观条件许可的限度。

心理学研究表明,复杂的意志活动可以分为五个阶段:意向、需要、愿望、目的、行动。我们常说的动机,就是从愿望产生的,而且会产生若干个动机,如写作就会产生写作动机、竞争动机、名利动机等。而"意志活动在这个阶段能够对这些动机作出抉择,把愿望变成行动"。[①] "创造性活动是高度复杂的意志活动。在这种活动中,意志有种种表现:目的性、顽强性、果断性和自制性等。它们实际上也就是意志的特征。自觉地认识意志的这些特征,我们就能够从它们着手来培养和锻炼自己的意志,发展优良的意志品质。"[②]

科学研究和写作需要坚强的意志和毅力。英国科学家贝弗里奇曾指出:"几乎所有有成就的科学家都具有一种百折不回的精神,因为大凡有价值的成就,在面临反复挫折的时候,都需要毅力和勇气。"达尔文的这种性格非常突出,据他儿子说,他的这种性格超出了一般的坚韧性,可被形容为顽强。法国生物学家巴斯德说:"告诉你使我达到目的的奥秘吧。我唯一的力量就是我的坚持精神。"

意志作为表现人类意识的能动作用的心理状态,在写作者成才的过程中和具体的写作活动中,都表现得十分明显。例如美国著名盲聋女作家海伦·凯勒,一岁半就因病失去视听能力。可是她没有向命运低头,用惊人的意志战胜了种种难以想象的困难,经过艰苦奋斗,出人意料地考取了美国著名的高等学府哈佛大学。在许多教材没有盲文版的情况下,她刻苦、顽强地学习,终于以超过常人的优异成绩完成全部学业。她终生努力不懈,掌握了五国文字,成为世界著名的作家和教育家。至于许多中外文学名著、科学经典,则都是在作家坚强的意志和毅力作用下才得以完成的,如《史记》《红楼梦》《浮士德》《神曲》《尤利西斯》《资本论》等。

写作活动从本质上说是一种创造活动,而创造活动要取得成功,必须发挥意志的作用。意志是有意识的调节行为,它表现为写作者为了达到预定的写作目的而自觉地运用自己的智力和体力,自觉地进行写作活动,自觉地同困难作斗争,顽强地战胜各种困难和阻力,直至完成写作任务,使写作成果出版问世、向外传播。

三、写作者进行人格修养的方法

写作者的人格对他所写的文章的内容和质量具有非同一般的重要意义。写作者进行人格修养的重要性既在于它是做人的需要,又在于它是作文的需要。有志于学习写作和研究写作的青年人应该怎样进行人格的修养呢?

---

① 周昌忠.创造心理学[M].北京:中国青年出版社,1983:127.
② W.I.B.贝弗里奇.科学研究的艺术[M].陈捷,译.北京:人民文学出版社,1979:144.

(一) 树立共同理想,增强爱国精神

古人说:"志高者意必远。"写作者树立了正确、远大的理想,写作时才能正确地"言志",做到文意深远。

优秀的写作者应该具有强烈的爱国主义精神。在中外古今的历史上,真正成就大事业的人都是把自己的命运与祖国的命运紧密联系在一起的。我国历史上就有过不少爱国文人:屈原热爱祖国,竭诚尽智,"上下求索","虽九死其犹未悔";陆游临终"示儿":"但悲不见九州同";岳飞满怀精忠报国之志,写下激越的诗篇《满江红》;文天祥面对屠刀,吟出"留取丹心照汗青"的诗句;鲁迅为救中国而弃医从文,"横眉冷对千夫指,俯首甘为孺子牛",郭沫若在异国创作《女神》,呼唤祖国新生;还有闻一多、朱自清等,无一不留下感人肺腑的爱国诗文。一个人如果具有炽热的爱国之心,就可以在工作上取得优异的成绩,也才有可能写出内容深刻、情志高尚的作品。

(二) 坚定科学思想,养成现代意识

早在 20 世纪"五四"时期,先驱者就呼唤"德先生"和"赛先生",现代的中国人更离不开民主与科学。没有科学思想,在现代社会不仅会处处碰壁,而且必定一事无成,写作也不能例外。所谓科学思想,包括哲学思想、社会科学思想和自然科学思想。首先,写作者要有哲学思想。法国文艺批评家泰纳在《巴尔扎克》中指出,一个科学家如果没有哲学思想,便只是个做粗活的工匠;一个艺术家如果没有哲学思想,便只是个供玩乐的艺人。哲学思想不是别的什么,而是世界观。写作者要树立正确的、先进的世界观。从广义上看,哲学思想的内容是很丰富的,人们的审美观(艺术观)也属于哲学思想的范畴。而哲学观、审美观对写作有指导作用和制约作用。至于社会科学思想和自然科学思想,对于写作者来说显然也是不可缺少的。否则,对社会和自然就不会有科学的认识,其言与行就会出现违背社会和自然的客观规律的错误,而写作也必然招致失败。

写作者还必须具有现代意识。所谓现代意识,是指现代人的观念、意识。例如:准备和乐于接受未经历过的新的生活经验、新的思想观念和新的行为方式;准备接受社会的改革和变化;思路开阔,头脑开放,尊重并愿意考虑各方面的不同意见、看法;注重现在与未来;守时惜时;有强烈的个人效能感;对人和社会的能力充满信心;办事讲求效率、计划、知识,有可依赖性和信任感;重视专门技术,有愿意根据技术水平高低来领取不同报酬的心理基础;乐于让自己和后代选择离开传统所尊敬的职业;对教育的内容和传统的智慧敢于挑战;相互了解、尊重和自尊;了解生产及过程。① 具体地说,这种现代意识应该包括:实事求是的意识,解放思想的意识,改革开放的意识,创造事业的意识,敢于竞争的意识,民主的意识,科学的意识,法制的意识,自力更生的意识,艰苦奋斗的意识,市场经济的意识,珍惜时间的意识,讲究效率的意识,追求知识的意识,注重文明的意识,尊重人才的意识,保护环境的意识,等等。写作者把这些意识吸收并化作自己的思想,可以使主体的现代意识得到增强和优化,而这对于写作的成功是至关重要的。写作者要在建设社会主义现代化的同时实现自

---

① 阿历克斯·英格尔斯,等.人的现代化[M].殷陆君,编译.成都:四川人民出版社,1985.

身的现代化,就要努力具备现代人的思想意识,用现代意识来规划、指导、制约自己的言语、行为(包括写作)。

(三) 追求伟大人格,修炼文德文风

巴金说:"我们大家都了解这样的说法:做一个好作家也必须做一个好人;做一个伟大的作家也必须做一个伟大的人。"①好人与伟大的人是由他们的品品、德行铸成的。鲁迅的伟大人品既是"言"的结果,更是"行"(包括写作)的成功。"横眉冷对千夫指,俯首甘为孺子牛"这两句诗是鲁迅人格的最好写照;"我好像一只牛,吃的是草,挤出的是牛奶、血"就是他的自画像。在今天这样一个物欲横流、享乐主义日益盛行的世俗年代,写作者"更要自觉地学习鲁迅,学习鲁迅的硬骨头精神,学习鲁迅那种最可宝贵的性格,学习鲁迅那种民族脊梁的品格。这在改革开放时代,面对更多西方文化进入的时候,更为迫切"。②

需要指出的是,真、善、美并不是抽象的概念,而是写作者的思想、人格的具体的、实在的表现,而且有着鲜明的时代特征。正如艾青在《诗论》中指出的:"真、善、美,是统一在先进人类共同意识里的三种表现。"因此,一个具有高尚人格和一颗真诚的赤子之心的写作者,还必须在行动——做人和作文两方面都表现出来,做到爱憎分明,惩恶扬善,永远追求美、实行美、歌颂美,永远不畏权势、不惧强暴,真正做到"富贵不能淫,贫贱不能移,威武不能屈",从而以自己先进的思想、伟岸的人格、高尚的道德、美好的情感写出更多更好的文章和作品,反映我们的时代,推动社会主义物质文明和精神文明建设。

古人说:"有德之文信,无德之文诈。"他们把有无文德作为评价一个写作者的重要标准,也作为评价一篇文章的标准。从写作史来看,凡是有高尚道德人格修养的作家,他的文章就有很高的格调;而缺乏高尚道德人格修养的人,他的文章一般就是平庸之作;而道德人格修养差的、低劣的,他的文章只能是其卑劣、丑陋人格的再现。周振甫指出:"文德是讲写作要讲究道德。文章有的跟道德无关或关系不大,像描写风景;有的同道德有关,像向权奸献媚,就不道德;有的比不道德更坏,是犯罪。"③文德属于道德范畴,而道德是经济基础的反映。它不是脱离历史发展的抽象概念。我们今天讲文德,离不开全民范围的道德建设。为此,写作者就要在文章中鼓励人们发扬国家利益、集体利益、个人利益相结合的社会主义集体主义精神,发扬顾全大局、诚实守信、互相友爱和扶贫济困的精神,为了人民的利益和幸福,为了共产主义理想,站在时代潮流前面,奋力开拓。

与此同时,写作者还要重视养成良好的、健康的文风。所谓文风,指的是写作时带有倾向性或特征性的作风或风格。文风的形成与时代特点、社会风尚和作者的思想、能力、个性有密切的关系。《文心雕龙》说:"时运交移,质文代变。"意思是,时代风气在交替着发生变化,崇尚质朴或文采也会随之更替变化;又说:"文变染乎世情,兴废系于时序。"意思是,文章的变化受到社会风气的感染,不同文体的兴衰和时代有关。写作者要从自身做起,自觉

---

① 巴金.燃烧的心[M].巴金论创作.上海:上海文艺出版社,1983.
② 木弓.鲁迅会"热"起来吗?[N].文艺报,2001-04-21(1).
③ 周振甫.文德[M].文章例话.北京:中国青年出版社,1983.

端正文风。首先要认识文风问题不是单纯的语言问题,主要还是思想和思想方法的问题,思想、概念准确,然后才能写出准确的文章。要是以己之昏昏,也就只能使他人昏昏了。其次,端正文风还要从语言运用和写作习惯上下功夫。要约束自己,要顾到读者。要尽可能写得准确、鲜明、生动,念起来上口,听起来顺耳。要站在读者的位置上,为读者着想,真正做到:去虚假,求真实;去空洞,求充实;去陈腐,求新鲜;去雷同,求创造;去刻板,求活泼;去浮华,求质朴;去晦涩,求鲜明;去冗繁,求精练,从而养成良好的、健康的文风。

训练与实践

一、写作知识训练

1. 人格修养与写作有怎样的关系?
2. 人格素质包含哪五个方面?
3. 进行人格修养的方法有哪些?
4. 写作者需要具备"真善美"的品德。阅读铁凝《文学最终是一件与人为善的事情》。

文学最终是一件与人为善的事情
铁　凝

《飞行酿酒师》是我近些年短篇小说的一个结集。

我始终觉得,短篇小说无论是外在体积或者内在容量,都不能与真正出色的长篇小说抗衡。

可我还是那么热爱短篇小说。因为我相信,在某种意义上,人生可能是一部长篇,也可能是一连串的短篇。生命若悠长端庄,本身就令人起敬;生命的生机和可喜,则不一定与其长度成为正比。

对了,生命的生机。这里我想说,文学对人类最终的贡献也并非体裁长、短之纠缠,而是不断唤起生命的生机。好的文学让我们体恤时光,开掘生命之生机,从惊鸿一瞥里,或跌宕的跋涉中。生活是不容易的,信息时代信息的节奏和速度永远快于生活的节奏和速度,即使职业写作者,也因之常常误会生活。

生活自有其矜持之处,只有奋力挤进生活的深部,你才有资格窥见那些丰饶的景象,那些灵魂密室,那些斑斓而多变的节奏,文学本身也才可能首先获得生机,这是创造生活而不是模仿生活的基本前提。模仿能产生小的恩惠,创造当奉献大的悲悯。

文学应当有力量惊醒生命的生机,弹拨沉睡在我们胸中尚未响起的琴弦;文学更应当有勇气凸显其照亮生命、敲打心扉、呵护美善、勘探世界的本分。

文学最终是一件与人为善的事情。一位我喜欢的已故诗人写过一首描写小狗的诗,一只与他的童年为伴的小狗。关于小狗的善良,他是这样叙述的:

它的善良恰如其分,

不比善良少,

也不比善良更多。

这是一只小狗的分寸,有时也提醒着我的写作态度。

小说写作的过程是写作者养育笔下人物成长的过程。同时,写作者通过这创造性的劳动,日复一日消耗着也迸发着自身生命的生机。文学艰辛的魅力就在于此。

进步何其难,我惟有老老实实努力。

此文原刊于《文艺报》2017年9月1日2版,同版刊载胡平的评论:《铁凝短篇小说集〈飞行酿酒师〉:生命的瑰丽生机》,请扫码阅读。

《铁凝短篇小说集〈飞行酿酒师〉:生命的瑰丽生机》

二、例文评析训练

1. 阅读下文,分析茅盾的人格内涵。

茅盾退回多汇稿费①

李广德

20世纪80年代第一春。3月7日下午,来自茅盾故乡浙江省的一位编辑,叩开了沈寓的朱红大门。出来迎接客人的是茅盾的儿媳陈小曼。她告诉来客沈老正在休息。来人说,他是《浙江日报》编辑部特地派来北京的编辑,请沈老为该报即将开辟的《寄语故乡》专栏题字和撰稿。陈小曼对他说:"沈老今年已经八十四岁,身体很虚弱,胃口不好,消瘦,体重才九十斤左右。视力也不好,一只眼睛几乎完全失明,另一只眼睛只有0.3的视力,因此不能多用眼力,对外约稿一般都辞谢了。"

来客听说,有点失望。又听陈小曼说:"不过,爸爸经常向我们谈论起家乡的事,或许对你们的约稿会答应的。"来客又高兴起来。

那位编辑走后,小曼把《浙江日报》社来人约稿的事给茅盾说了。老人答应给家乡的省报写一篇文章。而他体力实在不支,就口述了这篇文章,叫小曼代笔。这篇作于3月17日的《可爱的故乡》,是一篇蕴含着浓郁乡思的优美散文。

茅盾让陈小曼把这篇散文,连同题写好的"寄语故乡",挂号邮给《浙江日报》编辑部。

《浙江日报》于1980年5月25日刊出了茅盾的题字和《可爱的故乡》后,给他寄去五十元稿费。

---

① 李广德.一代文豪:茅盾的一生[M].上海:上海文艺出版社,1992.

茅盾听小曼说了以后,说道:"他们怎么给这么多稿费呢?稿费标准我是知道的,我们不能收这么多钱。你给他们退回四十元吧!"

小曼写信告诉那位来约稿的编辑说:"稿费五十元收到了。你们给的稿费实在太多了,沈老让我退回四十元,留下十元,免得一点不收你们又再次寄来,这样大家都不安心。请体谅老人的心情,并转告一下财务部门,免得他们又将四十元退回来。"

这件事使江坪同志很感动。他写道:"按理讲,一位中外闻名的作家,不顾年迈,为报纸写了一篇难得的散文,这五十元稿酬是不多的。但茅公并不这样看问题,而是把自己当作一名普通的作者。他对自己的要求有多么严格,考虑问题又是多么周到啊!"

茅盾向来是如此对待稿酬的。比如1958年,百花文艺出版社将他在《文艺报》上连载的《夜读偶记》出版了单行本。出版社按规定给他寄来了上千元稿费。照说,收下这笔稿费也是合理的。然而,茅盾却立即致信出版社,说他只收一份稿酬,随即让人将这笔稿费如数退了回去。

他对家里人说:"我的钱是很多,可是每一笔钱都是工作和写作得来的。不是劳动得来的报酬,我绝对不要!一本书,怎么能拿两份稿酬呢?!"

2. 阅读《习近平自述:我的文学情缘》(求是网 2019 年 4 月 24 日),写一篇《我的文学情缘》。

《习近平自述:我的文学情缘》

3. 阅读下面的材料,以《评萧伯纳和女演员的人格特点》为题作一短文。

在一出著名的戏剧初次公演引起轰动后,剧作者萧伯纳给在剧中担任女主角的演员发去一份电报:"精彩之极,绝妙之至。"

受宠若惊的演员立即回电:"您过奖了!"

萧伯纳再次来电:"对不起,我指的是剧本。"

女演员复电:"我指的也是。"

4. 对以下五位作家的话进行思考,并以《也谈为什么写作》为题构思一篇短文。

① 中国台湾作家陈映真:"写作是为了使那些绝望的人重新充满希望,让那些因失败受挫的人重鼓斗争的勇气,使受凌辱的人重获自由与尊严。""我写作为的是人类解放,消除不平等、非正义、贫困和解放无辜者,消灭一切形形色色的精神与物质的压迫。"

② 中国台湾旅美作家白先勇:"我写作,是因为我愿把内心深处无声的痛苦

用文字表达出来。"

③ 法国作家弗朗索瓦兹·萨冈:"问我为什么写作,我的回答是:它使我着迷。"

④ 荷兰小说家、诗人泰·诺特布姆:"写作,对于我来说是对世界的思考,是进行思考的最佳方式。每当我停止写作时,便感到头脑恍惚,不知所向。没有为思考而进行的写作,我的生命就不属于我自己。"

⑤ 哥伦比亚作家加夫列尔·加西亚·马尔克斯:"我写作,为了使我的朋友们更爱我。"①

三、写作技能训练

1. 阅读下面的散文,思考:文章写出了哪些各具特点的藤?作者这样写藤寄寓着什么道理?文章除了写藤以外,还写了鲁迅,写了一位作家,这些内容在文章中起什么作用?

藤思②

陈永昊

曾在一篇文章里议过藤的攀附,厌恶而不屑。可是有一天,我却发现了自己的片面。

今年清明的第二天,我登杭州灵隐飞来峰。下山时经过一段狭陡的石阶,左依山,右悬空。幸喜比肩一粗藤顺阶斜下,成为我的扶手,掌上虽仍有荡悠悠的感觉,但却踏实了整个心身。至平缓处,回首伫望,只见长藤牵树,树牵长藤,两情相依,情重意重,令人怦然心动。不知是助人多了,还是人摩挲多了,那藤黑亮黑亮,憨厚谦恭,静谧地悬在那儿。刹那间,一种亲敬之意,油然而生,周围便不再有景物。人在思想中翻腾。

我这才歉疚地想到,藤原来也是不一样的:有攀附高树而上却又缠死高树的藤,也有牵拉悬崖间斜出的绿树不使之倾倒的藤;有绊倒行人走马的藤,也有供猎人攀援石壁飞越山谷的藤;有味美却毒人的藤,也有辛苦而能入药的藤……这正如看人,在你坎坷时遇几个恶人、坏人、小人,切莫便悲观看人,大叹人心之不古,世风之日下。心暗了,做人做事便难放光辉。想想当年的鲁迅先生即使生活在"铁罐"中,"横立"着战斗,甚至被曾自称"学生"者的背叛所不断刺痛,却总不肯灰心,并在尚处于弱小和困难中的中国共产党人身上看到了希望,于是昂扬坚定地为争取未来勇掷投枪和匕首,正是因为先生他未被一叶障目而不见青山!

我曾读过一个故事,一个令作者感动也令我感动的故事:一位作家在异国小镇上采风,他的感觉和别人曾告诉他的一样——那镇上的人一律懒得发腻。他

---

① 林辰,王歌,郑欣.世界100位作家谈写作[M].上海:上海文化出版社,1987:11.
② 陈永昊.藤思[N].原载人民日报.大地副刊.文化广场,1996-09-07.(后选入上海九年制义务教育九年级第二学期《语文》课本,上海教育出版社2000年第二版)

搜集了好多例证,准备回住处大书特书了。这时,他路过一处园圃,园中一执短锄的老人竟坐着轮椅在慵懒地锄草。"又一典型!"作家的神经再一次被刺痛,他恨不得一步跨回寓中,记下这一切。他走过去,下意识回首一望,结果这一望成为他永生铭记的一瞬:老人的另一面空空荡荡的,没有臂也没有腿! 顿时,一股强力震撼着作家的心灵。他深深感激苍天给了他这回首一望,不仅纠正了他对小镇人们的偏见,还几乎整个地更新了他认识世界的方法。

收拢思绪,我又仰视那高悬于飞来峰的藤。呵,你这充满灵气的藤哟,我该对你再说些什么？感激,还是……

2. 阅读下面的文章,然后写一篇读后感。

一篇只用标点符号写成的《自传》

在一次宴会上,美国著名社会心理学家巴尔肯博士提议,每人使用最简短的话写一篇《自传》,行文用句要短到甚至可以作为死后刻在墓碑上的墓志铭。于是乎大家凝神苦思,伸纸命笔。其中一个满脸沮丧神情的青年,交给巴尔肯一纸通篇只有3个标点符号的"自传":一个破折号"——",一个感叹号"!"和一个句号"。"。巴尔肯问他是什么意思,年轻人凄然作色道:"一阵横冲直撞,落了个伤心自叹;到头来只好完蛋。"巴尔肯略一沉思,提笔在这篇"自传"的下边有力地画了3个标点符号:一个顿号"、",一个省略号"……"和一个大问号"?"。接着博士用他那特有的鼓励口吻,对这位自暴自弃的青年说:"青年时期是人生一小站;道路漫长,希望无边;岂不闻'浪子回头金不换'?"

四、写作实践训练

1. 鲁迅说:"我的确时时解剖别人,然而更多的是无情地解剖我自己。"《鲁迅全集》中有许多文章都是他进行内省的产物。而在与亲友的书信中,他对自己的思想弱点更是直言不讳。如在给李秉中的信里有这样的话:"我自己总觉得我的灵魂里有毒气和鬼气,我极憎恶他,想除去他,而不能。我虽然竭力遮蔽着,总还恐怕传染给别人,我之所以对于和我往来较多的人有时不免觉到悲哀者以此。"鲁迅怕的就是自己灵魂中的"毒气"和"鬼气"会传染给别人。因此,写作者对自己的言行进行内省,必须从严要求,要像鲁迅那样勇于剖析自己灵魂里的"毒气"和"鬼气",即思想深处的不良思想和性格中的弱点。试学习鲁迅勇于自我省察的精神,写一篇以"内省"为内容的日记或短文。

2. 阅读关于当代著名画家吴冠中的报道《一生最想当作家》片段,谈谈人格修养对写作的影响。

《一生最想当作家》

3. 以下是巴金和上海文学研究所研究生答问中的一段对话,阅读后讨论:我们作为大学生写作者应该怎样进行人格修养?

>问:您是一位有着鲜明个性特征的作家,您觉得您的个性气质对您的文学创作有哪些突出影响?您怎样看待作家个性气质和自我完善的问题?
>
>答:我的作品整个儿就是个人对生活的感受,我有苦闷不能发散,有热情无法倾吐,就借文字来表达。我一直要求自己说真话,要求自己对读者负责,至今我还觉得自己过去有时做得不好。
>
>我喜欢俄国作家赫尔岑,他的文字带感情,很感动人,我喜欢这种带感情的文字。
>
>我说过文学的最高境界是无技巧,是文学和人的一致,就是说要言行一致,作家在生活中做的和在作品中写的要一致,要表现自己的人格,不要隐瞒自己的内心。

4. **威廉·韦斯特在其《提高写作技能》中写道:**

>每一个人都是独一无二的个人。像你这样的人过去从未存在过,没有任何人具有你这样的特定的肉体和精神构造、你个人的背景以及你特有的经历。因为你是独一无二的,你所具有的思想感情是别人从来没有过的,如果你尊重你自己的独立性,你就会真诚而独创地写出只有你能写的东西。正如爱默生说过的:"嫉妒是无知而模仿是自杀!"

请以自己的思维和感情进行创造性写作:《瞧,我这个人》。

5. **阅读下面报道,就写作文风与"空谈误国,实干兴邦"的关系进行论述,写篇言论稿。**

>新华社报道:2012年11月29日上午,习近平等来到国家博物馆,走进一个个展厅,仔细观看展览,认真听取工作人员讲解。一幅幅图片,一张张图表,一件件实物,一段段视频,把人们带回了近代以来跌宕起伏、波澜壮阔的难忘岁月。在19世纪末列强割占领土、设立租借地、划定势力范围示意图前,在鸦片战争期间虎门的大炮前,在反映辛亥革命的文物和照片前,在《共产党宣言》第一个中文全译本前,在《中国共产党的第一个纲领》等反映中国共产党成立的文物和照片前,在李大钊狱中亲笔自述前,在中华人民共和国第一面五星红旗前,在党的十一届三中全会照片前,习近平等不时停下脚步,认真观看,详细询问和了解有关情况。在参观过程中,习近平发表了重要讲话。他表示,《复兴之路》这个展览回顾了中华民族的昨天,展示了中华民族的今天,宣示了中华民族的明天,给人以深刻教育和启示。中华民族的昨天,可以说是"雄关漫道真如铁"。近代以后,中华民族遭受的苦难之重、付出的牺牲之大,在世界历史上都是罕见的。但是,中国人民从不屈服,不断奋起抗争,终于掌握了自己的命运,开始了建设自己国家

的伟大进程,充分展示了以爱国主义为核心的伟大民族精神。中华民族的今天,正可谓"人间正道是沧桑"。改革开放以来,我们总结历史经验,不断艰辛探索,终于找到了实现中华民族伟大复兴的正确道路,取得了举世瞩目的成果。这条道路就是中国特色社会主义。中华民族的明天,可以说是"长风破浪会有时"。经过鸦片战争以来170多年的持续奋斗,中华民族伟大复兴展现出光明的前景。现在,我们比历史上任何时期都更接近中华民族伟大复兴的目标,比历史上任何时期都更有信心、有能力实现这个目标。习近平强调,回首过去,全党同志必须牢记,落后就要挨打,发展才能自强。审视现在,全党同志必须牢记,道路决定命运,找到一条正确的道路多么不容易,我们必须坚定不移走下去。展望未来,全党同志必须牢记,要把蓝图变为现实,还有很长的路要走,需要我们付出长期艰苦的努力。习近平指出,每个人都有理想和追求,都有自己的梦想。现在,大家都在讨论中国梦,我以为,实现中华民族伟大复兴,就是中华民族近代以来最伟大的梦想。这个梦想,凝聚了几代中国人的夙愿,体现了中华民族和中国人民的整体利益,是每一个中华儿女的共同期盼。历史告诉我们,每个人的前途命运都与国家和民族的前途命运紧密相连。国家好,民族好,大家才会好。实现中华民族伟大复兴是一项光荣而艰巨的事业,需要一代又一代中国人共同为之努力。空谈误国,实干兴邦。我们这一代共产党人一定要承前启后、继往开来,把我们的党建设好,团结全体中华儿女把我们国家建设好,把我们民族发展好,继续朝着中华民族伟大复兴的目标奋勇前进。习近平最后强调,我坚信,到中国共产党成立100年时全面建成小康社会的目标一定能实现,到新中国成立100年时建成富强民主文明和谐的社会主义现代化国家的目标一定能实现,中华民族伟大复兴的梦想一定能实现。《复兴之路》基本陈列共分中国沦为半殖民地半封建社会、探求救亡图存的道路、中国共产党肩负起民族独立和人民解放历史重任、建设社会主义新中国、走中国特色社会主义道路5个部分,通过1200多件(套)珍贵文物、870多张历史照片,回顾了1840年鸦片战争以来中国人民在屈辱苦难中奋起抗争,为实现民族复兴进行的种种探索,特别是中国共产党领导全国各族人民争取民族独立、人民解放和国家富强、人民幸福的光辉历程。

第二节 生活修养

一、生活修养与写作的关系

俗话说:"巧妇难为无米之炊。"写作的材料如同做饭的米一样重要,没有材料就无从写作。而写作材料最主要的来源是社会生活。离开了社会生活,一切写作都会变成无源之水,无本之木。一个作者从生活中获得的材料,并非仅仅是直接写进文章中的人、事、景、物,更为重要的是思想、感情,是对生活的认识,是所发现的真理。也就是说,生活不仅是写作者的乳娘,而且是写作者的教师。因此,无论是哪一行的写作者,都必须重视和努力扩大生活领域,下决心深入生活和积累生活。文学写作者更是要观察、体验、研究、分析一切人、一切阶级、一切群众、一切生动的生活形式和斗争形式、一切文学和艺术的原始材料,然后才有可能进入创作过程。

鲁迅、茅盾、巴金等大文豪都曾多次强调指出生活对于写作的重要意义。当代作家也有很多人讲到生活与写作的密切关系。王蒙在《谈短篇小说的创作技巧》一文里指出,要使自己的写作畅通无阻、左右逢源,就必须具备"丰厚的生活积累、思想积累、感情积累"。周克芹在介绍他创作《许茂和他的女儿们》的经验时也说:"我的头一个作品之所以过得去,是因为写作之前有较长时间的生活积累、感情积累。"他又说:"我体会到,深入生活、积累生活的过程,同时也是积累感情的过程。"离开了生活就会使文思枯竭,创作也就成了无根之木、无源之水。

二、写作者进行生活修养的途径

(一) 直接的生活阅历

1. 个体生活阅历

所谓个体生活阅历,指的是写作者自我的生活阅历或生活经验。个体生活的积累愈丰富,写作的准备愈充分、愈坚实。一个写作者有哪种人生经验,他就会写出哪种人生经验的作品。文学作品是人生的教科书,但写的不是所有人的人生,而是个体的人生。科学论著虽然不被人们称为人生教科书,然而科学论著本身是科学家个体生活积累的产物。离开了个体生活的积累,不论是文学大师还是科学巨人,都无法写出新的作品和论著。

鲁迅、茅盾总是告诫青年写作者要重视写自己熟悉的生活。这是因为,个体未经历的生活,缺乏感受和体验,勉强写作,难以成功。鲁迅说,他曾想写一部反映红军活动的作品,但终于因缺乏这方面的生活而作罢。再如茅盾写作《子夜》,原来想写成一部"白色的都市和赤色的农村的交响曲的小说",后来几次缩小计划。瞿秋白曾和他谈到红军及农民运动的情况,并建议他写进作品里。而茅盾说:"关于农民暴动和红军活动,我没有按照他的意见继续写下去,因为我发觉,仅仅根据这方面的一些耳食的材料,是写不好的,而当时我又不可能实地去体验这些生活,与其写成概念化的东西,不如割爱。"又说:"关于军事行动的描写,即使做了调查也未必能写好,因为我没有在部队中工作(即使是政治工作)的经验。"[①]这个例子有力地说明了积累个体生活的重要性。

2. 社会生活阅历

社会是由人的群体结合组成的。写作者的个体生活必然与社会生活有千丝万缕的密切联系,他同样必须在社会群体生活的领域里积累思想、积累感情、积累信息,以及积累其他的写作素材。从文学史、文化史、科技史中可以发现,各行各业的写作者——文学家、科学家、哲学家,无一不和社会有着密切联系。写作是他们对社会、对人类奉献的一个部分。而且,他们的写作并不限于写自己,而是写自己所生活的社会、国家,写人类和世界。所以,

---

① 茅盾.我走过的道路[M].北京:人民文学出版社,1984.

茅盾曾提出:"在我们目前,正要高呼:探头到你自己的生活圈子以外!"要到人类社会中生活,在人类社会生活中积累写作材料。如果写作者是学生,他就既要看到学校是一个小社会,重视在这个小社会中积累生活,也要走出学校,走向大社会,在现代化建设中感受时代的脉搏,积累写作材料。

(二)间接的生活阅历

个体生活的阅历和社会生活阅历都是写作者对生活的直接积累。但是,人的精力与经验总是有限的,而且往往受着时间、空间的限制,不可能任何生活都直接参与、直接体验。这样,就有必要间接地积累生活经验。鲁迅曾指出:"作者写出创作来,对于其中的事情,虽然不必亲历过,最好是经历过。诘难者问:那么,写杀人最好是自己杀过人,写妓女还得去卖淫么?答曰:不然。我所谓经历,是所遇、所见、所闻,并不一定是所作,但所作自然也可以包括在里面。"[①]

大量的间接的生活积累,可以从与他人接触中获得,还可从书本中获得。前人或他人的生活体会和实践经验,也有助于提高写作者对生活的认识,丰富对生活的感受。

三、写作者进行生活修养的要求

(一)热爱生活,做生活的主人

艾青在《诗论》中写道:"我生活着,故我歌唱。""生活实践是诗人在经验世界里的扩展,诗人必须在生活实践里汲取创作的源泉。"一个写作者如果对人类的祸福、国家的安危、人民的苦乐及各种社会活动漠然视之,冷眼旁观,必然写不出感动人心的文章和作品。对生活的热爱,包括对自己所从事的职业的热爱和对写作的热爱。正如何其芳在《写诗的经过》里所说的:"这种热爱和入迷却是我们做好任何工作的一个必要的条件!"所以写作者必须培养自己对生活的热爱,对写作的热爱。

(二)熟悉生活,洞察生活本质

写作者丰富生活阅历的过程,是从对生活的陌生到熟悉再到洞察的行为过程。不熟悉生活,对生活缺乏洞察力,就会"身在宝山不识宝",这里的关键在于写作者要做生活的有心人。所谓"有心",就是鲁迅在《答北斗杂志社》里指出的:"留心各样的事情,多看看。"而"多看看",是包括观察、感受、研究和理解诸方面在内的。"美是到处都有的。对于我们的眼睛,不是缺少美,而是缺少发现。"罗丹的这句话,强调的就是要在"多看看"中发现美。

(三)记录生活,丰富生活积累

俗话说:"好记性不如烂笔头。"初学写作者应该像茅盾指出的那样:"在开始写作(还没有发表你的处女作,你还没有发生材料恐慌以前)的时候或以前,就应当时时刻刻身边有一支铅笔和一本草簿;无论到哪里,你要竖起耳朵,睁开眼睛,像哨兵似的警觉,把你所见所闻随时记下来,你要和你的生活圈子以外的人做朋友,和他们多谈,记录他们的谈话,写下你

[①] 鲁迅.叶紫作《丰收》序[M].鲁迅全集.北京:人民文学出版社,1958.

随时随地对他们观察的所得。"我们从《契诃夫手记》中,也可以获得许多关于记录生活素材的启示。

训练与实践

一、写作知识训练

1. 生活修养与写作有何重要关系?
2. 丰富生活阅历的主要途径有哪些?
3. 进行生活修养的要求有哪三点?

二、例文评析训练

1. 网易新闻论坛的"社会万象"2012年6月23日有一篇报道神舟九号航天飞行期间宇航员生活的文章,阅读后进行评析。

天宫日记第4天

刘旺吹口琴为妻庆生

工作之余,3名航天员也尽情享受着失重带来的乐趣。刘旺最爱玩空中飘浮,一有机会就在神九轨道舱和返回舱之间来回穿梭。

前天下午,刘旺独自在舱内时,出现了少有的安静。从画面上看,他双手捂着嘴,摇来晃去,仔细辨认才发现,原来正陶醉在自己的口琴声中。

前晚与家人双向视频通话时,刘旺再次吹起了口琴。后来才得知,原来这一天是刘旺妻子的生日,他从太空将爱的祝福传回地球。

刘洋成功连翻两跟斗

这几天来最活跃的,要数女航天员刘洋了。近两日,她一直苦练太空筋斗。前天在画面中,刘洋又试着翻了一个筋斗,起跳、蜷身、双手抱膝……可惜只进行到一半,就开始手舞足蹈了。

尽管第一翻并不顺利,刘洋可没"服输",她从师兄刘旺手中接过摄像机,仔细观看了动作回放后,又开始新的翻越。一圈、两圈,刘洋努力控制着姿势,终于连翻了两个跟斗,她笑着为进步感到兴奋,刘旺也竖起了大拇指。

写字板温馨问候地面

前天晚上,3名航天员分别与家人进行了天地双向视频通话,每个家庭只有8分钟,因为是私密通话,无从得知他们说了些什么,但从画面上可以看出,每个人都微笑着,做着各种手势,非常开心。

夜里11点14分,正准备休息的刘洋,对着摄像机镜头展示了一块字板,上面写着"工作人员辛苦了,晚安!"

而昨天一大早,刘洋又代表神九航天员乘组,举着一块字板来到镜头前,上面写着"早上好"3个字。

2. 王安石是唐宋散文八大家之一,也是著名的诗人。有一次,他看到南方一位诗人写的一首诗中有"明月当空叫,黄犬卧花心"两句,不禁发笑,心想:明月怎么会叫呢?黄狗又怎么能卧花心上呢?于是信手将诗句改为:"明月当空照,黄犬卧花荫。"还自以为改得很恰当。但是后来人家告诉他:诗作者的家乡有一种小鸟叫"明月",它叫的声音婉转动听,还有一种昆虫名叫"黄犬",常在花间草丛中飞来飞去。听人这样一说,他才知道自己把别人的诗改错了。就这个诗坛趣事写出你的评论。

3. 组织阅读下文,然后座谈自己生活中的趣事。

梅塘之夜[①]

江梅林

1880年夏天,巴黎郊外的梅塘别墅里有6名当代小说家欢聚一堂。他们当中,有人已经蜚声文坛,荣获自然主义文学领袖的冠冕,如东道主左拉;有人仅在小说界崭露头角,未见经传,如依思曼;有人即将发表举世闻名的处女作,如莫泊桑。还有3位是左拉的忠实弟子,他们是阿雷克西斯、厄尼克和赛阿尔。

那是个美妙的夏夜,明月当空。空气中充满了树叶的馨香。晚餐后,宾主登上"娜娜"号小船,由莫泊桑驾驶,到别墅对面的"大岛"上去散步。大家谈到了当时著名的小说大师梅里美,他所讲述的故事充满了浪漫主义的色彩,是多么娓娓动听啊!他们又逐个回忆了所有著名的故事家,特别赞扬那些能口头即兴的故事家,当然最出色的要数屠格涅夫。阿雷克西斯认为,要写一个短篇故事并非易事。赛阿尔凝视着皎洁的明月,喃喃自语:"这是多美的一幅浪漫主义的背景啊,应该把它用上……"依思曼添上一句:"……在讲情意绵绵的故事的时候。"一个念头在左拉的脑海里油然而生:"这是出色的想法,我们每个人都应该讲一个故事!"这个提议获得了一致赞同,并达成协定:为增加一些困难,第一个讲故事人所选择的题材范围,其他人都必须保留,在它的背景上,再分别铺开不同的复杂离奇的情节。

东道主开讲。在沉沉入睡的田野的一片恬静中,借着依稀的月光,左拉揭开了普法战争的历史中可怕的一页。故事发生在罗克柳斯村一所古老的磨坊里。在全军崩溃后,有一支小小的法国支队奉命在此狙击敌人。整整一天,猛烈的枪声没有停止过,法军士兵步步为营,寸土不让,一直坚持到最后一分钟。密集的子弹把磨坊打得百孔千疮,热血染遍了每一片砖瓦。到完成任务撤退时,只有队长和4名战士幸存。左拉满腔激情地歌颂了3个爱国英雄的形象:镇静沉着的墨利埃老村长,他心爱的女儿、美丽而勇敢的佛朗淑娃丝,未来的女婿、比利

[①] 江梅林.梅塘之夜[J].艺术世界,1981(5).

时青年多米尼格。普鲁士军官逼迫他们给军队带路,违者就地枪毙。面临生死抉择,他们唯一的回答是:"宁可死,决不答应!"最后,在法军胜利反攻的号角声中,墨利埃老爹和多米尼格献出了宝贵的生命。孤苦无依的佛朗淑娃丝呆呆地坐在亲人的尸首中间,往日充满欢乐的磨坊成了一片废墟……左拉的故事刚讲完,伙伴们异口同声地喊叫起来:"应该快点把它写下来!"左拉笑着回答:"已经写成了。"这个故事就是左拉最著名的短篇小说《磨坊之役》。

第二天夜晚降临,轮到了莫泊桑。30岁的莫泊桑此刻还是文坛上的一位无名小卒。他出身于法国诺曼底一个没落的贵族家庭。从小生长在海边,习惯于乡村生活,养成了"贵族的农民气质"。在普法战争期间,莫泊桑曾应征入伍。战争结束后,他先后在巴黎海军部和教育部供职。他的老师福楼拜要求他能够精确地、真实地描绘所见的东西,要他敏锐地观察生活现象。福楼拜一心指望学生得到大成,防他得志过早,迟迟不肯为他发表一篇作品。莫泊桑的故事再现了普法战争中的一个片段,主人公是一个被社会唾弃的妓女羊脂球。在国家遭受普鲁士军队蹂躏的生死存亡之秋,她和全体法国人民一起,进行着不屈不挠的斗争。对于普鲁士军官的无耻追逐和占有欲望,她义正词严地予以拒绝。她决不愿向侵略者出卖自己的肉体,更不愿出卖自己的灵魂。与具有崇高爱国心的羊脂球相对照,她周围那些道貌岸然的"正人君子",那些有钱的资产阶级、高贵的伯爵和伪共和主义者们显得多么卑鄙无耻!莫泊桑以他特有的逼真细节、个性化的语言和行为描写刻画了这群民族败类的丑态。莫泊桑所讲的故事后来成为他发表的第一篇小说《羊脂球》,也是他的成名作和代表作。莫泊桑由此一跃而为法国文坛的著名作家。连老师福楼拜都不胜感叹。此后短短10年,他以惊人的速度写了近300部短篇小说和6部长篇小说。

又一天过去了。依思曼讲了一个士兵的可怜遭遇,可把大伙儿乐坏了。依思曼是一个荷兰画家的儿子,自幼受家庭的熏陶,他生性忧郁,酷爱人工的技巧和精确洗练的手法。普法战争时期,他上过夏龙战场,亲身经历过一段病院的生活。那种倦怠的无秩序的病院生活是他终生难忘的一段可怕回忆,也成了小说《背着背囊》的素材。在这篇小说中,他以自然主义的手法,细致地描写了平凡、粗野、兽性的日常生活,并毫无隐讳地揭示出人性丑恶的一面。

接下来几天,另外3位小说家也奉守诺言,分别讲述了自己的故事,情节都是荒诞可笑的。关于这些故事,据现有的材料只能作一个简单的介绍。赛阿尔谈到巴黎的围城,重复了荷马史诗以来一直袭用的题材——一个男人因为他的情人而去干那些愚蠢的事情。厄尼克的故事讲述了包围妓院和屠杀不幸的娼妓的景象,真是可笑而又可怕。阿雷克西斯想出了一个贵妇人的滑稽可笑的逸事:一位太太去收殓她死在战场上的丈夫,却对一个"可怜的伤兵"动了心——这个伤兵原来是位神甫。

左拉认为6个故事都十分有趣,建议把它们编成一本书,于是,以普法战争为题材的一个短篇小说集诞生了。这就是闻名于世的《梅塘之夜》。

三、写作技能训练

1. 根据自己的日常生活积累,写作短文:《一堂生动的××课》或《我们寝室的一天》。
2. 借阅帕乌斯托夫斯基《金蔷薇》的第一节《珍贵的尘土》,写作短文:《〈金蔷薇〉的启示》。

四、写作实践训练

1. 借阅《契诃夫手记》,了解他是怎样做生活手记的。然后建立自己的"生活手记",记录生活中的见闻及自己的感受、思想和感情。
2. 组织参观一家企业、一个市场或一处村镇,然后座谈,并作记录。
3. 就"生活阅历与写作的关系",采访本地的一位学者、作家或记者,然后写一篇采访笔记。
4. 阅读李师东所作《梁晓声大作〈人世间〉如何诞生的?他用100多万字致敬现实主义》。

《梁晓声大作〈人世间〉如何诞生的?他用100多万字致敬现实主义》

第三节　学识修养

一、学识修养与写作的关系

由于人们受到时间、空间、精力、条件等方面的限制,不能人人事事都去观察、调查,这就要求写作者去学习别人的直接经验来丰富自己的生活、增加自己的知识。因此,写作者必须大量地阅读,经由阅读增进自己的学识,用人类的一切智慧来装备自己。

我国历代的大作家、大诗人都非常重视学识与写作的密切关系。他们指出:"读书破万卷,下笔如有神。""于读书,逸于作文。""诗须识高,而非读书则识不高;诗须力厚,而非读书则力不厚;诗须学富,而非读书则学不富。……识见日益高,力量日益厚,学问日益富,诗之神理乃日益出。"①这些话都强调了学识对于写作的重要作用。

对于现代的写作者,学识的作用主要在于:认知外界,了解自身;知物识人,博古通今;启迪思维,获得学养;提升思想,陶冶性情;充实生活,积累材料;借鉴已有,创造新知。

二、写作者进行学识修养的途径

(一) 活的知识的储备

一个写作者,首先要从社会实践、日常生活、人际交往、个人遭遇等方面储备知识。茅盾曾经将《红楼梦》第五回中的一副对联书赠青年作者徐重庆。这副对联是:"世事洞明皆

---

① 南京大学,南京师范学院,杭州大学等.古人论写作[M].长春:吉林人民出版社,1981.

学问,人情练达即文章。"意思是,客观世界的诸般事物都能洞察明白就是"学问",对现实生活的"人情世故"都很熟悉、通达,就自能"化"之为"文章"。为了储备活的学识,就应该如鲁迅指出的那样,要"用自己的眼睛去读世间这一部活书"。

(二) 书本知识的储备

书本知识是前人经验的总结,是人类文化的结晶。一个写作者要储备知识,是离不开读书这条途径的。有人问宋代的欧阳修,文章怎样才能写得好?他答道:"无他术,惟勤读而多为之,自工。"现代著名作家巴金回忆他的写作经历时说:"老师平日讲得少,而且讲得简单,他唯一的办法是叫学生多读书,多背书。当时我背得很熟的几种书中间有一部《古文观止》。……这两百多篇'古文'可以说是我真正的启蒙先生。我后来写了二十本散文,跟这个'启蒙先生'很有关系。"①

科学家、学者更是把读书看作他们治学的重要途径。马克思为了写《资本论》,从1843年开始研究政治经济学,收集材料。他批判地阅读和研究了各种浩如烟海的理论著作、工作年报、议会记录,所读过和摘录过的书籍多达1500种以上。凡是和他研究的内容有关的学科,例如农艺学、农业化学、实用经济学、实用工艺学、科学技术史,甚至解剖学等,他都仔细地钻研过。正是因为有了这样广博的学识,然后加以艰苦的科学研究,他才能写出《资本论》这部"工人阶级的圣经"。

以上两条途径,不能截然分开,应该将活的知识与书本知识结合起来进行储备,使二者互相补充、互相作用和互相渗透。

三、写作者进行学识修养的方法

(一) 在生活中增进学识

俗话说:"三百六十行,行行出状元。"写作者应该在社会生活中向所有学识丰富的人虚心学习,既要"不耻下问",向自以为比自己学识少的一般人、普通人虚心请教;又要"不耻上问",勇于向著名的作家、学者、专家求教。

(二) 在读书中增进学识

要选择第一流的书籍。培根说过:"书有可浅尝者,有可吞食者,少数则须咀嚼消化。换言之,有只需读其部分者,有只需大体涉猎者,少数则须全读,读时全神贯注,孜孜不倦。"因此,选择书籍,对准读书焦点,就成为学业上有所成就、写作上能有成绩的重要因素。

那么,怎样选择书籍呢?

1. 根据专业需要选择第一流的书籍

一位学者曾深有体会地说:"我以前读书没有人指导,遇见什么就读什么……在古典文学方面,一开始就读些不太好的选本,而对一些不成气候的子家诗文集,还浪费过八年的光阴。许多优秀作品如《水浒传》《红楼梦》之类,反而没读过。年岁稍大一点,看了张之洞的《书目答问》,梁启超的《国学入门书目及其读法》,视野广阔一些,才知道选择读某些'要

---

① 巴金.巴金论创作[M].上海:上海文艺出版社,1983.

著'。"古人指出:"取法乎上,仅得其中,取法乎中,仅得其下。"为了选择第一流的书籍,最好向名家或有经验的人请教,也可通过自己的浏览进行比较,提纯拔萃。

2. "广博"与"精深"结合

所谓"广博",就是指既要读理论书籍,又要读文学作品,不但要读写作学和有关的专业书,而且要读专业以外的书。鲁迅早就告诫初学写作者:"必须如蜜蜂一样,采过许多花,这才能酿出蜜来,倘若只叮在一处,所得就非常有限,枯燥了。""爱看书的青年,大可以看看本分以外的书……即使和本业毫不相干的,也要浏览。譬如学理科的,偏看看文学书,学文学的,偏看看科学书,看看别个在那里研究的究竟是怎么一回事。这样子,对于别人、别事,可以有更深的了解。"[①]可以说,读书不广博,常常难写作。

所谓"精深",就是指在"广博"的基础上选择一门,深入钻研,力求精通。例如阅读文学作品,不仅要广泛阅读各种体裁的中外名著,而且应该就其中的某一类、某一部精读深钻,加以研究,有了发现之后才能执笔写作。鲁迅说:"读书'浏览'是重要的,但光'浏览'不行,那样会成为'杂耍',是不会有成就的。应该在'浏览'的基础上,然后抉择而入于自己所爱的较擅长的一门或几门。"

广博与精深应该是相辅相成的,宜把二者有机地结合起来。如果仅广博而不精深,就必然杂而浅。无广博而求精深,也不可得。

3. 勤做笔记和卡片

韩愈在《进学解》中说:"业精于勤,荒于嬉。"学习写作的人,在阅读时必须勤做笔记、卡片。笔记和卡片是记忆的贮存器,是写作资料和素材的好仓库,又是思考的激发器和创作的发源地。因此,古今中外的文章大家都很重视这一工作。为了积累写作资料和素材,除随身带着笔记本记下"思想的火花"之外,要专门置备读书笔记和资料卡片,做到"不动笔墨不读书",勤记笔记,勤做卡片。

训练与实践

一、写作知识训练

1. 你认为增进学识对写作有什么意义?
2. 写作者进行学识修养的途径是什么?

二、例文评析训练

1. 阅读徐迟的报告文学《哥德巴赫猜想》中的部分内容,然后分析其中用到了哪些学识。

> 何等动人的一页又一页篇章!这些是人类思维的花朵。这些是空谷幽兰、高寒杜鹃、老林中的人参、冰山上的雪莲、绝顶上的灵芝、抽象思维的牡丹。这些

[①] 鲁迅.鲁迅论创作[M].上海:上海文艺出版社,1983.

数学的公式也是一种世界语言。学会这种语言就懂得它了。这里面贯穿着最严密的逻辑和自然辩证法。它是在探索太阳系、银河系、河外系和宇宙的秘密,原子、电子、粒子、层子的奥妙中产生的。但是能升登到这样高深的数学领域去的人,一般地说,并不很多。

  且让我们这样稍稍窥视一下彼岸彼土。那里似有美丽多姿的白鹤在飞翔舞蹈。你看那玉羽雪白,雪白得不沾一点尘土;而鹤顶鲜红,而且鹤眼也是鲜红的。它踯躅徘徊,一飞千里。还有乐园鸟飞翔,有鸾凤和鸣,姣妙、娟丽,变态无穷。在深邃的数学领域里,既散魂而荡目,迷不知其所之。

  2. 朱熹《观书有感》诗曰:"半亩方塘一鉴开,天光云影共徘徊。问渠那得清如许,为有源头活水来。"你读了这首诗后有何感想?以《浅谈学识储备》为题,写一篇短文。

三、写作技能训练

  爱因斯坦说:"学习知识要善于思考、思考、再思考,我就是靠这个方法成为科学家的。"从写作的角度谈谈自己对爱因斯坦这段话的认识。

四、写作实践训练

  1. 读书要明确目标。读书的目标有两个方面,一是直接的目标,即立竿见影,读后即可将所得的材料加以使用;二是间接的目标,即长期的、潜在性的、渗透性的目标,这个目标的追求和实现,对于写作可以是显性的,也可以是非显性的。而且,后一种目标对于写作主体的修养更为重要。林语堂认为,"读书是文明生活中人所共认的一种乐趣","一个人并不是为了要使心智进步而读书,因为读书之时如怀着这个念头,则读书的一切乐趣便完全丧失了","凡是以出于勉强的态度去读书的人,都是些不懂读书艺术的人"。[①]访问本校两三个教师,请他们谈谈什么是读书的艺术。

  2. 王力在《谈谈怎样读书》一文中提出:"首先应读书的序例,即序文和凡例";"其次,要摘要做笔记";"第三点,应考虑着作眉批,在书的天头上加自己的评论";"另外,要写读书报告"。读一本《读书》或《文学评论》杂志,按照以上方法细心阅读,写一篇读书笔记。

  3. 到图书馆查找有关论述学识与写作关系的书籍或文章,并做文摘卡片和读书笔记。

第四节 语言修养

一、语言修养和写作的关系

  语言是思想的直接现实,人的思想只有在语言材料基础上才能产生和存在。完全没有语言的材料和完全没有语言的自然物质的赤裸裸的思想是不存在的。所以语言又被称为"思想的外衣",而文字是语言的符号。言语是人运用语言材料和语言规则进行交际活动的

[①] 林语堂.生活的艺术[M].北京:北方文艺出版社,1987:193.

过程。言语过程由两部分构成，其一是"说写者——作品"即编码创作过程，其二是"作品——听读者"即译码接收过程。这两者合起来，就构成了一个完整的言语过程。写作，是第一过程，即编码创作过程。它使用的码，就是语言文字。因此，语言文字对于写作的重要性在于：它既是组成文章或作品的要素，又是写作的工具。所以，古今中外的文章家、作家都很强调语言对于写作的重要性。鲁迅在《且介亭杂文·答曹聚仁先生信》中指出："语文和口语不能完全相同，讲话的时候，可以夹许多'这个这个''那个那个'之类，其实并无意义。到写作时，为了时间、纸张的经济，意思的分明，就要分别删去的，所以文章一定应该比口语简洁，然而明了，有些不同，并非文章的坏处。"它说明写作使用的语言，与口语"有些不同"，是经过加工的语言，比口语简洁、明了。

二、写作者进行语言修养的前提

写作者学习语言，首先要明确语言这种特殊的"材料和工具"，需要经过艰苦学习和自觉锻炼才能获得和掌握。因此，写作者学习语言的目的就是：获得和掌握语言文字这个写作的基本材料和工具，使自己笔下的语言文字具有很高的质量：正确、准确、明白、严密、自然、丰富、精练、纯洁、生动、优美。为此要学习三类语言，即自然语言、科学语言、艺术语言。因为自然语言是日常生活的基础用语；科学语言是分析性的语言，其内容是由逻辑思维抽象的事理，它通向科学的阐释；艺术语言则是描绘性的语言，其内容是由形象思维产生的具体的形象，它通向艺术的创造。在对以上三类语言有了基本理解并掌握了它们之后，就可以根据自己的爱好和需要，选择其中的一种或两种，进一步加深理解并熟练地使用。

这里需要一提的是"网络语言"。应该说，网络语言是指人们在上网聊天时使用的某种非常规的词语及其表达。对于网络语言，写作者应该正确对待，又要正确运用。

其次，写作者应该认识言语的基本职能和活动形式。第一，言语具有三个基本职能：其一是符号固着职能，通过言语唤起和组织人的表象活动，从而对人形成稳固而丰富的内心生活起着重大的作用；其二是意义概括职能，使人有可能用言语进行抽象思维活动，从而大大地促进人的认识能力的发展；其三是心理交流职能，使人的感知、记忆、想象、思维等心理活动得以宣之于外，为别人所感知、所接受。第二，言语活动有三种基本形式：一是口头言语，它是一个人凭借自己的发音器官所发出的声音来表达思想和感情的言语，例如日常会话、口头作文、演讲、作报告、讲课等；二是书面言语，它是一个人凭借文字表达思想和感情的言语，所有的书面写作都是书面言语活动；三是内部言语，它不是指向同别人交际的，而是一种对自己发出的言语，是自己思考问题时的言语活动，写作中的打腹稿即是内部言语活动。写作者的言语活动由上述三种言语组成，而以书面言语为重点和标志。

三、写作者进行语言修养的途径、方法

（一）写作者进行语言修养的途径

1. 向民众学习语言

写作者要注意在生活中学习人民群众生动活泼的口语。如鲁迅所说的那样："将活人

的唇舌作为源泉,使文章更加接近口语,更有生气。"鲁迅一生重视"从活人的嘴上,采取有生命的词汇,搬到纸上来"。他作品中的许多生动、活泼的语言,都是他"博采口语"的结晶。秦牧在《语林采英》一书中举出的大量事例,也说明了"语言的宝库在当代人的口头上"。许多外国作家也都很重视学习人民的口头语言。如普希金从小就向祖母学习语言,年长后还到附近市集上听盲人唱各种歌谣;托尔斯泰和各阶层的人物接触、谈话后认真写语言笔记;高尔基、狄更斯的生活经历都很丰富,他们都在生活中积累了丰富的语汇和表达方式。"博采口语"并非照搬口语,而是必须对口语进行提炼、加工。有些方言土语虽很生动,但别处的人看不懂,就必须对它进行提炼、加工,使它们更加民族化、大众化。

2. 向外国学习语言

毛泽东在《反对党八股》中曾说:"我们还要多多吸收外国的新鲜东西,不但要吸收他们的进步道理,而且要吸收他们的新鲜用语。"这是因为学习外国语言的词汇、语法中有用的部分,可以丰富自己民族的语言。汉语中有着大量的外来词,如"咖啡""沙发""沙龙""吨""磅""干部""浪漫""麦克风""安培""伏特""雷达""维他命""镭射""拷贝"……如果不吸收这些外来词,汉语言就不能被自如地用来表达许多新事物和新概念,不能适应新的生活和科技发展的需要。此外,适当地吸收外国语言的一些句式,也有助于增强现代汉语的表现力。不过,在吸收外国语言的成分时,一定要防止滥用外来词和欧化句式,否则就会破坏汉语言的纯洁性。

3. 向古人学习语言

古人语言中有许多精华,我们应该好好吸收。现代汉语中有许多词汇是从古代汉语中的词汇延续而来的,除了基本词汇以外,俗语、谚语、成语中的大部分也是从古人语言中继承的。不少文言词语至今仍保持着旺盛的生命力。对这些古人语言中有生命力的东西,写作者必须认真学习,并储存在自己的语言仓库中,以便写作时使用。经典作家和优秀作家的文章之所以写得精练、深刻而又生动,是和他们善于运用富有生命力的古人语言分不开的。如毛泽东批评那些只会夸夸其谈的主观主义者:"无实事求是之意,有哗众取宠之心。华而不实,脆而不坚。自以为是,老子天下第一,'钦差大臣'满天飞。"短短数语就揭示了那些只会空谈的理论者的内心世界和浮夸作风。鲁迅在抒发深沉的感慨或表示幽默讽刺的语气时,也常常使用文言词语,如在《阿Q正传》中写阿Q从城里回来带着沉甸甸的钱包去喝酒时,未庄人对他便一反常态:"虽然明知道是阿Q,但因为和破夹袄的阿Q有些两样了,古人云:'士别三日便当刮目相待',所以堂倌、掌柜、酒客、路人,便自然显出一种疑而且敬的形态来。"这里用了些文言词语,有助于表现旧社会人心的势利。文言词语要用得自然、贴切,最重要的是要理解它们的本义、引申义、比喻义和现代的用法,使它们融化在自己的语言里,切不可生硬地搬用,否则会使人产生迂腐的感觉。

4. 向名著学习语言

学生经历的每个阶段,幼儿、小学、中学到大学乃至研究生,几乎都会接触并聆听、阅读文学名著,无意或者有意识地都在学习文学名著中的语言。写作者学习名著的语言,是有意识而且目的性、指向性都十分明确的。各种文学体裁皆有自己的特殊语言,正是各自独特的个性语言所构成的文学语言,成就了文学作品。于是语言之后连带的词语是文学,谓之语言文学。比如《读名著学语言:一千零一夜(彩图注音版)》一书介绍的阿拉伯地区的古代民间传说,传播至欧洲、亚洲的许多国家。他们把神奇的想象和当时阿拉伯的现实结合起来,反映了东方文化的瑰丽、神秘和奇异,带给人无尽的想象。至于哲学、科学、自然和社会科学及其下属的各种门类的名著,又有着各自不同的独特的语言。写作者必须学而时习之方能掌握。

(二) 写作者进行语言修养的方法

1. 多听

所谓多听,就是要随时随地运用听觉器官捕捉语言信息。例如俄国著名的犹太作家肖洛姆·阿莱汉姆十三岁时失去了母亲,他父亲给他和姐妹们找了个后母。由于后母又带来了几个孩子,家中人口多,收入少,日子过得很艰苦。他后母十分厉害,经常打骂他。他既不顶嘴,也不生气,却很注意听后母骂他的话,并记下来,如"吃——让蛆虫把你吃掉!""叫——让你牙痛得叫起来!""缝——给你缝寿衣!""写——把你写进死人的名册里!"这些口语尖酸刻薄,很有特色,给阿莱汉姆留下了深刻的印象,使他积累了丰富的词汇。

2. 多记

所谓多记,就是听到或读到好的词语、句子,要用一个本子记下来,以便复习、使用。阿莱汉姆就偷偷地拿个本子把他后母咒骂他的话记录下来,后来把那些词汇按照俄文字母的排列顺序编排成一本《后母娘的词汇》,而且有意识地把这个书里的词汇用到小说、剧本中,把人物写得活灵活现。他的书信体小说《美纳汉·孟德尔》,被高尔基称赞为"一本绝妙的好书"。

3. 多读

所谓多读,就是要多读书面著作。书籍是古今思想家、政治家、科学家、文学家运用经过提炼、加工的语言写成的,它们的语言具有规范性、精练性、严谨性等特点。赵树理在《语言小谈》中强调"从群众的话海中吸取营养",同时又指出:"书本上的好语言,是别人从群众中取材和加工的结果,也是我们学习语言时的参考资料。"一般来说,"多读"主要指多读经典著作、中外文学名著和科学名著以及优秀的传记和历史著作,从中学习大量的词汇、多样的句式、丰富的修辞和高超的用语艺术。这不仅能大大充实写作者的语言仓库,而且使写作者懂得炼字、炼句、炼意的重要性,知道运用语言要符合语法,遵守"约定俗成"的原则,写作不同文体的文章要运用不同的语言,还要因读者不同而确定使用怎样的语言。

4. 多写

所谓多写,就是要通过多次的写作实践来积累词汇,加深对词汇的理解,在写作中学习语言规律,提高语言运用能力。写作者学习语言与语言工作者研究语言不同。语言文字工作者研究语言是根据语言学、文字学理论分析语言文字现象。而写作者学习语言文字不能仅仅停留在对于语言文字知识和理论的掌握上,更要重视运用语言文字的艺术,将知识、理论转化为技能、技巧。这和学开车、学游泳、学舞蹈、学绘画一样,光懂一点道理不行,非要多练苦练才能学会学好。俗话说"熟能生巧",只有多写多练,才能运用自如,使语言文字成为写作时得心应手的材料和工具。

训练与实践

一、写作知识训练

1. 学习写作为什么要重视语言修养?
2. 写作者进行语言修养的主要方法是什么?
3. 学习2001年1月1日施行的《中华人民共和国国家通用语言文字法》,并认真贯彻执行。
4. 课堂或者课后进行讨论、讲谈、交流:我读过的一本文学名著的语言特色。

二、例文评析训练

1. 下面一段对话是作家管用和在一篇文章中引用的,评析它在语言上的特点。

"……如今,做婆婆的也是真为难,刘家那个二媳妇,真是豆腐掉在灰塘里,吹吹不得,打打不得。昨夜晚,她婆婆掂了一下她的斤两,说了两句不疼不痒的话,她一赌气就跑了。三更半夜的,不晓得是死是活。"

"你放心——船儿丢了在河下,媳妇跑了在娘家;荷花娇是臭泥巴长的,姑娘娇是半吊子娘养的。我看,八成是她娘的歪点子,用跑来吓人。"

"娇嘛,也要娇得有个样。不是我说她,真是端块豆腐也怕割了手,芝麻小事都不沾边,恨不得要人打个金神龛子把她供着,天天对她烧香磕头——哪个婆婆搁得这样的媳妇!"

"一个闹钹响不起来。我看她婆婆是个属辣椒的,无风都吹得起灰来。锅里不拣人的错儿,碗里就拣人的错儿——她跟大媳妇也是反贴门神不对脸。正月初一吵一句,腊月三十还不落音的。"

"随怎么说,她总是个上人。峨眉山再高也在天底下,一只箩筐也有四根系绳管着哩。这样子媳妇不管狠一点,会在你的头上做窠。哼,你没听到她那张刀子嘴巴哟,才会伤人哩:骂起人来,一骂一个坑!"

"相打无好拳,相骂无好言,牙齿有时候还把舌头咬了哩。自己亲生的姑娘又么样呢。当个闭眼观音,马虎一点不就行了。"①

2. 语言文字学习应该从日常做起,特别要注意发现各种媒体上的语言文字的使用问题。阅读下文并作评析。

---

① 管用和.难忘的小火轮[J].写作,1986(1).

电视不该当"白字先生"

婧 馨

听说过成语"结草衔环"吗?"结草",说的是晋国大夫魏颗,没有让父亲的遗妾殉葬,而是允其改嫁。结果当魏颗与秦国的杜回交战时,这个小女子结草为绳绊倒了杜回,而使魏颗俘获了杜回。"衔环"则讲的是一则神话,宝卿救了一只被鸱枭所伤、蝼蚁所困的黄雀,而黄雀正是西王母的使者,它赠给宝卿四只白环以为报答。

"结草衔环"比喻感恩报德,至死不忘。而最近在一个电视剧中,却用"结草衔环"来表达儿女私情,简直让人啼笑皆非。

我还在另一部电视剧中听到这样的旁白:"二八佳人,28岁还正当年嘛。"像这样把"二八佳人"所喻指的16岁妙龄少女说成是28岁的笑话,实在是不一而足,令人喷饭。

红火一时的电视剧《铁齿铜牙纪晓岚》中字幕更是错误百出,"稍候"写成"稍后","一品大员"写成"一品大元","草菅人命"写成"草奸人命",等等。

电视作为大众媒体,应倡导、传播先进文化,至少不能传播错误文化。

电视应当尽快走出"白字先生"的误区。

3. 鲁迅在《人生识字糊涂始》一文中说,很多人读书"自以为通文了,其实却没有通,自以为识字了,其实也没有识",并以自己为例,说他常常会用些书本上的词汇,虽然并非什么冷僻字,或者连读者也并不觉得是冷僻字,然而假如有读者要他画出或钩出这些词所含事物的样子,他就会腋下出汗,恨无地洞可钻。因为他实在连自己也不知道这些词表达的事物是什么样子,这形容词是从旧书上抄来的,向来就并没有弄明白,一经切实的考查,就糟了。"此外如'幽婉','玲珑','蹒跚','喏喏'……之类,还多得很。"因而提出:写作要"明白如话",而"倘要明白,我以为第一是在作者先把似识非识的字放弃,……只说些自己的确能懂的话"。你是否也有这种体会?对鲁迅的主张,你有什么看法?

4. 不同的地域、性格、职业、年龄、心境等都有着不同的语言,这些"不同"构成了语言的个性,这些个性使得我们的语言世界绚烂多姿、异彩纷呈。那我们应该怎样让语言充满个性化呢?以下是节选自马塞尔·普鲁斯特的《追忆似水流年》第二卷第一部的片段,有助于我们学习写作中如何写好个性化语言。试以家乡方言写一段当地民众对一种美食的交谈。

第一流的厨师

多年以后,每当人们提起大使称弗朗索瓦丝为"第一流的厨师头"时,她还"忍俊不禁"。

当初母亲去厨房向她传达这个称呼时,俨然如国防部长传达来访君主在检阅后所致的祝词。母亲对她说:"大使说在哪里也吃不到你做的这种冷牛肉和蛋奶酥。"

弗朗索瓦丝带着谦虚而受之无愧的神情表示同意,但大使这个头衔并未使她受宠若惊。她提到德·诺布瓦先生时,用一种亲切的口吻说:"这是一个好老头,和我一样。"

"谁也做不出你这样可口的冻汁来,这来自什么原因?"母亲问她。

"我也不知道这是从哪里变来的。"弗朗索瓦丝说。

她这话有一部分是真实的,因为她不善于揭示她的冻汁或奶油的成功诀窍,正如一位雍容高雅的女士之与自己的装束,或者著名歌唱家之与自己的歌喉。她们的解释往往使我们不得要领。我们的厨娘对烹调也是如此。

在谈到大餐厅时,她说:"他们的火太急,又将菜分开烧。牛肉必须像海绵一样烂,才能吸收全部汤汁。不过,以前有一家咖啡店菜烧得不错。我不是说他们做的冻汁和我的完全一样,不过他们也是文火烧的,蛋奶酥里也确实有奶油。"

"是亨利饭馆吧?"已经来到我们身边的父亲问道,他很欣赏该隆广场的这家饭馆,经常和同行去那里聚餐。

"啊,不是!"弗朗索瓦丝说,柔和的声音暗藏着深深的蔑视,"我说的是小饭馆。亨利饭馆当然高级啦,不过它不是饭馆,而是——汤铺!"

"那么是韦伯饭馆?"

"啊,不是,我是指好饭馆。韦伯饭馆在王家街,它不算饭馆,是酒店。我不知道他们是否侍候客人用餐,我想他们连桌布也没有。什么都往桌子上一放,马马虎虎。"

三、写作技能训练

1. 仿照管用和《难忘的小火轮》中引用的两个农村妇女的对话,写一段有生活气息和人物性格的对话。

2. 2012 年 6 月,某高校应届毕业生毕业典礼上,一位副教授上台祝贺同学们毕业,他的讲话视频迅速在网上流传。某报记者对他进行了采访,随后发表了一篇报道,说:

高校教授自称"朕",又将学生称为"爱卿",话语中充盈着"高富帅"与"白富美",这是某高校毕业典礼上的一幕,该校副教授在 2012 年本科及研究生学生毕业典礼中,发表了 1100 字的"甄嬛体"雷人讲话,不仅在现场赢得学生的阵阵掌声及欢呼声,更是在网络上火了一把。昨日,这位副教授回应新快报记者称,希望通过幽默轻松的方式让学生"快乐毕业"。

7 月 19 日《人民日报》第 24 版发表任姗姗文章《毕业致辞,拒绝"娱乐"过火》,不指名批评了这位副教授的演讲。

找出这篇演讲,联系实际,就思想感情、社会现实结合语言修养谈谈自己的看法。

3. 以下 6 个有问题的语句都是从上海文化出版社出版的《咬文嚼字》的有关文章中摘

出来的，试对其中的错误进行分析并作修改。

① 在我国冰城哈尔滨举行的第三届亚洲冬季运动会，是迎接新世纪到来的一次洲际运动会。

② 去年1月英国珀斯发生特大水灾。持续不断的一夜大雨之后，一个遇难者正在电话间里求救。

③ 顶着夜幕，李福泽沿着发射场的方向走去。

④ 当人们为五彩缤纷的霓虹灯伫足、留连、陶醉时，可否问过：赤橙黄绿青蓝紫，谁持彩链当空舞？

⑤ 这是我应该做的一件小事，无须大事渲染。

⑥ 一条不长的小街却开了许多家俱店。

四、写作实践训练

1. 收集鲁迅、郭沫若、茅盾、巴金、老舍等著名作家论语言学习的话，制成资料卡片。

2. 在学习语言的时候，应该注意积累术语词汇。尤其是在为进行科学研究而运用语言的过程中，正确地运用术语是保证科学研究活动顺利进行的一个重要条件。阅读《写作》《文学评论》等杂志，《文化学》《文艺心理学》等著作，从中摘录自己新学到的10个术语，连同例句写在练习本上。

3. 到街道或者市场上，听人们谈话，并用心记下有意思、有特点的语言。

4. 从四大古典文学名著中选一本，参考《〈西游记〉的趣语言》一文，从书中摘抄自己认为应学习和该储存的词语。

《〈西游记〉的趣味语言》

5. 经常查看字典、词典，对于自己不知、不解、不会写、不会用的字词，要加强学习，用心积累。同时，要认真掌握现代科学和当代生活的新词汇，如：人工智能、大数据、基因工程等。

6. 阅读下文，然后选择一篇新近读到的某作家的作品进行评论。

作家，应该成为母语的守护者①

杜 浩

2012年伊始，《咬文嚼字》杂志社发动广大读者"围观名家博客"。

2月被围观的博主是一位青年作家。"围观"的专家介绍说，从这位青年作家的博客看，他运用语言文字的态度很随意，几乎毫无规范意识，低级差错触目可

---

① 杜浩.作家，应该成为母语的守护者[N].湖南日报，2012-02-07.

见。比如把"令你们自豪"误成"另你们自豪",把"自我了结了"误成"自我了解了",把"顶着大雨"误成"定着大雨",等等;一些常见的易混字词,比如"戴"与"带"、"副"与"幅"、"碳"与"炭"、"反映"与"反应"等,他基本不能准确辨析;甚至错把"蚍蜉撼树"的"蚍蜉"当作是"蜉蝣"。《咬文嚼字》主编在微博中谈及这一现象时说,这犹如"遍地荆棘,叫樵夫如何下手"? 围观的专家和读者普遍认为,博客中充斥如此多的语言错误,反映了他对我们的语言文字缺乏敬畏之心。

著名作家王蒙曾赞扬这位作家:"他用的语言有一些诗意,给人一种不一样的感觉。"的确,他是当今文坛的畅销书作家,青少年读者、粉丝和拥趸众多,可是他们如果看到他对语言文字的运用错误迭出,如此糟糕,该如何感想? 他们会不会对其作品质量、写作精神和文学态度,产生更多的质疑? 在他们心目中的作家形象会不会因此受损?

其实,一些名作家读错字、写错字的现象,也时有发生。而且,这些都曾经成为文化问题,引起一些批评争议。可见,一位作家特别是一位在文坛、在读者中有一些影响的当红作家,书写中经常出现错字连篇、谬误不断的现象,确实不能当作小事看待。我们知道,作家写出作品是为了与读者进行心灵沟通、情感交流,产生精神和思想的共鸣,而他们所使用的手段和工具,就是语言文字这种媒介形式;并且,他们还要追求语言文字的诗意、灵动和韵味。如果作家使用语言文字时,不能保持最基本的正确、无误,怎么能达到这个写作目的和文学效果? 记得作家刘震云在评价"80后"作家的文学写作时,就曾专门谈到语言文字写作要求对于一个作家的重要意义:"我觉得他们必须要做到的,就是不要写错别字,一页纸如果有3个错别字的话是不可原谅的。就好像杨百顺学杀猪,把肠子捅烂了,弄得满腔都是烂肠子和大粪,这就不对了,我觉得是不是从学好汉字开始?"

这不禁又让我们想到今天我们文化中的语言文字运用问题。现在有人提出"当下中国存在汉语危机吗""网络时代,我们怎样书写汉字"的疑问。的确,看看如今我们的汉字,正在遭受各种图像的进攻,正在受到网络"雷词"语言的进攻,正在经历技术力量的进攻,对汉字缺乏尊重、爱惜和保护的态度,致使汉字被肆意错改、错用,汉字正在解放的狂欢中耗尽能量走向衰竭……汉字的这种窘境、网络时代的汉字书写的命运,的确让人关切和忧虑!

面对我们的汉字、汉语运用危机,我们的作家该怎么办?

我们知道,作家的写作是一种通过语言文字来表达的精神活动,作家所使用的语言和文字往往被看作是作家的生命和精神的外化形式,无论是表达自己的心智、情感、精神和创造力,还是向读者展示自我的心灵和生命世界,或者表现他对这个世界的理解和认识,语言文字是作家最基本的表达思想和情感的渠道和工具。这正像著名诗人余光中所说的,中文乃一切中国人心灵之所托,只要中文长在,必然汉魂不朽。

汉语才是我们的根,我们文学创作的根!所以说,汉语作为我们的母语,是我们的作家的文学生命和精神生命的依托与根本,没有汉语的这一切价值,作家将失去一切。所以,对作家来说,他们不仅是我们的母语的使用者,更应该是我们的母语的守护者、保护者。对待我们的母语,不仅需要一种严谨的态度,更需要具有一种敬畏之心。这是任何作家不能缺失的写作自觉和文化自觉。

7. 关注并收集新出现的网络流行语。

第二章 写作主体基本能力

写作能力是写作主体从事写作活动的本领,它离不开智力,由智力转化而成。作者要写出优秀的文章,应该充分重视强化素质,有意识地培养能力。写作能力主要包括选材炼意能力、营构布局能力、语言表达能力、修改完善能力以及观察能力、体验能力、思维能力与想象能力等。只有具备了以上基本能力,才能顺利完成写作过程。

写作过程是个多种能力综合运用的动态过程,可分为以下四个阶段:写作主体运用自己的选材能力,通过观察、体验、阅读等途径,掌握丰富的材料,激发写作动机,这是前写作阶段;写作主体运用自己的炼意能力,通过思维运动,确立主旨,调动平时积累,开始内化过程,这是显写作阶段;写作主体运用自己的营构布局能力、语言表达能力,利用语言文字将内化成果通过营构、表述外化为文章,这是外写作阶段;而在后写作阶段,写作主体运用自己的修改完善能力,通过自我调节反馈和读者信息反馈,不断修改润色而臻完善。写作主体运用以上几种基本能力,经过四个既密切相连又交叉反复的阶段,形成完整的写作过程,达到特定的写作目的,写出言之有物、言之有理、言之有情、言之有序的好文章。

第一节 选材炼意能力

一、选材能力

选材能力是写作诸能力中的重要能力,材料工作是写作诸环节中首先触及的环节,并贯穿于整个写作过程。

(一)选材与材料工作

材料是构成文章的基本要素,指写作者为了某一意图从社会生活中搜索、摄取的事实现象或理论根据。材料工作在文章写作中是个相对独立的系统,可分为三个阶段:第一,取材阶段。写作者通过观察体验、调查采访、阅读化用而从生活中选取材料。文学创作中将这部分进入作家视野并被认识、采撷的生活现象称之为素材。素材分直接素材与间接素材两类,写作者亲身经历、观察和体验过的具体事件、人物、情感是直接素材;写作者听别人讲述或通过阅读间接了解的故事人物、知识经验是间接素材。第二,选材阶段。写作者对获取的素材经过集中、提炼、加工、改造等鉴别后,决定选入文章中的材料,文学创作中称之为题材。比如抒情类作品以情感为内核,写作者将内心的感受体验、情绪意趣借助于某些生活现象与自然景物表达出来,做到情景交融,于是情与景就构成了作品的题材;叙事类作品以人物为中心,写作者通过具体环境和生活事件的描述来塑造人物形象,表达创作意图,于是人物环境与事件就有机地构成了作品的题材。第三,用材阶段。写作者经过运思,通过语言表达及疏密详略处理等写作技巧,将选取的材料具体应用到文章中去。在这一系统中,取材是基础,用材是目的,选材则是手段,三者环环相扣,紧密联系,共同为表情达意服务。

人们历来主张写文章要言之有物、言之有理、言之有情、言之有序,尤其强调"夫立言之要,在于有物",[①]这显然是把选材放在首要地位。我们可以从以下几方面关系中,看出材料在文章写作中的重要作用。

1. 从材料与立意的关系看

首先,素材是构思过程中形成观点、提炼主旨的基础。写作的目的是写作者表达自己对生活的感受认识,这种感受认识不是凭空产生的,而是写作者从对深入客观实际后选取的大量丰富翔实的素材的科学分析中得到的。古人说过,"不使事难于立意"(陈善《扪虱新话》),唯物主义认识论也告诉人们,人的认识都是从具体可感的个别生活现象出发的,许多感性材料积累起来,经过头脑的加工制作,就会产生质的飞跃,形成认识。正确深刻的立意也是经历了这样一个过程。其次,写作者从素材中选取并写进文章里的题材是表现主旨的依据。写作过程本质上就是即事明理、即事寓情的过程。因此,主旨形成之后,写作者必须从素材中精心选择典型生动的题材,使它们像众星之拱北斗、江河之载舟船那样去说明观点、表现立意。否则,"譬如大匠操斤,无土木材料,纵有成风尽垩手段,何处设施"?[②] 立意又怎能得到充分的体现?所以人们常把立意比作灵魂,结构比作骨骼,语言比作细胞,材料比作血肉。一个健美的人,应该灵魂高尚、骨骼健全,还应该细胞活跃、血肉丰满,方有强大的生命力。一篇文章,既应该有深刻的立意,同时还必须有充分典型的材料作为表情立意的依据。

2. 从材料与语言的关系看

"语言是一切事实和思想的外衣"这句话既说明了语言的重要作用,又说明语言是从属于事实材料的。如果缺乏材料,或者只有虚假平庸的材料,那么语言再美也成不了一篇有价值的文章,甚至会出现愈是辞藻华丽,愈是面目可憎的现象。如六朝骈文,反映的生活范围狭小;明清八股文,只为"代圣人立言",脱离实际,内容空洞,虽然语言竭尽雕琢之能事,但留下来的只是一批苍白无力之作。同时,写作者只有在选材环节上狠下功夫,获取大量有用信息,方能克服无话可说的苦恼,保证文章言之有物。

3. 从材料与动机的关系看

写作首先需要触发动机,而材料则是触发动机的重要媒介。写作动机是推动人从事某种活动的内部动力,贯穿于整个写作运动过程,犹如发动机由慢至快地变速加速运转,以推动写作行为沿既定轨道到达终点。现实生活中的一个具体事件、一个生活细节或富有特征

---

① 章学诚.文史通义[M].北京:古籍出版社,1956.
② 刘大櫆.论文偶记[M].北京:人民文学出版社,1959.

的人物动作、对一些印象深刻的人物事件的回忆、阅读文章等组成一个触发刺激的洪流,一旦作为写作材料进入写作者的视野,随时随地都可能震撼心灵,成为触发写作动机的动因,从而激发写作者的写作行为。如托尔斯泰在1896年7月19日的日记中这样写:"昨天在新翻耕过的休闲黑土地上走。一眼望去,只见黑色的土地,连一棵绿草也没有。在尘土飞扬的灰色大路旁有一株牛蒡,长出三根嫩枝。一根折断了,上面有一朵沾泥的小白花;第二根也断了,溅了泥,变成黑色,折断的茎上都是泥;第三根往一旁伸出去,也披满尘土,变成黑色,但还活着,中间呈现出红色。这株牛蒡使我想起哈吉穆拉特,想写出来。它捍卫生命直到最后,这片田地里就只剩下这一株了。不管怎样,它总是捍卫住了生命。"

可见,材料与动机有着密切的联系:丰富典型的材料是激发写作者开展积极的有意识的思考活动的触媒,并促使写作者进一步对纷繁的外部刺激材料进行审美分析与价值判断并作出选择,从而引起动机触发,产生写作行为。

另外,从材料与技巧的关系、材料与文章的社会效果及地位的关系等方面,也可以看出材料在文章写作中的重大作用。总之,一切真正有价值、有见解的文章,无一不是在充分获取材料、精心选择材料的基础上写成的。充分认识材料工作的重要性,认真严肃地做好材料工作,是写作的良好开端。

(二) 取材的途径

写作取材主要通过以下几种途径。

1. 观察

观察是写作者运用感官或凭借某些科学仪器考察自然现象、社会现象,摄取客体有关信息的活动。观察作为一种独立的认知方式,对获取材料有极为重要的作用,许多科学家、文学家都非常重视观察,俄国著名生理学家巴甫洛夫甚至把"观察、观察、再观察"写在实验室的墙壁上,作为从事科学研究的座右铭。通过观察取材要注意以下几点。

(1) 注意区分两类不同的观察。以写作者的目的与心态为标准,观察可分为科学观察与艺术观察两类。科学观察完全从客体取得材料,以认识自然界和人类社会的规律为主要目的,着力于把握人对周围世界的认识。在这类观察中,观察者的心态是客观冷静的,时时以科学研究的眼光审视客体,获取有关客体的各种信息材料。艺术观察以发现、体察自然现象和社会现象的真善美的价值为特点,具有具象化、内视化等特点,写作者着重摄取造型性强的材料,同时写作者的生理感觉和情感体验也是取材的对象。艺术观察取得的材料则既来自客体,又来自由客体所引发的主体的情感体验。两者在观察目的、体验内容、捕捉材料等方面都有很大不同。

(2) 注意观察的要求。首先,观察要"察真"。从心理学角度看,观察是一种有目的、有准备、有计划的知觉活动,是运用各种感官对客观事物进行的自觉感受活动。在这一活动中,"出真"是主要目的,写作者主要通过深入观察掌握事物的特点,捕捉生动真实的形象。如朱自清在《春》中,观察到了春天桃李争艳、姹紫嫣红的美妙景色,看到花的颜色:"红的像火,粉的像霞,白的像雪"——这是视觉感受;也闻到花的香气:"花里带着甜味儿"——这是嗅觉感受;"花下成千成百的蜜蜂嗡嗡地闹着"——这是视觉与听觉的结合;还有"吹面不寒杨柳风","像母亲的手抚摸着你"——这是肤觉感受。作者运用各种感官,真实地感受到春天的气息、春天的活泼与热闹。

其次观察要"见神"。观察又是贯穿着积极思维的知觉。在观察过程中,写作者的感知起着重大作用,因为它是一切认识活动的基础,只有通过感知才能掌握对象相貌,引起感受体验。然而单靠感知是远远不够的,观察中必须有思维活动的介入。因为观察不仅要"出真",而且还要"见神",即见出物体的内在神韵,从而使文章描述富有感染力,引起读者的共鸣和联想。所以观察应能感形察神见理,这就要调动思维因素加入到观察过程中,既眼观耳听,又用心体察;既看到物的大小、形状与颜色等,又要看出其内在精神、韵致和意蕴。

再次,观察还要"见细",要善于发现那些区别事物差异的细微之处。正如黑格尔所说:"假如一个人能看出当前即显而易见之的差别……我们不会说这人有了不起的聪明。……我们所要求的,是要能看出异中之同或同中之异。"①

心理学研究证明,知觉具有选择性特征。人们能在众多的事物当中,选择某事物或其某部分作为对象突出进行感知,而将其他事物或部分推到后面的背景中去,这就为观察见细找到了心理依据。古诗曰:"小荷才露尖尖角,早有蜻蜓立上头。"观察见细,就要有"荷尖驻足"般的敏感,从细处着手,掌握事物的细节特点和事物发展的某阶段特点、事物构成的某部分特点,通过比较发现事物前后的不同点、与其他事物的不同点,从而见出特征、见出神韵。

(3) 注意观察能力的培养。敏锐的观察能力,可以帮助作者获取更多、更深刻、更富个性特色的材料,推动整个活动的进程。观察能力不是先天生成的,主要靠观察实践逐步培养提高。写作者要培养观察能力,获取更多更好的写作素材,首先要扩大生活领域。古人强调"行万里路",今人强调作家应是个"杂家",其意思都在说明扩大生活领域的重要性。它可以为观察打开门户,使观察者增加感知器官与外界接触的机会,开阔视野,提高兴趣,为培养观察能力创造良好的条件。如果写作者生活领域狭窄,闻而不广,见而不丰,知而不深,就很难提高观察能力,引发写作冲动。

其次要开放感知器官。有了广阔的生活领域,并不意味着就一定有很强的观察能力。有的人虽然行了万里路,看到的风光不少,接触的人和事也不少,但常常熟视无睹,无动于衷,不认真观察、深入研究,所以观察能力照样得不到提高,这中间就有个能否开放感知器官进行观察的问题。根据视觉生理学研究,一个正常人从外界所接收的信息有90%以上是从视觉通道输入的,可见观察以视觉为主,然而并不局限于视觉:"被称为灵魂之窗的眼睛,乃是心灵的要道,心灵依靠它才得以最广泛最宏伟地考察大自然的无穷作品。耳朵则居次位,它依靠收听肉眼目击的事物才获得自己的身价。"②因此,要想迅速提高观察能力,就必须在广阔的生活领域中积极开放各种感知器官,用眼观之、用耳闻之、用鼻嗅之、以体

---

① 黑格尔.小逻辑[M].贺麟,译.北京:商务印书馆,1980:253.
② 芬奇论绘画[M].戴勉,译.北京:人民美术出版社,1979:21.

触之、以心思之,做到专注耐心、持久深入。

再次要养成良好习惯。观察可分为低级形态的无意观察、有意观察和高级形态的无意观察三个层次。高级形态的无意观察是有意观察的升华,具有潜意识性——写作观察者为了一个既定目标,经过积年累月的观察之后形成一种心理定势,以致在自己没有明确意识到的情况下就进行了观察。这就是习惯成自然,在控制论中叫自我调节和自我反馈。心理学家张耀翔曾说过:"在长途舟车中,我从未感到无聊。同行者之一举一动,都足以唤起我的注意。尤其是三等客人的举动,连他们在某一时间内喝茶、吸烟、吐痰、购零食、打瞌睡的次数,我都郑重统计过。婴儿的啼哭是一般人最讨厌的声音,但仔细听去,其音调急缓,每哭致因不同。闻哭声试猜其含义,则哭声顿变为语言的音乐,耐人寻味了。尝遇村妪骂街,除注意其口才外,我还爱看其姿势、面部表情,这是实验室不能有的材料。"不管在什么时候、什么地方,不用提醒便自然而然地投入对周围人物、事物的观察中去,自觉地进入"角色"。养成这种良好的习惯,可以不断提高观察能力,帮助科学家发现未知的事实与规律,促使艺术家从生活中触发灵感,创造出典型形象。

另外还要养成记观察笔记的习惯,将观察与写作有机结合起来,既能培养观察能力,又能提高写作水平。

2. 调查

调查是人们对客观实际情况进行考察了解的实践活动,是辩证唯物主义认识论在获取材料中的具体运用。它与观察都是直接从生活中选取材料,不同之处在于观察是在自然条件下直接感知客观事物的现象,选取的是第一手材料;而调查则大多以口头语言或书面语言的交流方式,听取当事人与知情者对客观情况的反映,获取的是第二手、第三手材料。

调查是获取材料的重要途径之一,不少作家的写作经历充分说明了这个道理:托尔斯泰根据法官柯尼讲的故事创作了《复活》;蒲松龄"情类黄州,喜人谈鬼"为写作《聊斋志异》收集了大量素材;王愿坚从听故事写故事走上了文学创作之路。与文学家相比,新闻作品、调查报告作者更加注重调查,因为这些文章的内容只能通过调查获取,可以说,调查是他们写作的生命线。

通过调查取材,第一要注意充分运用普遍调查、重点调查、典型调查、抽样调查、采访等各种调查的方式。普遍调查是在特定调查范围内对所有对象进行调查的方式,它具有普遍性的特点,可直接取得比较接近实际的全面材料,使文章具有强大的说服力。不过这种方式只能在小范围内进行,否则很难做到。重点调查是在一定调查范围内选取重点样本为对象进行调查的方式。重点样本虽然数量不多,但调查的标志(统计总体中各单位所共同具有的特征)却在数量上占整个调查总体的绝大比重。在这种调查方式中,所选取的重点调查对象要有普遍性,否则容易出现以偏概全的毛病。典型调查是一种"解剖麻雀"式的调查,即选择有代表性的典型样本为对象进行调查。运用这种以特殊代表一般的调查方式,应在选择典型上下功夫:选择有背景的典型材料,注意典型的发展历史及其纵向、横向等多方面关系;选择有发展性的典型材料,使之不仅可以代表现在,也可以代表或显示将来。这样做是为了克服典型调查方式难以获取总体、精确资料的局限性。抽样调查是在一定范围内抽出部分样本作为调查对象进行调查，以此推算全体的调查方式。它的样本是按随机原则抽取的，未加任何选择，能保证被抽的样本在总体中是均匀分布的，不致出现倾向性误差。另外它抽取的全部样本，是作为一个"代表团"来代表总体的，而不是以个别样本代表总体。抽出的样本从局部看差别显著，从整体看却高低相互抵消，它的平均数接近总体平均数。这种调查方式的抽样误差和总体各单位之间的差异程度成正比，和抽样数目成反比。抽样调查的误差，可以根据总体中各单位的误差程度和抽取样本单位的数目，事先通过计算控制在一定范围之内。抽样调查所依据的原理是概率论和大数定律，它是非普遍调查中用来推算全面情况的最完善、最有科学根据的方式。

另外，采访作为一项特殊的调查研究活动，是记者和其他写作者为完成报道任务或了解某些情况，围绕采集新闻事实材料而进行的调查。这种方式，在写作消息、通讯等新闻文体和一些应用文体时常常用到。

第二，要注意恰当运用开调查会、访问法、问卷法、蹲点调查等各种调查方法。开调查会是最基本的调查方法，简单易行，便于操作。了解全面情况或重点搞清一两个问题，都可用这种方法。开调查会前应根据本次调查的目的、要求列出提纲，做到胸中有数；事先应把调查的题目告诉与会人员，使他们有所准备；参加调查会的人不一定很多，三五个，最多七八个即可，但要注意各方面代表都有；调查者要与参加会议人员打成一片，活跃会议气氛，切忌冷场或把调查会开成"问答会"。访问法适用于向个别人了解情况。开调查会时许多人在一起，有些材料被访问者不便谈出，这时就需要采用个别访问的形式去采访知情者。访问前应作好充分准备，如了解被访者的基本情况，明确访问的内容，拟好需提问了解的问题等；访问时应向被访者讲清访问的目的、访问的材料作何使用等，以消除对方戒备心理，使对方打消顾虑，说真话，说心里话；要不断调查，主动掌握访问进程，使访问顺利进行，达到预期目的。问卷法是一种书面调查，即以书面形式向被问者提出若干问题让其填写。固定问卷调查特别适用于对一项重大课题的大范围社会调查。因为这种调查项目多、地域广，用开会、采访等形式费时费力且获取材料有限，而用问卷法则既省时又方便，而且被调查者没有顾虑，可以畅所欲言，使调查者获取大量真实的材料。问卷调查能否收到满意效果，关键在于问卷的设计水平。因此调查者要充分重视、认真做好这项工作，先作好初步调查，设计一个简明扼要、有的放矢、类型多样的问卷，使被调查者易于接受、乐于填写。写典型报道和专题报道等新闻作品及创作文学作品，常常采用蹲点调查的方法。蹲点调查既要扎扎实实，直到获取满意的材料为止，又要以点带面、点面结合，使所选取的材料具有全面性与典型性。

3. 阅读

阅读是写作者对社会生活的间接观察与体验，是阅读者对读物的认识、理解、吸收和应用的复杂的心智过程，是现代文明社会人尤其是写作者不可或缺的智能活动。随着信息时代的高速发展，阅读对象更加广泛，除了传统的书籍、报纸、刊物外，还有电影、电视、手机等屏幕媒介，更有信息量巨大、检索快捷的互联网，它具有高容量、交互性、网络化等功能，将全球连在了一起，以其独特的魅力及其他读物不可替代的优势改变着人们的阅读观念，变

"读尽天下书"为优选读物观念,变"死守章句""述而不作"为阅读创新观念,从而大大提高了阅读的效率与质量。

通过阅读取材要注意:首先充分重视阅读的作用。阅读也是写作者获取素材、触发动机的重要环节。对写作者来说,深入生活观察调查固然十分重要,然而人不能事事亲历亲见,所以必须与多读书、读懂书、善于吸收借鉴结合起来,方能获取更多材料、更快地提高写作能力。诚如朱熹《观书有感》所写:"半亩方塘一鉴开,天光云影共徘徊。问渠那得清如许,谓有源头活水来。"诗的形象背后,蕴含着深刻的象征意义:人的一生经历犹如半亩方塘般有限,然而善于读书的人却能古今中外,无所不晓,犹如半亩方塘能容纳天光云影。为什么他能够这般睿智、博学,是因为他善于汲取、借鉴前人的博见卓识来充实自己、更新自己,增广自己的见识,提高自己的水平。这充分说明了阅读对于写作的重要作用。

其次阅读要做到两个结合。阅读的方式是为阅读目的服务的,是达到目的的手段。尽管阅读的方式多种多样,但都要服从写作过程中选取材料、借鉴技巧的需要,都要从写作这一阅读目的出发。第一个结合是精读、泛读、浏览相结合。精读就是按顺序仔细阅读,逐字逐句要见着落,透彻理解所读内容;同时在阅读时还要做到举一反三,加强联想、分析、评价等思维活动,能体会其情景,判断其真伪优劣。精读所获材料不仅为丰富内容、证明观点服务,还为提高认识事物的水平服务。泛读是为了求快求多,只观其大略,在较短的时间内把一本书或一篇文章读完,以了解其大意,掌握其要点。泛读时,眼睛要敏锐地捕捉,大脑要迅速地判断,一眼望去,凡不需要的内容就掠过,凡需要的内容则留神抓住。一般来说,以学习为唯一目的的专题性阅读应采用精读法,以获取材料为主要目的的专题性阅读则宜泛读。泛读之后,还可以选出重要部分进行精读。浏览就是粗略翻翻,大略看一下内容提要、前言、范例,根据文章目录和标题确定要寻找的有关材料。浏览并不是消极的,没有兴趣的地方自然一带而过,有兴趣的地方则可以稍微仔细些,碰到有价值的材料还可以摘录、剪贴。因此浏览的目的一是扩大知识面,二是寻找关键的材料。日常性阅读多采用此法。

由于阅读目的、对象、场合的复杂性,在许多情况下,各种阅读方法是交互运用的,阅读者应该善于运用精读、泛读、浏览相结合的方式选取自己满意的材料。

第二个结合是眼读、心思、手记相结合。阅读首先要"眼到",阅读影视作品、计算机互联网作品还要"耳到",通过这"两到"准确地了解读物的原意。同时阅读过程实际上是人的大脑思考的过程,因此阅读还应"脑到",发扬独立思考精神,"善疑、求真、创获",在理解原文的基础上运用比较和联系等方法,敢于发疑,善于求真,通过思考取其精华,去其糟粕,取我所需,弃我所不需,并进一步产生创见,有自己独特的收获。阅读还要"手到",做好阅读笔记,包括札记、录音、录像、复印、运用计算机贮存信息等,做到读写结合。可以采用卡片、笔记本或活页纸记录,可以是原文摘录、内容提要或心得记述等。要注意记录所选取资料的出处,以便于查考。只有做到读思结合、读写结合,方能选取到准确、深刻的材料。

另外,通过网络获取写作材料,已经成为一条多快好省的途径。越来越多的人正得心应手地使用着它,尽情享受着现代科技带来的高效快捷。

（三）选材的原则

在动笔写作之前，选材是十分重要的一项工作。材料如果不经过精心选择，不仅不能体现文章主旨，甚至会适得其反。所以鲁迅先生强调"选材要严，开掘要深"；秦牧则说选材"好比一棵菜，要摘取最嫩的菜芽来炒肉丝，才上味……'尖端'材料才能炒出佳肴"。要选好材料，就要建立恰当的标准，依据一定的原则。

选材一般要遵循以下几个原则。

1. 服从立意的需要

在文章中，立意与材料是统帅与被统帅的关系，所有材料都必须受立意支配，为立意服务。脱离了立意，材料就会失去作用，因此选择材料首先要服从立意的需要。凡是能充分表现、说明、突出、烘托立意的材料则选之；凡是与立意无关的材料，哪怕看起来极为生动，写作者十分喜爱，也应坚决舍弃。成功的文章，都是非常重视这一原则，并因此而使立意得到充分体现的。否则，材料芜杂，枝蔓丛生，就会"繁花损枝，膏腴害骨"。

2. 切合材料的实际

写作材料自身有其独特的内蕴、价值及表现意旨的功用，因此选择材料要注意切合材料自身的特点与实际。要在能表现意旨的材料中，选择真实新颖、典型深刻的材料。所谓真实是指材料整体的真实性，即作者所选用的材料非随心所欲虚构杜撰之事，又非片面、偶然发生的事件，而是合乎事物本来面目、合乎事物本身发展规律的。新颖的材料能给人耳目一新、时代感强的印象，能有力地体现作者的意图，而且本身还能给人以知识与审美感受。新颖的材料，不仅指新近发生的事情，还包括虽非新近发生的事实或新近提出的观点，但不为一般读者所知的材料。另外，一些老的材料也可从新的角度去审视、选取，如《一个鸡蛋的家当》，以一个古老的民间传说说明了一个深刻新颖的道理，使人受到新的启迪。所谓典型，是指精心选择那些既具有广泛的代表性，能以个别、特殊说明或反映普遍、共同的事物或事理，同时又具有丰富的内蕴、能揭示事物本质的材料。

3. 考虑不同体裁的要求

不同体裁对选材有不同的要求，因此，选择使用材料还需要适应文体的"个性化"要求：新闻性文体如消息、通讯、报告文学等，对材料的要求主要是"真"与"新"；文学性文体如散文、诗歌、小说、戏剧等，对材料的真实性没有严格要求，但十分重视材料的形象性和审美价值；理论性文体包括一般议论文和各类学术论文，对材料的要求主要是可靠性和权威性；而应用性文体对材料的主要要求是实用性与针对性；说明文则需要解释性、说明性的材料。总之，记叙文是从抽象到具体，侧重"实"的材料；议论文等是从具体到抽象，侧重"虚"的材料。因此，选择材料应根据文体的不同，有针对性地进行。比如写学术论文或调查报告，应选择理论性材料与有代表性和根据性的事实材料；写通讯或报告文学，则应把人物的神情动作、语言及细节等形象性材料作为选择的重点。

二、炼意能力

炼意能力是指写作者受到生活的启迪，经过反复提炼以获取文章主旨的能力。"意"是我国古代文论中经常使用的概念,与此含义相同或相近的术语还有"义""旨""主旨""主脑"等。庄子在《天道》篇中说"语之所贵者,意也",陆机在《文赋》中指出"或文繁理富,而意不指适。"他们说的"意"就是我们现在所说的"主题"的意思。"主题"原指乐曲中最富有特征并处于优势地位的主旋律,它表现一个完整的音乐思想,为乐曲之核心;后来被移植到文艺创作中,人们把作品中的思想称之为"主题"或"主旨",指写作主体在描述生活现象、阐释事物特质或发表对事物的看法或主张时,通过文章的具体内容所表现出来的基本思想感情。

根据内涵风格特点,主旨可归纳为四种类型:第一,思想型主旨。即在文章中表现出来的一种政治思想、学术观点,一种总的倾向,具有影响和主导人们立身行事准则的社会功能。第二,情感型主旨。即写作者在文章中所表现的只是一种或隐或显的情绪、情感,一种感觉、印象,具有强烈的感染作用。第三,趣味型主旨。写作者在文章中表现了一种情调、趣味——生活中的、工作中的、劳动中的情调、趣味,给人以审美感受和愉悦,为人们所喜闻乐见;第四,认知型主旨。写作者的意图主要是介绍、传播某方面的知识,告诉人们某方面的信息、意向、事项,让人有所知、有所识。这种主旨,多出现在说明性、知识性和公文等文体中。

由此可见,主旨是个由多种因素构成的内涵宽泛的开放性概念,因写作者的意图、文章体式及形态的不同而有所不同。它可以是一种思想观点、一种总的倾向,可以是一种感情基调,可以是一类科学知识,还可以是全文所承载的具体信息。

(一) 炼意的作用

古人历来很重视文章的"意",很多作家评论家都强调写作诗文应"以意为主",写作就是为了"以文传意"。"意"是文章的灵魂与生命,渗透在文章的字里行间,达到无往而不在的境地,在文章诸要素中处于纲领与统帅的地位:它决定材料的取舍、结构的安排、详略的处理、语言的运用以及标题的确定、文章的修改等。

主旨在文章中具有主导地位。写文章不能没有材料,而生活中的生动事例和典型材料实在太多,书籍中的材料更是汗牛充栋,浩如烟海。它们是形成"旨"的基础,然而需要筛选。如何筛选呢? 这就要以主旨作为标准。南宋文学家洪迈在《容斋随笔》里记载了一则故事,说的是苏轼在儋州做官的时候,有一个叫葛延之的,从江陵出发,跋涉万里,渡海去见东坡,向他请教作文的秘诀,苏答复了以下一段话:

> 儋州虽数百家之聚,而州人之所须,取之市而足,然不可徒得也。必有一物以摄之,然后为己用。所谓一物者,钱是也。作文亦然。天下之事,散在经子史中,不可徒使,必得一物以摄之,然后为己用。所谓一物者,意是也。不得钱不可以取物,不得意不可以用事,此作文之要也。

这段话既形象说明主旨来自材料的道理,又深刻揭示主旨的作用。文章有了主旨,才有了主心骨;失去了主旨,全篇文章就失去了中心,写起来就会东拉西扯,芜杂混乱。因此,"意"的正确深刻与否,是衡量一篇文章质量好坏、价值高低的重要标准。

主旨决定文章价值。一篇文章有没有价值,最根本的一点就在于它的主旨是否深刻。

正如唐代文学家李翱所说,"义深则意远,意远则词辩,词辩则气直,气直则辞盛,辞盛则文工"。中国文学发展史上许多作家的创作实践有力地说明了这个问题:《离骚》因表现了屈原忧国忧民的思想而流传千古;"三吏三别"等诗篇因表达了杜甫对人民颠沛流离之苦的同情而成为不朽之作;王禹偁的《黄州新建小竹楼记》与范仲淹的《岳阳楼记》都是作者在遭贬谪时通过"楼记"的形式抒发个人情怀,但《黄州新建小竹楼记》通过对小竹楼周围自然景色的欣赏,表现了作者谪居黄州清闲悠适的生活,《岳阳楼记》则通过对洞庭湖不同景色的描绘和不同遭遇者登此楼所产生的感慨,抒发了自己的高尚情怀——主旨不同,其社会意义和审美价值的高低也大不一样。

"意"的重要地位,决定了炼意的重大作用。炼者,下苦功以求其精也。确定好的立意一般要经历一个反复提炼的过程,即从大量的材料中,熔炼、提取出有用的、精彩的思想与观点来。它好比蜜蜂酿蜜、工人炼钢,需要经过复杂、艰苦的劳动。在写作过程中,作者炼意能力的大小、炼意功夫的深浅,决定着文章的成败、意义的大小、成就的高低、生命的久暂。同样的题材,可以因炼意的角度不同而导致文章深度的不同。有的题材本身没有多大价值,但因为炼意的成功,就可能写成极有意义的文章。比如杨树、樱花、落花生等,本身没有什么思想意义,但一经作者精心炼意,借物咏怀,赋予其灵魂与生命,表现某一特定主旨,便成为寓意深远、脍炙人口的名篇。

(二) 炼意的原则

1. 正确

正确是指主旨能抓住事物本质,准确无误地揭示事物内部的含义。它是人们对事物准确、全面认识的结果。它体现了文章的导向,体现了积极健康、奋发向上的精神。衡量主旨正确性的标准有以下两点:

第一,符合客观实际。主旨来源于作者在客观生活中获取的丰富材料。因此,主旨的确定必须遵循"必然性原则",不能超出材料所能表达的意义范围而任意歪曲、拔高或贬低。成功的文章,在写作实践过程中确定的主旨都达到了与材料的和谐一致。第二,符合作者实际。主旨的确定要受作者思想意识、道德情操、人格修养、写作意图等多种主观因素的制约。客观事物是丰富多彩的,生活现象是多元立体的,同一则材料,不同的作者甚至是同一个作者,由于写作意图的不同、经历修养的不同、思想境界的高低等原因,也会从不同的侧面把握其蕴含的思想意义,因此就会确定不同的主旨。比如同是出于"鉴前世之兴衰,考当今之得失"的写作意图,分析六国被蚕灭的原因,苏洵的《六国论》着眼于对政治形势的分析,确立了批评六国"弊在赂秦"的屈辱苟安国策的主旨;苏辙的《六国论》则着眼于战略形势分析,以"背盟败约""自相屠灭",批评六国没有战略眼光而招致失败;清代李佐周的《六国论》则一反二苏之见,认为"六国皆欲为秦所为",而"秦独能为"是得天助,六国自存之术是应"以仁王天下"。虽然各自确定的主旨大相径庭,但都是作者对于事物或问题的切身体会与自得之见。写作者只有在生活中受到触发,确实有所感悟,并进行了广泛的思考,方能确定符合自身实际而又非人云亦云的主旨。

另外，主旨确定还要适应社会需求，适应各种不同文体的特点。只有诸多主观因素、客观因素综合考虑，方能保证主旨的正确性。

2. 新颖

新颖是指确定的主旨鲜活独特、不落俗套，令人耳目一新，给人以新的启示。新颖的主旨体现在以下两个方面：

第一，表现自得之见。在现实生活中能"见人所未见，发人所未发"，在文章中能写出"人人心中皆有，人人笔下俱无"的立意。历代文人都非常注意为文自得，曹雪芹曾借宝玉之口说："做诗不论何题，只要善翻古人之意。若要随人脚踪走去，纵使字句精工，已落第二义，究竟算不得好诗。"人们从平凡的生活中发现了美，从普通事物中洞察到本质意义，比别人观察得细、研究得深、琢磨得透，就是有了自得之见。进行创造性思维是获得独特见解的关键。在前人立意的基础上，改换新思路，写出新见解，阐前人所发，扩前人所未发，这是扩展式创造思维；打破思维定式，"人所易言，我寡言之；人所难言，我易言之"，"文章有众人不下手而我偏下手者，有众人下手而我不下手者"，[①]这是反常式创造思维。

第二，体现时代特色。事实证明，适应社会现实的需要，反映时代特征、具有浓厚时代气息的文章，往往具有独特的价值。文章是社会意识形态的产物，必然要体现时代精神。这是一条基本规律，古今中外的文章写作都不能无视它。写作者如何提炼体现时代精神的新颖之意呢？首要的是选政治上重要的、为大众所注意的、涉及最迫切问题的主旨，站在时代前列，把握时代脉搏，正视现实、直面人生，及时提出并回答当代人所关心的问题。即使对历史题材，也应渗透、体现出"当代精神"，表现出对历史的一种当代评价。

3. 深刻

立意深刻，是指作者在构思过程中能穷究物理，探幽显微，努力开拓出题材中最有价值、最富有本质意义的主旨。主旨深刻，文章的作用就大。要做到立意深刻，记人叙事的文章，要善于从全部事实材料中找出支配人物行为的制高点；议论说理的文章，要抓住影响事物性质的主要矛盾或矛盾的主要方面。具体可从以下方面提炼深刻立意：

第一，由表面现象看出本质。事物固有的精华，往往隐藏在深处。"去尽皮，方显肉；去尽肉，方见骨；去尽骨，方见髓。"无论叙事写意，还是写人说理，只有溯根求源，探幽显微，方能寻找出最本质的那一点。

第二，由生活小事显示哲理。平凡不起眼的小事，往往包含某种哲理，成为窥视时代人心的窗口。如果善于探索，洞幽察微，就可能发现一般人意想不到的东西，提炼出深刻的立意，由不起眼的小事悟出了深邃的人生哲理。

第三，由局部反映整体。即大处着眼，小处落笔，"一花一世界"，"滴水见海洋"。朱自清的《生命的价格——七毛钱》选取局部生活，以典型事件反映社会，是由点显面、以局部映现整体的典范之作。

总之，要确定深刻的主旨，作者必须培养自己的开掘能力，练就一双发现美与真理的眼

[①] 袁枚.随园诗话[M].北京：人民文学出版社，1960.

睛，从人物的言行中，从事件的发展中，从事理的演变中，从景物的状态中，见出其蕴含的深刻的思想意义和浓郁的情感趣味。

(三) 炼意的方法

文章是千变万化的，炼意的方法是多种多样的，这里只介绍常见的几种。

1. 重点筛选法

立意实际上是文章作者对客观事物的主观评价，同时也是客观事物自身所显示的思想意义。从客观上讲，一个事物可以有多方面的意义，一个论题或论点可以包含许多问题。从主观上讲，写作者从一则材料可以看出多方面内蕴，从一个论题可以确定不同的论点，或者对一个论点有不同的看法。因此，写作者在炼意时就不得不认真考虑，在运用发散思维见出不止一个深浅不同、新旧各异的"意"的基础上，通过比较、联系等手段，摒弃其中一般化、平庸肤浅的"意"，择取精辟独创的"意"，达到"意多而约出之"。

在运用筛选法炼意时，可以采用联系筛选法，把材料本身的特点与表现现实的需要结合起来考虑，选取材料的思想内蕴中与社会中急需解决的问题有紧密联系或能体现时代精神的那一点，作为文章的立意予以突出表现。这样的立意，具有强烈的时代精神和社会意义，能发挥较大的社会作用。在全文写一个比较完整的事件时，可以采用比较筛选法，从不同角度着眼，通过比较、对比来炼意。如阿富汗散文家乌尔法特在他的散文《为人效劳的人》中运用收敛思维，以轻灵的文笔写出生活中在不同场合、对各种不同对象做了不少好事的人。他们为人效劳却不为人所知，品德高尚、襟怀坦荡；作者又将人们对此熟视无睹、听而不闻的麻木状态与人们对"那些达官贵人们却认识得这么清楚"的行为作了鲜明对比，比中见旨，语浅情深。在议论文里运用比较筛选法提炼主旨更为常见。往往对于一则材料，可以从不同的角度确立多个主旨，然后经过比较分析，提炼出联系实际、有时代感的新意。

2. 收敛拓深法

炼意是写作者的认识从现象到本质、从感性到理性逐步深入的过程。在这一过程中，写作者侧重于运用收敛思维，思路定向深入，产生了集中思维的力量，层层逼近材料意蕴的内核，这就是收敛拓深法。

这种炼意法的基础是写作者凭借活跃的思路，对各种分析方法加以广泛灵活的运用，由此获得大量的立意，然后经历一个由"启动——逼近——突破"三阶段组成的创造性思维过程，以获得"意"。启动阶段，写作者开始"聚向"，把初步思索获得的内容朝预定的方向步步集中，以期得到一个较为深刻、易于动笔且较明确的立意。逼近阶段，在聚向层面上进一步纵深开拓：优秀的作品都有一个深刻的立意，这个立意的获得离不开收敛聚向后的深入。这一阶段承上启下，既是聚向的纵深发展，是探求事物的本质、揭示事物本质意义的关键，又是第三阶段即产生顿悟阶段的积聚与基础。如果说聚向与深入是内孕阶段的话，第三阶段的结果就是产生豁然开朗的顿悟。从生理学角度看，人们在日常生活中大脑皮质受到各种刺激而留下很多痕迹，在缺少一种媒介将其联系起来的时候，它们作为形象或思想以散乱状态保存在大脑中。当人们长时间集中思索某问题时,大脑中便建立起许多暂时的联系,犹如架起条条天线,将有关信息联系起来,并调动起有关知识,使思维处于一触即发的关头。一旦受到触发,线路会突然贯通,大放光明,主体便豁然开朗,问题得到了解决,产生了新的思想。正如俄国作家克鲁泡特金所说:"长期耐心地研究之后突然诞生的概括,使我茅塞顿开、豁然开朗,这时的快乐是人生很少快事所能比拟的。"这样,更深一层的立意就产生了。

如《散步》的作者莫怀戚运用收敛拓深法,先由儿子的话引起思考,然后大致落实是"生命阶段让我心动",又继续逼近,联系中年人的责任与重负,揭示文章主旨,表达了自己的感受:"人进中年,什么都得靠你,不胜其苦果,不胜其烦忧。于是有怨,说幼小时好,无忧无虑,老了也好,万事皆空一片坦荡,唯有这中年人做不得。但是怨是怨了,来了枷档还是伸头。到后来也想通了:谁个不经少小时?谁个能挡老将至?生命到了顶峰,将事情,该扛的扛着,该背的背着——生命就为这个才成熟的……"

3. 反向求索法

反向求索法是指运用逆向思维从相反的方向(或以反求正,或以正求反)考虑问题的炼意方法。写作者解放思想,不"从众",不迷信权威,对一些人们司空见惯的事物"反过来想一想",人褒我贬,人抑我扬;人从正面下手,我从反面发想;人从此展开,我从彼入手,就会独辟蹊径,标新立异,提炼出有独到见解的乍看似乎"离谱""出格",细想却是高人一等的立意。

反向求索要敢于对旧观点、旧说法进行质疑,提出相反的观点。一切创造都是从提出问题开始的,怀疑与真理和创造有着密切的关系。写作炼意过程中,大胆的质疑是立意翻新的重要前提。作家聂绀弩第一次学写文章,先生出的文题是"天下有道则庶人不议"。他没有像其他学生那样从正面进行发挥,而是在深入思索后对这一观点进行了质疑,认为天下有道,上面不滥施刑罚,庶人说错了也不要紧,所以敢议;天下无道,上面滥施刑罚,庶人怕惹祸有话也不敢说,所以不议。据此他得出"天下有道则庶人议,天下无道则庶人不议"的与原立论完全相反的观点。

变向求新也是立意出新的重要途径。花是美丽娇妍的,她点缀着生活,给人以美感。但一位作家却反向立意,写自己在大凉山一个农牧区看到波斯菊盛开,简直是个花海,十分欣喜,而一位农民却说出了花给他们造成的灾难:"田野上生,草原上长,荒了庄稼,收成大减,牛羊尽瘦。"作家在结尾提炼出这样的立意:"我这才明白了,花一样美好的事物,本来人人都会喜爱。一旦把它推向极端,也会泛滥成灾。"这种从大家习以为常的形象与事件中提炼出的不寻常立意,角度新颖,发人深思,给人以耳目一新的感受。

这些方法不是固定不变的程式,不能当作教条生搬硬套。它们也不是机械分开的,可以相互结合使用,共同为提炼好的立意服务。

训练与实践

一、写作知识训练

1. 问答。

(1) 材料工作可分为几个阶段？它们之间有何关系？

(2) 选材在文章写作中有何重要作用？

(3) 如何培养观察能力？

(4) 在观察中如何进行形象与背景的转换？

(5) 阅读要做到哪两个结合？举例说明。

(6) 从哪些方面提炼深刻的立意？

2. 填空。

(1) 取材的途径有_____、_____、_____、_____。

(2) 观察的要求是_____、_____、_____。

(3) 调查的方法有_____、_____、_____、_____、_____。

(4) 选材要遵循_____、_____、_____的原则。

(5) 炼意的方法有_____、_____、_____、_____、_____。

二、例文评析训练

1. 观察的目的在于取像，即在头脑中或文章中保留事物的具有突出特点的形象；取像要遵循"取异性"原则，做到取形异，取质异。试分析下文在取像中的特点。

老农的骄傲

来了，儿子在前面，老农在后面跟着，手里紧捏着入学通知书，肩上扛着三代人的希望。

请坐。

当然要坐，我儿子已经是这里的人了。

老农坐下了，架起二郎腿，脚尖上挂着摇摇摆摆的骄傲。

2. 分析下文在观察、联想、立意方面的特点。

笑

冰 心

雨声渐渐的住了，窗帘后隐隐的透进清光来。推开窗户一看，呀！凉云散了，树叶上的残滴，映着月儿，好似萤光千点，闪闪烁烁的动着——真没想到苦雨孤灯之后，会有这么一幅清美的图画！

凭窗站了一会儿，微微的觉得凉意侵入。转过身来，忽然眼花缭乱，屋子里的别的东西，都隐在云里；一片幽辉，只浸着墙上画中的安琪儿。——这白衣的安琪儿,抱着花儿,扬着翅儿,向着我微微的笑。

"这笑容仿佛在那儿看见过似的,什么时候,我曾……"我不知不觉地便坐在窗口下想——默默的想。

严闭的心幕,慢慢的拉开了,涌出五年前的一个印象——一条很长的古道。驴脚下的泥,兀自滑滑的。田沟里的水潺潺的流着。近村的绿树,都笼在湿烟里。弓儿似的新月,挂在树梢。一边走着,似乎道旁有一个孩子,抱着一堆灿白的东西。驴儿过去了,无意中回头一看。——他抱着花儿,赤着脚儿,向着我微微的笑。

"这笑容又仿佛是在那儿看见过似的!"我仍是想——默默的想。

又现出一重心幕来,也慢慢的拉开了,涌出十年前的一个印象。茅檐下的雨水,一滴一滴的落到衣上来。土阶边的水泡儿,泛来泛去的乱转。门前的麦垅和葡萄架子,都濯得新黄嫩绿的非常鲜丽。——一会儿好容易雨晴了,连忙走下坡儿去。迎头看见月儿从海面上来了,猛然记得有件东西忘下了,站住了,回过头来。这茅屋里的老妇人——她倚着门儿,抱着花儿,向我微微的笑。

这同样微妙的神情,好似游丝一般,飘飘漾漾的合了拢来,绾在一起。

这时心下光明澄静,如登仙界,如归故乡。眼前浮现了三个笑容,一时融化在爱的调和里看不分明了。

三、写作技能训练

1. 单项训练

(1) 人们在观察时,不仅在看、听、闻,而且有时还会展开联想(有人称为"内观察"),它能开拓思路,选取更多的材料更深入广泛地表现立意。学习冰心的《笑》的这种观察方法,用外观察与内观察结合的方式观察一个事物,进行广泛联想。

(2) 对同一种生活现象,性格不同的人有不同的言行。比如在食堂打饭,不小心将饭菜掉在地上,不同的人反应各异。请你在不同时间进行反复观察,看不同的同学对这一现象有什么不同的动作、表情或语言。

2. 综合训练

(1) 围绕《创作的甘苦》这一题目,到图书馆、资料室搜集、选取有关材料,写三则读书笔记。

(2) 学习王安石《读〈孟尝君传〉》思维灵活、立意出新的特点,借鉴其思路,写一篇《读×××》的文章。

(3) 从现实生活中选一常见事物,发掘其哲理内涵,进行广泛联想,写一篇咏物散文。

(4) 反复阅读、揣酌下面的故事,从不同的角度确立两个以上深度不一的主旨。

文艺复兴时期,米开朗基罗在山区发现了一块大石头,雇人运回家中。他的邻居好奇地问:"要这块大石头做什么?有什么收藏价值吗?"

米开朗基罗露出神秘的眼神,开心地说:"这块大石头,目前还不能收藏,因为石头里的天使还没有诞生。"

邻居听了,一脸疑惑地说:"你脑壳坏掉了吧,石头里会诞生天使?"

孰知几个月后,这块大石头,被米开朗基罗雕刻成举世无双的微笑天使。

四、写作实践训练

1. 调查实践:就当前的某一问题列一份调查提纲,然后在校内或到校外进行调查,并做好札记。

2. 选材实践:确定一个选题,全班同学分别到阅览室选择资料,然后在班内开一个交流会。

3. 采访实践:以小组为单位进行一次采访,向经验丰富的教师请教严谨的治学态度和科学的学习方法,分别做好记录。回班后每组一人执笔整理成访问札记,在全班交流。

第二节 营构布局能力

一、营构布局的含义

营构布局即苦心经营谋划文章结构。结构就是文章的组织和构造,即按照立意和体裁的要求,对材料加以合理安排,做到条理清晰、层次分明、前后一贯,构成一个统一整体,给人以形式上的完美与和谐感。因此,营构布局是文章内容表达的重要手段,是文章表现形式的重要组成部分。布局的优劣直接影响着表达效果:好的营构布局会使立意鲜明突出,内容层次清楚,整篇文章衔接自然、照应得当,显得集中、完整、统一、和谐,从而增强它的表现力与感染力;如果不讲究营构布局,信笔写来,杂乱无章,那么即使立意再好,材料再新,也难以吸引读者。

营构布局与写作者的思路密切相关。写作者通过对客观事物的感觉、理解与认识,形成了印象、看法、态度和感情,把它们理出个头绪来,就是思路。按照这个思路写作就形成文章的篇章结构。篇章组织得是否清晰严密,表明写作者的思路是否清晰严密。也就是说,只有想得清晰严密,才有可能写得清晰严密。所以说营构布局是写作者思路的体现。叶圣陶说过:"思想是有一条路的,一句一句,一段一段,都是有路的。好文章的作者是决不乱走的。"[1]思而有路,这是一个连贯条理的思维过程。这一过程就是写作者认识客观事物逐步明朗深刻的过程。文章的分段、过渡与照应、开头与结尾等都是思路的连贯性、条理性和规律性的反映。写作的过程,也就是写作者的思路由始至终的显现过程:构思,是贯通思路;行文,是展现思路,全部的文字表达则是思路的一种物化形式。因此写作者要运用正确的认识论和方法论,认真训练自己思维的逻辑性与条理性,不断锻炼自己的思路,提高自己营构布局的能力。

---

[1] 叶圣陶.认真学习语文[M].叶圣陶语文教育论集.北京:教育科学出版社,1980:138.

营构布局工作是艰苦而具有创造性的。欲使一种思想观点、情感体验找到最恰当、最富有表现力的形式,并非易事。文章是以语言为工具来反映客观事物的,而客观事物总是相互联系、相互制约的,是一个复杂的多面体。文章却只能说了上句再说下句,通过链条式的语言流去显现,不可能一下子把一个多层次多侧面的事物清晰而又具体完整地呈现于读者面前,稍不注意就会顾此失彼,上气不接下气,造成结构的残缺与混乱。具体到一篇文章中,营构布局要做到有头有尾,既言之有序又言之有"气",达到通体相宜,局部闪光。比如同样是开头,如何做到"起句如爆竹,骤响易彻"? 同样是结尾,又怎样做到"结局如撞钟,清音有余"?① 再加上不同文体又具有不同的结构形态,真是千形万状。正因为如此,许多优秀的写作者,都充分重视文章的营构布局,在构思成熟以后仍然为结构苦思冥想,把有的地方提前,有的地方拉后,有的添加一些,有的删除一些,甚至不止一次推倒重来。反之,有些写作者不注意营构布局,导致文章结构散乱,材料芜杂,主次不分,详略不当,影响了文章的表达效果。因此,写作者在锻炼思路的同时,必须重视结构技法的掌握运用。

二、营构布局的原则

系统论认为任何系统都是一个有机联系的整体,我们要认识一个系统,就是要从对象本身所固有的各个方面、各种联系上来考察它,从整体与层次、部分、结构、功能、环境、运动的辩证关系上来把握它。营构布局必须遵循一定的原则,使一篇文章成为完整的统一体。

(一) 整体性原则

营构布局首先要遵循整体性原则,注意文章总体的完整与统一。一篇文章作为一个系统,也必须是完整的统一体,必须是一件有生命的东西。营构布局的整体性原则主要包括以下三方面内涵。

1. 完整性

营构布局要重视完整性。完整"指事之有头,有身,有尾。所谓'头',指事之不必然上承他事,但自然引起他事发生者;所谓'尾',恰与此相反,指事之按照必然律或常规自然的上承某事者,但无他事继其后;所谓'身',指事之承前启后者。所以结构完美的布局不能随便起讫,而必须遵照此处所说的方式"。② 也就是说,文章是个有生气灌注的整体,是有机组织起来的,具有生命力,必须像生命一样头、尾、身俱全,且要头尾圆合,通篇一体,通篇一贯。

2. 必然性

必然性是指文章的头、尾、身依照必然性规律,各自处于应处的合理位置,不能随意安排;必然性规律是指文章结构安排符合事物发展的规律,揭示了事物内部及其与其他事物之间的有机联系。因此,"作品的结构不单是一个形式的问题,也是内容的问题。因为一篇作品既是指写一个事件,那事件本身就具备一个进行的规律,一个存在的规律。作者抓住

---

① 谢榛.四溟诗话[M].北京:人民文学出版社,1961.
② 亚里士多德.诗学[M].罗念生,译.北京:人民文学出版社,1962:28.

这个规律,写出这个规律,使它鲜明,便是作品的基本结构"。① 写作议论性、说明性的文章,更要直接抓住这个规律。一般说来,记叙文体记人叙事写景,主要以时间、空间为线索营构布局,议论文体则按照对事物的认识规律即提出问题、分析问题、解决问题的顺序来营构布局;咏物抒情的抒情文体,则以写作者感情抒发和所描绘的事物为线索来营构布局;说明文则按照事物的空间联系、变化过程、主次顺序来营构布局。这都是客观事物发展的必然规律所决定的。写作者只有按照这个必然规律来营构布局,文章才能顺理成章。

3. 联系性

联系性是指文章的各部分、各事件"要有紧密的组织,任何部分一经挪动或删削,就会使整体松动脱节。要是某一部分可有可无,并不引起显著的差异,那就不是整体中的有机部分"。这样,文章各部分之间实现了有机联系,牵一发而动全身,部分与部分、部分与整体间相互作用,融为一体。既没有多余的东西,也没有缺少的东西;既不能挪动,也不能删削;某部分发生变化,其他部分也受到影响而发生相应的变化。因为作为系统要素的部分,与它们孤立存在时有了根本的不同,它们已处在一定的联系中,处在一定的结构关系中,受到系统整体的制约。

在一个系统中,如果各个要素有机结合、密切相关,按照合理的结构组织起来,就会产生所有单个要素在分散状态下或一般组合状态下所不具备的新的功能。在营构布局中,如果按照整体性原则安排文章结构,就会产生整体大于部分之和的功能。

(二) 适应性原则

适应性原则是指文章的营构布局必须注意适应文章内容、立意及体裁等方面的需要。

1. 适应文章内容表现的需要

文章写作千变万化,人们不可能对开头、中段、结尾规定出明确的比例。但是,在营构布局时要注意各部分的长短恰当、匀称,结构细密周严,层层衔接,不能残缺不全;要疏密相间、错落有致、结合得当。总之,任何一篇文章,不论其篇幅长短、体裁差别,都要注意有机地表达文章内容,反映出事物的发展与联系。

2. 适应立意表达的需要

立意是文章的中心与灵魂,因此,文章段落的划分、层次的安排、主次详略的确定等,都必须适应立意表达的需要,为实现立意服务。如李心田的小说《永不忘记》把情节的结局放在开头叙述,然后再叙述情节的发生与发展,这是最典型的倒叙的方法。文章的第一部分写潘老师和王翔的父亲、妹妹到车站送王翔上大学,王翔送给潘老师一幅自画像。无限的深情都凝结在这幅画着一个卖冰糕的孩子、写着"永不忘记,谢谢老师"的铅笔画上。画有什么含义?永不忘记什么呢?这种先叙事情结局的手法既曲折、引人入胜地点了题,又制造出悬念,引起读者急切的关注,同时又借人物对话交代画上的孩子就是王翔,他是个难得的孩子,他能上大学全靠潘老师的帮助,从而自然地引起倒叙,更鲜明突出地表现出作者的

---

① 孙犁.谈结构[M].文艺学习.上海:文化工作社,1953:12.

情感,增强了小说的表达效果。

3. 适应不同文体的特点

文章的体裁多种多样。不同体裁的文章,由于反映生活的角度、容量和表现形式的不同,营构布局的方法也不同。如新闻的结构形态一般由导语、主体、结尾三部分组成;小说一般由情节的发生、发展、高潮、结局四部分组成;诗歌分行分节,界限分明;散文则形散神聚,结构形态灵活自由、不拘一格;戏剧分幕分场,有强烈的戏剧冲突;电影电视则以"蒙太奇"组接画面,跳动自如,不受时空限制。同是议论文体,思想评论与杂文的营构布局大相径庭;同是应用文体,报告与请示的结构形态也相差甚远。可见,营构布局对于体裁有着依从性。可以这样说,有什么样的体裁,就有什么样的与之相适应的结构。因此,写作时应因体制宜,使布局能适应各种体裁的需要,这样才有利于内容与形式的完美统一。

(三) 创新性原则

创新性原则是指营构布局既要依据不同文章样式的既定特点,遵循各自的大体规定与格局,同时又要看到结构对文章内容、立意及读者接受的反作用,敢于破格,锐意创新,以新的结构方式去反映客观事物与写作者的认识。鲁迅先生说过:"只要内容相同,方法不妨各异,而依傍和模仿,决不能产生真艺术。"[①]如果把多变的生活、特殊的感受、瞬间的意念都框在一种或几种结构模式中,就容易形成雷同的布局,给人一种似曾相识之感,导致文章内容表达与情感抒发的不真实。可见营构布局贵在有特色、有个性,不应陈陈相因,落前人窠臼、落别人窠臼,甚至落自己的窠臼,而应以意运法,标新立异,使每篇文章的结构都具有自己的特色,以更好地反映丰富多彩的客观世界。

三、营构布局的过程

营构布局是个十分复杂而精细的过程。文章写作从某种意义上说,就是结构的艺术。营构布局要注意做好以下几个方面的工作:

(一) 设置线索脉络

在文章构思过程中,理清思路至关重要,它可以使文章结构严谨、层次清晰、流畅贯通。有的人写文章文理不通,结构杂乱无章,主要原因就在于脉络不清、线索不明。因此要理清思路,就要注意设置线索,贯穿脉络。

1. 设置线索

线索是指文章中将全部材料贯穿为一个整体的纽带,是整篇文章中情节推进和思想感情发展的路线。如果将材料比作珍珠,线索就是串珠的彩丝,串结着文章里全部的人物、事件和景物,构成一个有机的整体。作文运思犹如抽丝,要在一团乱丝中拣出一个丝头,把它从错杂纠纷中抽出;具体行文又像剥茧,必须事先理清思想线索,才能顺理成章地把自己想说的东西写出来,做到经纬错杂,唯纲是举,花开千枝,一本所系。文各有体,线索的贯穿也就因体而异:在记叙为主的文章中,线索主要发挥贯穿事件(包括人物活动)的作用;在抒情

[①] 鲁迅.记苏联版画展览会[M].且介亭杂文末编.北京:人民文学出版社,2006.

为主的文章中,线索则成为咏物抒情、托物言志的凭借和联想的纽带;在写景为主的文章中,线索的作用主要是缀合各种景物,构成艺术画面。

设置线索要注意清晰贯一。只有清晰,才能发挥其组织材料、帮助结构的作用;只有贯穿始终,才能有效地发挥其最佳功能。

2. 贯穿脉络

脉络是指存在于文章内部的血脉与经络。它是写作者观察、认识事物,分析、解决问题时思维活动的轨迹,是客观事物的规律性与人们认识事物的条理性的辩证统一。

脉络具有条理性、贯通性、严谨性的特点。条理性是指思想脉络要有顺序、有层次,要分清先后次序,有条不紊地表达思想;贯通性是指思想脉络的表达不仅要秩序井然,而且各个次序内容之间要有严密的连接关系,如并列关系、总分关系、转折关系、递进关系等;严谨性是指思想脉络要细密周延,没有缝隙,没有漏洞:提出问题、提出论点,加以论证,过程要严谨;分析问题,要防止片面性。这样,文章才能做到周延缜密、无懈可击。

线索与脉络有联系,也有区别:它们都是写作者认识事物、表情达意的思维路线,但线索多指外在的、明显的、实在的事物,脉络多指内在的、隐微的、虚化的义理。如果说线索能使材料得以明显而紧密地联结的话,那么脉络重在强化内容的逻辑性,使义理灌注、气血流畅。

(二)安排层次段落

如果把安排结构比作制造木器,那么安排层次段落就好比恰当地安置木器的板块、条柱等部件,它与开头、结尾、过渡、照应等都是文章的外部结构,体现的是文章的部分与整体、形式与内容之间的联系,在视觉上往往有明显的标志。

1. 安排层次

层次即"意义段",它是写作者思路展开的步骤,标志事物发展的阶段性或事物的构成侧面。写作者在营构布局过程中,要把一堆散乱无序的材料围绕主旨组成一篇井然有序的文章,首先需要形成层次、排列层次。层次是结构的核心,没有层次就没有次序和条理,也就无从组织结构。实际上,层次是写作者在表述主旨过程中形成的相对完整、相对独立的思想单位,层次的划分充分体现了写作者思想认识的各种阶段和各个侧面,靠其内在的逻辑性来显示区别。写作者在动笔前划分层次,实质上就是对纷繁复杂的材料加以划段、分层,进行归类。一种类别材料的组合,就形成一个层次。

层次的安排,显示出文章各部分之间的联系,构成了文章的顺序。常见的层次安排方式主要有纵式结构、横式结构、纵横交错式结构三种类型。就记叙文来说,纵式结构一般是以时间的推移、事件发展的先后、作者的思想感情的变化或认识深化的过程为顺序来安排结构。横式结构是以空间位置的转换,人物性格特点、思想品格的不同方面,材料性质的类别为序来安排结构。如马伯庸《焚书指南》[①]先通过讲故事引出命题——需要烧书取暖,先烧什么书?要烧的自然是无用的书。作者在文章主体中写道:"如果是我的话,第一批被投

[①] 马伯庸.焚书指南[N].文摘周报,2012-08-31(6).

入火堆中的书,毫无疑问是成功学和励志书;第二批要投入火堆的书,是各种生活保健书;第三批需要投入火中的,是各路明星们出的自传、感悟和经历;图书还有一个大类,讲星象占卜。"作者的态度直截了当——"烧了就是"。这就是按横式结构的方式,从四个方面安排结构,从而表达了主旨。

就议论文来说,在论证思路中,为了论述的方便,将文章的中心论点分解成几个平行的、并列的分论点,或是把论据并列起来,论证的几个层次或段落之间的关系是平行的,这就是横式结构。纵式结构表现为递进式的层次关系,可以按照认识事物由浅入深、由表及里、由现象到本质的逻辑关系,层层深入、步步发展地安排结构。如罗素的《论老之将至》一文的主体,先以自己几位长辈的生活态度为例,论述了"怎样才能不老"的问题,很有说服力。接着,作者进一步提醒老年人要防止两种危险:一是过分沉湎于往事,人不能生活在回忆当中,不能生活在对美好的往昔的怀念或对去世的友人的哀念之中;二是依恋年轻人,期望从他们的勃勃生气中获取力量。最后,作者以河水比喻人生,表现了自己的大彻大悟:"开始是细小的,被限制在狭窄的两岸之间,然后热烈地冲过巨石、滑下瀑布。渐渐地,河道变宽了,河岸扩展了,河水流得更平衡了。最后,河水流入了海洋,不再有明显的间断和停顿,而后便毫无痛苦地摆脱了自身的存在。"这种递进式结构,步步深入,层层拓展,在哲理层面阐释了自己对"老之将至"的理解,给人以深刻的启迪。

就说明文来说,纵式结构主要用于介绍制作过程、工序、历史演变、递进深入式的事理等;横式结构用于介绍事物的结构、类别、功用、特点或建筑物的空间关系等。横式结构的各层次间属于并列关系,如《人民英雄永垂不朽》按照空间顺序来安排结构,《苏州园林》则是按照其不同侧面介绍苏州园林的结构特点。

纵横交错式结构,即按照时间推移结合空间转换、递进式说理与并列式说理相结合安排层次。这种安排方式,多用于记叙比较复杂的事件和论述复杂深奥的道理。

2. 划分段落

段落是文章内容表达时,由于转折、间歇、强调等情况所造成的分隔、停顿,是行文时自然形成的一个大于或等于句子的文字停顿单位,是构成篇章的最小单位,又叫"自然段"。

段落的划分是表现文章结构的重要环节,必须遵循以下要求:一要集中。一段文字要集中表达一个意思。这个意思,一般地叫作"段旨"或段的中心意思。要注意段落的单一性,且不可把一些互不相涉的意思放在一个段落里来表达。二要完整。一个段落要完整地表达一个意思。不能在一个段落里,这个意思没说完,又去说另外一个意思。三要匀称。分段过多,内容零碎,会使人觉得结构松散。段落过长,不容易抓住要领,读后留下的印象不深。因此段落要符合内容表达的需要,做到长短匀称、缓急相当、大小适度,不能生硬机械,像陈望道所说:"关于段的长度,有人主张匀称,但匀称实易流于单调;又有人主张长短合度,但度该几何长,实也无从规定。我认为不宜从形式定夺,而该以内容为转移。"[①]

段落和层次既有区别,又有联系:段落侧重于文字表达的需要,层次着眼于思想内容的

---

① 陈望道.作文法讲义[M].郑州:文心出版社,2017.

划分；一般来讲，层次大于段落，即几个段落表达一个层次，但有时也会出现段落的划分恰好与层次一致，两者相等。

（三）巧妙过渡照应

过渡和照应是使文章内容前后连贯的重要结构手段。要把文章的层次段落等"部件"恰当地组装起来，并且做到衔接自然、前后贯通、浑然一体，就需要精心安排过渡和照应。

1. 过渡

就是文章的层次和段落之间的衔接和转换，它在文章中起承上启下的作用，犹如上下文之间的黏合剂。它要发掘上下层次之间的内在联系，通过过渡性文字使前后相关的两个层次和段落上下连贯、前后衔接，做到天衣无缝，没有接榫的痕迹。

在文章内容转换处、表达方式和表现方法变动时都需要过渡。过渡的方式主要有：通过过渡词语、过渡句子、过渡段或小插题等过渡，以表示上下文的衔接、段落间各种关系的转换。如用"因为"表示因果关系的过渡；用"一般来说"表示一般和特殊关系的过渡；用"还应着重指出""特别值得注意的是"表示递进关系的过渡等。

2. 照应

就是文章前后内容的关照呼应。前面写到的内容，后面要有照应；后面写到的问题，前面要有伏笔。要瞻前顾后，首尾圆合，使文章脉络连贯，结构缜密。正如刘勰在《文心雕龙》所说："启行之辞，逆盟中篇之意；绝笔之言，追媵前句之旨。"如果前无伏笔暗示，后面的应笔就没有根基，造成突兀之感；如果后无匹配的应笔相承，前面的伏笔就没有着落，问题也没有解决。写文章就应像种地隔年下种、下棋早布埋伏一样，做到照应周密，一笔不漏。

照应的方式主要有首尾照应、文题照应、前伏后应三种。安排结构时巧设伏笔照应，能使文章一波三折、曲折多变；内容丰富、线索复杂的文章运用伏笔照应，能使文章眉目清楚、布局巧妙、重点突出，显现情节的连续性、曲折性，加深读者的印象，有助于内容的表达。使用伏笔要自然巧妙、不露痕迹。清代散文家汪琬在《答陈霭公书》中指出："伏笔苟使人得知，亦不称妙。无意阅过，当是闲笔。后经点眼，才知是有用者。武林九曲十八洞之水，何尝一派出现溪光？偶经一处，骇为明漪绝底，然不知泉脉之所自来；及见细草纤绵中，根下伏流，静细无声，方觉前溪与此溪相续。可见用伏笔是阳断而阴连，不是伏此一处，使抛却去经营彼处。"这是说，伏笔交代用得挥洒自如、神出鬼没，才可称妙。伏笔和照应要轻重相当，匀称得体。尤其是伏笔关系重大、影响全局时，后面就要作多次照应。否则，前后难以圆合，使人产生"雷声大，雨点稀"之感。

（四）谋划开头结尾

文章的开头、结尾，并不是独立存在的，它是全文的重要组成部分，与文章的内容有密切关系，在营构布局中同样具有重要地位。开头和结尾应从文章的整体出发，以有利于主旨的表达和全文各部分的和谐为原则。

1. 巧妙开头

开头就是文章所叙写的事物的开端，或者是议论问题的提出，即我们常说的"起笔"。

开头的好坏,直接影响表达效果。头开得好,既能诱发文思,使主体顺利展开,主旨得到圆满表现,又能抓住读者心理,引起他们的阅读兴趣;头开得不好,会阻塞文路,使行文难以为继。因此,开头的问题引起了历来文论家们的关注:孔尚任在《桃花扇凡例》中引用元人乔梦符的话,要求开头像"凤头"那样漂亮俊秀;明人谢榛在《四溟诗话》中主张开头"当如爆竹",起首就能使人耳目为之一震;清人李渔则强调开头要"以奇句夺目",让人"一见而惊,不敢弃去"。古今中外的文章大家在写作中对开头也都孜孜以求,惨淡经营。如托尔斯泰为《战争与和平》的开头修改了15遍之多,《复活》的开头也花费了他许多不眠之夜。

由于体裁不同、内容不同、风格不同,文章的开头多种多样,最常见的有两种方式:一为开篇点题式,二为形象导入式。开篇点题式又称"直接开头",即开头不凭借其他手段,直接触及题目所要描述的人物、事件或论述的问题;形象导入式又称"间接开头",即先凭借其他手段作引子,然后再逐步接触正题。如《焚书指南》的开头先讲了电影《后天》里一个特别值得玩味的桥段:

> 一群人为了躲避严寒,钻进了纽约的市立图书馆。他们为了取暖,不得不把书拿出来烧掉,但对于先烧什么书却争执不下,最后所有人一致同意,先烧税法!

讲完故事后,作者接着写道:

> 仔细想想,这是一个很有趣的心理测试题。有点像"如果你流落到荒岛,会带什么书"之类的问题。但这个题目,比荒岛带书要更有内涵,测试题的关键在于两点:你喜欢的书,可能只有一两本;讨厌的书,却有一大堆。先烧什么书?后烧什么书?

作者以这样的一段话,自然而又形象地引入了下文。

开头写法尽管灵活多样,但都必须像磁铁一般引人。为此,好的开头必须做到切题、新颖、简洁和自然。

2. 自然结尾

结尾就是所叙写的事物的结局或者是议论问题的解决。文章的结尾并非闲笔,而是文章不可分割的一部分,往往体现着写作者结构布局的功力,它和开头一样也不容忽视。好的结尾,不仅能使主旨得到深化,而且能增强文章的魅力,勃发一种"勾魂摄魄"的力量,扣动读者的心灵之门,使他们还想把作品翻开来重读一遍。因此,写作者要竭尽全力写出最理想的结尾来。

理想的结尾方式主要有以下三种:一为自然结尾式,其结构形态没有独立的段落表示,行文完了自然结束;二为束前结尾式,通常用独立的段落显示,是对前文所写的各个部分,或得出结论,或叙述终局,或表示赞美等;三为推后结尾式,即用抒情、议论、描写、类比、联想等手法,把文章内容引申到更为深广的方面。

俗话说:"编筐编篓,重在收口;描龙画凤,难在点睛。"文章的结尾正是"收口""点睛"之处,其地位是十分重要的。应当点明题旨,不要含糊肤浅;应当简明扼要,不要画蛇添足;应当含蓄有味,不要过于直露;应当新颖独到,不要落入俗套。好的结尾不是形式主义的尾巴,它应该像豹尾那样有力,像兔尾那样短小,像鱼尾那样自然得体。

四、营构布局的方法

由于文章的人物有多有少,事件有繁有简,抒情有浓有淡,反映生活的面有大有小,事理有深有浅,因而营构方法自有不同:有"章法",以开合、抑扬、张弛、疏密、虚实等技法展现章的曲折波澜;有"段法",讲究段的变化技巧;有"句法",以句子的长短、省略、重复、倒装、前置等形成句子的变化。从结构的线索来看,大致可分为以下几类。

(一)单线营构法

单线营构法指在情节比较简单、头绪比较单纯的文章中,只用一条线索贯穿全篇的营构方法。

1. 顺序营构法

这是按事件、人物发展变化的时间先后、事物的时空顺序及人们的认识顺序来营构文章的方法。

在记叙文中,主要是按事件的发展顺序、人物经历顺序、事物空间转换顺序的先后进行营构。在议论文中,主要是按提出问题、分析问题、解决问题的认识顺序进行营构。在说明文中,则表现为按事物发展的先后顺序依次营构;按事物的空间存在形式,或从外到内,或从上到下,或从前到后,或从局部到整体,依次介绍说明;按事理或事物的内在逻辑关系进行营构;按人们认识事物的规律和习惯介绍说明等。

运用顺序营构法,文章从头到尾,次序井然,文气自然贯通。但也往往容易流于平淡,因此要特别注意剪裁,处理好轻重、疏密、详略,做到平中见奇、淡而有味、简单而不简陋。只有这样,才能既得贯通舒展之益,又收抑扬跌宕之妙。

2. 倒叙营构法

这是将事件的结局或关键、高潮部分提前置于开端,再按事件发展过程的顺序来营构文章的方法。

倒叙营构能开卷兴波,设置悬念,引人入胜,有利于突出主旨,提高读者阅读兴趣。但营构时一定要注意倒叙部分与顺叙部分的衔接,使之过渡自然、文气贯通;还要注意表达的需要和艺术效果,要避免前紧后松,更不要为倒叙而倒叙,虚张声势。对于时间跨度小、情节单纯的事件,不必采用这种营构方法。

3. 插叙营构法

这是写作者为使表述更明确、丰富,在顺叙过程中插入与中心人物或事件有关的其他内容的营构方法。这个"其他内容"有多种情况:

有的是追忆,是对过去事件的回忆片段;有的是对有关人或事件作必要的补充解释;还有的是对有关内容作由近及远、由今及古的回溯等。总之,插叙营构一般是用来交代事件的缘由或追溯往事,以显示中心人物或事件的来龙去脉,使读者加深理解和认识,丰富文章的内容,为表现主旨服务。

(二) 多线营构法

多线营构法是指为了对那些经历丰富的人物、情节复杂的事件、纷纭繁杂的事理进行记叙、议论和说明,使用两条以上的线索贯通全篇的营构方法。

1. 平行式营构法

在记叙文中,指对两件以上同时发生的事,采用先分叙再合叙的方式来营构文章的方法。即先叙述一件事情,再叙另一件事情,然后合拢于一处;在议论文中,则指对那些复杂事理的论述,采用"分——总""总——分""总——分——总"等方式,分别深入阐述几个分论点,再综合结论的说理方法。如历史学家蔡尚思谈治学经验的《我怎样冲破重重难关的》一文,从五个方面,以五个小标题分别论述:①以亲身体会的精神冲破盲目迷信关;②以忍饥耐寒的精神冲破生活困难关;③以与时间竞赛的精神冲破图书资料关;④以永不毕业的精神冲破资格证书关;⑤以永葆青春的精神冲破老年衰退关。——这是典型的多线平行式营构法。

这种方法,在说明文中也可以使用。如《现代自然科学中的基础科学》一文运用的就是平行式营构法。

2. 双线式营构法

这是按照两条线索来推进故事情节发展的营构文章的方法。有的是一明一暗,如鲁迅的《药》,以华老栓买人血馒头为儿子治病为明线,以革命者夏瑜的被捕就义为暗线,明暗交映,纵横交织,既揭露了封建统治者镇压革命的狰狞嘴脸,又赞扬了以夏瑜为代表的革命者的英雄气概,更有力地探寻和表现出了夏瑜悲剧产生的根源。沙汀的《在其香居茶馆里》围绕国统区的兵役问题展开,描写了川北回龙镇当权派和地方实力派之间复杂的矛盾斗争,深刻揭露了国民党反动统治的黑暗腐败及其兵役制度改革的虚伪骗局,作者同样采用了明暗相生的双线式结构。

如果细分的话,双线式结构又分为时间序列的双线式与意识的双线式。时间序列的双线式类小说如杰·邦提尔的《第二次机会》:

> 情已逝。他伤心欲绝,打算从金门大桥往下跳。很巧,就在咫尺之外,一名女子也企图自杀。
>
> 两人在空中相遇。
>
> 互相对望。
>
> 迸出火花。
>
> 他们心知肚明。
>
> 就在离水面3英尺的地方。

不难看出其中的两条线索(男女各一条线索)在空中奇遇,这是偶然中的必然。作品激活了读者的思维,令人深思,给人以艺术享受。

意识的双线式:意识流的小说很多是非常巧妙地利用双线式营构法来撰写的。

3. 交叉式营构法

这是指对同一矛盾中的几件事或几个方面、几条线索,以按段分叙、段与段之间并行交叉的方式营构文章的方法。议论文中的交叉营构,是指在阐述复杂而又深刻的事理时,采用"总——分——总"互相交叉、多线平行论述与单线深入论述结合的说理方式,全面深入地进行阐述。例如《谈谈"朱"者近"墨"》一文就是运用这种营构法:作者首先论述了"近朱者赤,近墨者黑"这句俗语的正确性,肯定了客观环境对人的影响。由此,作者论述了问题的另一方面,提出近墨者不一定变黑,从而肯定了人的主观因素。最后,作者又看到了更为主动的方面,提倡朱者近墨,先进主动接近后进,使墨者近朱而变赤。全文由总到分,分总结合;由肯定到否定,否定中又有肯定的成分。作者动点思维,多线营构,曲折说理,使论述变幻多姿、全面深刻。这种说理,往往是运用辩证逻辑,一个层面一个层面地交叉论述,在理论上既有深度,又有广度,具有很强的说服力。使用交叉式营构法,往往比较复杂,有一定难度。所以更应注意理清头绪和线索,抓住主要矛盾,从而使叙述说明杂而不乱,使议论说理深刻全面。

另外还有蒙太奇营构法、放射式营构法、意识流营构法、拼贴画营构法等多种营构方法。

需要说明的是,我们从文章整体营构角度探讨了具体营构方法,它们的共同功能是把分散零碎的材料贯穿为有机的整体,写作者在写作时,应从文体特点、文章内容及写作意图、表达效果诸方面综合考察,以决定使用何种营构方法。

训练与实践

一、写作知识训练

1. 问答

(1) 什么是营构布局?为什么说营构布局是思路的体现?

(2) 为什么说营构布局是一项艰苦而有创造性的工作?

(3) 如何理解营构布局的整体性原则?

(4) 什么是线索?举例说明线索有哪些设置方式。

2. 填空

(1) 写作的过程,也就是写作者_____的过程。

(2) 所谓营构布局的创新性原则,是指营构布局既要_____,同时又要_____。

(3) 脉络具有_____、_____、_____的特点。

(4) 开头有两种方式,一种是_____,另一种是_____。

二、例文评析训练

分析下文在营构布局上的特点。

作文与做人
叶圣陶

品德教育重在实做,不在于能说会道。

譬如去年高考的作文题是《先天下之忧而忧,后天下之乐而乐》,要是有位考生写得头头是道,有道理,有发挥,准能得高分。但是当他离开考场,挤上公共汽车,就抢着靠窗坐下,明明有一位白发老太太提着菜篮挤在他膝前,他只当没瞧见。你说这位考生的作文卷上该不该得高分,依我说,莫说高分数,我一分也不给。他连给老太太让个座的起码的好习惯都没有养成,还有资格谈什么"先天下之忧而忧,后天下之乐而乐"呢?

也许有人说,你太认真了,那是作文,那是考试。对,是考试,在汽车上给不给老太太让座,这才是真正的考试,他一分也得不到。

文当然要作的,但是要紧的在乎做人。

三、写作技能训练

1. 单项训练

(1) 列提纲是锻炼营构布局能力的重要途径,比如鲁迅的《一件小事》开头可列成下面的提要式提纲:

开头:引出一件小事,扣题。
① 所谓国家大事,在我心里不留痕迹。
② 有一件小事,却使我至今记得。

运用这种提要式提纲法列出《一件小事》主体部分的提纲。

(2) 给下面的短文添写开头。

人们把"有知识"说成"有学问",这不是没有道理的。学问学问,学要肯问。学,常会有疑,问则可以解疑。解其一疑,便长一智。学既不可缺,问也不可少。不因疑难细小而忽视问,不因问题浅易而不屑于问,更不因怕失身份而耻于问。在学中发问,在问中求学;边学边问,才有"学问"。

要得"学问",不仅要肯问,而且要善问。学习犯难不要急于问人。要先问己,后问人。问己,应反复思考;问人,会受到启发。问,要问得准,问得深,因为学习不仅要知其"然",还要知其"所以然"。

(3) 从读过的文章中摘出过渡自然、照应巧妙的例子各两三例,说说它们好在哪里。
(4) 从本书例文中总结出几类开头、结尾方式,并说说它们对全文结构的重大作用。

2. 综合训练

(1) 以《作文与做人》为题,重新营构布局,写一篇评论文。
(2) 许地山的《面具》以对照的手法写出人不断变化的面具。仍以《面具》为题,更换角度,写一篇杂文。

面具

许地山

人面原不如那纸制的面具哟!你看那红的、黑的、白的、青的、嬉笑的、悲哀的、目眦怒得欲裂的面容,无论你怎样褒奖,怎样嫌弃,它们一点也不改变,红的还是红的,白的还是白的,目眦欲裂的还是目眦欲裂的。

人面呢?颜色比那纸制的小玩意儿好且活动,带着生气。可是,你褒奖他的时候,他虽是高兴,脸上却装出很不愿意的样子;你指责他的时候,他虽是懊恼,脸上偏要显出勇于纳言的颜色。

人面到底靠不住呀!我们学面具,但不要戴,因为面具后头应当让它空着才好。

四、写作实践训练

1. 从最近出版的报纸杂志上找一至三篇文章复印后发给全班同学,分析其营构布局的特点,然后开一次评论会。

2. 利用节假日游览附近的名胜古迹,选择恰当的营构布局方法,将所见、所闻、所感组织为一篇游记文。

3. 开展读报活动,并从中找一至两篇平行式结构或交叉式结构的文章,分析其结构特点,列出结构提纲;借鉴其营构布局方法,自己写一篇平行式结构或交叉式结构的文章。

4. 结构综合训练:找一找自己童年时的照片,回忆自己美好而多趣的童年。体味照片中的"趣",加进自己的童年经历,精心构思,巧妙营构,写一篇凸现童年之"趣"的散文。

第三节 语言表达能力

一、语言表达的含义

语言表达经历了由内部语言阶段向外部语言阶段转化的过程。内部语言是一种心理语言,存在于作者大脑内部,苏联心理学家维果斯基认为它有以下特点:"第一,这种语言不是连续、完整的;第二,它的意义是'自明'的;第三,它较少语法限制。"内部语言是最接近思维形态的,它没有物质形态的字、词、句作为表现形式,缺少连贯性,语法残缺,是以极度简化、高度浓缩的方式表达的个性化意义组合,除了思维主体能"自明"外,其他人难以认识。

然而写作是要表达思想、交流感情、传达信息的。要达到这一目的,内部语言就必须以书面语言的形式呈现出来,成为读者能够接受的各类文章,这个任务就由转化来承担。转化后的语言,力求清楚、明确、符合语法结构,"言语在我们用以和别人交流时就变得正规化。而且其正规化的程度随交谈双方心理距离的增加而增加",[①]从而成为模式化、熟练化、

---

① 克雷奇.心理学纲要[M].周先庚,译.北京:文化教育出版社,1980:215.

自动化的外部语言。这种语言具有传达认知、推理与情感的作用：可以说明事物的功能，传达认知信息；可以进行抽象性的议论以推求真理，传达推理信息；还可以进行抒情，如"在我的后园，可以看见墙外有两株树，一株是枣树，还有一株也是枣树"（鲁迅《秋夜》），这段话传达的就是一种单调乏味的寂寞情绪。正因为语言表达有这些功能，所以它能适应人们交流多方面信息的需要。可以说，没有书面语言，就没有写作活动，也就不能产生任何文章。

从系统构成角度看，语言表达包括三方面内容：第一，由选词、炼句、用语等组成的基础表述；第二，由叙述、描写、议论、抒情等组成的表达方式；第三，由各种修辞手法及断续、离合等笔法组成的表达技巧。

一篇好的文章，固然决定于其思想的精深、意味的隽永、结构的精巧，同时也有赖于其语言表达的优美。丰富多彩的语言，是文章生动感人的重要条件，唐朝诗人杜牧就曾经在《樊川文集·答庄充书》中说过："凡为文以意为主、气为辅，以辞采章节为兵卫。"初学写作者往往因为用词不当、句子不通、修辞不合理等原因而使文章显得粗糙乏味。因此，提高语言素养，培养语言表达能力，是学习写作的重要基本功。

二、提高语言表达能力的途径

（一）求清晰：重视语言的转化

提高语言表达能力，要充分重视由内部语言向外语语言进行转化这一关键环节，使写作者的思维语言顺利地转化为书面语言，清晰地表现写作者的所思所感。因为当写作者的意旨、情感以内部语言为其无形的外壳时，读者是无法接受的，只有通过行文赋予它书面语言这种物质外壳，情意才具有了载体，写作者与读者的交流才具备了得以实现的媒介。因此这种由意到文的转化是非常必要的。

要实现顺利转化，写作者必须从两个方面努力。第一，要有清晰的思维，运用正确的思维方法形成清晰的思路。思路包含写作思维的切入点、思维运动走向及终极目标等内容，是内部语言运动的结果、外化的依据。思维内容只有被思路合理化以后才能支配外化行为，大多数写作者在写作时往往并不缺少写作内容，而是苦于对清晰准确地表达自己的情意束手无策，其中重要原因就是思维方法不合理导致的思维不畅。同时，要准确地把握生活，深化客观生活的意义，因为只有深刻地思考认识生活，方能清晰地表现生活。第二，具备语言的基本功。转化过程是个矛盾体，思维与语言则是矛盾而又统一的两个方面。如果没有一定的语言基本功作外应，再清晰的思路也不能外化为文章。语言基本功的低层要求是文通字顺，表意明白，然而语言表达不仅是被动、清晰地传达内部语言，它还是积极的、能动的，因此语言基本功的高层要求是表达的灵活生动。只有两者有机结合，方是成功的转化。

通过以上努力，才能使语言表达做到清晰准确、流利畅达，不至于出现《文心雕龙》中所说的"方其搦翰，气倍辞前；暨乎篇成，半折心始"的现象。

（二）求灵活：克服语言痛苦

要提高语言表达能力，使行文流畅灵活、挥洒自如，必须克服语言痛苦。所谓语言痛苦,指写作者不能用书面语言流利而准确地表达内心情意,内部语言与外部语言出现矛盾、不一致的现象,有话说不出,想写写不了。高尔基曾举过一个例子:"有一次我需要用几句话来描写俄国中部一个小县城的外观。在我选择好词句并用下面的形式把它们排列出来之前,我大概坐了三个钟头……我觉得我写得很好,但是当小说印出来的时候,我才看出我制作了一件像五彩的蜜蜂饼干和玲珑精致的糖果盒之类的东西。"①高尔基在这里具体叙述了他的一段写作经历:从语言痛苦开始——为写作几句话而坐了三个钟头;又到语言痛苦结束——写出来的竟是个制作工艺品,一个僵硬而没有生气的东西。

之所以会产生"文不逮意"的语言痛苦现象,主要是由于写作者的追求与语言之间存在着矛盾冲突。古往今来的写作者无一不重视炼字炼句,试图找出绝对合适的字、词、句来传达自己的思想。然而事实上这又是很难做到的,因为语言是一种符号,有很大的局限性。索绪尔曾将语言表达区分为"语言"与"言语"两个概念,认为语言"是通过言语实践存放在某一社会集团全体成员中的宝库,一个潜存在每一个人的脑子里,或者说得更确切些,潜存在一群人脑子里的语法体系,因为在任何人的脑子里,语言都是不完备的,它只有在集体中才能完全存在"。而言语"却是个人的意志和智能的行为",是"运用语言规则表达他的个人思想"的东西。② 在内部语言阶段,尽管已有鲜明的形象呈现在眼前,也有某种思想、感情跃动于脑海,但写作者却不能把它们原封不动地传达给读者,只能借助语言符号加以表现。由于语言符号的局限性,有的事物"只可意会,不可言传",于是在语言表达中只有摒弃这些事物;又由于思维具有广阔性、跳跃性和不确定性,而文章篇幅有限,语意必须连贯,语言必须确定,因此写作转化中必须框定漫无边际的思维,固定流动的思维,连接断续的思维。在语言表达中,既不能摆脱语言工具的局限,又要力求充分发挥语言工具的潜能,尽可能多地表现思想感情、转化内部语言,于是就产生了写作中的语言痛苦现象。

因此,写作者只有不断丰富自己的人生阅历,建立良性知识结构,以辩证思维指导自己的写作实践,增强思维的灵敏度与发散力,克服语言的限制,贫乏中求丰繁,抽象中求生动,模糊中求清晰,摆脱语言痛苦的困窘,方能使语言表达灵活多变。

(三) 求新鲜:克服套板反应

写作者要以独特新鲜的表达方式传达自己对社会生活的感受与认识,必须克服套板反应。所谓套板反应,是指人们"写一件什么事物时,马上就联想到一套现成的套语滥调,不但安于这套陈词滥调,而且还自鸣得意"③的心理现象。比如写人物,总是"乌黑的大眼睛炯炯有神";写美人,总是"柳腰桃面、王嫱西施";写高兴是"高兴得跳起来",写愤怒是"肺都气炸了";讲道理时"由此可见""无数事实证明""从古至今"等名词篇篇可见;结尾总要提出号召、表示决心;等等。例子举不胜举。这些语言都是被人们反复运用而失去了独特表现功能的套板语言,也叫"自动化"语言。

---

① 高尔基.谈谈我怎样学习写作[M].高尔基论文学.汝龙,译.北京:人民文学出版社 2018:189.
② 索绪尔.普通语言学教程[M].高名凯,译.北京:商务印书馆,1996:35.
③ 鲁枢元.文学语言特性的心理学分析[J].奔流,1996(3).

套板反应是一种心理定势。一个写作者逃不出一定时代文风的影响,这是社会语言的心理定势;同时写作者个人还有习惯定势的语言惰性:有人爱用华丽的辞藻,有人爱好"掉书袋",有人笔下有高频率的词汇,等等。心理定势不同于写作常规、定式,定势是脱离了发展变化的思维板滞的结果,而常规、定式则是人们在长期写作实践中总结出来的、对写作行为起积极作用的具有规律性的科学方法,它们不是一成不变的,而是在写作实践中不断发展变化的。比如"文无定法"是写作常规,而套板式的语言表达却试图把复杂的思维内容纳入同一个框框,这是违背写作规律的。

克服套板反应,力求语言表达新鲜的途径是语言的心灵化与陌生化。心灵化的语言即索绪尔所说的"言语",它最具有写作者个性,是"个人的意志和智能的行为",与其他外部语言相比,它与内部语言的距离大大缩小,因而最贴近心灵,是"一种能够自由地、豁畅地言说着的语言","一种永远创造着、常青不凋的语言"。[①] 鲁迅散文《秋夜》的开头,就是用了一种新颖的、心灵化的语言。心灵化的语言往往也是陌生化的语言,即写作者发挥语言的表现功能,以独特组合方式传达自己对事物本质的独特感受,以取得新鲜的表达效果。语言的陌生化是在语言的不变中求变化,不苟安于概念的死胡同,力求"平字见奇,常字见险,陈字见新,朴字见色"[②]。譬如交代时间,用"十五月明之夜"无疑是准确的,然而说成"三五月明之夜",就既准确又陌生化;"在默默里算着,八千多日子已经从我手中溜去"(朱自清《匆匆》),这里,"八千多日子"的换算,就比说"二十年"使人感到新鲜。因此,语言的陌生化是一种超越语言的抽象、平淡与僵化,推陈出新的手法。

语言的新鲜及心灵化、陌生化要适度,要适应文体要求。文学文体追求"把熟悉的东西通过艺术手法的加工变得不熟悉,使我们对它感到陌生、新鲜,从而对它发生兴趣,产生去仔细观察和了解它的强烈愿望";而公文等文体却要有"定式""定格""定语","应言之言,虽千百次相同,不嫌其复也;不应言之言,虽偶一言之,亦非所许"。同时,心灵化与陌生化的语言创造,要以读者的最终理解为准则,因为它的目的在于克服语言痛苦,把心交给读者,取得最佳表达效果。

三、语言表达的要求与方法

语言表达效果直接关系到写作成果价值的实现。如何才能把自己对客观事物的感受和看法以及自己的思想感情以最佳的方式传达给读者,而且做到意到笔随,流转自如,这是每个写作者最为关注的问题。

(一)准确

准确是对文章语言最基本的要求,也是很高的要求。一般意义上的语言准确,是指用恰当的词语和表达方式确切无误地传达写作者的感受、印象和认识。确切无误地使用语言,就是文章中的语言既要符合语言规范,又要符合生活常理。具体来说,必须做到以下

---

① 鲁枢元.超越语言[M].北京:中国社会科学出版社,1998:278.
② 沈德潜.说诗晬语[M].南京:凤凰出版社,2010.

几点。

1. 对表达对象认识准确

对表达对象认识准确是语言准确的前提和基础。对事物缺乏准确的把握，就无法利用准确的语言进行表达。准确地把握认识对象，包括对事物、情理的整体把握和对细节的真切感知。模糊语言的使用就是一种整体的把握，是一种特殊的准确语言。比如我们平常总爱用这样的话形容复杂的心情："心里像打翻了五味瓶，酸辣苦甜咸，样样俱全。"这样的语言是模糊的，然而却准确地写出了说不清、道不明的复杂心理。

2. 用词准确

要做到用词准确，一要精心选择最确切的词语，准确地再现事物的状貌，确切地表情达意；二要仔细辨析词义，特别要注意区分近义词在含义和用法上的细微差别；三要区别词语的感情色彩，做到褒贬适宜；四要根据语境选择恰当的词语。如曹禺在《日出》中对潘月亭的描述："一块庞然大物，裹着一身绸缎。"一个"裹"字，既贴切地写出了潘月亭的肥胖，字里行间又包含了对潘月亭的鄙视。

在实用文体里，语言表达准确的含义为：解释单一，切忌歧义。如有一份故意杀人案的起诉书对犯罪情节是这样陈述的："曾唆使其长子李斌、侄子李京生将张骗至外地企图杀死未遂。"对于犯罪后果"企图杀死未遂"，我们可作如下分析：一是李斌、李京生二人接受教唆而张（被害人）未去；二是李斌、李京生接受教唆，但由于张正当防卫，李斌、李京生未得逞；三是李斌、李京生接受教唆，但由于客观原因未能如期到达犯罪地点；四是李斌、李京生未接受教唆。上述四种分析，可产生不同的法律后果：第一、二种法律上称为"犯罪未遂"；第三种法律上称为"犯罪中止"；第四种法律上称为"无罪"或"不构成犯罪"。"犯罪未遂""犯罪中止"在量刑上是截然不同的。如此陈述，语义四歧，严重损害了法律语言表达的基本准则，直接影响到定罪量刑。

3. 造句符合语法、逻辑规则

词语只是建构文章的"材料"，要表达一个完整的意思，还需要把词和词组组合成句子。组句必须按照一定的语法、逻辑规则进行，否则就会出现语病，影响语言的准确表达。造句要合乎语法规则，应该注意以下几个方面的问题：一是结构要完整，做到主语不苟简、谓语不疏漏、宾语不残缺、附加成分恰当。二是搭配要得当，做到主宾相配、动宾相合、偏正相应、联合相当。三是语序要合理。语序即词与词相结合的先后顺序。如果词语的位置摆得不准确、不恰当，就会影响语义的表达。因此词的位置先后要遵循一定规则，不能任意安排、随便变动；四是关系要明确。在复句中各个分句之间都有内在的联系。按照分句间的不同关系，复句可分为并列、递进、选择、因果等多种关系。文章中句子之间的关系要明确，分句之间要有内在联系，要注意正确运用先后次序或关联词语来显示它们之间的关系。

逻辑是人们思维的规律。合乎逻辑规律，就是要符合思维的规律，符合事物的情理。有时候合乎语法的句子不一定合乎逻辑。因此要做到造句准确恰当，还要注意合乎逻辑规律。首先，概念要明确，做到种概念与属概念相容，不犯混淆概念的毛病；其次，判断要恰当，不出现自相矛盾的现象；再次，推理要严密，文章内容前后有紧密的内在联系。

（二）简练

简练指用最少的文字最清楚地表达尽可能丰富的内容。这就要求写作者在文章中必须讲究实效、用语经济，在清晰表意的前提下，以质取胜，突出精义。古人作文很讲究这一点，正如老舍在《谈简练》中说的："中国文学一向以精练见胜。'韩潮苏海'是指文章气势而言，二家文字并不泛滥成灾。从汉语本质上看，它也是言短而意长的，每每凌空遣字，求弦外之音。"

怎样使语言简练呢？

1. 思想明确，认识深刻

要想表达明白，必须想得清楚。"自己本是糊涂的，写起文章来自然也糊涂。读者看起文章来，自然也不会明白。"要想表达简洁，认识必须深刻。有人平时讲话啰唆，往往是没有说到"点子"上，总是打外围、兜圈子、绕弯路。这"点子"即是事物的本质，话说到"点子"上，就是抓住了本质。本质抓住了，说话自然就干净利落了。有的文章表述不简不明，常常是作者对内容理解认识不清不明所致，并不完全是技巧问题。所以要提高表达的精练度和清晰度，必须锻炼思想、注意思维训练、培养自己的认识能力，这样写出文章来才能简洁凝练、晓畅明白。

2. 节约用字，删繁就简

惜墨如金，节约用字，力求字字用得恰到好处，句句饱含深意；仔细斟酌，把一切与表现主旨无关的多余部分统统删去，这是表述简洁明白的重要方面。鲁迅先生《为了忘却的记念》中，有这样一段话：

> 天气愈冷了，我不知道柔石在那里有被褥不？我们是有的。洋铁饭碗可曾收到没有？……但忽然得到一个可靠的消息，说柔石和其他二十三人，已于二月七日夜或八日晨，在龙华警备司令部被枪毙了，他的身上中了十弹。
>
> 原来如此！……

舒缓的笔调，却反映出鲁迅先生不可遏止的悲愤感情。用字不多，叙事也不繁，仅"他的身上中了十弹""原来如此"这十几个字却胜过千言万语，可谓字字简明有力，句句饱含情意。

节约用字要注意避免语义不清、指代不明；删繁就简要注意表意明白，避免运用有多种解释的词语与结构。如果一个词语或句子可以这样理解，也可以那样理解，读者就会不知其真意所在了。

3. 熔炼语句，委婉含蓄

写作时熔炼含蓄的语句，委婉含蓄地表情达意，是节省笔墨、使表达简洁明了的有效办法。如写送友，不说离别，只说"山回路转不见君，雪上空留马行处"；朋友冒雪走了，渐行渐远，雪上留下了朋友一行的马蹄痕迹，通向遥远的京城……只14个字，却简明而充分地表达了流连伤感之情，正是"不着一字，尽得风流，语不涉难，已不堪忧"（司空图《二十四诗品》）。

另外还可以选用一些文言词语、口语等,使表达更简洁明白。

(三) 生动

语言表达不仅要准确简明、不误人子弟、不空耗别人的时间,还要做到生动灵活、有吸引力,使读者想看、爱看。文章"言之无物",没有丰富的内容和真情实感,固然会显得空泛、平淡;但如果"言之无文",语言呆板、老套,也会令人感觉枯涩、乏味,再丰富的内容、再深刻的思想也难以充分表达出来,只会"行而不远"。

怎样使语言生动呢?

1. 选用富有形象感的词语

语言文字具有间接性,读者必须在想象中进行填充。因此,写作者要尽量用形象的、有立体感的词语来写作。写人,能让读者如见其人;写景,能让读者身临其境;写事,能使读者如历其详;写情,能让读者感同身受;写理,也能让读者感到不是板着面孔教训人。如王蒙《海的梦》中的一段文字:

> 大面积的、扇面形的云霞,从白棉花球的堆积,变成了金色的菠萝了。然后出现了一抹玫瑰红,一抹暗紫,像是远方的花圃,雪青色、灰黑色、裸色和淡黄色时隐时现,搀和在一起,整个的天空和海洋也随着这云霞的色彩而渐渐暗下来了。陆地一亮,落日终于从云霞的怀抱里落到了海上,好像吐出了一个大鸡蛋黄,由橙黄橙红,变得鲜红,由大圆变成了扁圆,最后被汹涌的海潮吞没了。

文中以富有动态感、五彩缤纷的词语,生动活泼地表现了海上云彩细腻的色泽变化,使读者看到了一张张不断变化的"彩色照片"。

朱自清在谈到语言表达时说过这样一段话:

> 记述时可也费了一些心思在文字上:觉得"是"字句,"有"字句,"在"字句安排最难。显示景物间的关系,短不了这三样句法;可是老用这一套,谁耐烦!再说这三种句子都显示静态,也够沉闷的。于是想办法省略那三个讨厌的字。例如"楼上正中一间大会议室",可以说"楼上正中是——","楼上正中有——","——在楼的正中"。但我用第一句,盼望给读者整个的印象,或者说更具体的印象。

朱自清先生运用具体事例,说出了自己的创作甘苦和切身体会:在语言表达中,不仅要运用具体形象的词语,而且要新颖别致、富于变化、生动有趣,应竭力避免呆板的腔调,打破语言的凝固和滞涩在读者心理上所造成的沉闷感。

另外,注意用词的变化、词义和词类的活用等,也能使语言表达新颖独特。

2. 词语搭配新颖

新颖的词语搭配,容易使人产生新奇感,也容易引起新的联想。在文学创作中,语言高手挥舞着语言的魔杖,灵活多变地调配词语,排列出一个个新颖的组合,给人耳目一新的享受,这在诗歌的创作中表现尤为突出。如舒婷的《思念》:"一幅色彩缤纷但缺线条的挂图/一题清纯然而无解的代数/一具独弦琴,拨动檐雨的念珠/一双达不到彼岸的桨橹/蓓蕾一般默默地等待/夕阳一般遥遥地注目/也许藏有一个重洋/但流出来,只是两颗泪珠/呵,在心的远景里/在灵魂的深处。"新奇的语言,新奇的意象,表达了一种抽象复杂的思念之情。

3. 运用多种修辞手法

写作时,根据文体特点和行文需要,适当运用比喻、夸张、对比、排比、拟人等修辞手法,来增强语言的表现力。如萧伯纳在揭露资本主义法律的虚伪性时,说它像"蛛网一样,小虫给粘住了,飞鸟却一冲而过",通过一个巧妙的比喻,十分形象地揭示了资本主义法律是为少数人服务的。

4. 句式富于变化

如果文章的句式单一,就会显得呆板、缺乏生气。因此,写作者要根据表达的需要,调整、变换句式,长句与短句、整句与散句交错使用,从而增强文章语言的灵活性和感染力。例如:

> 全党全国人民一个共同的认识是:实现四个现代化,必须实行民主集中制,造成一个安定团结的政治局面;如果不搞民主集中制,没有安定团结,也就没有四个现代化。

> 今天,这里有没有特务?你站出来!是好汉的站出来!你出来讲!凭什么要杀死李先生?……无耻啊!无耻啊!

> 临河的土场上,太阳渐渐地收了它通黄的光线了。场边靠河的乌桕树叶,干巴巴的才喘过气来,几个花脚蚊子在下面哼着飞舞。

这三段文字,第一段是长句,运用多重复句形式,表意准确、严密。后两段都是短句,一个写人,一个写物,文字都不多,但把人的思想感情、物的独有特点都表现得十分简洁、明快、有力。

一般说来,政论文章多用长句,文艺作品多用短句。由于长句附加成分多、结构比较复杂,因此选用时要注意避免附加成分过长,以及各个词语互相搭配不当的毛病。由于短句字数少、结构比较简单,所以选用时要力求意思清楚,避免苟简。

写文章以多用短句为宜,但在较多的情况下,都是长短句配合使用的。长短交替,可以收到更好的表达效果。例如贾平凹《静虚村记》里的一段文字:

> 当年艳羡城里楼房,如今想来,大可不必了。那么高的楼,人住进去,如鸟悬案,上不着天,下不踏地,可怜掬得一抔黄土,插几株花草,自以为风光宜人了。殊不知农夫有农夫得天独厚之处。我不是农夫,却也有一庭土院,闲时开垦耕耘,种些白菜青葱。菜收获了,鲜者自吃,败者喂鸡,鸡有来杭、花豹、翻毛、疙瘩,每日里收蛋三个五个。夜里看书,常常有蝴蝶从窗缝钻入,大如小女手掌,五彩斑斓。一家人喜爱不已,又都不愿意伤生,捉出去放了。那蛐蛐就在台阶之下,

彻夜鸣叫。脚一跺,噤声了。隔了一会儿,声又起。

这段话,有三四个字一句的,也有十几字一句的,长短交替,又以短句为主,叙述时快时慢,文字错落有致,形成了语言的参差美,表现了作者的情趣。

(四) 适体

适体,主要是指语言适应文章体裁的特征和要求。不同的文体对语言有不同的要求,因此写作时应该选用不同的语体。文体是文章的体式,是从文章的总体构成而言的;语体则是不同文体运用语言材料特点的综合形态,是人们在语言运用过程中,根据交际的内容、对象、范围、语境和交际目的的不同所形成的言语行为的体式。各种不同的语体在语言的运用和修辞手法上,都表现出它们各自特有的风格。一般而言,文章的语体大致可以划分为文艺语体、理论语体、科技语体、事务语体四种类型,它们在语音、词汇、句法、修辞和篇章上具有各自的特点。

1. 文艺语体

文艺语体是用艺术形象来反映客观现实的一种语体,包括各种类型的文艺作品。这类语体常常使用词语的变义、喻义、象征义等,带有强烈的主观性。它注重使用动态感、情态感、色彩感、立体感、音乐感强的词语,追求词语的艺术化,采用灵活、跳跃的句式,运用多种修辞手段,充分调动读者的想象,具有形象生动、情态逼真的特性。

比如散文体。散文体是指散文、小说等用的语体。它在语言材料和修辞方式的选择上几乎不受什么限制,讲求句子连贯流畅、句式错落有致、辞格不拘一格。再如韵文体。韵文体包括诗歌、词曲等,其语言富有音乐美。又如戏剧体。戏剧体指话剧、歌剧和地方戏等用的语体,其语言特点是个性化、口语化和动作性。

2. 理论语体

理论语体常运用概念、判断、推理的方式来表达观点与见解。其词语具有单一性、透彻性,句式多用陈述句和判断句,且多用术语,概括性强、逻辑性强、论辩色彩浓,具有准确严密、鲜明犀利的特性。

政论语体是理论语体的特殊形式,是适用于阐述政治问题的一种语体,它的目的在于表明自己的立场、观点,要求以理服人,并具有强烈的鼓动性和巨大的号召力。表达方式以科学论证的逻辑性、说理性与艺术描绘的形象性、情感性相交织为特征。语词上多采用社会政治词汇,并对其他各种词汇成分加以协调运用。造句上除陈述句外,多用疑问句和祈使句,复句被大量运用,讲究语句的气势节调。各种修辞手法在政论语体中具有广泛的适应性。

3. 科技语体

科技语体是记载、传播社会科学和自然科学研究成果时运用的一种语体。

科技语体主要是叙述说明而非描绘抒情,因此其语言讲究逻辑性、科学性、简明性,最明显的特点就是大量运用术语、符号、公式和图表;句式平整、变化少;一般不用修辞格式;语言平实,多采用客观性描述方式等。

4. 事务语体

事务语体也叫公文语体,是国家机关、社会团体以及人民群众之间相互处理行政公务所用的一种语体。这也是使用频率最高、运用最为广泛的一种语体。这类语体要求用词造句要符合规范、合乎事实,语义要单一,句式要完整,力求通俗、能说明问题,少用疑问句和感叹句,少用描述性、表情性的词语,多用陈述句、判断句,注重客观实际,讲求实效,具有简明性、模式化的特性。

事务语体实用性和时间性强,具有准确性、简明性、程式化等特点:用词力求准确浅显,经常使用一些事务公文语体中的专用词汇;在句法上要求严格,句式周密严谨,句子结构完整;在修辞上,一般不用比喻、夸张、拟人等修辞格;在篇章结构上,事务语体有严格的规格要求。

写作者在使用语言的时候,要根据文章的体裁和不同的表现内容与接受对象等客观因素,相应地采用一种基本语体,当然也可能同时采用其他辅助语体。例如,文学创作主要采用文艺语体,它具有生动性、具体性、形象性、表情性等总体特征,如多用口头词语、句式多变、大量使用积极修辞格等;写一篇针对专业读者的学术论文,就应该主要采用理论语体和科技语体,其特征是具有逻辑性、严密性和准确性,如多用专门术语,句式相对复杂严谨,很少使用夸张、双关等积极修辞格等。

各类语体对其他语体要素都具有排斥性,以保持各自的独立性和稳固性。但随着交际领域的日益扩大、交际内容的日益繁复,要想更好地达到交际目的,各语体又要根据表达的需要而吸收一些其他语体的要素,以完善自己的语体系统,丰富自己的表现力,这就形成了语体的渗透。

社会的发展、科技的进步都会影响到语言的运用,使语言在某些领域运用时产生新的特点,加上既有语体之间的交叉渗透融合作用,一些新的语体应运而生。新闻语体、广告语体等都是在几种语体渗透融合的基础上慢慢独立为一种新兴的语体的。新兴语体的语体色彩具有浓厚的时代特征,如广告语体和网络语体。

语言表达贵在自然和谐。作家孙犁说过:"语言的运用,应该自然。艺术创作,一拿架子,即装腔作势,就失败了一半。但能做到自然,是很不容易的。"[①]这种见解,不仅适用于文艺创作,同样也适用于文章的写作:写作者在文章中说自己要说的话,抒自己想抒的情,如风行水上,"常行于所当行,常止于不可不止"(苏轼《答谢民师书》)。通篇和谐一致,读来畅通无阻,方是为文的最高境界。

训练与实践

一、写作知识训练

1. 问答

(1) 结合自己的写作实践,谈谈内部语言与外部语言各有何特点,它们在语言表达过

---

① 孙犁.读作品记[M].孙犁文集.天津:百花出版社,1982.

程中是如何转化的。

(2) 什么是"语言痛苦"？为什么会产生语言痛苦？

(3) 什么是"套板反应"？如何克服套板反应？

(4) 要做到用词准确，应从哪些方面着手？

(5) 如何才能使语言表达做到简练？

(6) 在语言表达中要使句式富于变化应从哪几个方面着手进行？

2. 填空

(1) 语言表达要做到_____、_____、_____、_____。

(2) 语言表达从系统构成角度看，包括以下方面内容：第一，_____；第二，_____；第三，_____。

二、例文评析训练

1. 分析下文在语言表达方面的特点。

匆匆

朱自清

燕子去了，有再来的时候，杨柳枯了，有再青的时候，桃花谢了，有再开的时候。但是，聪明的，你告诉我，我们的日子为什么一去不复返呢？——是有人偷了他们罢：那是谁？又藏在何处呢？是他们自己逃走了罢：现在又到了哪里呢？

我不知道他们给了我多少日子，但我的手确乎是渐渐空虚了。在默默里算着，八千多个日子已经从我手中溜去；像针尖上一滴水滴在大海里，我的日子滴在时间的河里，没有声音，也没有影子。我不禁头涔涔而泪潸潸了。

去的尽管去了，来的尽管来着；去来的中间，又怎样地匆匆呢？早上我起来的时候，小屋里射进两三方斜斜的太阳。太阳他有脚啊，轻轻悄悄地挪移了；我也茫茫然跟着旋转。于是——洗手的时候，日子从水盆里过去；吃饭的时候，日子从饭碗里过去；默默时，便从凝然的双眼前过去。我觉察他去的匆匆了，伸出手遮挽时，他又从遮挽着的手边过去，天黑时，我躺在床上，他便伶伶俐俐地从我身上跨过，从我脚边飞去了。等我睁开眼和太阳再见，这算又溜走了一日。我掩着面叹息。但是新来的日子的影儿又开始在叹息里闪过了。

在逃去如飞的日子里，在千门万户的世界里的我能做些什么呢？只有徘徊罢了，只有匆匆罢了；在八千多日的匆匆里，除徘徊外，又剩些什么呢？过去的日子如轻烟，被微风吹散了，如薄雾，被初阳蒸融了；我留着些什么痕迹呢？我何曾留着像游丝样的痕迹呢？我赤裸裸来到世界，转眼间也将赤裸裸的回去罢？但不能平的，为什么偏要白白走这一遭啊？

你聪明的，告诉我，我们的日子为什么一去不复返呢？

2. 分析下文在语言表达方面的特点。

乌蒙山上架铁桥

在红军长征时经过的乌蒙山上,铁道兵和民工们正在加紧修建内昆铁路线上的天生桥大桥。这座大桥横跨云贵两省交界处的可渡河,是内昆铁路的重要工程之一,长530米,高76米。

目前,成千上万的铁道兵正在陡壁上劈山采石,有的钻进了山腰云雾间砍伐木材,有的给桥墩灌注混凝土。

由于地势险峻,大桥工程十分艰险,许多地方连路都没有。加上人烟稀少、交通不便,在山上修建大桥的战士和民工的吃用水,都需要到山下四五公里处去担。工程开始时,正遇上高原雨季,战士和民工们背上背包、工具和粮食在泥泞的山路上翻山越岭,经常滑倒。但是,在当年红军英勇事迹的鼓舞下,他们终于战胜困难,到现在已经完成大桥工程的六分之一。

云贵两省交界处原来就有一座"天生桥",桥下的可渡河原来叫作"不可渡河"。当地人传说:在万年以前,有两个"仙人"因为看到"不可渡河"像一把利刃般地插在云贵之间,使两岸人民无路可通,因此在两山之间筑起了座"天生桥",人们便把"不可渡河"改名为"可渡河"了。但是,这事为乌蒙山恶神所阻,派来猛兽镇守桥头,伤害过往行人,从此百里之内没有人烟,云贵交通也因此断绝了。几千年来,当地人民就盼望能恢复这一条交通线,但是却再也找不到好心的"仙人"了。现在,铁道兵和民工们正在用自己的双手,把人民的心愿变成现实,深受当地人民的欢迎。

3. 下面两组文字出自同一作者之手,试分析其在语言表达上的特点。这种特点是语言表达中哪一些心理现象的反映?

① 蜜蜂是渺小的,蜜蜂却又多么高尚啊!

人是多么渺小又多么伟大啊!

② 这真实的海市并非别处,就是长山列岛。

绣的内容不是别的,正是人民千百年梦想着的"蓬莱仙境"。

这不是平常的春天,这是我们人民正在动手创造的灿烂的好光景。

三、写作技能训练

1. 单项训练

(1) 下列句子有不简洁之处,请加以修改。

这是非常奇缺的药品,不到万不得已,是不能动用的。

本来想写那个草字头的大写的"万"字,因为时间忙,没来得及写那个草字头的大写的"万"字。

像这种不合理的措施,我无论如何是不赞成的。也就是说,我是坚决反对的。

(2) 改变下列句子的句式(陈述句改为反问句,反问句改为陈述句,疑问句改为感叹句),结合语言环境比较它们的表达效果。

董事长当然知道我是为什么来的。
你?(笑)三十年我一个人都过来了,现在我反而要你的钱?
她怎么变成这么个怪样子?

2. 综合训练

(1) 选择某一景物作为描绘对象写一篇短文,看谁的语言最为简洁、形象、生动。
(2) 借鉴《匆匆》的语言表达特点,选择一种较抽象概括的情绪、理念作为表现对象,用生动鲜明的形象表达出来。

四、写作实践训练

1. 在写作训练的基础上,以小组为单位召开讨论会,由小组长主持。每组找一篇习作,逐句逐段进行辨析,看有哪些地方不符合语言表达的要求并予以改正。

2. 利用休息时间或寒暑假深入工厂、农村、机关、商店等公共场所,运用闲谈、访问、调查等形式,搜集流传在人民群众口头上的活的语言,并注意随时记录下来,以积累材料,提高自己的语言表达能力。

第四节 修改完善能力

修改完善能力是指写作者在初稿完成后对文章进行加工、润色、修饰的能力。

一、修改完善的内涵

修改完善是写作的最后一道工序。文章初稿由于写作者考虑还不够细致周密等原因,往往在内容方面可能有所疏忽遗漏,在表达上也可能有不尽妥当之处,需要进行修改;由于急促匆忙,往往字迹潦草、勾画较多、卷面不整,需要进行修饰。这两者都属于修改完善范畴。

修改完善就其性质及要达到的目标看,可包括稳妥性修改完善与完美性修改完善两个层次的内容。稳妥性修改完善属于基础层次的完善,追求的是妥帖与准确,如立意要正确、结构要妥当、材料要恰当、语言要确切达意等。它是不得不作的修改完善,否则文章就有毛病。不论是记叙文、议论文,还是说明文、应用文,不论是文学体裁,还是非文学体裁,都要做好这项工作。完美性修改完善则是高层次的完善,追求的是表达的新颖、巧妙与艺术性。人们常说的创新、重旨、含蓄等,即为其所追求的境界。这是一种更高层次的追求,有时并不是非改不可,而是改了后会更好。它更多的是在文学作品中进行,纯实用性文体进行这类完善的较少。如果稳妥性修改完善追求的是对应的、不走样的信息输出与输入的效果的话,那么完善性修改完善所追求的则是超对应的、言在意外的效果,是内容与形式的双重完美效果。

二、修改完善的意义

(一) 修改完善是提高文章质量的重要步骤

好文章都是反复修改、多次加工的成果。古人曾说过,写文章"安能落笔便好? 能改则瑕可为瑜,瓦砾可为珠玉"(李沂《秋星阁诗话》)。这就强调了"能改"是制胜的关键,"能改"可以去瑕显瑜,化瓦砾为美玉。

许多中外名著作者都是十分重视修改完善的:托尔斯泰写《战争与和平》,仅开头就修改了 15 次;杜鹏程讲他写《保卫延安》的过程是"把万字的报告文学,改为 60 多万字的长篇小说,又把 60 多万字变成 17 万字,又把 17 万字改成 40 万字,再把 40 万字变为 20 多万字,在四年多漫长的岁月里,九易其稿,反复增添删削何止数百次! 那些被我抹过的稿纸可以拉一车"。由此可见,一篇文章要想获得极大成功,必须经过艰苦而又细致的修改完善工作。它是写作活动由初级阶段通往高级阶段的阶梯,是文章质量不断提高并达到高峰的必经之路,人们常说的"文不厌改""不改不工",其道理也正在于此。

(二) 修改完善是提高写作水平的有效途径

唐彪在《读书作文谱》说:"作文有深造之法。如文章一次作不佳,迟数月将此题再为之,必有胜景出矣。再作复不佳,迟数月又将此题为之,必有胜景出矣。盖作文如攻玉然,今日攻去石一层,而玉微见;明日再攻去石一层,而玉更见。再攻不已,石尽而玉全出矣。作文亦然,改窜旧文,复作旧题,始能深造。"这就是说只有常作不懈,反复修改,几经磨砺,思想上得到锻炼,文字上有所进步,知道该写什么、不该写什么,写作水平方能不断提高。对于初学写作者来说,充分认识修改完善的这一意义更为重要。

(三) 修改完善是对读者负责的具体表现

写作是"经国之大业,不朽之盛事",是一项严肃的社会活动,目的性十分明确。不管写作者写出的文章发表与否,客观上都是个教育人、影响人的大问题。如果写作者对文章中的毛病不认真修改,就会贻误读者,乃至有害于社会。在这方面,许多文章大家作出了榜样:马克思生前绝不出版一本没有经他反复加工和认真琢磨过的著作,他宁可把自己的手稿烧掉,也不将半生不熟的东西留给后世。著名科学家爱因斯坦曾说:"一个人应该严于解剖自己,如果他希望有人阅读自己的作品,他就应该把那些不重要的地方尽可能地删去。"[①]这种对读者、对事业、对社会高度负责的精神,值得写作者好好学习。

三、修改完善的原则

(一) 统观全局

修改完善要从全局出发,从整体着眼。一篇文章是一个有机统一的整体,以表达立意

---

① 海伦·杜卡斯,巴纳希·霍夫曼.爱因斯坦谈人生[M].高志凯,译.北京:世界知识出版社,1984:10.

为目的，观点、材料的变动要服从立意的需要，字、词、句的修改要从文章整体出发。修改完善固然要找准初稿中的主要问题，从某一点或几点入手，方能取得事半功倍的效果；但只有统观全局，局部的修改才能有所凭依，才能在大的背景上权衡得失，作出恰当的取舍与调整。比如文章结构要严谨、和谐，但在初稿中，由于作者的注意力往往被一个个局部层次所牵制，未能从整体功能的角度恰当地掂量各材料的分量、斟酌各层次的地位及位置，从而造成层次之间的比例关系的失调。如果从全局出发，从整体着眼进行完善，有的地方"减肥消肿"，有的地方"补虚益气"，有的"搬家"，有的"换将"，就能使层次的序列组合合理、轻重详略得当，做到结构严谨、匀称、自然、和谐。反之，可能会舍本逐末、顾此失彼，甚至徒劳无功。苏联作家法捷耶夫曾谈过他最初写作时的教训，那就是边写边改，结果改得很细的那一部分，从整体上考虑却是多余的，最后被整个删掉了。按道理说，文章应该是愈改愈佳，但也不尽然。古人曾有过这样的修改体会："为文须千斟百酌，以求一是，再三更改，无伤也。然改而善者十分七，改而谬者亦十之三。""作词四十年屡改屡蹶者，不可胜数。"之所以"屡改屡蹶"，最主要的原因在于修改完善时未从全局出发。

（二）实事求是

修改是为了提高文章质量，使之更加完美、精粹。因此在统观全局的前提下，还要本着实事求是的原则，以严肃认真、精益求精的态度进行，做到合理合度。有必要删改的地方，要舍得割爱，要有勇气对自己的文章动手术；对于文章中不应该改动的地方，也要以实事求是的态度去维护它。据参加过《钢铁是怎样炼成的》手稿整理工作的柯洛索夫回忆，此书作者奥斯特洛夫斯基就曾坚决拒绝了出版社提出的将小说改名为《保尔·柯察金》的建议。实践证明，作者的拒绝是正确的。如果删去了不该删的地方或者保留了不适当、不应有的观点、材料、语句，就会使文章的表达效果受到削弱。修改完善要合度，不能哗众取宠。要以适用为本，犹如器具刻镂绘画，将其修饰得漂亮些，使其更受人喜爱是必要的，然而必须以适度为前提。就文章完善而言，"言之无文"固然"行而不远"，但是过分雕饰，采滥辞艳，同样无益于甚至有害于表达。可见，修改的"不及"与"过分"均不是好的完善，只有不损害原作而又有助于表达的实事求是的修改才是合理合度的完善。

（三）冷热结合

修改完善还要本着冷热结合的原则。修改完善需要"冷"：将原有的写作兴奋心境冷却下来，将原来的写作思维活动暂时中止，将思想成果冷藏于时间的冰柜内。"冷"的益处有三：首先，"冷"可以帮助写作者跳出原作，放开眼界，从一个新的角度和新的高度审视原作，获得一种客观正确的评价和认识，有利于发现初稿的长处与短处。其次，旧的写作思维已成定式，在惯性作用下运行，产生出一种无形的束缚，此时修改不会有明显收益。"冷"可以在一定程度上摆脱思维定式，开拓新的思路，获得新的见解，有利于修改工作的进行。再次，进入写作兴奋状态就意味着付出情感、努力、辛劳，写作者对付出后产生的文章总怀有一种"母爱"，它往往使写作者看不见自己"胎儿"的缺陷。"冷"则可以淡化这种偏爱。

修改完善也需要"热"。热可以使写作者在修改过程中重新投入兴奋状态；另外，"热"也可以理解为趁热打铁，即在构思阶段及时地纠正错误，弥补不足，提高深化。"热"的作用在于它可以使修改阶段的思维在原来基础上更快速地运转，使更完美的字句在兴奋活跃的状态中产生出来，这是"冷"难以做到的。

修改完善需要"冷"，也需要"热"，更需要"冷"与"热"的结合。有了这种结合，才能够既敏锐地发现问题，又有效地提高完善的合理性。

四、修改完善的方法

修改完善的内容非常广泛，凡是写作所涉及的问题，都应是修改完善所涉及的范围。但它不同于写作活动由物到意再由意到文的顺序，而是以初稿作为反思的起点，对文章进行全方位的多维审视。

修改完善的方法很多，从内容与形式两方面综合考虑，主要有以下两种：

（一）全面修改

全面修改即从文章全局出发，通盘考虑，对主旨、材料、结构等进行系统的调整。

1. 主旨的深化

主旨对文章整体具有统帅作用。因此在修改完善时首先应注意解决主旨方面存在的问题，主要任务是寻求主旨的完善与深化，使其更为集中、突出、全面、深刻。在这个方面，列夫·托尔斯泰堪称楷模。他的《安娜·卡列尼娜》《复活》等名著的主旨，都是经过多次完善才达到如此深刻的程度的。

主旨的修改完善是一项复杂艰苦的工作，作者要坚持从全局出发，对文章的全部材料、整体构思等作进一步开掘与思索，并注意结合现实，深刻立意，力求对事物作本质的反映。那种只见点不见面、只看局部忽略整体、头痛医头脚痛医脚的修改态度与方式，不但难以使主旨趋于完善，甚至会越改越糟。

2. 材料的增删

材料是为表现主旨服务的，写作过程中要根据主旨表现的需要，注意材料使用的合理性：材料太少，会使主旨表现不力；材料过多，又会造成堆砌、淹没主旨，或表现角度单一重复。因此，修改完善时要注意对材料的增添、删削或更换。例如《光明日报》记者整理的回忆文章《一次难忘的航行》，记述了周恩来1946年从延安飞往重庆的一段不寻常的航行。当飞机飞抵秦岭山脉时遇到了强烈的冷气团，机体蒙上了一层薄冰，飞机沉甸甸地向下坠落。在这危急关头，机长一面命令机上人员把行李扔下去，以减轻飞机负担，一面要大家背好降落伞，随时准备跳伞。初稿中写了叶挺的女儿小扬眉因为自己的座位上没有降落伞，急得哭了。周恩来连忙把自己背上的降落伞取下来帮小扬眉系在背上，并鼓励她"不要哭"，"要与困难和危险作斗争"。修改定稿时，作者又加了这样一段话：

> 同志们看到这种情景，非常感动和不安，提出降落伞还是周恩来同志自己用，扬眉年纪小，身体轻，可以拴在别的同志身上。周恩来同志没有接受这个建

议,照样从容地指挥大家系降落伞。

加上这段话,就更为具体生动地表现了在这生死关头,周恩来同志毫不犹豫地把生的希望让给别人,把死的危险留给自己的崇高品德。

3. 结构的调整

一篇文章仅有深刻的主旨和生动的材料还是不够的,还必须运用合理的结构,巧妙地将材料组织为一个有机整体,灵活自然地表现主旨,从而达到观点与材料、形式与内容的有机统一。如果结构混乱、层次不清,就会严重地影响文章的表达效果。因此,结构的调整是修改完善的重要内容。

结构的调整,需要考虑的主要有六个方面:层次与段落、开头与结尾、过渡与照应。其中尤以层次、段落的划分和安排能够正确地体现事物之间的内在联系和发展变化的客观规律为要。例如,鲁迅先生的杂文《死》,写了七条"遗嘱",前四条初写时的顺序是:

一、不得因为丧事收受一文钱。——但老朋友的,不在此例。
二、不要做任何关于纪念的事情。
三、赶快收敛,埋掉,拉倒。
四、忘记我,管自己的生活。——倘不,那就真是糊涂虫。

后来,鲁迅在修改时把排列次序作了调整,将第三条改为第二条,第二条改为第三条。这调整,是从文章的逻辑关系和事物的一般规律上考虑的:把"赶快收敛,埋掉,拉倒"放在"不要做任何关于纪念的事情"之前,使所列几条皆按时间顺序由前及后地排列,显得条目清晰,层次结构更为合理。

结构的调整属于表现形式上的变动,在修改的时候,写作者要注意文章内容和形式之间的联系,努力做到既使结构形式更为新颖、独特、严谨、合理,又使文章内容更为生动、具体、明白、畅达。只有同时兼顾这两个方面,才会进一步增强文章的艺术感染力。

4. 文面的整理

整理文面也是修改完善的重要一环。文面是文章的外表,外表整洁才会利于阅读。一篇文章,如果书写工整、标点准确、文面洁净,会给读者以良好的印象,从而获得良好的阅读效果;如果书写马虎、标点不清、款式不当,会使读者望而生畏、不堪卒读。因此文面能在一定程度上反映出作者的写作态度和写作水平。

文面的整理包括以下三个方面的规范:

(1) 文字书写规范化。首先要检查文字书写是否合乎规范,即字形要合乎《印刷通用汉字字形表》的规定,简化字要合乎《简化字总表》的规定,不能随意简化汉字,更不能写错字别字;其次要检查书写是否清楚好认、笔画是否准确无误,切忌潦草难认;再次要检查书写是否美观大方,因为只有把字写得匀称、协调,方能增加读者阅读的美感。

(2) 标点符号规范化。标点符号是书面语言的有机组成部分,要克服重文字、轻标点的倾向,按照规定正确使用标点符号。

(3) 行款格式规范化。行款格式即文字书写的行列款式，它主要表现为以下几个方面：

① 标题居中书写，左右空格相等，上下各空一行。标题只有两个字的，两字之间可空一格。

② 署名在标题下面空一行居中书写，也可以写在文末右下方。

③ 分段每段开头空两格。

④ 序号一般按章、节，一、(一)、1、(1)逐级排列，切忌使用混乱。

⑤ 较短的引文，可以写在段中，引用原话加引号，引用其意而不引原话，只用冒号，不加引号。较长的引文，可另起一行，单独成段。引文段左右均缩进两格（开头缩四格），上下各空一行，去引号。也可左侧缩进两格，右侧不缩进，上下不空行。

⑥ 附注有三种注法：夹注，紧接在所注字、词、句之后，注文用圆括号括起；脚注，注文写在正文当页下方，注文与正文用一横线隔开；尾注，在文章末尾（或每章、每节之后）依次作注。脚注和尾注的加注字、词、句要用注码①②③等标出，注码单占一格，写在格子左上方。

（二）局部修改

局部修改即根据文章表达的总体要求，为使语言表述更加准确、鲜明、生动，而对某些字、词、句、段的局部增删改移。

1. 增补

增补就是把初稿中缺少的内容或不完善的词句加以添补和充实。《文心雕龙》说得好："古来文章，以雕缛成体。"这里的"雕缛"就是指修辞和文采上的再加工；通过语言文字的修饰，使枯涩、干瘪之处变得圆畅、丰满；使平淡、呆板之处变得新奇、生动。相传欧阳修写《昼锦堂记》时，对开头两句"仕宦至将相，富贵归故乡"再三斟酌，最后增加了两个"而"字成为"仕宦而至将相，富贵而归故乡"。句中补加了两个虚字，节奏感更强了，读起来委婉而有力。再如鲁迅的《藤野先生》，初稿中是这样描述藤野先生上课情形的：

一将书放在讲台上，便向学生介绍自己道："我就是叫做藤野严九郎的……"

修改稿增补为：

一将书放在讲台上，便用了缓慢而有顿挫的声调，向学生介绍自己道："我就是叫做藤野严九郎的……"

修改稿增加了11个字，藤野先生的音容、语态因此显得更为具体逼真，使人仿佛看到了他的容颜，听到了他那悦耳的声音，人物形象更为鲜明突出了。

另外还可以增补论点、增补材料等。

2. 删削

删削就是删掉多余的内容和词句，凡是表述上成为"闲笔""冗字"，显得啰唆、繁复者，

即须删削。例如果戈理对《钦差大臣》的修改:

初稿:诸位,我所以请你们来,是因为我要把一个极不愉快的消息告诉你们。我接到通知,一位带着秘密使命的官员已经从彼得堡出来私行察访了,他要来视察我们省会的所有民政机关。

修改稿:诸位,我所以请你们来,是因为我要把一个极不愉快的消息告诉你们,钦差大臣快要到我们这儿来了。

古今中外的文章大家都很重视删削在修改中的作用。托尔斯泰在1853年10月16日的日记里这样写道:"重读和修改作品的时候,只要没有发现主要的思想不明确,或没有根据,就不必考虑需要增加内容(不管出现了什么好思想),而要考虑在不损坏作品思想的情况下(不管多余的地方是写得如何美),尽可能多删节。"契诃夫在《致A·C·格鲁津斯基》中说过:"写作的艺术,其实并不是写的艺术,而是删去写得不好的东西的艺术。"鲁迅先生也说过"写完后至少看两遍,竭力将可有可无的字、句、段删去,毫不可惜"[①]的话。由此可见,删削对于提高文章质量有着不可低估的作用。

3. 改换

改换,就是对文章内容、文字等的更改、调换,历来的诗人和文章家都极为重视。如鲁迅在《为了忘却的记念》一文中便对那首七言律诗的五六两句作了精心的改动。原诗是:

眼看朋辈成新鬼,怒向刀边觅小诗。

后来修改为:

忍看朋辈成新鬼,怒向刀丛觅小诗。

把"眼看"改为"忍看",把"刀边"改为"刀丛",两字的改换,是作者精心锤炼的结晶。"忍看",是"不忍看"、"哪里忍看",表现了作者对反动派的愤恨和蔑视。"刀丛",则写出了白色恐怖的残酷和作者的坚强不屈。这一改换,大大增强了这首诗和整篇文章的表现力。

4. 移动

移动即将原稿的段落或词句的位置予以调整、调动。这是在文章原有内容和文字表述范围内的一种自我调节。例如田汉在他的话剧剧本《关汉卿》脱稿后,请郭沫若提出修改意见。郭沫若回信说:

我有一点意见,是否可以考虑,让盲了眼的赛帘秀在最后一场登一次场?她是最引人同情的角色,应该让她最后陪着朱帘秀一同来送行。一些壮烈的话由她自己说出,不要采取间接方式。最后的那支《沉醉东风》,我倒建议由赛帘秀来唱。在收场处赛帘秀还渗出血泪,不是更能感动人吗?请你考虑一下。这样改

[①] 鲁迅.答北斗杂志社问[M].鲁迅选集.北京:线装书局,2007:122.

起来并不费事,你如同意,一定可以剪裁得更好。

田汉采纳了郭沫若的建议,对全剧的场次重新作了调整,由原来的九场扩展为十二场,又增加了一些人物和事件,让赛帘秀最后一次出场,另写了一支《沉醉东风》叫她唱。这一移动修改,剧中的主要人物形象显得更丰满、更生动,剧本的结构也就更严谨、完善。移动一般说来总是多多少少和增、删、改结合起来进行的。"增"得多了,往往需要"分":一层分为两层;"删"得多了,往往需要"合":两段合为一段;一处修改,牵一发而动全身,就可能需要对其他部位进行"调动"。

文章修改是写作的重要环节,也是一项艰苦而细致的工作。写作者在修改过程中,要注意全面地予以把握,把各方面的问题解决好。

训练与实践

一、写作知识训练

1. 问答

(1) 联系修改实际,谈谈修改完善包括哪两个层次。

(2) 修改完善的意义表现在哪些方面?

(3) 在什么情况下应增加或删减材料?举例说明。

(4) 怎样才能使文面规范符合要求?

(5) 行文中标点符号的使用要注意哪些问题?

2. 填空

(1) 修改完善的原则是_____、_____、_____。

(2) 修改完善可从八个方面进行,它们是:_____、_____、_____、_____、_____、_____、_____、_____。

(3) 行款格式即_____,它主要表现为以下几个方面:_____、_____、_____、_____、_____、_____。

二、例文评析训练

下面是老舍的一篇文章的手稿(节选),文中画横线的是删掉的文字,括号内的文字是增加的。认真仔细地阅读分析,考虑作者增删改换的理由与妙处。

怎样学习语言

老 舍

……

三、这一项虽列在最后,<u>而</u>(却)是最要紧的<u>。</u>(:)我们须从生活中学习语言。很显然的,假若我要描写农<u>人</u>(民),我就必须下乡。这并不是说,到了乡村,我只去记几句农民们爱说的话。那是没有多少用处的。我的首要任务,是去<u>看</u>(体验)农人(民)的生活。没有生活,就没有语言。

有人这样问我:"我住在北京,你也住在北京,你能巧妙的(地)运用了北京话,我怎么不行呢?"我的回答是:我能描写大杂院,因为我住过大杂院。我能描写洋车夫,因为我有许多朋友是以拉车为生的。我知道他们怎么活着,所以我会写出他们的语言。北京的一位(个)车夫,也跟别的北京人一样,说着普通的北京话,像"您喝茶啦?""你上哪儿去?"等等。若专从语言上找他的特点,我们便会失望。因为他的"行话"并不多。假若我们只仗着"泡蘑菇"什么(之类)的几个词汇(儿)去支持描写一位(个)车夫,便嫌太单薄了。

明白了车夫的生活,才能发现车夫的品质,思想,与感情。这可就找到了语言的源泉。话是表现感情与传达思想(与)感情的,所以大学教授的话与车夫的话不一样。(生活不同,话就不同。)从生活中找语言,语言就有了根;(。)从字面上找语言,语言便成了点缀,不能一针见血的说到根儿上。话跟生活是分不开的。因此,学习语言也(是)和体验生活是分不开的。

一个文艺作品里面的语言的好坏,不都在乎它是否用了一大堆词汇(儿),和是否用了某一阶级,某一行业的话语,而在乎它的词汇与话语用得是地方不是。这就是说,比如一本描写工人的小说,其中把工厂的术语和工人惯说的话都应有尽有,是不是这就算一本好小说呢?未必!(。描写工人的)小说并不是基础理论词典与工人语法大全。语言的成功,在一本文艺作品里,是要看在什么情节,时机之下,用了什么词汇与什么言语,而且都用得正确,合适。(语言的成功,要靠说得正确、合适。)怎(么才)能把它们都用(说)得正确合适呢?还是那句话:得明白生活。一位(个)工人发怒的时候,就唱起"怒发冲冠"来,自然不对路;可是,教他气冲冲的(地)说一大串工厂术语,也不对(合适)。我们必须了解这位(个)发怒的工人的生活,我们才能形容他怎样生气,才会写出工人的(怎样说)气话。生活是(语言)最伟大的一部活语(丰富的源泉)。上述的一点经验,总起来说就是:多念有名的文艺作品,多练习各种形式的文艺的写作,和多体验生活。这三项功夫,都对语言的运用大有帮助。

三、写作技能训练

1. 单项训练

指出下面修改稿所运用的修改完善方法,分析修改稿的优越之处。

初稿:我就到了仙台,这地方在北边,冷得利害,还没有中国的留学生。从东京出发,不远便到一处驿站,写道:日暮里。不知怎地,我到现在还记得这名目。其次却只记得水户了,这是明的遗民朱舜水先生客死的地方。

修改稿:我就往仙台的医学专科学校去。从东京出发,不久便到一处驿站,写道:日暮里。不知怎地,我到现在还记得这名目。其次却只记得水户了,这是明的遗民朱舜水客死的地方。仙台是一个市镇,并不大;冬天冷得利害,还没有中国的留学生。

2. 综合训练

(1) 从自己写过的记叙文或议论文中选出一篇,认真修改,誊写清楚,并写一篇修改完善的体会文章。

(2) 选一篇有代表性的需要修改的习作进行修改,然后分组交流,并讲明修改的理由。

四、写作实践训练

利用见习的机会,在中学老师指导下,对中学生的作文进行修改。

文体基本知识

中编

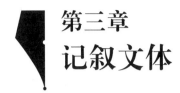

第三章 记叙文体

第一节 消息

一、消息的定义

消息是以简明扼要的文字,迅速及时地报道"新近发生的事实"的新闻文体。消息与新闻是两个密切相关的概念,新闻概念有广义与狭义之分,广义的新闻既包括消息、通讯、特写、新闻评论等多种文体,又包括以报纸、广播、电视、新闻纪录影片、新闻摄影等多种媒体或方式所作的新鲜事实的传播。狭义的新闻则专指消息。

二、消息的特点

(一)用事实说话

消息这一文体的根本任务和作用就是传播事实,因此它要以事实为本,具有高度的真实性。这种真实性体现在以下方面:首先是消息反映的基本情况必须是真实的;其次是基本情况中包含的细节内容也必须完全真实,不可有一丝一毫的偏差。

消息的作用当然不仅限于向读者介绍事实,它还要通过反映新闻事实表达一定的思想观点和情感倾向,达到教育的目的。消息表达主观倾向,采用的是独到的新闻方式,就是用事实来显示道理,靠事实本身说话。愈是高明的新闻工作者,愈善于避免直接发表议论,善于"隐藏"自己的观点,他似乎只是在单纯地陈述事实,十分客观,但却能够使读者在接受事实的同时也接受了作者的见解和主张。这样的新闻作品真实感更强,影响力更大,能起到潜移默化的作用。常见的有这样几种方式:一种是利用背景材料与主体事实形成对比,如发表在2022年8月10日《大众日报》电子版上的《青岛全国首发职工电子退休证》,作者倾向于表达职工电子退休证全国首发的积极意义,于是在文中插入了一些背景材料:"青岛作为老龄化、高龄化突出的城市,截至目前,全市企事业单位和灵活就业退休人员约有117万人。""近年来,随着数字政府建设的不断深入,纸质退休证的应用场景越来越少,而且存在随身携带、易丢失、需补办的诸多不便。"老龄化越严重,越值得重视,纸质退休证越不便利,越应该更换,这些背景材料使职工电子退休证推出的意义显得不言而喻。

再一种是用他人的观点和语言来表现作者认可的观点。采访中得来的他人的观点已经成为一种客观存在,它也是新闻事实,所以以陈述他人的观点与直接表达自己的观点是不同的。如2022年9月21日《大众日报》刊登的《交一证填一表 退休手续全办好》一文,

"退休手续简化方便了群众"是作者认可的观点,这一观点通过采访对象青岛市公路事业发展中心人事部门负责退休业务的科长刘学成之口说出来:"现在办理退休再也不用到多个部门往返跑腿了,只要在青岛市人社局一个部门提交资料就可以了,公积金、医保业务也可以同步办理,办理时限也缩短了,省时省力又省心,比以前方便多了。"

当然,消息作者的观点和倾向,也可以较为直接地表露出来,这种表露是简练的、画龙点睛式的,不是随意的发挥。

(二)迅速及时

消息必须以最快的速度迅速地报道刚刚出现的事实,如果延误迟缓,即使具有很高的真实性,它也不是消息了。讲究如实反映生活内容的文体不只消息一种,例如传记等也是严格写实的。消息与传记类文体的明显区别就在于它反映生活快,表现的不是久远的而是眼前的事情。有这样一些对新闻的描述:"新闻是易碎品,只有24小时的生命""今天的新闻是金子,昨天的新闻是银子,前天的新闻是石子",可见新闻文体都是讲究时效性的,而消息在所有新闻文体中时效性最强。

需要指出的是,消息中并非不可以写进过去的、历史的内容。过去的、历史的内容一般作为背景材料插叙在消息中,有时还可能以新近发生事实的组成部分的面目出现。如2022年5月5日《人民日报》电子版上的一篇消息,题为《我们的出行更便利了》,文中写道:

> 卡宾达省位于安哥拉本土的西北方,首府卡宾达是安哥拉第二大城市。因为工作原因,马卡亚经常往返于卡宾达和罗安达两地,每次出行都让他很疲惫。"以前,我们只能乘坐客货两用船,要在大海上颠簸航行3天,有时遇到大风浪,本就破旧的船舱里环境更加恶劣。"回想起从前的乘船经历,马卡亚百感交集,"海洋客运站让我们的出行更便利了。"

从前的乘船经历是引语的组成部分,而引语是马卡亚新近诉说的,可以视为发生的事实,与纯粹的背景材料有所不同。

(三)简明短小

消息陈述事实总是简明扼要的,它更多地使用概括叙述的方法,抓住新闻事实的要点,如何时、何地、何人、何事、何果等,力求给读者一个总体的印象。对重点内容、核心细节,也可以进行生动形象的描写,但它的描写不像通讯、报告文学、小说等文体那样细腻详尽,其描写语言也具有很强的简练性、平实性,表意力求直接、明晰、不夸张、不晦涩难懂,形成了自己鲜明的语体特色。

消息笔法的简明扼要,构成了其外部特征的短小精悍。消息通常只有几百字,稍长的也不过千余字。篇幅的短小使得消息的写作相对简便易成,为其迅速地反映生活提供了便利和可能性。

三、消息的分类

按照不同的标准可以把消息划分为许多不同的类别,如按报道的地域,可分为国内消息、国外消息、地方消息等;按报道的内容,可分为政治消息、军事消息、科技消息、工业消息、体育消息、文教消息等。常见的是把消息分为以下四种:

(一) 动态消息

动态消息指对已经发生或正在发生的具体事实的报道,它侧重于反映当前生活的变化和动态,告诉读者已经出现了什么,正在发生着什么,又被称为"纯新闻"。动态消息使用频率最高、最为常见,它篇幅短小、内容集中、最为迅速及时,其内容可以是国内外重大事件,也可以是某一地区、某一单位出现的新情况、新事物、新动向。如发表于 2022 年 9 月 21 日《沈阳日报》电子版上的《第十一届全国青少年数学创新系列活动启动》,及时报道了包括中小学数学创新应用大赛、科普活动进乡村、科普进校园、科技创新与人才培养研讨会、青少年数学创新思维培养论坛、世界数创青少年数学创新营等 11 项子活动的第十一届全国青少年数学创新系列活动启动,即属动态消息。

(二) 经验消息

经验消息又称典型报道,是专门报道某地区、某单位取得的典型经验、成功做法的一类消息。它以事实报道为基础,在叙述事实的基础上将典型经验介绍给读者,对全局工作起到指导作用。如《山西日报》2022 年 9 月 22 日的一则经验消息:《左权石匣乡:"五个衔接"为综合行政执法注活力》,消息陈述了"推动行政执法与综合治理有效衔接,提升执法的前瞻性""与司法行政有效衔接,提升执法的规范性""与法律服务有效衔接,提升执法的公正性"等综合行政执法的工作经验。

(三) 综合消息

综合消息的特点是具有某种综合性,它不是单一地报道发生在一时一地的新闻事实,而是将不同时间、不同地点出现的多种情况和动向汇总起来进行报道。综合消息要充分注意从面上出发,围绕一个中心,揭示一个综合性的新闻主题。如 2022 年 9 月 4 日《人民日报》电子版的一则消息,题为:《2021 年经济发展新动能指数比上年增长 35.4% 经济新动能实现稳步增长》,这则消息讲述的不是某地某人的情况,而是综述了全国各地"网络经济持续快速发展,新动能不断壮大""发展活力进一步增强,新动能根基夯实""人才强国战略深入实施,新动能加速培育"等诸方面经济现状,是典型的综合消息。

(四) 述评消息

述评消息是一种夹叙夹议的消息,既陈述新闻事实,又表达对事实的看法。

如 2022 年 10 月 10 日大众网财经板块上的《基金超级发行周将至 44 只产品在 10 月内发行》,报道了"据《证券日报》记者统计,全市场已有 44 只新基金(A/C 份额合并计算)定档 10 月份发行,若加上目前正在发行中的 80 只基金,10 月份新发基金数量至少达 124 只。另据东方财富 Choice 统计,全市场已经排上 10 月份发行档期的 44 只新基金中,仅 10 月 10 日至 16 日单周的发行数量就达到 25 只,基金发行市场在 10 月份或迎来'超级发行周'"

的基本事实,并对事实中包含的特点加以分析:"具体来看,10月份定档的新发基金产品有不少亮点……"结合背景作出评价:"2022年以来持有期基金一直是基金公司的'新宠'。受内外部复杂因素影响,今年以来A股市场波动较大,对于普通投资者而言,投资决策的难度明显加大;而持有期基金能够帮投资者改善投资体验,提升盈利概率。""实际上,自三季度以来,公募基金新基金发行市场就已出现回暖迹象……"同时还采用引语,借证券分析师之口表达观点:"中信建投证券分析师鲁植宸分析称:'在市场波动较大的背景下,多数投资者转向风险偏好低的债券型基金。从业绩表现来看,除了股性较强的可转换债券基金和混合债券型二级基金,债券型基金均值也均实现了正收益。'"在叙议结合中实现了既述又评的目的,深化了读者对事实的理解。

四、消息的写作

学习消息写作,首先要明确认识消息内容的要点,也就是要了解新闻的五要素。所谓"五要素"又称"五个W",即"何时"(When)、"何地"(Where)、"何人"(Who)、"何事"(What)、"何故"(Why)。只有把握住这五个要素,才能把握住新闻事实的基本点。其次是掌握写作的规范。消息在所有记叙文体中是规范性最强的一种,它有着较为固定的格式,写作者应参照运用。

一般认为,消息是由标题、导语、主体、背景、结尾五个部分,或是由这五个部分中的某几个部分组成的。这五个部分各有自己的写作要求。

(一)标题

消息最有特点的部分就是它的标题。按性质分,可分为引题、正题和辅题。引题又称眉题或肩题,起介绍背景、烘托气氛、引出正题的作用,在多行标题中位置居上。正题又称主题、主标题或主标,用于概括和提示消息中最主要的事实或思想,在多行标题里位置居中。辅题又称副题或子题,起补充、说明、印证的作用,在多行标题中位置居下。

1. 单行标题

单行标题是一种最精练简洁的标题,如2022年08月09日新华网山东频道上一篇消息的标题:

山东大力推进产学研合作培养研究生

2. 双行标题

双行标题主要有两种:一种是在正题之上加一行引题,一种是在正题之下加一行辅题。如2022年9月7日人民日报电子版上两篇消息的标题:

对接京津 集聚资源 转化成果
河北推进协同创新努力实现高质量发展(喜迎二十大)

我国保险业对外开放和改革力度加大
2021年外资保险公司市场份额增至7.8%

3. 三行标题

三行标题有多种类型，比较典型的有以下三种：

一种是上有引题，中有主题，下有副题，如2022年7月31日《人民日报》电子版的一则消息：

习近平在中央统战工作会议上强调

促进海内外中华儿女团结奋斗　为中华民族伟大复兴汇聚伟力

李克强主持　栗战书王沪宁赵乐际韩正出席　汪洋讲话

再一种是上面一行为主题，下面两行为副题，如2022年8月31日《人民日报》电子版的一则消息的标题：

十三届全国人大常委会第三十六次会议在京举行

审议反电信网络诈骗法草案、农产品质量安全法修订草案等

栗战书主持并作关于检查环境保护法实施情况的报告

第三种是上面一行为引题，下面两行为主题。如2022年7月21日《人民日报》电子版的一则消息的标题：

孙春兰强调

充分发挥中医药特色优势

不断增进人民群众健康福祉

此外还有上面两行为引题，下面一行为主题；上面两行为主题，下面一行为副题的。有些报道全国性重要会议和重大节日活动的消息，为了醒目，标题多达四五行。还有些时候，标题句子过长，排版时会拆作两行；或标题句子较短，被合为一行，句子之间加空格。总之，消息标题的分行是较为灵活和复杂多变的。

（二）导语

导语是消息的开头部分，可以是一句话，也可以是一段话。它起着概述重要新闻事实或引起下文等作用，常见的导语有如下几种类型。

1. 叙述式

即开头先将消息的主要新闻事实概括地叙述出来，如2022年7月19日《人民日报》电子版一篇题为《做好防汛关键期应对准备工作　4.68亿元水利救灾资金已拨付》的消息的导语：

> 本报北京7月18日电　（记者邱超奕、王浩）7月18日，国家防总办公室、应急管理部组织防汛专题视频会商调度。会商指出，当前正值"七下八上"防汛关键期，北方、西南等地部分地区遭受强降雨袭击。新一轮强降雨范围广、移动快、局地强度大，防汛救灾形势复杂严峻。

2. 描写式

即将新闻事实中最精彩、生动的片段放在开头加以描写，达到突出某个重点片段或开

头就给读者留下深刻印象的目的。如发表在 2022 年 9 月 14 日《大众日报》电子版上的一则消息的导语：

朝阳街——烟台山特色文化街区夜间文化及商业经营时间占比达 60％以上
芝罘区夜经济释放消费新活力

港城傍晚，天气凉爽宜人，正是休闲娱乐的好时段。漫步在历史文化韵味悠悠的烟台朝阳街上，感受着古老文化神韵和现代都市气息的相交相融，香味四溢的美食、琳琅满目的小商品、网红打卡地、特色主题活动，引得游客不时驻足。

消息要表现芝罘区夜经济的生机勃勃，将这一段简洁而传神的描写放在开头，开篇就能让读者感受到夜经济的魅力和旺盛的活力。

3. 提问式

即在开头部分提出一个疑问或设问，引起读者的注意。如 2022 年 9 月 16 日《大众日报》电子版一篇消息的导语：

本报济南 9 月 15 日讯　今年 9 月以来，台风组团扎堆来袭，"轩岚诺""梅花""苗柏""南玛都"4 个秋台风接连生成。为啥今年 9 月台风这么多？

4. 评论式

即在开头就对所报道的新闻事实加以评论，归结出其中的事物规律性，揭示出事实的意义和价值。

如 2022 年 9 月 16 日《天津日报》电子版《在渤海油田首次成套化应用　"海途"上岗打破国外垄断》的导语：

记者昨日从中国海油天津分公司获悉，我国国产化海上地震采集综合导航系统"海途"在渤海油田中深层地震采集项目中首次成套化应用，整体性能达国际先进水平，为我国海洋地震拖缆采集技术打开了新局面，标志着国产自主研发的综合导航系统打破国外技术垄断。

导语中的议论虽然只是短短两句话，但却凝练地指出了我国国产化海上地震采集综合导航系统"海途"在渤海油田中深层地震采集项目中首次成套化应用的重要意义，便于引导读者开篇即把握住新闻事实的本质，在下面的阅读中伴随着对新闻事实的深入了解，逐步印证作者揭示的消息中心思想。

5. 引语式

即引用新闻事件中主要人物或知情者的语言作导语，以此提示新闻事实的意义或影响。如 2022 年 9 月 7 日《大众日报》电子版一则报道胶州市洋河镇通过城乡资源共享行动盘活土地三千多亩，集体增收千万余元的消息的导语：

"开天辟地第一次！俺村以前出了名的穷，真没想到现在还能分钱！"8月31日，在胶州市洋河镇黄墩后村，村民杨华听回想起分红时的情形，依然激动。

(三) 主体

主体是消息的主干部分，它在导语之后，用典型、具体的材料报道新闻事实，陈述事件的主要过程和某些重点细节，印证导语中的提示，回答导语中的问题。主体的写作首先要辨明新闻事实的基本点，在此基础上抓住重要的或精彩的局部内容，然后以精练的文字表述出来。主体部分要做到内容充实、要点齐备、层次清楚，切忌空洞无物或过于烦琐，或只注意了某些精彩局部而忽略了事实总体的完整。因此，把握好充实完整和简明清晰的分寸是主体写作的关键。主体内容的安排，常见的有以下两种形式：

1. 以时间先后为序组织材料

这种写法的好处是线索清楚，可以使读者对事物的来龙去脉有一个明晰的印象。如2022年9月17日《北京青年报》电子版的消息《空军歼-20专机护航 志愿军烈士遗骸回国》，按照时间顺序陈述了志愿军烈士遗骸回国交接仪式的进程："北京时间上午8时35分中韩双方在韩国仁川国际机场举行志愿军烈士遗骸交接仪式，13时10分志愿军烈士遗骸迎回仪式在雨中举行……"

2. 依据事物内在联系和逻辑关系组织材料

这种方式就是打破时间线索的限制，根据报道的需要，按事物的因果、主从、并列、点面等关系来安排层次、组织材料。

如2022年10月3日《北京青年报》电子版消息《各部门全力守护国庆长假平安出行》，陈述的总体事实是国庆长假平安出行得到了全力守护，主体部分按铁路、电力、民航等行业的并列关系将事实分类，分别陈述："10月1日，全国铁路共发送旅客970.4万人次，开行旅客列车8733列。10月2日，全国铁路预计发送旅客640万人次，计划开行旅客列车8308列……""安全出行，电力保障是关键。国网山东泗水县供电公司积极配合当地铁路部门，组织工作人员对管内日兰高铁沿线供电线路进行巡视检查……""民航方面，东方航空安徽分公司坚持常态化精准防控和局部应急处置相结合，强化早发现、快处置的应对能力……"严谨的逻辑关系使消息层次分明，虽然覆盖面广，内容丰富，但清晰可读，便于领会。

(四) 背景

背景又称作背景材料，它是消息报道的主干事实之外的其他事实内容，在消息中起映衬、烘托主干事实，深化新闻主旨，或者对消息中涉及的读者难以明了、需要注释交代的信息加以解释说明的作用。背景材料的表达采用的是插叙的叙述方法。在消息写作中，背景材料不是必有的内容，是否需要，应视具体情况而定。背景材料出现在消息中的位置也不固定，但大多数情况下穿插在主体部分中。背景材料可以分为以下几种：

1. 对比性背景材料

即用来与消息报道的主干事实进行对比的背景材料，这种对比关系包括正反对比、今昔对比、彼此对比。通过对比可以进一步显现新闻事件的重要意义。如为了衬托某学校推行素质教育取得的成绩和经验,可以适当地写一写未搞素质教育时该校存在的问题和不足。

2. 说明性背景材料

即用来介绍政治背景、地理环境、历史演变、工作面貌、物质条件等内容的背景材料。

如2022年8月11日《大众日报》电子版刊登的《我省出台规划全面提升南四湖生态保护和高质量发展水平　到2025年,南四湖流域生态环境明显改善》,对南四湖的地位、作用等作出的说明:"南四湖是我省最大的淡水湖泊和我国第六大淡水湖泊,承担着调洪蓄水、调节气候、降解污染等多种生态功能,是南水北调东线工程的输水干线和重要调蓄枢纽。"有了这一段说明,读者则更容易理解省政府出台《山东省南四湖生态保护和高质量发展规划》,全面提升南四湖生态保护和高质量发展水平的重要意义。

3. 注释性背景材料

对新闻人物的经历、身份,消息中涉及的名词术语、历史典故等,不加解释读者常常难以完全读懂,因此需要插入一些注解性的文字,这就是注释性材料。

如2022年8月18日《大众日报》电子版刊登的消息《山东18家企业通过数据管理能力成熟度评估》:"日前,中国电子信息行业联合会网站公布了第15批DCMM(数据管理能力成熟度)等级证书名单。截至目前,全国共有294家贯标企业,分布在21个省(自治区、直辖市),其中山东有18家,位居全国第8。"文中对DCMM(数据管理能力成熟度)这一专业术语进行了解释:

> DCMM由工信部组织牵头制定发布,是我国数据管理领域首个国家标准,用来评估企业数据管理和应用的成熟度,旨在帮助企业利用先进的数据管理理念和方法,建立和评价自身数据管理能力,持续完善数据管理组织、程序和制度,充分发挥数据在促进企业向信息化、数字化、智能化发展方面的价值。

(五) 结尾

结尾是在消息的最后,起某种收束作用的语句或段落。结尾也不是消息的必有部分,有些消息到主体部分就戛然而止,该说的意思都已表达完毕,不必再加结尾。常见的消息结尾有如下几种:

1. 小结式

即对前面报道的新闻事实加以概括、总结,或明确揭示消息的新闻意义。

2. 展望式

即写出事件发展的趋向,引起人们的关注。如2022年8月20日《大众日报》电子版上一篇题为《山东已建有助老食堂7920处》的消息的结尾:

> "助老食堂不仅解决了老人的吃饭问题,更为老人提供了一个社交的公共空间。"省民政厅养老服务处处长宋坤说,下一步,将以老年人需求为导向,进一步加强政策引导,增加服务供给,推动助老食堂规范运转、可持续运营,更好满足老

年人的助餐需求。

3. 号召式

即加上启发、激励式的话语,提出希望,让读者进一步思考、领会新闻事实的意义。

需要指出的是,近年来新闻文体特征正在发生着显著的变化,区别正在缩小,更多了一些趋同和渗透、交叉,原有的一些明确的规范已被突破。时代在发展,新闻写作也在发展。写作者既要重视新闻文体特征,同时不可也不必墨守成规。

训练与实践

一、写作知识训练

1. 消息有哪些特点?
2. 背景材料有什么作用?
3. 消息主要有哪几种类型?
4. 新闻的五要素是什么?

二、例文评析训练

1. 分析下面这篇消息的结构。

中国科学技术大学科技商学院成立

本报合肥 10 月 26 日电 (记者田先进)26 日,由安徽省政府、中国科学技术大学、合肥市政府三方合力共建的中国科学技术大学科技商学院正式成立。

据介绍,中国科学技术大学科技商学院致力于培养"懂科技、懂产业、懂资本、懂市场、懂管理"的复合型科技产业组织人才,推动创新链产业链资金链人才链深度融合,促进科技成果高效率转化和科技产业高质量发展,助力安徽打造具有重要影响力的科技创新策源地和新兴产业聚集地。

在办学和运行模式上,该学院将融合中国科学技术大学多学科优势,引进和培育顶级师资队伍,突破传统的教学组织形态和专业学科局限,科学精准设计具有极强实战导向的新型教培模式、跨界融合的新型课程体系,积极探索科技产业组织人才培育新路径,着力打造中国特色、世界一流的科技型商学院。

中国科学技术大学科技商学院已完成培养方案设计和首批学员招录,将于近期正式开学。首批学员主要来自高科技创业团队、科技型企业负责人、技术经理人等。

2. 当下新闻写作出现了一种趋势,即突破传统限制、模糊文体界限、争取写作自由,从网络、报刊上搜集此类例证。可采用新旧对比的方法,将二三十年前的报刊消息与当下的报刊、网络消息加以比较,发现新变化,总结新特点、新趋向。

3. 评析以下消息标题的修改。

(1) 原题：

难觅蛇皮袋　满目新气象

179万新民工奔赴上海

修改：

难觅蛇皮袋　拖着拉杆箱

179万新民工奔赴上海

(2) 原题：

大批中国记者奔伊前忙学防生化

修改：

大批中国记者奔伊拉克

解放军教如何用防毒面具

三、写作技能训练

1. 单项训练

(1) 参考下列标题的写作手法，修改校报或学校网站上的消息标题。

板栗树"打点滴"　太子米"穿新衣"

孝昌20万农民感受科技力量

(2) 为下面的消息加导语。

三人沙滩排球赛、水上趣味划艇、沙滩足球射龙门……

周末去古兜玩"微奥运"

作为国家AAAA级旅游风景区，新会古兜温泉综合度假区想大家之所想，结合景区内的山泉水世界，推出了古兜沙滩"微"奥运精彩赛事活动，市民可以携家带口，或者是三五知己结伴而行，在山泉水世界里玩水上趣味划艇，在沙滩上玩三人沙滩排球赛、沙滩足球射龙门，等等，赛后还可以享受颁奖的待遇，岂不快哉！

据古兜温泉有关人士介绍，此次的沙滩"微"奥运精彩赛事活动主要在周末举行，逢周六、日开场，主要包括七大项内容，即水上沙滩奥运会开幕式、沙滩射击、水上骑马、三人沙滩排球赛、沙滩足球射龙门、水上趣味划艇、颁奖仪式。

这些比赛项目大多结合了古兜山泉水世界的特点，能够让市民在享受水的清凉的同时，体会到体育比赛的激情，如水上趣味划艇，参赛者需要乘坐水泡在指定的赛道上比赛，谁先划到终点，谁就是获胜者；如三人沙滩排球赛，参赛者每三人一组，组队进行对抗，最快取得三分者获胜；如沙滩射击，参赛者只需要在最短时间内，用水枪将指定物体射中，即可胜出。

在所有的比赛项目结束后，还将举行颁奖仪式，为在比赛中胜出的参赛者颁奖,奖品有水世界门票等,仿佛置身于奥运会赛场,彻底过了一把运动员的瘾!

此外,为了让大家在玩的过程中,将自己的精彩瞬间记录下来,古兜温泉还推出了"微"奥运有奖转发活动,即游客可以将参与的精彩瞬间拍摄下来,并上传至微博,同时注明"古兜沙滩'微'奥运",@古兜温泉综合度假区和三个好友,就有机会参与抽奖。

逢周三公布获奖名单,每周获奖者5名,可获得水世界门票2张。每月月底的周三公布"微"奥运超级奖2名,奖品为温泉别墅房各1间。

据介绍,山泉水世界原来是一个湖,经过不断挖大挖深之后,现在湖面的面积扩大到了13万平方米,是广东省最大的天然山泉水上乐园,最独特之处就是采用纯天然无污染的清凉山泉水,水质细腻柔滑,清纯健康,水温常年保持在25℃以下。

除了经常举办划船比赛、沙滩排球比赛之外,这里还有冲浪天地、七彩滑梯、浪摆滑梯、回转飞天、水战船等30多种各式各样的游乐项目,包括了4台冲浪机,冲浪面积达1000平方米,浪高50厘米,一个夏季可接待游客一两万人次,不仅给前来古兜温泉的游客提供了戏水乐园,也让游人感受到拥抱山泉的无尽快乐。

(3) 将下文的单行标题改为多行标题。

西海岸新区执法关口前移遏制新增违建

记者 杨国胜 通讯员 李涛 报道

本报青岛讯 今年以来,青岛西海岸新区综合行政执法局把违建管控作为重点工作,严格按照"应拆尽拆""立行立改"的原则,将执法关口前移,从严从实强化违法建设治理管控,保持新增违建动态清零。

"从前期工作反馈来看,很多违建当事人是出于对法律政策不了解或受开发商售房宣传的诱导,才进行了违法搭建。源头性宣传工作非常必要。"隐珠执法中队中队长樊超说。

"建好再拆,费时费力。现在我们提前为居民打好'预防针',通过发放抵制违法建设宣传材料,引导业主认清违法建设行为的危害,形成共同抵制违法建设的良好氛围。"张家楼执法中队中队长仲军说。

为做到违建清零,西海岸新区推行"执法前置"。今年以来,在各镇(街道)相继开展违建治理"百日攻坚"等系列专项行动,并将违建治理纳入"摘星夺旗"考核和高质量发展评价体系,完善从调度到考核、评议、责任追究的闭环管理机制。同时,该区全面开展党员干部和公职人员"零违建"承诺和申报责任制。截至目前,该区各镇(街道)首轮存量违建摸排850处,总面积116.7万平方米,已拆除95.96万平方米。

(《大众日报》数字版2022年10月27日)

(4) 改写下文导语。

世界首个电磁橇在济南成功运行

近日,阶段性建成的世界首个电磁推进地面超高速试验设施——"电磁橇"设施,在济南成功运行,对于吨级及以上物体最高推进速度可达每小时1 030公里,创造了大质量超高速电磁推进技术的世界最高速度纪录。

高速地面交通、航空飞行器等高速先进装备的研发,必须解决复杂动态过程下的空气动力学、高强度先进材料、高速测控等一系列科学技术问题。采用电磁推进技术建造的电磁橇设施,具有推力大、响应快、精确可控等突出优势,可以为上述问题的解决提供重要的测试手段。

世界首个电磁橇设施位于山东济南,是中国科学院与山东省、济南市开展战略合作的重大项目。电磁橇设施设计建造过程中,中科院电工研究所科研团队突破了一系列关键核心技术,多项技术指标达到世界领先水平。目前,电磁橇设施可向国内相关企业和研究单位提供试验与测试服务,对支撑我国大质量高速先进装备持续快速发展和高速科学技术研究具有重大意义。

(《齐鲁晚报》2022年10月21日)

2. 综合训练

(1) 了解本校将要开展什么集体活动,深入现场进行采访,写一篇动态消息。

(2) 搜集本校好人好事,比较其新闻价值的大小,选择其中最有典型意义的加以报道。

(3) 扫描二维码,阅读《烈日和暴雨中的坚守》一文,请将其改写成百字左右的消息。

《烈日和暴雨中的坚守》

(4) 请将下文改写成消息,不超过300字。

95后女孩把老家的桃子挂上网,三个月卖了万余斤
白天是"码农"晚上当"果农"

"今年的卖桃大业圆满完成!"伴着一声清脆的鼠标敲击,网页上的卖桃链接被撤下,这时王悦的嘴角才露出一丝笑意。在过去几个月里,在济南工作的95后女孩王悦和在老家临沂的父母搞起了"跨时空配合",家中收获的桃子由王悦"挂"上网,父母负责装箱发货,销往了全国各地。

在王悦发布的卖桃信息中,她一直称自己是"果二代",卖桃只为让父母少些辛苦。"三个月时间,我家的桃子有近四成是我在网上卖出的,能够帮父母减轻负担,让我特别有成就感!"王悦笑着说。

体谅父母辛苦不易　打起网上卖桃的主意

驱车驶入临沂市蒙阴县地界,沿着 G342 国道一路向东,就慢慢驶进了云蒙湖的水天一色中。蒙阴多山,群山掩映、波光粼粼,王悦的家乡重山村就坐落在这湖光山色之中。王悦曾一度以为,家门口的这片水波就是大海,直到走出去,见了真正的大海,才知道自己"眼皮子浅"了。

重山村是个不大的村落,只有二百来户村民,年轻人外出务工,村中剩下的多是老一辈儿。这里环山伴水,昼夜温差大,村民们大多以种桃为生。王悦家的 7 亩多地就全部种上了桃树。

"不身临其境,你很难体会他们种桃有多辛苦。"王悦回忆,每年 5 月起,父母就开始忙碌起来,起早贪黑侍弄家里的桃树。疏花、坐果、疏果、施肥、套袋⋯⋯为了最终能结出好果,每个步骤都要认真对待。尤其是桃子收获时,正赶上夏天最热的时间,每年王悦的父母都要顶着炎炎烈日采摘桃子。

"桃毛很容易引起过敏,我妈妈只要身上沾了毛就发痒、起红疹。因此,大夏天她也得穿着长衣长裤摘桃。"父母种桃的艰辛,王悦看在眼里,疼在心里,每年摘桃时节她都帮着父母干活,还在朋友圈宣传自家的桃子,很多同学、同事和朋友都成了王悦的客户。去年有朋友向王悦建议,光在朋友圈卖桃顾客太少,可以尝试一下流量更大的社交平台。王悦心头一动,把这话记在了心上。

今年 4 月,又快到开始忙碌的时候,王悦的父母也在担心桃子的销路。父母的忧虑让王悦想起了朋友的提议,她便下定决心,将自家的桃子"挂"上网,通过社交平台卖桃子。

写文案拉数据　和父母"跨时空"配合

下决心容易,实际操作可不简单。打定主意,王悦在社交平台上注册了账号"卖老王家桃子的小王",开始尝试发布卖桃信息。

"一开始心里真的没底,觉得很可能没人看,那就当是试水攒经验了。"王悦有意识地学习优秀博主的运营模式,打磨文案和店铺页面。慢慢地,她发布的信息开始有了回音,逐渐有人在评论区询问如何买桃。王悦兴奋之余,抓紧休了年假,回家给自己和父母分了工:父母守着桃园,负责拍摄桃子,以及包装、发货;至于账号运营、订单数据、售后服务都由王悦负责。

白天要工作,晚上下班后,王悦回家休整一番,摇身一变成了卖桃小王。"我爸妈每天都给我发些桃园与桃子的照片和视频,我从里边挑着发布。"点开王悦账号的首页,有桃树上结满桃子的照片,有正在包装发货的,还有手拿桃子的特写。"我并没有特别给爸妈说要怎么拍,咱贵在真实。只是这么一对比,买家秀可比我这卖家秀好看太多了。"

王悦就职于济南一家互联网公司,平时从事数据分析的工作,这个技能在卖桃的时候也帮了大忙。"比如,你去看后台的浏览数据,是什么年龄段的人看得多,那么,后续发布文案时就可以调整,选择他们会喜欢的文案。"王悦说着,手上不停,又点开了电脑桌面上的一个文件夹,这里保存的是她整理好的所有订单数据。"已经发货的,售后处理的……如果有买过多次的回头客,就可以多留意一下。"

随着买桃的顾客增多,为了及时通知、发布反馈和维系用户,王悦还组建了 7 个群,最大的群有 500 人,最少的也有 300 多人。王悦除了在群里发布发货信息,还会积极地找话题互动,这让每个群的活跃度都很高。"到现在有的群都很热闹,成了大家分享生活的地方,我和很多买家处成了从未见面的朋友。"王悦说,有的顾客吃了觉得桃子好,就会很热情地在群里反馈,介绍自己的朋友来买。有的还免费给她当起了"自来水",帮她在评论区答疑。

慢慢地,王悦与父母的"跨时空配合"越来越熟练,卖桃季一过,王悦统计了一下数据,她一共在网上卖出了 1 万多斤桃子,占今年家里桃子产量的近四成。

成了村里小红人　想为父母和家乡做更多

头一次在互联网上卖桃,无论对王悦还是对她的父母来说,都是新奇的体验。"之前村里从来没有这么干的,都是批发商收。我女儿说试试,咱们也没想到第一年就能卖出这么多。"提到女儿,王悦的父亲王发利和母亲张玉萍很骄傲。夫妻俩今年干了很多之前没干过的事:拍照片录视频,分拣装箱,按着单号发货……尽管刚接触时有些生疏,慢慢地,夫妻俩也跟上了王悦的步伐,越做越麻利。

"大头基本上都是孩子做的,她回来一趟,教我俩怎么弄,还跟我们这边的快递点谈好,箱子怎么整,怎么成批地发桃。"张玉萍说,刚开始订单比较少,夫妻俩自己就能摘桃装箱。后来订单多了,夫妻俩忙不过来,就喊亲戚邻居来帮忙,大家一起热热闹闹装箱,忙得不亦乐乎。

订单最多的时候,一天发了二百多箱桃。其他村民没见过这阵仗,纷纷跑过来打听。"那真骄傲,说俺闺女在网上给卖的!他们都竖大拇指,说悦儿厉害啊!"说到这儿,张玉萍禁不住笑了。

为女儿卖桃成绩欣喜的同时,王发利和张玉萍也心疼她的辛苦。尽管王悦从未向父母吐露过,张玉萍也能想到女儿花费了不少精力。"我说咱们别卖了,你别受累,她说就是晚上忙活,能做得过来。"父亲王发利说,王悦现在是村里的小红人,大家都知道王家的闺女帮着父母卖了好多桃。

"我觉得帮父母减轻了些负担,更重要的是让父母的付出有了成正比的收获,这让我很欣慰。"王悦顿了顿,接着说道,"我们做孩子的,有时候给父母做了点事情,就觉得自己很好了,其实我们可以帮他们做更多的事。"

今年的卖桃之旅画上了句号,王悦特意整理了一份总订单,拉动数据条让她成就感满满:"你看,江苏、河南、陕西……我家的桃子卖到了全国各地。"王悦说,今年是头一年在社交平台卖桃,现在复盘这几个月,其实走了很多不必要的弯路,还有些问题也需要考虑,比如提前多久开始预售效果最好,怎样包装能减少损耗,物流成本能不能再低点。"有了今年的经验,我相信明年会做得更顺利。"

如今卖桃子的季节已过,王悦的账号却没有断更,她时不时会发布一些照片和视频,给粉丝看看桃园的现状,和粉丝一起"云养桃"。展望明年,王悦有更大的目标:她想帮着村民一起卖桃。"希望能为村里增收出一份力。"王悦说,帮助乡村创收,是她身为"果二代"的本分,"想跟大家一起,把我们蒙阴的桃子卖到更远的地方。"(《齐鲁晚报》2022年10月17日 记者杜亚慧)

四、写作实践训练

1. 选择一个典型人物,组织一次采访活动,写一篇动态消息。
2. 从当地报纸上找一篇经验消息,对报道对象再次进行采访,另选角度写一篇消息。

第二节 通讯

一、通讯的定义

通讯是对具有新闻价值的人物、事件、工作经验和自然风貌等进行迅速、细致、生动的报道的新闻文体。它与消息有许多相似之处,但又有明显的不同:从表现对象看,消息侧重于写事,对人物的刻画较简单;通讯则更注意写人,不论是人物通讯还是事件通讯,都有更多的篇幅和笔墨用来描写人物,而人物形象的凸显也大大增强了通讯的生动性、形象性。从内容上看,消息侧重反映事件的基本轮廓,概括性强、简洁明快、细节少;通讯则记叙具体、笔法细腻,拥有更为丰富的细节内容。从表现手法上看,消息以概括叙述为主,通讯则于叙述之外更多地兼用描写、议论、抒情等表达方式;消息适宜采用第三人称,通讯则可以灵活地采用多种人称,并时常采用第二人称,有时作者还进入角色采用第一人称表述;消息一般采用的修辞手法较少,通讯使用修辞手法则更广泛、多样。从结构上看,消息的基本结构模式是倒金字塔式,变化较少,通讯的结构却更灵活多变。从外部特征上看,消息一般在导语之前加"电头",如"本报讯""新华社×月×日电",通讯则没有;消息的篇幅短,通讯的篇幅长。从时效性上看,消息短小易成,反映现实十分迅速,通讯由于内容丰富,篇幅更长,调查采访和动笔写作的过程也更复杂,花费的时间更多,因而时效性稍弱于消息。细致地区分这两种文体的差别,有助于更准确地把握通讯的文体属性和特征。

二、通讯的特点

通讯是从消息向更复杂体裁的过渡,它具有以下三个主要特点。

(一) 真实性

通讯与其他新闻文体一样,真实是它的生命。通讯的真实性包含两层含义:第一,通讯中的事实材料,从整体到局部都必须完全符合实际,不能虚构,不容改造和歪曲;第二,对事实的说明、解释、议论、评判必须实事求是,准确恰当,不能拔高或贬低。

（二）时效性

通讯与消息一样，都负有配合形势、激励先进、扶掖正气、总结经验、指导后进、揭露问题、补偏救弊、把国内外新近发生的重大事件及社会变化及时告知群众的使命，因此，它也必须快采、快写、快报，迅速快捷地反映现实、传播信息，如果延宕迟缓，就会使其丧失应有的作用。

（三）生动性

通讯报道新闻应做到具体、细致、生动、形象，不仅要用事实说话，而且要多用形象说话。它更多地运用描写这一表达方式，刻画活灵活现的人物形象，描绘鲜明的场景和具体的环境。通讯叙事也更复杂，不仅内容丰富，而且常常具有集中尖锐的矛盾冲突和行文的起伏波澜。此外，多种表现方法、修辞技巧和表达方式的结合运用，也为它增添了丰富的变化和强烈的生动感。

三、通讯的分类

（一）人物通讯

即以写人为主的通讯，它通过描述人物的经历、言行展现人物的内心世界、思想情操，揭示新闻人物身上的某种典型意义。如《习近平的山海情》（新华社 2022－07－24 13:34 发表于北京）就是一篇具有影响力的人物通讯。由新华社宁夏分社策划采制的《习近平的山海情》融媒体报道播发后，在全国各大媒体平台引发热烈反响，央视《新闻联播》口播，"学习强国"平台置顶展示，《人民日报》《人民日报海外版》《光明日报》《经济日报》《解放军报》及数十家省级党报在头版头条刊载。正如宁夏回族自治区党委、政府对这篇报道评价的那样："《习近平的山海情》全方位展现了总书记4次到宁夏视察调研的生动场景，充分展示了总书记倡导推动闽宁对口扶贫协作的伟大实践和丰硕成果，深情体现了总书记对宁夏回族自治区各族人民的关心和关怀，是我们领悟习近平新时代中国特色社会主义思想的生动教材。"人物是这篇通讯的灵魂，人物的言行事迹是表现人物的典型材料，对言行事迹的恰当描述充分展现了作者以通讯方式写人的功力。

（二）事件通讯

即以记叙新闻事件为主的通讯。它完整地记述新闻事件的来龙去脉，阐发其中蕴含的深刻意义和时代精神。人物是事件发生、发展的动力，是事件的骨架，因此事件通讯也离不开写人物，它与人物通讯的区别是：人物通讯写事为写人服务，事件通讯写人则是为了更好地报道事件。

如 2022 年 9 月 10 日《四川日报》数字版刊登的《新时代"强渡大渡河""飞夺泸定桥"式救援》，描述了甘孜州公安局特警支队民警土登汪秋等勇士不畏艰险越过大渡河救援地震灾区群众的动人事迹，就是一篇以人物为点，以事件为面事件通讯。

（三）工作通讯

工作通讯是侧重于报道某个地区、某个单位工作中的成绩、经验或问题、教训的通讯，其中以对成绩、经验的正面报道居多,所以习惯上又称之为"经验通讯"。工作通讯不仅是对工作经验或教训的概括总结,它也要写人叙事,反映工作情况。它的作用是在记叙中揭示带有普遍意义的规律性内容,以指导和推动实际工作。

(四) 概貌通讯

它是以报道某个地区、某一单位、某个系统的新面貌、新气象为主体的通讯。如刊登在2012年7月12日《甘肃日报》电子版上的《毛沟流域连片开发气象新》就是这种类型的通讯。概貌通讯在写法上较多地使用背景材料,常用对比手法反映今昔变化,富有知识性、趣味性。

(五) 小通讯

小通讯又称为"新闻故事",它是一种篇幅短小、情节生动、内容集中的通讯样式。如2022年8月12日《大众日报》电子版的一篇小通讯,题为《一封信背后的援琼故事》,讲述了胜利油田中心医院护理部副主任赵玲接到驰援海南任务,凌晨一点半悄悄给孩子留下一封信,然后远赴海南的故事,孩子读到赵玲的信时,母子已经远隔2 600公里。情节虽然简单,却感人至深。

四、通讯的写作

(一) 选取典型,深入实际

通讯不是动态消息,它难以对数量十分丰富的新闻事实一一进行报道,因而它更注重的不是以多取胜,而是以质取胜。它常常是从众多的新闻事实中精选一两个人物、事件,集中力量采写报道。可以说,首先发现并选定一个具有典型意义的人物或事件,是通讯写作的关键。

所谓典型,应当具有广泛的代表性、突出的个性、深刻的思想意义。有了广泛的代表性,能够反映一类人物和事件的特点和本质,报道出来影响面才广,反响才更强烈;有了突出的个性,才便于把人物写得性格鲜明,把事件写得新颖可读;有了深刻的思想意义,报道才更有深度,更能发人深思、给人教益。如孔繁森这个人物无疑能够代表一大批我党的优秀干部,同时又有突出的个人特点,关心群众疾苦的干部为数不少,但孔繁森的脚步却迈得更远;严寒中他脱下身上的衣服给群众穿上,为了抚养两个孤儿他可以去卖血,这是一般人难以做到的。尤其是同那些经受不住腐朽思想的侵蚀、蜕化变质、忘却了"为人民服务"这一根本宗旨的干部相对比,孔繁森的身上所蕴含的深刻的思想价值和巨大的教育作用无疑是十分显著的。

选择典型有两条基本途径:一是从平凡普通的实际生活中发现美和伟大,这类题材多蕴藏在生活的深处,需要作者深入生活,深入实际,去捕捉和开掘。二是抓住突发的、轰动性的重大事件和关键时刻涌现出来的典型人物、特异的事件、险境中的人物,这类题材生活中虽属少见,但意义非同一般,新闻价值高。不论从哪条途径选取典型,起关键作用的都是通讯作者的眼光和立足点,通讯作者一定要站得高、看得远,能够洞悉社会发展的趋势,把握生活的本质,深刻领会党的路线、方针、政策,明了当前新闻宣传的动向和任务。只有这样,才能及时发现典型,深刻认识典型。有人曾将这种敏锐的洞察力比喻为"新闻眼睛""新闻耳朵""新闻鼻子",言辞虽浅,含义却深。可以说:没有"新闻眼睛",处处难见典型。当下,关于贫困山区的教育问题屡见报端,人们对那些地区艰苦的办学环境、强烈的求学渴望、乡村教师多年如一日的坚守已不觉新鲜,但当记者得知一所山村学校只有一位教师、两名学生时,他会马上感觉到这所学校的与众不同。《长治日报》的记者郭震海正是沿着这一独特之处,走进了大山深处,走进了一位教师、两名学生的"一家人"般的其乐融融的真情故事,写出了《只有两个学生的山村小学》。"茫茫群山中,有一所学校就亮起了一盏灯,简陋的校园内一面鲜艳的五星红旗高高迎风飘扬,虽然只有两个学生,但小隆鑫的读书声依然在大山之中回荡⋯⋯"正是在孤寂空旷背景的映衬下,这所山村小学存在的意义才更为醒目地显现出来。

(二) 提炼主旨,求深求新

通讯主旨的提炼,实际上在选择典型、进行采访的过程中就已经开始了,但大量的工作和主旨的最终确立,一般是在完成采访、展开构思的阶段。通讯主旨的提炼,要深刻、新颖。如2022年9月27日《四川日报》数字报上刊登的《等不起、慢不得、坐不住 从这场活动看四川如何拼》,报道的是四川省2022年第三季度重大项目现场推进活动,通讯没有停留于活动热火朝天的表面,而是深入发掘其深层内涵,用大量典型的事实呈现了活动蕴含的四川省的拼劲:支撑四川奋力向前的,是"拼"的决心,支撑四川奋力向前的,是"拼"的信心,支撑四川奋力向前的,是"拼"的势头。

通讯提炼主旨还有一项重要的原则,就是不可任意拔高或贬低,写作者的主观认识必须符合实际情况,必须是从新闻事实中自然地开掘、升华出来的,必须具有说服力。

(三) 谋篇布局,因文而异

通讯的结构形式是多种多样的,主要有纵式结构、横式结构和纵横结合式结构。在写作过程中,由于通讯种类较多,具体的布局方式又有所不同,一般说来,主要有以下几种形式:

人物通讯,总是围绕人物选取材料,从不同的侧面表现人物的特点,不一定写完整的情节,但要"以事显人"。如2022年10月10日《四川日报》数字版上的《查玉春:始终做群众贴心人的"查老娘"》,通过带领群众修路致富、与排污企业谈判并最终解决污染问题等事迹,描绘出了一个始终是群众贴心人的"查老娘",一个优秀的基层党支部书记形象。

事件通讯,一般是把握住一个事件的起因、开端、发展、高潮、结局等要点来组织材料,以事件为中心,以时间为线索,清晰完整地表现事情的来龙去脉,往往比其他类型的通讯更具有跌宕起伏的故事性。

如2022年9月9日《四川日报》数字版刊登的《一缕白烟发"信号" 被困75小时的他获救了》一文:9月7日,从湾东村转移出来的群众提供了一个线索,湾东村4组方向有白烟升起。甘孜州泸定县抗震救灾前线指挥部研判,"可能是有被困群众通过这种方式求救",这是事件的起因。9月8日早,甘孜州泸定县抗震救灾前线指挥部发出指令:泸定县得妥镇湾东村4组发现有人员被困,成都和德阳两支消防救援队伍44名队员与第77集团军某陆航旅组建联合救援队伍开展救援,这是事件的开端。直升机不懈搜寻是事件的过程。发现救援对象,"当直升机距离地面不到10米的位置,罗永一边向救援人员招手,一边朝着直升机狂奔过来",这是救援过程的高潮。罗永被救是事件的结局。全文抓住时间线索,配合倒叙手法,文笔简洁,叙事生动。

工作通讯的写作,一般要站在全局的高度,叙议结合、画龙点睛地揭示经验教训。如发表在2022年10月3日《四川日报》上的《自贡全力治理釜溪河 还"母亲河"一湾清水》,主要从"'看不见'的高效污水处理厂""'看得见'的'夜游釜溪'火起来"两个侧面报道了釜溪河的治理工作和成绩,像"巧用生态做文章,是宜昆河湿地公园的一大亮点。据中铁一局自贡釜溪河水系治理项目负责人何建宏说,公园运用复合水生态修复技术,通过模拟自然水体生态系统,利用水生植物净化、水生动物净化、微生物净化等形成协调健康稳定的复合水生态系统,水质稳定达到地表水环境质量Ⅳ类标准"这样的段落,就是很典型的叙议结合,夹叙夹议的表述。

训练与实践

一、写作知识训练

1. 通讯与消息的区别是什么?
2. 如何安排通讯的结构?
3. 通讯可分为哪几种类型?

二、例文评析训练

1. 分析下面这篇通讯的类型、结构,指出其写法上的优点。

电热毯在欧洲的需求激增 这家老牌小家电企业如何面对出口新赛道

四川日报全媒体记者 陈碧红 田姣

9月28日上午,与成都彩虹电器(集团)股份有限公司总经理刘斌约定的见面采访时间,又被迫推迟了半个多小时。"抱歉,实在太忙了,刚刚才开完订单生产协调会。我们赶紧开始吧,一会儿还有会。"从会议室走出来,刘斌语气急促。

近段时间,老牌小家电企业成都彩虹电器突然"火出圈"——该企业在欧洲市场的电热毯订单量快速增长,且在资本市场上接连拿下涨停板,引发市场高度关注。

作为一家老牌小家电企业,彩虹的产品在国内市场占有率一直比较稳定。然而,就在过去短短两个月里,这家主打国内市场的成都企业怎么突然就火到了海外?

欧洲需求猛增　电热毯出口增速达97%

"年初的时候还曾开玩笑说俄罗斯冬季冷,也许能把电热毯卖过去,没想到不仅成功卖到了俄罗斯,还卖到了欧洲其他国家和澳洲,玩笑成真了。"对于过去两个月发生的快速变化,刘斌直言"始料未及"。

今年以来,由于欧洲能源紧缺,电力价格持续上涨,不少海外消费者对电热毯等柔性取暖设备的需求猛增。中国家用电器协会近日发布的研究报告显示,今年1至7月,多数家电产品对欧洲出口额呈下降态势,但空调、电热水器、电暖器、电热毯、电吹风等品类却呈增长态势,其中,电热毯以97%的增速远超其他品类。希腊、意大利、波兰、德国、荷兰等国家的需求均呈翻倍式增长。成都海关的统计数据也印证了这一现象:今年1—8月,四川取暖市场出口额实现4.91亿元,较去年同期增长98%。

作为电热毯老牌生产企业,彩虹电器却是被动地感知到市场的迅速变化。刘斌坦言,彩虹电热毯在国内市场常年供不应求,即便是年均700万张的销量也未达到市场饱和状态。"国内需求旺盛,就没想过要大力发展海外市场。"

这种一边倒的销售局面,在今年上半年突然被打破。

"我们接到了很多搞国际贸易的商贸公司的咨询电话,有的问产品能否达到欧盟标准,有的问能不能贴牌或代加工生产。"彩虹电器海外事业部负责人范志荣说,最高峰时,一天可以接到一两百个商务咨询电话,电话经常打到没电。

突然猛增的询问电话,让刘斌意识到,电热毯出口站在了"风口"上。在他看来,彩虹电器凭借多年的自主研发技术和高性能生产线,在技术标准上完全能够满足出口要求。同时,海外消费者对电热毯产品的挑剔程度并不比国内高,要生产出口产品,现有的生产线随时都能运转起来。

没想到的是,正准备大干快上的彩虹电器,因为突如其来的高温限电等多种因素,不得不暂缓生产。

出口量增长了10倍只是起点　出口赛道"新兵"有了新规划

每年7、8月都是国内电热毯生产的高峰期。"生产厂家要赶在国庆和'双十一'之前交付产品,就必须全线满负荷生产,我们也不例外。"刘斌坦言,此前生产进度受到影响,近段时间以来,包括开关车间、制线车间、面料车间和总装车间等在内,所有车间都在满负荷生产,同时还要为下一批产品提前做好准备,各条生产线交叉进行,抢抓国内国外订单生产进度。

他粗略算了算,过去这两个月,彩虹电器已经和五六十家外贸公司达成合作协议,出口量增长了10倍。

不过,彩虹电热毯出口量增幅虽然很大,但相较于国内订单量来说,出口规模依旧很小。"客观来看,正是因为过去出口基数小,因此订单增幅看上去比较明显。"在刘斌看来,作为出口赛道的"新兵",彩虹电器出口订单总体价值不算很高,但对公司而言也是新的开端。

布局海外市场，其实彩虹电器在两年前就有所考虑。其在2020年搭建的面向海外市场的业务团队，就是为出口打基础，只不过这个只有5个人的新部门，未曾料到海外业务会在今年突然猛增。

"目前只能摸着石头过河，一边借助外贸公司拓展海外渠道，一边承接海外代加工业务做大出口总量，先走出去再说。"刘斌表示，在当前没有太多海外市场基础的前提下，唯有先畅通销售渠道，再想办法拓展彩虹电器的品牌影响力。

在他心中，甚至有了一个初步的出海"中期规划"：面向欧洲加快技术引进，研发更多高端产品；面向非洲等市场，开展技术输出和管理输出，进一步提升市场占有率。

刘斌表示，面对未来海外市场可能出现的快速增长，彩虹电器正加快建设新津生产基地等项目，在扩大产能的同时加快从劳动密集型向技术密集型转型升级，"在持续做好做稳国内市场的基础上，希望通过开发更多元的产品和更有竞争力的产品，进一步提升海外市场占有率"。

（《四川日报》2022年9月30日）

2. 分析下文的优缺点，并尝试推测其形成原因。

生命不息，奋斗不止
——记无手女孩李莹

9月10日，山东省某大学迎来了一位特殊的新生——因为意外而失去双手的李莹。

那场意外改变她的生活

李莹一岁多时不幸遭遇火灾意外，亲人将她救出时全身已被严重烧伤。经过抢救治疗李莹虽然脱离生命危险，但面部被毁容还失去了双手，双臂仅有左臂残存手腕，右前臂失去一多半。就是这场灾难让她心里有了一片阴影。渐渐长大的李莹明白自己与其他孩子不一样，怕出门、怕抬头看人。因为肢体残疾，常人简单的握笔书写对李莹来说是一个不小的挑战，她用了3年的时间才能把"8"字写好。课外活动时间李莹大多独自一人闷在教室。

慢慢尝试走出心理阴影

发现李莹自卑的心里后，她的音乐老师葛亮不断鼓励她，并送给她一本书法字帖。于是李莹开始练习毛笔字。耐性和悟性不错的李莹没有让老师失望，2013年她的书法作品在当年的山东省青少年书画大赛中获得青少年组一等奖。多彩的校园生活改变着李莹的性格，她逐渐从自卑的阴影中走出。另外除了外界，李莹自己也在不断地努力着——家里悬挂着一幅50厘米见方的十字绣，就是李莹为了挑战自我，利用假期完成制作的。

两战高考只为圆大学梦

2016年,李莹第一次参加高考,考出430分,没有达到自己的理想分数,她毅然选择了回校复读。在这一年的时间里,李莹依然不断努力着,毫无松懈,用她自己的话来说就是"我把我看作是一个普通人,我所做的只是我该做的——每天按部就班和同学们一起上下课……"

就这样过了一年,在2017年的高考中,李莹取得了473分的成绩。在经过多次斟酌后,李莹选择了某大学社会工作专业,并顺利被录取。

她的故事还在继续上演

李莹说他之所以选择某大学社会工作这个专业是因为这个专业的理念与自己的想法不谋而合——"助人,自助"。她表示自己会在某大学继续不断地超越自己,不断地努力,让自己的想法变为现实,去帮助那些需要帮助的人。

生命不息,奋斗不止。李莹一个因为意外失去双手的女孩在用自己的自强不息书写属于自己的传奇。

3. 从报刊上寻找通讯例文,分析其具体类型及结构特点,要求找出如下几种类型的通讯:人物通讯、事件通讯、工作通讯、概貌通讯、新闻故事。

三、写作技能训练

1. 单项训练

(1) 选取几个人物或事件,加以比较,确定其中一个为通讯的报道对象。

(2) 选取一个典型人物或事件,从不同角度提炼主旨。

2. 综合训练

阅读《习近平的山海情》及《挖掘地方优势 做好总书记报道》,口头或撰文回答以下问题:

《习近平的山海情》

《挖掘地方优势 做好总书记报道》

(1) 为什么说《习近平的山海情》是一篇人物通讯,而不是事件通讯?如果将习总书记与西海固的故事写成事件通讯,应该写哪些要点内容?

(2) "放在一个'近'字上""放在一个'深'字上""放在一个'情'字上"是通讯作者的写作经验,从通讯《习近平的山海情》的哪些段落和文字中能看出这些写作用心和经验?

(3) 通讯中写到林占熺、谢兴昌等多个人物,凭什么说这是一篇描绘习总书记形象的人物通讯?

(4)《习近平的山海情》的作者下了哪些苦功,起了什么作用?

四、写作实践训练

1. 面向社会,选择一位典型人物,按以下要求进行采访和写作:

(1) 列出采访提纲,明确采访重点。

(2) 灵活地运用多种方法和形式进行采访,采访的时间和次数可根据具体情况而定,避免"走马观花"。

(3) 班内交流采访记录,组织讨论。

2. 利用下面的材料,写一篇工作通讯。

近年来,社会对大学毕业生的工作实践能力提出着越来越高的要求,这使得高校更加重视对大学生实践能力的培养,同时某大学又是以建设创新创业型大学为办学目标,对教师与学生的动手实践能力自然有着更高的要求,所以引进和培养双师双能型教师成为了学校为适应社会需要和自身发展所提出的重要举措。

双师型教师的特点是既具有从事某种社会职业的能力、经历或资格(以职称、证书为标志),又具有从事教学工作的能力、经历或资格。早在 2011 年某大学就在《关于加强实践教学体系建设的实施意见》中明确提出过要通过引进、培养、外聘等多种渠道加强教师队伍建设,抓好双师型教学师资的培养工作,通过培训学习和到工、矿企业等基层单位挂职锻炼等培养途径,使教师们既具备扎实的基础理论知识、较高的教学水平,又具有很强的专业实践能力。而某大学《2018 年工作要点》则提出在师资队伍建设上要加强教师技能培训,强化双师型师资和创新创业导师队伍建设。一系列的文件政策将某大学的双师型师资队伍建设摆上了重要的位置,成为各学院培养和引进教师的重要方向。

在这里我们首先要给双师型教师下一个定义:①担任教师,还做过或正在做其他职业,比如新闻系教师,同时又是或曾经是记者、编辑。②持有双证,例如当新闻系老师的人,没有正式担任过记者或编辑,但是有记者证等相关职业资格证书。笔者下面的统计数据是按这一标准来统计的。笔者通过走访某大学的十几所学院,了解到双师型教师在各个学院所占比例都是在不断提高的。以土木建筑与工程学院为例,据其学院办公室王主任介绍,从 2013 年到 2018 年,五年间该院双师型教师数量从 13 人增长到 30 人,所占比例从 20% 增长到 48%。而在化学化工学院,据学院副院长夏其英介绍,从 2015 年到 2018 年,三年内双师型教师从 10 人增加到 20 余人,增长迅速。不仅如此,统计中的这些数据都不包括各学院的兼职教师(指校外有相关工作经历的人员来校任教),如果将兼职教师纳入统计,双师所占比例会更高。

据笔者了解,各个学院双师型教师的增长情况是不同的,并且和各学院的性质以及教学内容相关联。在以工科专业为主的学院,例如机械学院,化学化工学院和土木建筑与工程学院,双师型教师在各个学院占比都在 30% 以上。而据机械学院副院长韩虎介绍,对操作实践能力要求极高的机械学院双师型教师所占比例达到 60%。而在一些以理论研究为主的学院这一比例则要低一些,例如在物理与电汽工程学院中,双师型教师占比在20%左右。而在一些文科类学院中,这一比例则会更低一些。例如传媒学院,双师占比在15%左右。可见双师型教师的数量跟各学院的学科类型和教学内容是紧密联系的。学科类型偏实践的工科学院,对教师的实践操作能力要求更高,对双师型教师的需求更大,所以双师所占比例相对来说就要更高一些;而偏重理科理论或者人文的学院,因为对教师和学生实践的要求要低一些,所以对双师型教师的需要也相对较少,双师型教师所占比例也会较工科学院要低一些。

各学院近年来增加双师型教师主要有三种方式。第一,学院通过与企业合作的方式指派教师到企业工作实习;第二,学院通过招聘等方式引进曾有过工作经历又拥有硕士或博士文凭的人才;第三,教师在教学岗位上拥有实践技能后通过考取相关资格证书,成为双师型教师。具体来说,在第一种方式中,通过校企合作的方式,将教师指派到相关企业工作2—3年,这种产研合作的方式不仅提高了老师的实践能力,也推动了企业的研发工作。例如机械学院就和山东临工集团有着密切合作,双方都从中获益。招聘有相关工作经历的人才是第二种方式,据化学与化工学院副院长夏其英教授介绍,学院在引进教师时会看重有工作经历、具有双师身份的人才,具有相关工作背景的人才是学院引进师资的一个重要方向。在第三种方式上,很多教师通过考取技能证书,锻炼了自己的实践操作能力,成为了双师型教师。例如土木与工程学院的院长付厚利,不仅在学术上造诣匪浅,而且同时拥有多个职业技能证书。为整个学院教师提高动手实践能力起到了带头领导的积极作用。在社会大环境的需求和学校的要求下,近年来各学院通过这几种方式引进、培养了很多懂理论、善实践的双师型教师,推动了某大学教学质量的提高。

笔者早晨八点就来到了某大学水土保持与环境保育研究所,此时谢教授已经在这里的实验基地开始了他的种植与研究工作。谢教授是86年大学毕业,之后在政府的农林部门从事林业工作12年,后来又读研在大学深造三年,毕业后在济南军区生产基地从事果树种植工作,读取博士学位后于2006年成为某大学农林学院的任职老师,现为资环学院教授。谢教授可以说30年来一直在不断地边学习、边实践、边工作,孜孜不倦地在农林领域进行生产实践与研究。谈到双师型教师给课堂带来的改变,谢教授说:"双师型师资队伍建设说到底就是提升教师的实践能力,从而带动学生的实践能力提升。比如说课程中生态工程这一节是很难讲的,因为单纯讲理论很难懂,很枯燥,而如果老师能自己动手做,自己亲手做一个生态工程项目,把自己的作品再做成幻灯片来讲,那么同学们就会很感兴趣,而且很容易就会理解。""再比如说给同学们讲果树问题,我就是要带着同学们去栽种、培养,带着同学们具体操作。讲的对不对,同学们只看果树长的好不好,结果怎么样,这样才能增强说服力。"可以说有更强实践能力的老师在教学过程中能给学生带来不一样的东西,可以将理论与实践结合起来让课堂更丰富,让学生更容易去理解,进而也帮助学生去实践。

教育学院的李老师在学校的心理咨询室兼职从事心理咨询工作,他的心理咨询工作为很多有烦恼的大学生们提供了帮助。李老师拥有国家二级心理咨询师证书,丰富的心理咨询工作经验也为他的授课提供了众多的案例。李老师说:"在讲课时,比如说讲精神分析疗法这一章,理论庞大且抽象,学生难以理解把握,但是我可以在给来访者保密的前提下结合我在心理咨询中碰到的个案,将理论和个案结合起来,帮助学生理解得透彻清楚。""而且自己的的实践工作本身也能增强教师对理论的理解,提升教师的水准,提高授课水平。"为授课提供案例,同时也加深教师自己对所教授内容的理解,双师型教师的确可以为课堂带来积极的改变。

在笔者走访的十几所学院里,工作人员都提到了这样两个词:实践,过程。拥有工作经历和较强实践能力的双师型教师可以帮助学生理论联系实际,不仅能帮助学生提升理论水平,还能教给其实践操作的技能。通过工作实践,老师能够了解实际工作中的整个流程,并且明白社会上需要的是什么,这样授课时可以不拘泥于单一知识点,能够系统地讲解整个工作流程,不仅加深了学生对理论的理解,还能提高理论的应用能力。

双师型教师的增加推动了某大学创新创业型大学的建设,正如夏其英副院长所言:"创新创业需要技术的创新与实践,没有懂理论、善操作的老师教出有实际应用能力的学生,创新创业便无从谈起。"某大学通过引进和培养双师型教师,带动了学校整体实践能力的提升,从而进一步推动了学校创新创业型大学的建设与发展。

3. 利用下面的材料,写一篇人物通讯。

众所周知,志愿者活动的内容是面向社会进行公益劳动、抢险救灾、美化环境、社区服务、青少年帮教等服务活动,其活动目标是倡导团结友爱、助人为乐、见义勇为的新风气。自20世纪90年代以来,青年志愿者行动日益蓬勃发展。某大学校志愿者团队也不断发展壮大,在校内形成一定规模,并影响着更多的人。目前某大学的志愿者团队发展较为成熟的有某大学青年志愿者协会、某大学图书馆志愿者协会、某大学与星儿同行志愿者协会以及各学院的志愿服务队。

某大学所有的志愿者团队,都有着自己的独到之处,他们不断扩大志愿服务人数,增加新的志愿服务力量。某大学"青年志愿者协会"成立于2002年9月10日,是某大学规模最大的老牌社团之一。目前青年志愿者协会的副会长,是笔者大一的舍友,她每天都在奔波忙碌,无论是平时上课还是周末她几乎都是最后一个回宿舍的。一到周末,所有人都舒服地赖在床上,她不到六点就会起床离开宿舍。后来我才知道她们周末有社团组织的志愿服务活动,每一次她都会去,直到大二课程比较多,她去得才不那么频繁。她们社团涉及的志愿服务点相对其他社团比较广,包括荣军医院、爱之旅儿童发展基地、某市儿童福利院。去不同的地方会有不同的体验,每次社团群里发布报名链接的时候很快就一抢而空,别人以为他们只是去拍拍照装个样子,其实真正的意义只有他们自己知道。为了更好地理解志愿服务活动,大一时我也跟着志愿服务队做了一次志愿者。第一次见到那些老人和孩子的时候,我是拘谨的,因为不知道如何去和他们沟通也不知道该怎么帮助他们,似乎他们习惯了自己一个人晒太阳,自己一个人走来走去。看到别的志愿者娴熟地与老人聊天,和孩子们一起玩游戏,我发觉自己这不是志愿,真正做志愿的人都在用心投入,把自己融入这些老人和孩子的生活中。然后我了解到,他们从学期的开始到学期的结束,甚至在假期中也会坚持一周一次的志愿活动。去一次不容易,早上六点就要集合几十个人坐着公交车去志愿点,十点之后再组织回到学校。做志愿的人表示时间很短,所以更珍惜和老人孩子在一起的时光,能给他们最大的礼物就是陪伴,他们会渐渐亲近你,和你讲属于他们的故事,其实在志愿活动中,自己收获更多。

某大学"图书馆志愿者协会"是伴随着某大学新落成的图书馆而设立的,是隶属于校团委,由某大学图书馆协管的一个以"服务同学,奉献社会"为宗旨的社团。日常活动包括图协内部开展的"真人图书馆""换书大集"和面向社会的志愿活动。目前担任图书馆志愿者协会志愿者部部长的一位同学说,他们的活动以服务学校师生为主,为师生提供更多的学习空间和交流活动,并在一楼前台设立服务点,由各部轮流值班;此外,还会对社会志愿服务方面的活动加以重视,目前每周都会去荣军医院进行志愿服务,以后也会开拓更多的志愿服务点,希望帮到更多的人。

某大学"与星儿同行志愿者协会"是一个专注于帮助自闭症儿童的社团。他们把这群腼腆内向、不善于表达自我、沉溺于自己小世界中的孩子们叫做星星的孩子。2014年9月17日他们建立了属于自己的公众号,第一篇推文中说道"关于自闭症,我从来不敢说我走进了他们的世界,那种极尽孤独、忧伤、干净的笔触下是满满的对生活的渴望和另外一种生存与孤独的激荡。他们是星星的孩子,在很久以前从天际跌落,他们一定很难过。他们是星星的孩子,他们干净如天使,是另外一种风景。"自此,与星儿同行志愿者协会便开始了不间断的自闭症儿童关爱活动。通过采访了解到,他们目前的志愿点有爱童融合幼儿园和爱之旅儿童发展基地,在每个周五下午或者周末都会组织志愿者过去陪伴孩子们。孩子们虽然面对志愿者沉默不语,但他们一直都在关注着这群大哥哥和大姐姐们。志愿者陪孩子们上课,一笔一划地教他们写字画画,陪孩子们玩游戏,满足他们童年的小小期待,还经常组织家长和孩子一起参与活动,帮助他们打开心扉,勇敢地和别人交流。一位参与志愿活动的同学说看到有个孩子坐在角落不敢上前,小小的身子贴在墙角让她很心疼,因此她每次都特意去找那个孩子,关注他的情绪变化。慢慢地孩子开始感受到她的关心,后来孩子也开始寻找她的身影。

每年与星儿同行志愿者协会都会联合学校的其他社团举办一场"蓝行校园"的徒步活动。活动旨在让更多的人了解"星星的孩子们",关注这一群体,为爱凝聚力量,为他们的美好未来助力。我所加入的社团每年也会参与徒步活动,从图书馆开始一路走来,随处可见蓝色的气球,象征着美好和纯洁。这一群人,专注于关爱自闭症儿童,他们说让"星星的孩子"有自己的光芒,他们很幸福。

每年寒暑假期间,某大学各学院都会组织大学生志愿者团队参加由全国倡导的"三下乡"活动。今年暑假期间,传媒学院爱心团队再次踏上志愿之旅,本次目的地是某市兰陵县贾庄村。一行人在志愿期间探望孤寡老人,陪伴留守儿童,并进行沂蒙精神基层宣讲活动。由于条件限制,志愿者们就在村委会里给小朋友们上文化课,还利用自己的专业知识,教他们画画、唱歌。一位参与的志愿者告诉我,通过这次活动接触到了很多留守儿童,有的父母在外打工,也有的父母离世,大部分都由爷爷奶奶抚养。他们的童年缺少父母的陪伴和关心,希望能有更多的人关注他们,帮助他们。陪伴这些孩子度过的十多天里,孩子们活泼开朗的生活态度、坚强的性格影响着他,他对自己以往的行为进行了反思,与这些孩子们相比,自己有更好的条件却没好好珍惜。

在这个村子里还有一些让人心疼的老人,有的独自坚强生活,有的疲于抚养孙辈。另一位志愿者说,真切感受到了那些留守儿童和孤寡老人的不容易,之前了解他们都是在网上或者是电视上,但是在现实中见到时,那种感觉说不出来,挺震撼的,无法想象真的会有老人住在垃圾堆里,以后会更多地关注这些留守儿童和孤寡老人,在力所能及的范围内给他们帮助。如果说一开始报名参加是为了体验,那么到后来他们是发自内心地想去做这件事。

第三节　报告文学

一、报告文学的定义

报告文学是运用文学手法描写现实生活中的真人真事,具有新闻和文学双重特征的文章样式。

报告文学产生于工业资产阶级兴起的时代,是近代工业社会的产物。从问世那天起,它就坚定地保持自己特殊的风格:它写的大多为新闻事实,但与消息、通讯相比,它有着浓厚的文学色彩;它所使用的是文学手法,但同小说、散文相比,它又特别强调尊重生活的真实。它既不是纯粹的新闻,又不是纯粹的文学,而是新闻和文学的有机结合所孕育成的一个"宁馨儿"。

二、报告文学的分类

(一) 特写

顾名思义,特写是借用电影艺术中特写镜头式的表现方法来表现人物或事件的写法。

它给读者提供的是代表某一生活事件或人物形象本质特征的细腻画面,使读者获得真切深刻的认识。特写的表现特点是细致、具体。它从新闻真实性的角度出发,采用艺术的描写手段,对现实生活中的典型人物和典型事件作精细的刻画、描绘。它不仅突出地表现人物、事物的主要特征,而且重视细节的作用,通过细节的描绘,组成富于立体感的画面,增强文章的感染力,使读者产生如临其境、如见其人、如闻其声的感觉。

(二) 文学速写

它是采用绘画上速写式的笔法,粗线条地勾勒形象的一种报告文学样式。就人物的刻画和事物的描述来说,它往往是从人物生活的一个侧面或事件的一个片段入手,用简洁的笔墨,作轮廓上的描绘,不要求对人物全貌和事件发生全过程进行描述。文学速写的笔法是简约的,但是它对于形象的刻画也必须鲜明。因此,速写格外地重视对于描写对象本质特征的表现。它要用简单的几笔画出人物的"眼睛",揭示出深刻的主题,收到言少意丰的效果。

(三) 文艺报告

又叫文艺通讯。同特写、文学速写相比较,它在表现人物活动、描写事物状貌中,时间跨度和空间限度往往是比较广阔的。它既注重对人物、事物本质特征的描绘、刻画,又要对其有关方面作必要的交代。因此,它一般都有完整的情节,事件的过程篇幅亦比特写、文学速写要长。

文艺报告所使用的主要材料近于通讯的新闻事实,但它又绝非是新闻事实的一般化报道,而是极为重视人物个性的表现和事物情景的描绘,它要以生动活泼的艺术手法,再现典型的生活画面,并刻画出活动于这一画面之中的人物形象来。

三、报告文学的特点

(一) 新闻性

报告文学的新闻性主要表现为以下两个方面。

1. 注重时效

报告文学是一种敏捷的文体。它要把"生活在昨天所起的变化"和"社会上最新发生的现象解剖给读者大众看"(茅盾《关于"报告文学"》),就必须注重报道内容的时效性。

同其他文学样式相比,报告文学不仅要形象地再现生活,还必须以更快的速度表现出生活的新变化,把生活中刚刚发生的人们所关心的事件及时地报告读者。同消息、通讯等新闻文体相比,报告文学的时效性要求则更为宽松,它的主要报道目标不必是年内、月内出现的,可以是近年来发生的;它的报道中可以更多地包含着十几年前、几十年前,乃至更为久远的已非新闻的内容。

2. 讲究真实

真实是报告文学的生命,是报告文学存在的基础,也是写作报告文学的一条不可动摇的原则。长期以来,报告文学已在读者中形成一种默契,即只要是标有"报告文学"字样的作品,它就是写的真人真事。真实性赋予了报告文学一种本质力量,使它具有了在文学与新闻的交叉地带独立存在的价值。

但是,对报告文学的真实性不能作绝对化理解,报告文学的真实性兼容着"合理想象"成分,这是报告文学创作中普遍存在并被实际认可的事实。所谓"合理想象",当然不同于小说、戏剧中的文学想象,它必须保证报道内容的本质真实,必须最大限度地保持事物原貌。它主要不是"创造想象",而是"再造想象",是根据真实的材料对已经消逝的生动鲜活的事物原貌负责任的还原。完全否定"合理想象"则很难实现报告文学的文学性。

(二) 文学性

报告文学是报告,也是文学。如果说报告文学较之于小说,是靠其新闻性而存在的话,那么报告文学较之于通讯,则是靠其文学性而得到了更为广阔的发展。

所谓报告文学的文学性,主要是指它对文学手段、文学语言的运用。报告文学虽然极为重视真实、准确,但却并非是对生活作简单的摹写,而是在不违背真实性的前提下,采用形象化和典型化的手法,对生活中的真人真事进行艺术加工;它可以根据主旨的需要,打乱人物活动和事物发展的原来顺序,重新予以组合,通过巧妙的艺术构思而取胜;它也可以灵活地运用和调动除了虚构以外的各种文学手段,来刻画人物、描写景物、烘托气氛等,为表现人物、突出主旨服务;它还可以运用优美的文学语言,使原本动人的生活情景、人物形象更加鲜明、更加突出、更富于感情色彩,以增强作品的艺术感染力。

总之,报告文学的文学性决定了报告文学要遵循文学的规律去表现生活,这是它与通讯的重要区别,也是它最突出的特点之一。

(三) 政论性

政论性是报告文学的又一重要特点,也是它有别于小说的突出特征。

在小说中,写作者的思想倾向一般不予直接揭示,而主要凭借故事情节的展开、人物形象的塑造等予以体现,写作者是不能出面大发议论的。报告文学则不是这样,它一方面可以运用小说式的艺术手法,把写作者的观点、看法在情节和场面中自然流露出来;另一方面,又可以由写作者在作品中直接出面讲话。在这一点上,它比其他文学样式要自由得多。

应该指出的是,报告文学的政论性特点在作品中的体现,与议论文中的议论说理是不同的。它并不需要过多的理性阐述,其目的也不在于以理服人,而是通过对所写人物、事物的议论品评,与读者产生认识上的一致、感情上的共鸣,以此达到突出主旨、深化主旨的目的。由这一点所决定,报告文学的一切议论和评断都应在形象描绘的基础上,紧紧围绕所写的人和事展开。

报告文学的新闻性、文学性、政论性是密切地联系在一起的。三者之间互相依存、相得益彰,不容偏废。只有合理地处理好三者的关系,才能达到报告文学思想内容和艺术形式的完美统一,报告文学所独具的文体特色也才能得到充分的体现。

四、报告文学的写作

(一) 认真做好采访

采访是报告文学写作的前提工序,也是整个写作过程中的一个重要环节。有成就的报告文学作家都十分重视采访工作。作家理由在《写作论》就曾说:"采访的时间应该多于构思的时间,构思的时间又多于写作的时间。我曾把这个关系比喻为'六分跑,三分想,一分写'……当采访结束时,作者应是胸有成竹,铺开稿纸应是水到渠成。"这便是在强调采访工作的重要性。

采访是一门艺术。报告文学的特点决定了它的采访与一般新闻文体的采访是不同的。报告文学的采访,应该做到一身兼二任,既要体现新闻采访的要求,又要适应文学写作的需要,是一项深入、细致的工作。报告文学采访的全过程,包括以下两个阶段。

1. 准备阶段

准备阶段的工作包括以下几个方面。

(1) 搜集资料。这里所说的搜集资料,首先是指获取与写作有关的党的方针、政策、文件规定等,为采访和写作准备判断是非、衡量优劣的准绳;其次是查阅和抄录与写作对象有关的材料,熟悉背景、了解情况,尽可能地先对写作对象形成一个初步的印象;再次是熟悉有关的专业知识,掌握写作中必须用到的专业性资料,以避免说外行话,甚至闹出常识性笑话。

(2) 制订计划。采访最忌无目的地乱跑。为了做到事先胸中有"谱儿",使采访工作有条不紊地进行,在采访前应该制订计划。采访计划的制订,主要包括采访的目的、要求、对象、时间、步骤、内容等几个方面,要尽量写得简单、明了、周密。为了保证采访的顺利进行,在制订计划时,还应该就采访的问题分层、分目列出访问提纲,以利于采访中有计划地提问,避免遗漏,保证获得全面系统的材料。

2. 采访阶段

采访阶段要注意做好以下几方面工作:

(1) 深入现场,接触本人。夏衍曾指出:"写报告文学,要花体力劳动,要跑现场。"为了确保报告文学的真实性,并为写作提供丰富的第一手材料,写作者在采访时必须深入现场接触本人,与采访对象以心相交,建立感情,并通过启发诱导,使他们打消顾虑,敞开心扉,把应讲的话都讲出来。只有这样,才能对一个人物成长的全部历史、一个事件发展的全部过程获得全面深入的了解。

(2) 放宽视野,打好外围。为了使采访内容能有所比较,并补充采访本人的不足,写作者除了采访本人外,还应放宽视野,从外围入手,多侧面地进行采访。外围采访的对象主要是生活在主人公周围的、熟悉主人公情况的人。外围采访可以找人个别交谈,也可以召集座谈会。不管采用何种形式,都要注意听取不同意见,并注意比较、鉴别、核对,以保证事实无出入,材料拿得稳。

(3) 悉心观察,捕捉细节。细节的作用是重大的,对报告文学来说,尤其是这样。在采访中,作者不仅要注意挖掘突出的事实材料,更应该悉心观察,努力捕捉那些不大引人注意的生动细节,以满足报告文学写作的特殊需要。为了准确地捕捉细节,作者在采访时要注意留心一切,对现场的一事一物,人物的性格特征、语言特点、表情变化等,都应格外留意,悉心观察。只有这样,才能在最大限度上捕捉到难得的、常常是一闪即逝的生动细节。

报告文学的采访是作者动笔前最艰苦的劳动过程,既要花体力,又要花脑力,不但全部写作材料要在采访中获得,作者的写作设想也是在采访过程中逐渐成熟的。这就要求采访中不但要多跑,还要多思。只有做到跑透想妥,动笔时才能成竹在胸,水到渠成。

(二) 重视艺术构思

报告文学是要受真人真事制约的,要想作品既不违背生活的真实,又能产生强烈的艺术感染力,就要在保证真实性的前提下,依靠精巧的艺术构思取胜。

报告文学构思的重点,主要表现为以下几个方面。

1. 认真提炼主旨

主旨的提炼,是构思的中心环节。抓好这一环节,对于整个构思以及整篇作品的成功,都有着决定性的意义。面对错综复杂的材料,报告文学写作者应该多角度思考、层层剖析、深入开掘、避易求难、舍浅求深,把握生活的本质,发人所未发,从自己发现的事实的所有价值中表现最大的价值,从自己所感悟的事物的所有意义中反映最深刻的意义。这是一项知易行难的工作,需要写作者下大功夫,懂得舍弃,勇于探索,在生活中选取最有挖掘价值的报道对象,在构思时将报道对象的价值和意义参悟透彻。作品的主旨可以是多元的,报告文学《天使在作战》[1]不仅有一个讴歌主旨,为我们勾勒了一个正直、善良、执着、勇敢的为民请命的医生陈晓兰的形象,而且有一个揭露主旨,控诉和揭露了某些医疗乱象。

2. 灵活安排结构

报告文学结构的安排,贵在灵活。从某种意义上说,每一篇作品的写作,在结构上都应该是一种创新,那种把生动的人物事件硬往别人的结构框子里套,机械地模仿别人的做法是不足取的。为此,作者在结构过程中应注意从表现主旨的需要出发,从生活事实的真貌出发,根据每篇作品的不同情况,合理地予以安排。

在丰富多彩的生活面前,有的材料本身就是曲折动人的,作者只要善于挖掘,巧于掌握,就可以既有力地表现作品的主旨,又充分地显示艺术的感染力。当所写的事件比较拖沓、人物活动的时间限度和空间跨度较大时,作者又应该在把握全局的前提下,勇于打破材料的原来顺序,截取最为典型的部分,予以集中、突出地表现。当要表现的内容十分丰富时,可以采用大框架、大篇幅;当内容较精练时,则可以采用短小的篇幅灵活地呈现。既可以结构严整,也可以采用散文式自由的笔法。获奖报告文学《开国将军轶事》[2]在这方面作出了有益的探索,全书由一个个独立的短篇构成,如《幽默陈赓》《敦厚张云逸》《耿直罗瑞卿》,每一篇形似散文、小小说、人物小传,将人物轶事串珠式地连缀起来,笔法跳跃,不求细致连贯、面面俱到,只求画龙点睛、提炼出人物最传神之处。加之使用精练的书面语言,句式简短,要言不烦,可读性很强。虽然短,读后印象却深,一个个鲜活的形象跃然纸上。

总而言之,报告文学的结构方式,贵在一个"变"字,无论取其全程,还是截其片段,或是采用其他方法,都应从不同情况出发,灵活掌握。

---

[1] 朱晓军.天使在作战[EB/OL].(2007-10-29).中国作家网.
[2] 吴东峰.开国将军轶事[M].北京:解放军文艺出版社,2002:1.

3. 精心组织情节

情节在报告文学中对揭示人物性格、表现主题思想、体现结构艺术都起着极为重要的作用，必须精心组织。

报告文学结构形式的灵活性决定了其情节的组织也是灵活的。我们对报告文学情节组织的总的要求是：要在确保真实性的前提下，尽量做到新奇、巧妙、生动、曲折，富于艺术独创性和吸引力。

为了正确地体现这一要求，报告文学在情节组织中要着重解决好以下三个方面的问题：

（1）以写人为中心。很多报告文学的中心是写人。在报告文学中，故事情节主要靠人物活动和人物关系的交织构成，写好了人物，也就解决了情节组织的根本问题。

例如，朱晓军的获奖报告文学《天使在作战》，写的是上海医生陈晓兰与医疗乱象作斗争的故事，要描述的情节散布于陈晓兰医生生活轨迹的各个阶段，以中年的抗争为主，以青少年的事迹为辅。作者靠什么把它们整合起来，形成一个有机的整体呢？靠的就是写人，人物性格形成的内在逻辑把原本有些松散的内容自然地衔接在一起：揭露"激光针"的执著与当年农村插队行医的经历有内在的联系；与医疗乱象斗争的背后映衬的是与命运抗争的大背景。这样，作品写来既主线突出，又有辅线配合，使人物形象更加丰满。

报告文学所写的人，虽然不同于小说等文学作品中的艺术形象，但它也要在尊重生活真实的前提下，努力突出人物个性，并尽可能地选取一些生动典型的细节，突出人物性格特征、丰富人物思想内涵。只有这样，作品的故事才会更为吸引人，人物形象才会更为鲜明，情节也才会更为充实、生动。

（2）注意设置悬念。报告文学要想使其情节的组织能够紧紧抓住读者，深深打动读者，就不能看了开头便知端底，因而悬念的设置是不容忽视的。

悬念是使情节曲折的重要手段。一篇报告文学，从头到尾一味地平铺直叙，是很难吸引人的。若在情节的组织中注意设置悬念，便可以产生特有的魅力，扣人心弦，作品也便会有"味儿"，主题也会因之更加深刻。对于按照事件发展和人物活动的本来顺序安排结构、组织情节的作品来说，这一点尤为重要。因为只有设置了悬念，才会使作品的叙述产生内在的吸引力和凝聚力，读者也才不会因结构上缺乏变化而感到平淡、乏味。

例如，《"半吊子"村主任》[①]开头部分写道：

> 羊道沟：顾名思义，就是羊蹄子踩成的小道，这个村子的大小就不用介绍了。
>
> 别看这个村子不大，却出了个平凡而了不起的人物，他就是人们公认的"半吊子"村委会主任王保林！
>
> 王保林连任两届村委会主任，是全村人都公认的能人。乡亲们有什么难事，他都会鼎力相助。谁知这么个人却落下了个"半吊子"的名声，这个称谓用在一

[①] 刘笑梅."半吊子"村主任[EB/OL].(2012-06-15),中国报告文学网.

些不着调的人身上,也许合适,可用在王主任的身上是不是合适呢?因为,这"半吊子"的雅号,乍听起来是有那么点儿不大顺耳。

而保林的媳妇却说:"合适,他连半吊子也不够,应该再加个二,叫二半吊子才合适呢!"不过她这话时脸上是带着笑意的。

那么,村里的人们是不是也都认为保林是"半吊子"呢?要知其中之谜,还是听听民言最好:

……

村民们对村委会主任的态度自然成为一个谜,读者期待着作者解开这个谜团,期待就是一种吸引力,成为阅读的动力。

(3)合理使用想象。报告文学所写的是生活事实,但这些生活事实却并不一定都是写作者亲身经历或亲眼看见的。要形成完美的艺术构思,要展开系统的故事情节,往往需要借助于想象的方式来达到目的。这正如报告文学作家理由在《文学这个灰姑娘》中讲过的:

离开了想象就连一篇通讯都写不成……作品中所写的人物和事件,跨越了巨大的时空,而作者不能一一去亲身经历。我写过马德里,但我并没有去过马德里;我写过艾菲尔铁塔,但我并没有登过艾菲尔铁塔;我写过西双版纳,但迄今尚没有机会游西双版纳。我写过闺房私话,当时并未在一旁偷听。我写过纷纭的会议场面,手头也未保存会议的记录。我还写过孤独的徘徊和内心剖白,当然更是借助于想象。

总之,报告文学是离不开想象的。想象是写作者艺术构思赖以升腾的翅膀,也是情节组织中连结时空间隔的桥梁。

当然,报告文学中的想象,与小说、诗歌中的想象是不同的。它必须在确保作品真实性的前提下展开,只能在生活事实材料的基础上,作某些合理的补充,这种补充也主要是写作者认识的延伸,而非生活事实的添枝加叶、任意虚构。

例如获第二届"徐迟报告文学奖"的《革命百里洲》[①]这样描写1935年百里洲水灾的情景:

眼看着将近中秋,无房无舍的灾民们匍匐在田边地头,强耐着饥渴,轰赶着鸟兽,心肝颤抖地护卫着秋粮,千万遍地数念着灾年中仅存的企盼。八月十四,皓月当空,普照着大地,也普照着百里洲上齐齐整整的好庄稼。

恨啊!老天爷一闭眼,江上秋水复来,偏要试一试刚刚糊弄起来的百里洲堤坝。轰隆隆,大水将堤口咬破,长江的秋洪狂泄全岛,新搭的窝棚随波逐流,满洲的粮粟转瞬冲光。百里洲在同一年中两度沦为泽国。

---

① 赵瑜,胡世全.革命百里洲[M].北京:中国青年出版社,2003:7.

根据史料记载,辅以作者的想象,距今近百年的事件场景被还原了,活生生地呈现在字里行间。

(三) 讲究语言艺术

文学是语言的艺术,报告文学自然也不例外。其文学性特点决定了它在运用各种文学手段刻画人物、反映生活时,必须讲究语言艺术,尽可能地用生动形象的语言形式去表现报告的内容。

1. 形象化的作者语言

在报告文学中,作者语言占有的篇幅最大,其作用也最为重要,首先应予以重点对待。为了确保作者语言的形象化,在写作过程中,写作者交代事物的发展变化,描写环境、景物和人物活动时,既要做到准确、鲜明、不失分寸,又应该力求生动、具体、富于立体感。

报告文学《摇着轮椅上北大》[①]这样描写了一个瘫痪儿童半封闭的世界和复杂的内心活动:

> 楼上有几个小伙伴,也不时地来看她。敲门后,她开不了门,她们就站在门外跟她说话,给她唱歌,讲学校里的事儿。
>
> 她仰躺在床上,静静地听着,脸上绽开一缕缕苦笑。
>
> 生命的信念,如同一盏油灯,飘飘忽忽地亮着……

一段白描,寥寥几笔,把人物的境遇、情感和心灵的交流写得如此传神。尤其是那一句比喻,极为贴切。是的,一个孩子的生命信念,说它坚强吧,它是暗弱的,飘飘忽忽;说它脆弱吧,它又总是亮着,窥视着门缝之外神奇的世界,哪怕有一丝可能,也不会熄灭。

为了增强作者语言的形象性,报告文学不但要使写景状物生动具体、富于立体感,还要活用抒情、议论等手法,以丰富语言色彩、强化语言感染力。

仍以《摇着轮椅上北大》为例,瘫痪了的郭晖最终考取了北京大学博士生,学校为她单独分配一间宿舍,允许家人陪读。凡她经常出入的房间、楼道、厕所、教室等地方的台阶全部被铲平,代之以适合轮椅行走的平缓通道:

> 郭晖用双手摇动着轮椅,来去自如,长发飘飘,像鱼儿在水里一样欢快,鸟儿在林里一样自由……
>
> 这是她的生命之舞啊!

这是简短的议论,也是深沉的抒情,叙述、议论、抒情自然融合,水到渠成,毫不造作,却又画龙点睛,适时出现,有力地激发起读者心中强烈的共鸣。

2. 传神的人物语言

在报告文学中,虽然人物语言所占的比重不大,但是它所产生的作用是不容低估的。

---

① 李春雷.摇着轮椅上北大[M].北京:光明日报出版社,2007:56.

报告文学要想刻画出丰满的人物形象,不但要写好人物充满个性特征的行动,还要注意突出地表现人物语言的个性化色彩,以保证人物行动与人物语言在性格上的一致性。

报告文学所描写、刻画的是生活中真实的人,为了正确地体现人物语言的个性特色,在让人物说话时,应该尽可能地使用充满着生活气息的活的语言。为此,应该重视对生活中人物日常用语的汲取。

训练与实践

一、写作知识训练

1. 报告文学的特点有哪些?
2. 报告文学与通讯有何区别?
3. 报告文学包括哪些种类?

二、例文评析训练

1. 分析《天使在作战》中的议论、抒情。
2. 分析《开国将军轶事》刻画人物形象的手法。

三、写作技能训练

1. 单项训练

(1) 从周围现实生活中抓取一个较复杂的典型事件,找出叙事线索,分别以单条线索和多条线索安排结构,各写一篇报告文学,并比较两种结构的优劣。

(2) 从现实生活中抓取一个典型人物,作片段式的细节描写。

2. 综合训练

写一份将通讯《大学生村干部养鸡记》改写成报告文学的采写计划。

大学生村干部养鸡记

近日,当看到第一批14 000多只肉鸡被装车运走的一瞬间,伫立于公司门口的张永红,眼角泛动着泪花。对于张永红和他的"团队"来说,这是他们毕生难忘的一天。

张永红既是沁源县豆壁村的"一把手",又是源丰养殖有限公司的"土司令"。

沁源县经济近年来实现了跨越式发展,让更多的有识之士、高学历人才将目光聚焦在这里,张永红也是其中的一位。

"80后"的张永红,大学毕业后和同龄人一样向往大城市车水马龙、朝九晚五的快节奏生活,这也是他跳出"农门"、改变命运的夙愿。然而,沁源县近年来的长足发展,以及为青年创业提供的优越条件,让他毅然放弃了大城市生活,返乡参加了大学生村干部选聘考试。2007年,张永红在参加完大学生村干部岗前培训后,被分配到了王陶乡豆壁村。为改变豆壁村贫穷的面貌,他组织党员学政策、组织村民学技术、组织妇女搞活动,带领群众修路、通闭路、建学校……2010年5月,由于他工作业绩突出,被当地乡党委任命为豆壁村党支部书记。

新的起点,新的征程。担任党支部书记以后,带领村民致富成了他任职的第一件大事。村民代表会上,他的想法得到了支、村两委的支持和村民的拥护。村委会主任武通恩更是激动得热泪盈眶,抓住他的手说:"小张,如果你能带领大家致富,你就是豆壁村的功臣。"朴实的话语触动了张永红的内心,更坚定了他创业的决心。说干就干,他与其他村的大学生村干部联合,不分昼夜在网上、报纸上查资料,先后三次赴山西大象农牧集团考察,在综合分析的基础上,最终选定了肉鸡养殖项目。2011年7月,张永红等用东拼西凑的50000元启动资金,成立了沁源县源丰养殖有限公司。

公司成立过程中,得到了相关部门的大力支持:大象公司派人作技术指导;当地政府协调公司用房;长沁煤焦公司和沁源康伟森达源煤业有限公司资助部分设备;县委组织部为他办理了创业基金贷款,并积极协调各县直有关单位为其办理公司手续提供便利条件……这些来自四面八方的支持与帮助,让张永红信心倍增,带领他的"团队"积极投入到创业中。其间,坐公交、啃面包、比价格、跑工地成了他生活的全部。2011年10月,第一个大棚建成了。张永红借款购买鸡苗,又在豆壁村挑选了一批"精兵强将",送到大象农牧集团学习养殖技术。

目前,公司已养殖肉鸡18 000余只。张永红说:"今年,公司将续建全自动笼养大棚三栋、建设网面养殖大棚一栋,从而可养殖肉鸡110 000只。项目全部投入运营后,将辐射带动周边农户增收,为全县转型跨越发展注入新的活力。另外,我还将通过乡农科站在养殖场组织当地农户进行养殖培训,鼓励其他农户参与到养殖中来。农户可根据自身实际情况,选择网面养殖、半自动笼养、全自动笼养,从而带动全乡农户脱贫致富。"

张永红算了一笔账:"每只鸡纯利润按5元计算,45天出栏一批,每年养六批,仅一栋棚就可赚540 000元。"

"小张啊,你可是我们村的大恩人哪,没有你,乡亲们还是靠天吃饭,现在在公司上班,也成'工人'了。"一位在源丰养殖有限公司上班的大婶兴奋地说。

寥寥几语,让张永红喜上眉梢,暖在心头。扬帆中的公司正在蓬勃发展,起航中的梦想正在照进现实……

四、写作实践训练

1. 采访人物,然后在班内召开采访成果交流会,重点展示采访中获取的用以写人的细节材料。

2. 采访人物,然后召开讨论会,分析这一人物的典型性和报道价值、报道重点。

第四节　深度报道

深度报道是一种系统反映重大新闻事件和社会问题，深入挖掘和阐明事件的因果关系以揭示其实质和意义、追踪和探索其发展趋向的报道方式。

就题材而言，深度报道具有明确的选择性，即通常选择那些具有丰富的背景材料、复杂的事件过程，且在社会领域已经或极易产生重大影响，具有较大信息承载量和新闻价值的素材。

而出于追求新闻深刻性的写作理念，深度报道强调多层次、综合立体地把握新闻事件的过程及其与社会的联系，揭示隐藏于新闻背后的深层含义。在"深入成就深度"的新闻理念之下，新闻的六个基本要素在深度报道中获得充分延展。新闻的六个基本要素是指何时（When）、何地（Where）、何人（Who）、何事（What）、为何（Why）和过程如何（How）。在深度报道中，"When"是立足此时，追溯既往，推测未来；"Where"是立足现场，左右延伸，纵横兼顾；"Who"是立足事实，追踪采访，涉及相关；"What"是立足此事，搜集情况，报道细节；"Why"是立足直接，分析横向，追究纵深；"How"是分析意义，注重结果，预测未来。

在国内，渐趋成熟的深度报道形式有解释性报道、调查性报道和预测性报道。

一、解释性报道

解释性报道（Explanatory Reporting）是充分运用背景材料，说明事物来龙去脉，揭示其实质意义和预测其发展趋势的分析性报道。它出现于一战前后的美国，并在20世纪三四十年代发展起来。著名新闻学者麦克道格尔1938年出版《解释性报道》一书，正式提出解释性报道这一概念，并预言："在今后半个世纪中，毫无疑问，新闻记者将集中报道者和解释者于一身，同时发挥两者的职能。"关于解释性报道的含义，美国报人罗斯科·德拉蒙德认为解释性报道就是"把今天的事件置于昨天的背景之下，从而揭示出它对明天的含义"。在我国，《经济观察报》总编辑何力也指出，解释性报道就是把个别的、割裂的、分散的事实还原到他们赖以生存的社会经济环境中去，把新闻事件呈现在一条可以表现其真正意义的脉络中。

（一）解释性报道的特点

1. 突出"为何"和"如何"

与消息着眼于"何人""何事"不同，解释性报道的着眼点是"为何"和"如何"。它讲求追根溯源，理清来龙去脉，不仅向读者提供事实信息，还要提供对相关信息的梳理与整合、分析与判断，从而帮助读者理解新闻事件的本质和意义。

2. 用事实解释事实，用背景生成意义

解释性报道的任务是要用各种事实要素对主体新闻进行多角度、多层面的说明，让人们从各种事实和事实间的相互作用中去了解新闻的全貌和意义。这是写作解释性报道的基本原则。解释性报道对新闻所作的解释不是在议论中实现的，而是在对与新闻相关的各种事实的描述中实现的，而不同的事实关联，则会形成不同的意义解读。

2009年7月16日,百度贴吧中出现一篇名为"贾君鹏你妈妈喊你回家吃饭"的空白灌水帖,一天时间内吸引了710万点击和30万回复,这句"贾君鹏你妈妈喊你回家吃饭"也蹿红网络,并成为当年网络流行语。一个空白灌水帖何以成为世人关注的焦点,其背后的社会推手与时代背景是什么? 由此,解释性报道呼之欲出。7月27日至8月8日,《南方都市报》先后登出三篇文章:《贾君鹏事件,总有一种力量叫你回家吃饭》《母亲唤你回家吃饭》和《贾君鹏和他妈妈都很煽情》,将这一近乎子虚乌有的人物与事件放置于现代社会的世态炎凉之下,其潜在的社会隐喻由此被呈现出来。

其中,《母亲唤你回家吃饭》通篇都是由人物专访构成的小故事。采访对象包含了社会各个阶层、各个领域,具有了广泛的代表性,通过这些小故事的串联,一个由"贾君鹏事件"所映射的社会问题被彰显出来——现代社会快节奏的紧张生活,让人们无暇陪伴家人,导致人们普遍性的内心孤独和缺乏温暖。报道从一个侧面揭示了"贾君鹏事件"折射出的结构性困境,以及这一事件对人们内心的冲击,也系统性地回答了一句"贾君鹏你妈妈喊你回家吃饭"得以在短时间内爆红网络的深层原因。

3. 揭示事件原因,厘清来龙去脉

揭示事件的原因和来龙去脉,是解释性报道的最基本的职责。伴随着"贾君鹏"的蹿红,"贾君鹏是谁? 是谁发的帖子? 为什么要发布这样的帖子?"成为受众关注的焦点。先是有人博客发文冒充贾君鹏,接着不断有人跳出来声称自己制造了"贾君鹏",许多媒体不加筛选核实地跟风报道,使事件原委变得更加扑朔迷离。对此,《北京青年报》的报道《到底是谁制造了贾君鹏? 圈内人详解内幕》,对事件的起因、经过、幕后推手及走向的清晰解释,消除了受众的疑问。文章通过四个部分,清晰展示了"贾君鹏事件"的来龙去脉,完成了解释性报道解疑释惑的任务。

4. 透过新闻表象,揭示内在本质

在"贾君鹏事件"中,不少媒体都把报道的焦点集中于"贾君鹏"迅速走红、受到追捧、"贾君鹏你妈妈喊你回家吃饭"被恶搞等新闻现象,而忽略了事件背后的东西——事件的本质意义。相比之下,《南方都市报》的报道《贾君鹏和他妈妈都很煽情》,在揭示事件背后的本质上做得非常到位,报道从不同角度对事件进行了全面解读,启发受众的思考,使人豁然开朗。在很多人看来,很可能"贾君鹏事件"的走红纯属网民无聊状态下的"集体无意识"的狂欢,但《贾君鹏和他妈妈都很煽情》却独辟蹊径,将这一事件进行了经济学解读、诗性解读、情感式解读和传播学解读,从而实现了解释性报道透过新闻表象,从"无意义"中探寻"意义",从"有意义"中探寻"真意义"的新闻理念,正是因为秉承这一新闻理念,《南方都市报》的报道超越了那些自甘成为网络哄客,将大量的新闻旨趣聚焦在新闻"非意义"的部分,甚至是虚假新闻的"伪意义"部分的媒体,从而占据新闻传播的制高点。

(二)解释性报道的题材

解释性报道的题材通常是广大读者感兴趣的、不解释便无法揭示其深刻内涵的、带有普遍性的重要新闻事件和新闻现象。具体来说,以下三类新闻事实和新闻现象更适合作解

释性报道。

1. 党和国家新政

党和国家的有关方针、政策、措施既事关全局、规范性强,又文字简洁,因此,新闻报道不仅要报道这些方针、政策、措施的主要内容与实施范围,还要向广大读者报道出台这些方针、政策、措施的原因、意义、实际的社会因素乃至于违规的后果等,在此解释性报道就有了用武之地。2009年2月28日第十一届全国人民代表大会常务委员会第七次会议通过《中华人民共和国食品安全法》,而此前一个月,《民主与法制》杂志即发表了题为《毒奶粉事件激发〈食品安全法〉六大修改》的解释性报道,通过"三鹿事件""问题奶粉"等新闻事件,透视《食品安全法》草案三审稿的打磨过程,阐释制度改进与"三鹿事件"之间的"针对性"关联,从而使读者理解在食品安全问题频发的背景下,《中华人民共和国食品安全法》立法的审慎和精细超乎寻常。

2. 重大突发事件

重大突发性事件指的是在社会议程设置之外、在人们的意料之外突然发生的事件,往往会对社会生活产生巨大的震荡力,影响正常的生活秩序,对社会的正常运行产生种种难以预测的冲击力甚至是破坏力。近年来,国际上重大突发性事件频频发生,国内各种突发性事件也接二连三地发生。迅速、全面、深刻地对突发性事件进行报道,是新闻媒体不可回避的责任。

突发性事件的报道需遵循快速反应、连续报道、全面观察、智慧引导的原则,而解释性报道在后两个方面具有得天独厚的优势。2010年,上海一高层公寓大火震惊世人,这起特大火灾事故引发众多媒体以调查性报道向大楼保温材料、大楼消防隐患、城市消防能力等发起质疑。与此同时,《中国青年报》和《南方周末》则另辟蹊径,不约而同地选择了1996年香港嘉利大厦发生的一场震动全港的特大火灾,作为关联性的背景材料,香港嘉利大厦灾后所进行的调查成为《中国青年报》和《南方周末》的着眼点,因为随着调查和善后工作的迅速展开,切实有效的调查和坚决有力的措施才是火灾永不重演的保证。《中国青年报》和《南方周末》分别于11月24日和12月2日刊发解释性报道《大火痛醒香港》《香港大火调查细节观察》,详细解读1996年的香港大火之后的诸多调查细节,启迪并告诫人们,在14年前的香港,一场整整燃烧了21个小时的大火,成为香港城市史的分水岭,火灾、调查、法例,一环环紧密相扣的逻辑,改变了这座城市,使其成为消防措施最为严整、消防律令最严苛的城市。

这两篇解释性报道体现了媒体主动的责任担当,其报道目的明确,即提示社会警觉、完善相应对策,促进社会稳定运行。在此类报道中,记者站得更高、看得更远、想得更深,以深刻的洞察力和责任感支撑全程报道。

3. 重要科技成果

当今世界,科学技术发展迅速,对一些重大科技成果或科学发展进行解释性报道,讲清楚其作用、意义,有利于广大读者理解这些科研成果或活动。如我国神舟七号飞船发射成功后,很多人都想了解"神七"飞船结构是怎样的,与以前的飞船有何不同。新华社《权威解读：剖析神七飞船结构与外形》一文，详细解释了神舟七号飞船比以前的飞船先进在哪里、优势在哪里，以及它的形状看起来为什么有点奇怪，等等，解疑释惑的同时，普及了科学知识。

（三）解释性报道的写作

解释性报道设法把结论置于事实的背后，让读者自己去体会，解释事实时，多使用叙述和说明这两种表达方式，而尽量避免使用议论。因此，与其说解释性报道是一种典型的夹叙夹议的报道，不如说它是"叙述即说明"的文体。这里的叙述主要包括用事实说话、让权威发言。

1. 用事实说话

解释性报道的任务就是要用各种事实要素对主体新闻进行多角度、多层面的说明，让人们从各种事实和事实间的相互作用中去了解新闻的全貌和意义。这些事实包括：

（1）数字，精当准确的事实。与新闻相关的各种统计和分析的数据，会提供解释新闻所需要的定量分析和基于这种定量分析的有说服力的结论。2006年2月6日《财经》杂志刊登的《医疗费用为何居高不下？》解读中国医疗费用过快增长的原因，其中，大篇幅的数字清晰准确地说明："中国用占世界2％的医疗卫生资源，照顾了占世界22％人口的健康，人均期望寿命达到72岁，超过许多中等发达国家，这是中国卫生事业的骄傲。统计数据表明，一个人在65岁以后所花费的医疗费用大概占其一生的一半，在生命垂危的最后一年可能又要支付一半中的一半。因此当社会进入老龄化后，医疗费用上涨是不可避免的。"

（2）背景，新闻背后的事实。背景性事实是反映新闻发展过程的相关事实，这类事实有助于解释新闻发展的过程，从而揭示新闻的缘由。即便是间接的关联性背景，也可以对当下的新闻事件作出有价值的解读。

2011年"7.23"甬温线特别重大铁路交通事故发生后，《中国青年报》7月27日刊登的《德国高铁惨祸后如何重建信任》和《新民周刊》同日刊出的《法国高铁三十年"零死亡"的秘密》即堪称运用关联背景事实解读当下新闻的范例。这两篇解释性报道分别以德国高铁和法国高铁为背景，不动声色地诠释了高铁快速发展背后的隐患，启示人们如何在惨祸后汲取教训，重建信任。这类报道也提示我们，解释性报道可以不必亲临新闻现场，而通过充分发掘新闻背景，即可完成有价值的深度报道。

2. 让权威发言

要想准确清晰地对新闻事件进行解释，尤其是要想对公众解释清楚专业领域发生的新闻事件，记者就必须对其所涉及的专业知识和相关背景有透彻的了解。方法之一是让自己成为专家。美国记者杰夫·莱昂和彼得·戈纳采写了一组有关基因疗法的解释性报道《基因疗法将重塑未来》，获1987年普利策新闻奖解释性报道奖。两位没有医学专业背景的新闻记者为完成此次解释性报道，访问了60多位科学家，阅读了500多篇专业论文，采访了几十名伦理学家，采访行程达1.2万多英里。正是这样深入的采访调查、学习研究，使他们得以以近乎专家的状态完成解释性报道的写作。

方法之二是在解释性报道中让专家说话,这是此类报道最常使用的方法。2007 年 3 月《三联生活周刊》刊出一则解释性报道,对当时众说纷纭的某演员出家事件进行解读。在无法采访到当事人和相关人士的情况下,作者苗炜以独到的视角,邀各路专家,对人们充满好奇的"妙真法师"的内心世界进行解读。文章从 1918 年出家的李叔同写起,引用丰子恺对"弘一法师"的"心"的理解,许寿棠的话,德国莱比锡大学宗教学研究所郁隽先生、沈奇岚女士的话,他们的声音共同指向了该演员出家的心理必然。此文在当时诸多揣测、臆断的新闻作品中,独具深度。

二、调查性报道

在西方国家,调查性报道(Investigative Reporting)是一种以揭露丑闻为核心,以犯罪、腐败、黑幕为主要题材,通过记者独立自主的调查挖掘而完成报道的报道方式。它包含三个基本要素:第一,调查性报道的核心是揭示被掩盖的事实真相。第二,调查性报道强调记者采访写作的调查性、原创性和独立性,如果是根据某一组织或个人提供的现成材料完成的报道,则不能称之为调查性报道。第三,调查性报道不是一般的新闻报道,它是一种费时、费力,有时要面临巨大危险的报道。

在中国,媒体独立进行的调查性报道中,《南方周末》2003 年 11 月 13 日刊出的《衡阳大火背后的灰色链条》一文是一篇典型的调查性报道。从文章题目开始,有两个词引人注目,其一是"灰色",灰色是阴暗的、被掩盖的,暗示调查结果可能是对某个黑幕的揭露,同时,灰色给人以压抑、悲哀以及无奈之感,这暗示了文章揭露的内容会让人无限感伤。其二是"链条",它所表示的是一种环环相扣、因果相连的意象,表明调查所指向的乃是一个复杂的因果链。"衡阳大火背后的灰色链条",这个题目本身就点明了调查性报道的基本特点:揭露被掩盖的涉及公众利益的新闻事实。

调查性报道的基本功能在于:第一,满足公众知情权,调查性报道通过记者的深入调查,揭示问题,让公众知晓被掩藏的事实真相。第二,设定公共议程,报道把涉及公众利益的问题摆在公众面前,引起社会关注,有助于社会舆论的形成。第三,社会守望,调查性报道通过对新闻事件的监督,推动社会的良性发展。

(一) 调查性报道的特点

1. 立体调查,切入真相内核

探寻事实真相,是调查性报道的根本主旨,对于一个新闻事件而言,事件真相和相关人物之间通常构成一种"同心圆"的关系,这里的相关人物主要包括事件当事人、参与者、目击者、知情人四部分。要了解真相,最逼近圆心的当然是事件当事人,其次则是参与者,再外层则是目击者,然后是知情人,显然,越内层的人物提供的信息往往越具有价值。

在此意义上,"立体式调查"指的是,从事件当事人、参与者、目击者、知情人四个层面,根据重要程度的不同,按由内向外的先后顺序采集信息。如果内层信息由于特定原因难以获得,记者就跳过内层而转向次内层,在一个由事件相关人物构成的立体空间中,并行不悖地获取信息。这种调查方法的优势在于,一方面,当内层人物不愿或不能透露信息时,通过对大量外层人物的采访，记者可以将调查继续下去。另一方面，记者也能够避免与有关利益集团正面交锋，从侧面切入事件真相的内核。

2. 严格取证，提升报道公信力

调查性报道及其涉及的事件往往复杂、隐蔽，牵涉多方的利益，难度大、风险高。而一篇调查性报道要取得成功，很大程度上依赖于真实证据的取得。真实证据的取得和利用，是调查性报道最集中的体现，以至于国外从事调查性报道的记者更愿意将之称为"证据的报道（Evidential Reportage）"。

对于采访对象提供的情况，记者应给予多大程度的信任？搜集的文字资料是否确实可靠？现代高科技背景下的录音、录像能不能作为有效证据？从事调查性报道的记者时刻面临抉择和考验。这要求记者最大限度地应用专业采访技巧，用"诚实、直接和平衡的手法"为最初激起调查冲动的事件提供大量不容置疑的证据。

通常说来，记者获取证据有以下四个来源：

（1）媒体报道和公开资料。从媒体上得到的往往是新闻线索，然后记者根据线索顺藤摸瓜，挖掘出最核心的事实。公开的资料、新闻发布会、官方网站等也是证据的重要来源。一般来说，来自媒体报道和公开资料的证据最为可靠，因为它们必须面对公众的检验，在公开之前已经作过较为科学、严谨的测评。

对网上有价值的信息，可以进行重点挖掘，开发成调查性报道的重要线索。尤其是对诸如火灾、矿难等突发性事件的调查性报道，记者经常会从安全生产、问责处理等角度入手进行深入调查。要做到这一点，就要求能找到有价值的网站，既要熟悉安全生产监督、教育、劳动和社会保障、民航、气象、地震、环保、公安、检察、法院、统计等部门和单位的网站，也要熟悉地方和企业的主要网站。许多重要信息都可以从这些网站找到，而且许多网站都设有在线留言、领导信箱等功能，这些功能并非摆设，而是充满机遇的获取信息的途径。利用网络查询相关资料，可以作为调查的佐证。

（2）受访者口述。对诸如交通事故、火灾、游行示威、灾难等突发性事件进行调查性报道时，记者往往无法目睹现场，如要取得线索，目击者的爆料无疑是一个非常重要的信息来源。但是目击者也可能提供错误的信息，因此从目击者处获知一个新情况后，不能立刻依赖这仅有的一个消息源进行报道，而应向所有可能了解这一情况的人进行对质，这个过程被称为信息的多方验证，或者"二源求证"。当同时有多个消息来源都作出大致相同的描述时，这个新信息就基本上可以被视为是可靠的。相反，如果只有一两个人坚持这一说法，而其他人提供的情况与此相去甚远，那记者就应该慎重对待。运用"二源求证"的方法，可以极大地提高目击者口述材料的可信度。

（3）内部资料。这部分资料的获得充分体现了记者的职业素质，它不仅要求记者具备敏锐的新闻嗅觉，还要求记者能够及时从那些揭发秘闻的知情人手中拿到私人收藏的、不公开的材料。在不违反保密规定的原则下，争取获得专业的内部资料，是将调查性报道向深处开掘的关键所在，它直接决定了调查性报道所能达到的深度和高度。

（4）现场取证。对突发性事件进行调查性报道，记者还必须深入现场，细致观察，反复核实,不放过任何一个细节,才能不断逼近事实真相,为读者还原现场,这样的调查性报道才是具有原创性的。

3. 平衡报道,调查性报道成功的关键

一篇调查性报道要有详尽的分析,就必须进行深入的调查研究,而这种调查是对事件双方的调查,应尽可能给双方以同等的说话的机会。

记者应该是一个冷静的旁观者,他的责任是把事件尽量完整、真实地展现给受众,把事件双方的话语、态度用客观的语言表达出来,让受众自己从报道中作出价值判断。这体现在证据的使用上,就是记者应当避免"一边倒"的证据筛选方式,尽可能从不同的角度和立场选取事实,平衡、客观地使用证据。也就是说,当有人拒绝采访或不配合采访时,记者要把他的态度呈现出来;当某些人的观点在调查性报道中必不可少时,那就把为了得到其观点而采取的措施呈现出来。特别需要指出的是,由于来自受害人或弱势群体一方的说法往往更容易得到同情,这也会使从事调查性报道的记者倾向性地认为,他们的说法最接近事实真相,此时需要特别小心,因为,要保护任何人不受到任何被夸张事实的侵害,即使是在有充分证据证明一个人做了侵害公众利益的事时,也要尽可能给他机会开口解释,而且能够理解他的立场和出发点,不要作预设的价值判断,这一点非常关键。对于调查性报道来说,自由表达的机会可能不仅要给弱势群体,也要给其对立面,重要的是说出事实。

(二)调查性报道的写作

1. 以调查过程结构报道

要将复杂的调查性报道写得脉络分明、简洁流畅,最常见的做法就是将记者完整的调查过程和清晰的调查路线呈现给读者,以此实现结构的逻辑化。通常调查性报道以时间的推进为纵线,以调查涉及的地域、机构等方面的平移为横线,清晰的纵线和丰富的横线有机结合,顺着记者的调查思路行文,引领读者逐步接近事实真相。这样的结构方式使整篇报道经纬交错、逻辑分明、条分缕析,事件的发展与记者的调查两条主线并行不悖,既利于记者叙述,又便于读者阅读。

事实是一切新闻报道的核心,而在调查性报道中,事实更多地体现在"过程"当中,用"过程"说话是调查性报道的突出特点。

2. 大量使用直接引语

借助直接引语打造报道的魅力,是许多调查性报道的突出特点。在调查性报道中,直接引语的作用主要体现在以下三点:一是作为支撑调查的有效证据,可以增加报道的可信度,并降低报道者的风险;二是承上启下串联文章;三是触动读者情感的迸发。当事人的直接引语十分生动,具有极强的感染力。

三、预测性报道

随着媒体竞争的日趋激烈以及人们对信息追求的不断升级,新闻正突破"过去"和"现在"的时间维度而向"未来"迈进,预测性报道(Foreseeing Reporting)也应运而生。与《央行明日加息》《机场燃油费明起上调》《第31届奥运会将在里约热内卢举办》这类预告性新闻不同,预测性报道作为深度报道的一种,它要对未来的发展趋势作出判断、预测、分析或者瞻望,如《世界银行:非洲经济或稳增20年》《中国2030年拟建20个大都市圈》等。也就是说,预测性报道是一种根据已知推测未知、着眼于未来的新闻报道方式,它报道的不是已发生的事实而是事物的发展趋向、后果和未发生的事件等。它着重对新闻事实的发展变化趋势或前景进行科学预测,以理性、前瞻的眼光,向读者或受众提示、分析"明日生活",满足了受众在新时代对信息的新需求。

预测性报道的兴起还有一个重要的学术背景,就是西方"未来学"的诞生。"未来学"的核心即研究如何预测未来,在20世纪50年代成为一门新兴学科。"未来学"直接带动了预测性报道的发展,成为西方新闻报道的主要形式之一,在《华尔街日报》《纽约时报》《新闻周刊》《泰晤士报》等西方主流媒体中,关于经济、政治和科技等方面的预测性报道随处可见,而总统竞选、经济形势、行业市场、自然环境问题也成为预测性报道的常规选题。

在中国,预测性报道兴起于20世纪90年代后半期,以一些预测性新闻报道的专栏、专版出现为标志,如《人民日报》的"农村经济观察""农经望",《解放军报》的"国际观察",《中国经营报》的"财经观察""调查预测",《经济观察报》的"观察家""趋势",等等。

(一)预测性报道的特点

1. 超前性

预测性报道所报道的事实一般都没有显在发生,将新闻的着眼点放在事件将会产生的影响上,这正是预测性报道的最大特点。2006年5月24日《中国青年报》曾经刊出《2010年高校热门专业、就业趋势预测》,历数未来几年里热门专业有哪些,哪些是缺口专业,对未来的就业趋势作出预测。

2. 规律性

预测性报道所报道的内容力求探索事件发展过程中带有规律性的东西,帮助人们了解和认识事物发展的趋势和前景。

3. 科学性

预测性报道的任务是讨论"应该",而不是描述"肯定",要讨论按照目前的情况,事件应该会如何发展,而不是描述事件事实上如何发生。通过采访专家、业内人士,研读文件、列出数据等方式,使预测更加科学、可靠。因此,建立在"皮书"和"研究报告"基础上的预测性报道不在少数。

4. 服务性

预测性报道的落脚点是为人们的衣食住行和社会各行业的发展提供预测,并指导人们如何趋利避害。如《就业促进法将给百姓带来什么》一文,题目就已经点出了报道是为百姓服务的主旨。

(二)预测性报道的选题

与读者切身利益有关或读者感兴趣的未来可能发生的事情,都可以成为预测性报道的选题。主要包括:第一,重大政治、军事、外交事件预测,比如大选中谁将获胜、两国领土之争、某场局部战争可能爆发等；第二，重要经济事件预测，这是人们越来越关心的领域，也是媒体大有作为的方面，比如 CPI 指数、股市走势、银行降息、房地产新政等将如何影响人们的生活等；第三，新的政策、法规出台后将带来的变化，比如汽车尾气排放新标准出台后的影响、新城区规划建设等；第四，科技与自然现象预测，比如中国航天技术新飞跃、持续暴雨对人们生产生活的影响等。

(三) 预测性报道的写作

1. 开门见山，提出预测结果

开头直截了当提出预测结果，如《光明日报》2023 年 9 月的报道《国庆黄金周全国铁路预计发送旅客 1.9 亿人次》，就以开门见山的方式提出预测结果："从中国国家铁路集团有限公司获悉，铁路国庆黄金周运输自 9 月 27 日开始，至 10 月 8 日结束，为期 12 天，全国铁路预计发送旅客 1.9 亿人次。"接下来全文围绕着这一写作核心，开始对预测依据进行充分阐述，并提出应对措施和旅客服务信息。

2. 科学方法，保证预测准确

所谓预测，本质上就是对未来信息的科学的搜集、分析和判断的过程，而决定预测准确与否的关键就在于预测方法是否科学，目前国际上较多采用的是数学预测法和德尔菲预测法。前者是依据科学的数学推理，借助数学模型等定量分析方式来推测其将来的形态；后者依靠专家并结合综合分析进行预测。

在这方面做得比较好的是《经济观察季报》。为了保证其预测的准确性，该报编辑组通常制定一份科学的调查问卷发给国内外业界知名的权威人士，然后将其反馈结果汇总分析，再根据分析结果重寄新的调查表给专家，再次征询意见，多次反复后使专家的意见趋于一致，作为最后预测的依据，并把具有代表性的专家意见罗列出来，借助数学模型等定量分析方法一起展示给读者，就形成了一份经济形势的宏观预测。像《经济观察季报》这样将数学预测法和德尔菲预测法相结合进行双重检验的做法，或将成为国内预测性报道的未来发展趋势。

3. 跟踪复测，贴近动态事实

预测性报道的可靠性，一直都是个争议的焦点。世界是瞬息万变的，影响事物发展的因素变化不定，直接影响预测结果的准确性。对于预测性报道中携带的可能性和趋势性信息，就需要进行跟踪分析。如果误差不大，在允许范围内，说明预测结果是准确的；反之，应当分析误差原因，进行复测，并提出新的预测。

训练与实践

一、写作知识训练

1. 解释性报道的题材特点是什么？
2. 调查性报道与解释性报道在写作上有何不同特色？

3. 预测性报道如何保证预测真实可靠？

二、写作技能训练

下面是一篇深度报道，将其改写为一篇500字左右的消息，并说明两者在写作上各有何特点。

拥堵缓解的"好天气"能否持续？
——京藏高速公路"大堵车"问题追踪

新华网北京9月5日电 持续拥堵多日的京藏高速公路4日出现可喜的一幕：除了内蒙古与河北交界地段大约有8公里的车辆滞留外，其他路段"大拥堵"现象已经明显缓解。

拥堵缓解的"好天气"能否持续下去？"每天小堵，动辄大堵"问题会不会仍然困扰京藏高速？"新华视点"记者分赴北京、河北、内蒙古等地进行了追踪采访。

限流卡口、以罚代管：难免"此起彼伏"

记者在采访中了解到，很长一段时间以来，为减轻来自内蒙古方向的交通压力，河北、北京分别在京藏高速220公里处、97公里处等地段设置了对进京大货车的限流卡口，一旦辖区内发生交通拥堵，就限制车辆入境。从而引发了连锁反应：因北京境内车辆行驶缓慢而推延至河北境内的交通拥堵，因河北境内的车辆行驶缓慢而推延至内蒙古境内的交通拥堵。

作为"应对之策"，今年下半年以来，内蒙古方面也在与河北交界的路段设置卡口，限制前来运煤的车辆入境，于是京藏高速的拥堵现象"此起彼伏"。

一些货车司机告诉记者，京藏高速内蒙古、河北、北京各地都设置了治超点。司机李海全说，凡是进入京藏高速收费站，大货车都要进行称重，除此之外一路上还有很多治超点，每到一个站点，都要停车、称重、罚款，造成车辆拥堵。运煤车辆超载，治超点就罚款，交了罚款，超载车辆就可以继续行驶。

此外，高速公路分省收费，每到一个收费站，排队交费也引起拥堵。"就不能在入口处领卡，在出口处交钱，高速公路费和超载罚款一并交清，省得中途堵路？"李海全说。

记者调查发现，堵在京藏高速路上的几乎全是货运大卡车。大榆树路口值班交警郝志雷说："95%以上都是运煤车，小轿车与长途客运车均已绕行。"

为什么煤车不绕行？从鄂尔多斯拉煤到山东的司机张鹏林告诉记者，不走京藏高速，货车只能绕行山西大同，经集丰高速、得大高速、宣大高速，最后还得回到京藏高速，到张家口后一样拥堵，绕行要多走200多公里，交更多的高速公路费和超载罚款。

据司机反映，山西境内罚款太多，在一些国道，甚至卫生防疫部门也设卡拦车罚款。另外,绕行也得经过大同煤检站。如果将这些费用加在一起,可能会赔钱,"再怎么堵车走京藏高速还是最经济划算的路线"。

4日17时,记者从北京、河北、内蒙古三地交管部门指挥中心了解到,由于三个省、自治区和直辖市入京方向的限流卡口3日9时起全部放开,持续9天的京藏高速第二轮拥堵基本化解,除了内蒙古与河北交界地段因车行缓慢滞留了约8公里车队外,其余各段通行正常。

4日,来自公安部的最新消息称:公安部已协调北京、河北、内蒙古三省区市成立了京藏高速公路疏堵保畅指挥部,以加强省际联动,为今后道路畅通打下基础。

高速禁行、大修施工:堵车"雪上加霜"

京藏高速公路是北京西北方向唯一的高速公路进京通道,在北京段原为八达岭高速,由于设计缺陷,55公里至50公里处因弯道连续下坡,载重汽车容易发生事故,被称为"死亡之谷"。这段路连接八达岭长城和十三陵风景区,中外游客众多,经专家论证改为旅游专线,昼夜禁行4吨以上货车。

这样一来,京藏高速上的货车在张家口被分流到京新高速。同时,西北方向丹拉、宣大、京张高速进京的货车在张家口汇集到京新高速,在延庆县大榆树路口与110国道上的货车再次汇集,转入单向两车道的京新高速山区段,形成典型的"漏斗式"路网。

"西北方向的4条高速按八车道计算,平均车速可达50至60公里,到了这里,缩为两车道,且为山路,大型载重汽车时速不到20公里,怎么可能不堵车?"延庆交通大队政委席维真说。

此外,京藏高速公路内蒙古乌兰察布段和京新高速北京山区段坡多、弯多,大型货车容易因刹车失效发生事故或故障,几分钟内就形成拥堵,因缺少应急出口,民警需徒步至现场处置。

"耽误1小时,京藏高速就有300辆大货车滞留,排成两列有3公里长!"昌平交通支队马池口大队大队长魏连福说,"如不涉及人员伤亡和拖移车辆,每起处置时间大约1小时,遇有大型货车事故需要清障拖车,处置时间一般要3个小时,最长达五六个小时。"

由于超载或重载货车的碾压,京藏高速北京、内蒙古路段病害严重,不得不进行大修,反过来又加剧了拥堵。今年7月,通车仅两年的京新高速北京山区路段出现明显大坑、松散、车辙等病害,影响行车安全,使货车通过量每天减少了1000辆左右。

8月19日,北京市公路管理部门决定对京新高速半幅封闭大修施工,仅留一条车道放行。尽管事前北京交管部门已通知河北、内蒙古引导车辆分流,但这次修路还是引起了京藏高速"大拥堵"。

车多路少、缺乏规划：交通建设滞后

京藏高速是山西、河北、内蒙古等地大型货车进京的要道，也是内蒙古煤炭输出的大动脉，连接全国最大的煤炭生产与输出基地鄂尔多斯市，每天来自10多个省区市的大型运煤车辆行驶在这条路上。

"长期堵车的基础性原因在于车多路少，道路资源匮乏，煤炭运量剧增，铁路、公路规划建设滞后。"这是北京、河北、内蒙古三地交管部门的看法。

内蒙古交警总队统计，京藏高速公路呼和浩特市至内蒙古、河北地段双幅四车道最大通行能力为每天2.08万辆，目前实际流量双幅已达到每天7.1万辆，超出三倍多，拥堵高峰时滞留车辆绵延百余公里。

另据河北省统计，今年3月以来，经张家口地区道路日均进京货车大约为8700辆，而张家口地区进京3条道路，日均正常通行能力仅为7750辆，拥堵高峰时每天滞留车辆大约4700辆。

北京方向，京新高速公路进京交通流量达1.4万辆至1.5万辆，与去年同比增加130%，但实际最大通行能力只有1万辆，远远超过道路设计通行能力，拥堵高峰时车辆排队超过20公里。

内蒙古高等级公路建设开发公司副总经理认为，京藏高速的拥堵，暴露了路网规划和配套方面的问题。公路规划没有对车流量进行充分预测，也没有针对车流量达到设计极限时的预备处理方案，而周边路网不配套，使得拥堵出现后难以缓解。

内蒙古电力公司总经理等人认为，如果内蒙古向全国大量供煤的情形不变，京藏高速拥堵状况难以根本缓解。内蒙古呼和浩特铁路局仅能满足约35%的装车需求，大量煤炭运输只能通过公路，应统筹考虑内蒙古的煤炭产出总量、铁路外运量、公路外运量、就地发电或转化成煤化工产品，以及电、煤制油产品等向全国其他地区的输送。

统一行动、形成合力：提升通行效率

据悉，此次"大堵车"问题的化解，与公安交管部门撤销限流卡点有很大关系。国家行政学院教授竹立家认为，目前情况下的"大堵车"，与"诸侯分治""争抢罚款"问题直接关联，建议有关部门联合行动，建立京、冀、内蒙古、晋四省区市应对高速公路进京拥堵联动机制，促使各地政府形成合力，统一行动，规范管理，在道路、治超和煤炭资源的管理、收费、执法等方面要协同一致，提高通行效率。

在提升管理水平方面，河北省高速交警总队总队长薛秉义认为，要进一步挖掘道路通行潜力，不能"因噎废食"，出了事故就禁行。建议北京方面针对八达岭高速"死亡之谷"路段进行调研，可以考虑修建辅路，以及通过其他方式延缓坡度，创造重载货车安全通行条件；在内蒙古乌兰察布段和京新高速北京山区段，可以考虑增设应急出口或紧急停车区，以及增加交警值勤岗位和救援设施，缩短事故处置时间。

一些司机建议,从高速公路入口对超载货车实行计重收费加价措施,保证进入高速的货车不超载,取消省际治超站点;同时,交通运输部门和施工单位应尽量缩短瓶颈路段的施工时间,加快施工进度。

另一方面,还要加快路网建设,北京清华城市规划设计研究院交通所所长段进宇等专家认为,要进一步完善路网规划标准体系,科学规划,加快审批,建设铁路、公路、管道等多个能源输出通道,加快启动鄂尔多斯—唐山铁路、张石高速、张涿高速和110国道二期项目建设。

第四章 抒情文体

第一节 诗歌

一、诗歌的定义

诗歌是一种饱含情感和想象，以富于节奏和韵律的优美语言反映生活和诗人心灵的文学样式。从诗与现实的关系看，诗是对客观生活的"反映"和"再现"；从诗与理念、精神的关系看，诗是虚幻的世界，是重新创造的一种价值体系。从诗与感觉、情感的关系看，诗是感知，是情感的发泄。

诗歌作为文学的重要体裁之一，历来受到人们的重视。尤其中国是诗歌大国，历代重视诗教，孔子就要求他的学生认真学诗。《尚书·尧典》说："诗言志，歌咏言。"《汉书·艺文志》曰："故哀乐之心感，而歌咏之声发。诵其言谓之诗，咏其声谓之歌。"艾青在《诗论》中说："诗是人类向未来所寄发的信息；诗给人类以朝向理想的勇气。"诗在人生的旅途和工作、事业中给人以巨大的勇气和生存力量。

诗歌按不同的划分标准，可分为不同的种类。从产生历史和形式上分，可分为古体诗、近体诗和新诗；从内容和表达方式上分，可分为抒情诗和叙事诗。

抒情诗是诗歌的主体，侧重于抒发诗人思想感情，诗人受外物的触发而感物吟志。抒情诗一般没有完整的故事情节，不着力塑造丰满的人物形象，不详细地描述生活事件的过程，重在表现诗人的情感，着力创造意境。

叙事诗是指以叙述故事情节、描绘人物性格和环境来抒发诗人情感的诗歌。它融叙事与抒情为一体，在抒情中叙事，赋予叙事抒情色彩。情节单一集中，相对较完整，通过刻画典型的生活场面、语言动作、心理状态等，达到抒情言志的目的。它与小说的写人叙事有很大的不同，不能像小说那样详细地铺叙，更强调高度的艺术概括，选取典型的场景和细节来表现主旨。

二、诗歌的特点

（一）表达的抒情性

"诗者，志之所之也，在心为志，发言为诗。情动于中而形于言。"（《毛诗序》）诗贵真情，"没有感情，就没有诗人，也没有诗歌。"（别林斯基）"诗者：根情，苗言，华声，实义。"（白居易）"诗的创作贵在自然流露。诗的生成如像自然物的生存一般，不当掺以丝毫的矫揉造作。我想新体诗的生命便在这里。"(郭沫若)诗歌的抒情与其他文学样式的抒情相比较,其表现特别强烈。

(二) 情思的集中性

诗歌是一定的社会生活的最集中的表现。清人吴乔在《围炉诗话》中说:"意思犹五谷也,文,则炊而为饭;诗,则酿而为酒。"诗歌内容的集中性主要体现在:它是通过创造意境(诗的形象)来表达作者思想感情、反映社会生活的。意境,就是内情与外景的水乳交融,情理、形神的和谐统一,就是具有强烈感染力和启示力的富于诗味的艺术世界。

(三) 语言的音乐性

好的诗歌多是有韵的。"情发于声,声成文谓之音"(毛诗序),和谐的音韵,鲜明的节奏,是诗歌区别于其他文学样式的一个基本特点。马克思说:"既然你用韵文写,你就应该把你的韵律安排得更艺术一些。"鲁迅要求:"新诗先要有节调,押大致相近的韵。"

总之,诗歌的本质是:通过精心制作的语言,形象地表现独特的感情,巧妙地从特殊中显示一般,使自我的感觉世界和情感世界达到和谐与统一。

三、诗歌的写作

(一) 立基于"想象的表现"

亚里士多德说:"诗需要一种特殊的赋予,或其人有疯狂的成分,或者使他容易想象所要求的神态。"雪莱说:"一般来说,诗歌可以解作'想象的表现'。"布莱士列特说:"诗歌是想象和激情的语言。"别林斯基说:"在诗中想象是主要活动力量。创作过程只有通过想象才能完成。"艾青说:"没有想象就没有诗","诗人最重要的才能就是运用想象"。想象因为不受物质规律的束缚,可以随意把自然分开的东西联合,把联合的东西分开。雪莱说:"诗使它触及的一切变形。"安徒生在他的童话《创造》中写道:一个爱写诗的青年人,因为写不出好诗来而苦恼,于是去找巫婆。巫婆给他戴上眼镜,安上听筒,他就听到了马铃薯在唱自己家庭的历史,野李树在讲故事,而人群中,一个故事接着一个故事在不停地旋转。这里说的其实是,要做一个诗人光凭常人的听觉还不够,还得有诗人变形的眼镜和听筒。所以,我们写诗,既要对生活特征观察得很精确,而同时又不缺乏把这些特征加以变化的勇气。

由于变形,诗中的形象往往具有象征的意义。例如艾青《大堰河——我的保姆》中的"大堰河":

  大堰河,我的保姆,
  她的名字就是生她的村庄的名字,
  她是童养媳,
  大堰河,我的保姆。

  我是地主的儿子;
  也是吃了大堰河的奶而长大了的

大堰河的儿子。
　　大堰河以养育我而养育她的家,
　　而我,是吃了你的奶而被养育了的,
　　大堰河啊,我的保姆。

　　大堰河,今天我看到雪使我想起了你,
　　你的被雪压着的草盖的坟墓,
　　你的关闭了的故居檐头的枯死的瓦菲,
　　你的被典押了的一丈平方的园地,
　　你的门前的长了青苔的石椅,
　　大堰河,今天我看到了雪使我想起了你。

诗人由雪想到大堰河,又想到自己的奶娘,再经由想象而变形从而创造出一个新的形象——"大堰河——我的保姆",寄托了诗人对于故土、乡亲特别是养育了自己的农民的热爱深情。

再如臧克家《老马》中的"老马":

　　总得叫大车装个够,
　　它横竖不说一句话,
　　背上的压力往肉里扣,
　　它把头沉重的垂下!
　　这刻不知道下刻的命,
　　它有泪只往心里咽,
　　眼里飘来一道鞭影,
　　它抬起头望望前面。

这里写的并不仅仅是一匹可怜的老马,而主要是写20世纪30年代北方农民忍辱负重、坚韧不拔的精神素质。"老马"是个有象征意义的形象,它寄托着诗人对于忍辱负重又坚韧不拔的农民的挚爱和钦敬之情。

(二) 重视意象的形成

意象是具象化了的感觉与情思。意象是一个质,即一个抽象质,就是感觉,就是在对现实情景作了充分感觉化的抽象之后形成的一个第三者,它的思维构架是:客体(现实情景)——主体(充分感觉化)——意象(抽象符号)。

1. 意象的形成过程

意象的形成是一个复杂微妙的过程,大体经过以下三个阶段:

第一,灵感阶段。意象在其初始阶段往往体现为一种感觉、一种情绪、一个遥远的记忆或一个朦胧的画面。这一切都来源于主体长期的生活积累和感情积蓄。这种积蓄也许会沉睡一辈子，永远不会萌动。只有在一定情境的刺激下，它作为储存的跃动才勃发出来。这种深潜的感情一旦被激发起来，就伴随着记忆和画面，作为一种浓郁而相对稳定的心境，使主体的整个生命进入某种情绪状态，乃至沉迷。随着心理能量的加剧和情感注意的执著，这种心理形式的东西愈演愈烈而转化为一种表达欲，是为灵感。

第二，对象化阶段。冲动起来的这种感觉、情绪，这些朦胧迷离的记忆的画面，酝酿到一定程度，便表现为灵感的爆发：一方面是剧烈的感情冲动和联翩的画面浮现，一方面是执著不懈的把握情感的要求和整理图像的渴望。这两方面交织作用，掀搏激荡，甚至凝结为心灵的块坷，积郁于心，不吐不快。这时，主体既不能把握自己，也不能把握世界，只是急欲寻找到一个对象，以获得自身情感的客观印证。此时，心灵是焦灼而脆弱的，一如张洁所说，情绪像是受惊的野马，稍一惊碰就会酿成感情的灾难。只有找到这个对象，一刹那达成主客体的同一，亦即主体情感对象化，客观对象主体化，顿悟产生了，一个实体性的艺术生命作为种子或细胞——诞生了！

第三，创构阶段。由于对象的印证，一方面主体情感相对稳定下来，被主体明确地意识到，一方面作为对象的客观情景被确切地把握住并且逐渐清晰起来。只有这时，诗人才能将主体与客体分开，跃居本体位置，综合地、全面地审视主体和对象，从而谋求意象作为艺术生命的基因的真正创生。

2. 意象的形成方法

意象的形成方法主要有两个：

一是以主体情感改造并取代对象自身的逻辑关系，使其成为亦我亦物的，具有某种象征意味的意象实体。这种方式的本质是主体情感对于客体逻辑关系的渗透和超越，即所谓"移情"。我们以西班牙诗人胡安·拉蒙·西蒙尼斯的《山村》为例加以说明：

> 月亮给河水镀上一层银光
> 黎明时分多么凉爽！
> 海面上后浪追逐前浪
> 层层浪花被曙光染得金黄。
>
> 贫瘠又哀伤的田野啊
> 愈来愈明亮。只听见
> 那蟋蟀的嘶裂的歌声，
> 滴水在阴暗中的怨言。

整首诗的景物中融入了很多的哀怨和忧伤，使得那原本凄清寥落的山村之夜更加凄迷动人。这里，从月夜到黎明再到早晨的时间更替中，从月亮到曙光到愈来愈明亮的明暗的变化中，从海面上后浪追逐前浪到蟋蟀嘶裂的歌声的境界的变幻中，我们看到的不再是景物之间的自然联系，而是诗人情感的潮汐和心绪的衍化。根本地讲，是诗人的情感为小山村濡染了一层感伤和幽怨。

二是直接取消主客界线，互相进入，直接同一为一种非主非客的创造物。它本身已经超越了客体对象的特征和形式的现实制约，变成主体情感的抽象物。如苏格兰诗人绍莱·麦克林的《春潮》：

> 每当我感到沮丧，
> 总想到年轻时候的你，
> 于是莫测的海洋涨起了潮，
> 一千条船张开了帆。
>
> 苦难的海岸隐蔽着，
> 哀伤的暗礁也未露头，
> 大浪打来，却显得温柔，
> 丝绸般抚摸着我的脚。
>
> 春潮如黄金，鸟爱我更爱，
> 怎么它就不能永存？
> 怎么我会失去它的支持，
> 让它滴滴流走，只剩哀伤？

这首诗里的春潮已经不是一般景物，而是诗人情感的象征，是主体情感与客体对象互相熔铸之后向同一性境界升华的艺术符号。

以上两种方式下的诗歌形象，都是意象的一种扩展和渲染，其基本构成是情与景二原质。在这个层面上，意象作为诗歌形象，它与散文最终不同的地方是除了有"象"还有"境"，所谓"象外之象"：西蒙尼斯的《山村》写出劫难过后辽阔空清、沉黯荒野的气息，而麦克林的《春潮》则使人联想起坎坷一生、无收无舍的人生况味。

（三）追求语言的诗化

任何一种诗歌的写作都必须重视语言的诗化。语言没有诗意、诗味，不能成为一首好诗。

诗的根本语言是意象语言。这种意象语言具有直觉性、表现性、超越性等特点，它符合诗人主观的感觉活动与感情活动的规律，而不是客观的语法规律。这是诗性语言与实用语言的本质差别。所以，诗歌这种艺术无法以日常实用语言为媒介，诗人只有对实用语言加以"破坏""改造"，如艾略特所说那样"扭断语法的脖子"，才能使之成为诗的语言。为此，作诗必须研究诗的语言修辞，也就是要掌握诗的语言的表现手法。

诗歌语言诗化的方法主要有比喻、起兴、借代、反衬、象征、通感、矛盾修饰、虚实组合等。此外还有其他的一些修饰手法，它们都有助于诗情诗意的表现。写作者唯有通过阅读、研究和多写才能掌握诗的语言修辞技巧。

写诗,不仅要重视修辞,还要重视词句锤炼。古今的抒情诗人都注意诗句的推敲和锤炼。诗句的推敲,绝不是单纯的形式技巧问题,它与诗意、诗味以及表现诗的主旨密切相关。像"黑夜过去了就是光明"这样一个意思,如果直白地说出来,会令人觉得淡然无味,诗人臧克家反复寻思,最后才把它写成:"黑夜的长翼底下,/伏着一个光亮的晨曦。"

中国作家协会会员、诗人李浔在《擦玻璃的人》中如此写道:

擦玻璃的人没有隐秘　透明的劳动
像阳光扶着禾苗成长
他的手移动在光滑的玻璃上
让人觉得他在向谁挥手

透过玻璃　可以看清街面的行人
擦玻璃　不是抚摸
在他的眼里却同样在擦拭行人
整个下午　一个擦玻璃的人
没言语　也没有聆听
无声的劳动　那么透明　那么寂寞

在擦玻璃的人面前
干干净净的玻璃终于让他感到
那些行人是多么零乱
却又是那么不可触摸

聪明的诗人绝不会停留在对场景和事物的简单描摹和叙述上,而是把一支诗性的笔探寻到事物的深处,发掘到根部,这才是诗歌的要义和根本所在。而李浔这首《擦玻璃的人》就是这样做的,他让我们从简单的擦玻璃的动作中,领悟到了生活的真谛和要义,"在擦玻璃的人面前/干干净净的玻璃终于让他感到/那些行人是多么零乱/却又是那么不可触摸"这里的"多么零乱"和"不可触摸",诗人要表达的不只是街道行人表象上的"零乱",和擦玻璃的人与街道行人隔着一堵墙这表面上的"不可触摸",而应是对无序无良的环境的一种担忧,以及人们相互之间讳莫如深、不可亲近和接近、不够和谐与友好的一种关系的忧虑,而这则是这首诗要表达的根本所在,它直抵心灵,引人深思,振聋发聩。

2023年1月17日,李浔在中国诗歌网首页发表《在峡谷》:

在峡谷,深陷在仰望中
这是一种深与远的姿态
天已高远,不会有更年轻的深了。

在想象中,理想一直在寻找着落点
　　可以是时间、可以是色彩、可以是一个人。

　　如果想象已嵌入一个人的记忆
　　那么,裂痕是不分前后
　　清醒,更会让任何事都越陷越深
　　直至让世界成为自己狭隘的一部分

　　诗人说:从峡谷到嵌入,到裂痕,到越陷越深,虽然与峡谷似乎不太相干,但仔细品味,又与峡谷有着千丝万缕的关系。直到最后,直到作者写出:"让世界成为自己狭隘的一部分。"这似乎是说,在自己面前,世界也成了一个峡谷。所以,这峡谷的意象,是多种指向。可以是真实的峡谷,也可以是内心的峡谷,还可以是想象中的峡谷。

(四) 着力于诗的整体构思

　　构思是诗歌创作过程中最重要的阶段。然而构思是什么引起的呢? 简单的回答是:创作的冲动——灵感的爆发。对于一首诗来说,灵感是因;对于客观世界而言,灵感是果。由客观世界获得灵感,由灵感开始创作。在"灵感"爆发之后,创作就进入具体的构思。

　　任何一种诗歌创作都需要构思,抒情诗作者如果认为自己有什么情感只要写下来就行,不必进行什么构思,那就不能成为艺术。诗人郭小川在写给青年写作者的《谈诗》中指出:"诗是要有巧妙的构思的。""你提到了构思,我觉得这是抓住了关键的。"

　　关于诗的构思的内容,黑格尔在《美学》中指出:"首先关于适合于诗的构思的内容,我们可以马上把纯然外在的自然界事物排除在外,至少是在相对的程度上排除。诗所特有的对象或题材不是太阳、森林、山川风景或是人的外表形状如血液、脉络、筋肉之类,而是精神方面的旨趣。诗纵然也诉诸感性观照,也进行生动鲜明的描绘,但是就连在这方面,诗也还是一种精神活动,它只为提供内心观照而工作。"

　　诗歌的构思方式是内心体验。黑格尔说:"诗既然能最深刻地表现全部丰满的精神内在意蕴,我们就应该要求诗人对他所表现的题材也有最深刻最丰富的内心体验。""诗人必须从内心和外表两方面去认识人类生活,把广袤的世界及其纷纭万象吸收到他的自我里去,对它们起同情共鸣,深入体验,使它们深刻化和明朗化。"[①]所以,诗人写诗虽然"并不是每首诗都在写自己。但是,每首诗都由自己去写——就是通过自己的心去写"。

　　在写作诗歌时,由于抒情的真正源泉就是创作主体(诗人自己)的内心生活,诗人应该只表现单纯的心情和感想之类,而无须就外表形状去描述具体外在情境。

　　诗歌的构思必须努力做到新、奇、巧。例如《唱给密西西比河的歌》[②]:

　　　　我是黄河! 我是黄河!

---

① 黑格尔.美学[M].朱光潜,译.北京:商务印书馆,1981:54.
② 浙江作协诗创会,浙江诗人之家.新篁诗雨——浙江诗坛五十年[M].杭州:浙江文艺出版社,1999:106.

密西西比,你可听见我的歌?
河床是乐谱,浪花是音符,
你听我唱一唱心中的欢乐。

每当月亮出现在我的眼前,
我就想:这银盘来自你的家——美国。
当太阳升起在你的屋檐,
你会想:那金球来自我的家——中国。

我住地球东,你住地球西,
你我之间隔着几万里浩淼的烟波。
可是,我却听得见你的呼吸,
同时,你也感觉到我的脉搏。

反抗的黑奴曾掀起你的怒涛,
为了独立,把蛇蝎似的殖民者驱逐。
革命的工农曾驾着我的洪波,
为了解放,将虎狼般的吸血鬼淹没。

你有着令人自豪的聪慧后裔,
是他们多次把飞船向太空发射。
我也有值得骄傲的英雄儿女,
新的长征,正把灿烂的未来开拓。

今天,我为中美友谊引吭高歌,
我想,你也一定高擎浪的花朵。
两条闻名世界的大河携起手来,
洪流奔腾向前,试看谁能阻遏!

这首诗的抒情对象是国际性大事件——中美建交公报发表,但作者却从个体情感出发,选取两条大河作为诗的意象,并运用"我是黄河"的拟人化修辞手法,用打电报式的呼叫作为诗歌的话语方式,从而使抒情诗的构思具有新颖、独特、巧妙的创造性。

诗人郭小川主张:"没有新的构思,没有新的创造,就不要动笔。"怎样才能获得新的构思呢?除了直接抒情之外,前人的一些技法可以借鉴。如:象征构思、辐射构思、"道具"构思、借代构思、命题构思、矛盾构思、虚拟构思、反意构思、侧面构思、对比构思、对话构思,等等。

训练与实践

一、写作知识训练

1. 问答

(1) 诗歌有哪些特点？

(2) 什么是诗歌的本质？

(3) 什么是意象形成的三个阶段？

2. 填空

诗歌的写作方法主要是：_____、_____、_____、_____。

二、例文评析训练

1. 意象诗的意象不是二原质，而是由客观景物和现实情境直接抽象为感觉，抽象为符号，抽象为一个"纯形式"。其间的景物特征亦即现实性被充分淡化乃至变形，只留下一个个的感觉符号，即意象。阅读下面这首诗及诗后的评析进行一次讨论。

地铁车站

埃滋拉·庞德

人丛中这些幽灵般的脸

黑压压湿枝头上的花瓣

这首诗压根儿没有描写地铁车站的景物，而仅仅是两个毫无瓜葛的意象。这里既没有现实景物，也就无所谓景物特征，因而诗人的情感思想也就无处寻觅。但是，我们从意象入手，用心灵去体味，去感觉，还是有所得的。"幽灵"，使人联想到幽暗、阴森、潮湿，甚至是某种神秘的氛围。因而也自然使我们想到地下隧道出来的人们那种光线幽暗、面影懵懂的脸，尤其感受到那种郁闷、窒息、晦暗、沮丧的情绪和感觉。"人丛"则如杂乱的、一起迈动的人腿的特写镜头；这个镜头渐渐上移，从地铁车站出来的黑压压的人群中，偶尔闪现着一张两张姣好的、洁白的妇女或儿童的脸，恍然如"黑压压湿枝头上的花瓣"一样。那未曾濡染了生活的阴霾的、可以真诚纯稚地笑着的脸，骤然如雨绽梨花，给人以明丽清新、凄艳洁美的感觉。到此为止，我们才约略悟到一点"地铁车站"的形影；到了这一步，我们也才感悟到诗与现实生活的某种深刻关联——它肯定是一瞬间诗人关于生活和世界的某种感觉或印象的折射，它几乎象征了一次大战期间浸淫于文明和毁灭的西方社会的沉重和灰暗。在这种时代氛围中，只有纯洁的爱情和纯真的童心，为人类展示了一线希望。这惨然而凄艳的花瓣似的脸，必将导引着幽灵般的人类走向自由，走向希望，走向幸福。这里有苦难的呻吟，有沉默中的希望，有对人类命运的深深担忧。所以，虽然只是一瞬间的感觉，两行诗句，却能震撼人心，成为一时传诵的名作。

2. 2001年3月时代文艺出版社出版了一本《十诗人批判书》，所批判的十位诗人是：郭沫若、徐志摩、艾青、余光中、北岛、舒婷、海子、崔健、王家新、伊沙。出版之后，引起诗坛震动,《文学报》于 2001 年 4 月总第 1208 期发表孙光萱《请收起你们的"铁扫帚"》、吴欢章《攻难驳诘要有学理》、张曦《"酷评"的虚弱》、王晓渔《诗歌强盗的"劫持"》等书评。请阅读《十诗人批判书》和《文学报》发表的书评,进行一次讨论。

3. 中国散文诗与新诗同时诞生,已走过近百年风雨历程。新时期以来散文诗获得较大发展,近年来更是出现了前所未有的繁荣景象。但相对新诗而言,散文诗理论研究比较薄弱。创作的繁荣呼唤加强散文诗理论的建设。2012 年 1 月 19 日《文学报·散文诗研究》专刊在上海"应运而生",首期发表了纪念我国现当代作家郭风逝世两周年的专辑和该刊主编箫风(温永东)对散文诗作家李耕的专访,受到读者和文学界的关注,屠岸、谢冕、王光明等也给予专刊高度评价,认为其注重经典性和当代性,拓展了散文诗理论研究的美学建设视野,对推动当代散文诗的发展将产生积极影响。查阅《文学报·散文诗研究》专刊,试谈对散文诗的看法,并习作散文诗 1—2 首。

三、写作技能训练

1. 填同韵字。在下面诗句的空白处填上与"年"字韵(an)相同或相近的字。

我是青年——
我的瞳仁永远不会拉上雾＿＿＿＿。
我的秃额,正是一片初春的原野,
我的皱纹,正是一条大江的开＿＿＿＿。
我不是醉汉,我不愿在白日说梦;
我不是老妇,絮絮叨叨叹息华＿＿＿＿;
我不是猢狲,我不会再被敲锣者戏耍;
我不是海龟,昏昏沉睡而益寿延＿＿＿＿。
我是鹰——云中有志!
我是马——背中有＿＿＿＿!
我有骨——骨中有钙!
我有汗——汗中有＿＿＿＿!
(节选自杨牧《我是青年》)

2. 寻找形象。试以《诗的自述》为题,寻找出鲜明生动的形象,用以表达诗的本质、诗的特点、诗的语言和诗与时代的关系。可通过第一人称直接抒写。

3. 作比设喻。写诗常用一种物体写出另一种物体内涵的深意。试找出能比喻"手表"的事物,要求表达出时间宝贵应该珍惜的思想感情。

4. 连用比喻。写诗有时要用"博喻","就是采取众多的比喻,使被喻体在读者面前展现众多的形象性"。(艾青)试填写出下面这首诗中的比喻。

我是你河边上破旧的老＿＿＿＿,
数百年来纺着疲惫的歌;
我是你额上熏黑的＿＿＿＿,

照你在历史的隧洞里蜗行摸索；
我是干瘪的_____；是失修的_____，
是淤滩上的_____。
把纤绳深深勒进你的肩膊；
——祖国啊！
……
我是你簇新的_____，
刚从神话的蛛网里挣脱；
我是你雪被下古莲的_____；
我是你挂着眼泪的_____
我是新刷出的雪白的_____；
是绯红的_____正在喷薄；
——祖国啊！

（节选自舒婷《祖国啊，我亲爱的祖国》）

四、写作实践训练

1. 咏物言志。于谦作有《石灰吟》："千锤万凿出人间，烈火焚烧若等闲。碎骨粉身全不怕，只留清白在人间。"试以新的构思写一首《咏石灰》。

2. 象征构思。法国诗人瓦雷里在以《石榴》为题的诗中，用"坚硬而绽开的石榴"作为智能的象征，来表现智能的力量（见《外国现代派作品选》第一册）。你能否也学习此法写一首具有象征意义的诗？

3. 反面构思。"流水"在一些诗中是被当作人类无可奈何的东西来写的，运用反面构思方法另写一首，要求写出新意。

4. 阅读下面这首诗，学写一首意象爱情诗。

致橡树

舒　婷

我如果爱你——
绝不像攀援的凌霄花，
借你的高枝炫耀自己；
我如果爱你——
绝不学痴情的鸟儿，
为绿荫重复单调的歌曲；
也不止像泉源，
常年送来清凉的慰藉；
也不止像险峰，

增加你的高度,
衬托你的威仪。
甚至日光。
甚至春雨。
不,这些都还不够!
我必须是你近旁的一株木棉,
作为树的形象和你站在一起。
根,紧握在地下,
叶,相触在云里。
每一阵风过,
我们都互相致意,
但没有人听懂我们的言语。
你有你的铜枝铁干,
像刀,像剑,
也像戟,
我有我的红硕花朵,
像沉重的叹息,
又像英勇的火炬,
我们分担寒潮、风雷、霹雳;
我们共享雾霭流岚、虹霓,
仿佛永远分离,
却又终身相依,
这才是伟大的爱情,
坚贞就在这里:
不仅爱你伟岸的身躯,
也爱你坚持的位置,
脚下的土地。

5. 阅读下面的两首诗,揣摩诗中意象的含义及其相互之间的意义关联,并试写小诗1—2首。

小巷
顾 城

小巷
又弯又长

我用一把钥匙
敲着厚厚的墙

雨后
李志平

轻轻地　你用垂满露珠的　柳哨
溅动　恍如隔世的　天外禅音
茸长的睫毛　浮动　透明的彩虹
宁静的　灵魂
卸去尘俗　裸体飘进　空山灵雨的仙居
水做的骨头无妨　泥做的骨头无妨
我的眼眸　溅满鸟鸣　做你诗意的栖居

6. 以下是《星星》(2020年12期)《诗刊》(2021年9月)发表的两首诗，阅读后讨论，或写一首新诗、作一篇短评。

收获的日子
倪平方

以成熟的滋味湿润
音乐荡漾响彻
灵魂蕴藏于村庄深处
那些光辉磨亮了太阳
浮动在村庄上空
波光折射出金黄的激情
躬身。挥刀中倾倒
阳光洒下来，吞并了
亢奋、喜悦又真切

晚秋
倪平方

比秋更晚一点的是寂寞
如落叶铺满乡村的路
一条连着一条，一降再降
时空交错中，像极了
矛盾和困惑，把我们
不露声色地引向更晚一点的深秋

村口的树立于流水

又顺从于大地。一旁的野花带着不可触摸的神秘开了又落,落了又开

等到云雀的心对着

夕阳涌动,从树梢掠翅飞过

投下的黑影涌向你如同深浅不一的脚印

左边是故,右边是乡

其他已经变得无足轻重

7. 对某些缺少诗味的所谓诗句进行修改,使之富有诗意。例如将"一幅巨大的山川水墨画卷,绘上了富有神奇、新颖的一笔"修改为"巨大的山川水墨画卷,绘上了新颖、神奇"。

8. 通过微信输入"诗刊",即会出现诗刊、星星诗刊、扬子江诗刊、绿风、诗刊月刊、诗选刊、诗林、诗潮等诗歌类刊物的公众号,包括作协、文联等官方的诗刊,更有众多的媒体、企业和个人的诗刊,星光灿烂,各具特色。请选择其一阅读赏析,并试写一篇自由体新诗,与同学、朋友交流。

9. 讨论:"无韵为文,有韵为诗",这是国学文化中的重要诗歌观。鲁迅曾指出:"诗须有形式,要易记,易懂,易唱,动听,但格式不要太严。要有韵,但不必依旧诗韵,只要顺口就好。"(《鲁迅书信集》下卷,《致蔡斐君》)又说:"新诗先要有节调,押大致相同的韵。"(《鲁迅论文学与艺术》下册,《致窦隐夫信》)同是五四新诗运动主将的郭沫若说:"节奏之于诗是它的外形,也是它的生命。"(郭沫若《论节奏》)同时,他又说自己"极注重音韵,写好了诗歌以后,当然也不吝数度的朗读"。《郭沫若诗作谈》)艾青论诗说:"尽可能地紧密与简缩……像炸弹用无比坚硬的外壳包住暴躁的炸药。""我用口语写诗,没有为押韵而拼凑诗。我写诗是服从自己的构思,具有内在的节奏,念起来顺口,听起来和谐就完了。""自由诗则段无定句,句无定字,不一定押韵,能押韵也可以。我还是努力寻找音韵的。"(《艾青论创作》)然而如今许多新诗都是不讲究声韵的,阅读《诗歌与音乐相遇,长出鲜嫩的花》(2021年2月20日《光明日报》),谈谈如何对待诗歌写作的有韵和无韵的问题。

《诗歌与音乐相遇,长出鲜嫩的花》

【附】格律诗的写作

格律诗,也称近体诗,是古代汉语诗歌的一种。格律诗是唐以后成型的诗体,主要分为绝句和律诗,即所谓近体诗,按照每句的字数,可分为五言和七言。篇式、句式有一定规格,音韵有一定规律,变化使用也要求遵守一定的规则。词、曲也可称为格律诗。写作要求:结构严谨,字数、行数、平仄或轻重音、用韵都和句数有一定的限制。如,律诗一般讲究平仄和押韵、押韵和对仗。例"平平仄仄平平仄,仄仄平平仄仄平"。不同的国家有不同的格律诗,

如中国的近体诗(绝句、律诗)，西方的十四行诗、五行打油诗、四行诗，西班牙的八行诗，意大利的三行诗，以及日本俳句等。

格律诗是相对于新诗而言的。中国的新诗即自由体诗起始于辛亥革命、五四运动时期。出现了许多优秀的诗人和作品，当时谓之白话诗。但是旧体诗即格律诗一直在流传并为爱好者写作。1957年1月，《诗刊》由毛泽东主席支持创办，并手书刊名。在创刊的第一期上发表了毛泽东的《致诗刊编辑部的一封信》。1965年夏天，他在武昌与梅白谈论诗词时曾这样说过："旧体诗词，源远流长，不仅像我们这样的老年人喜欢，而且，像你们这样的中年人也喜欢。就我的兴趣说则偏爱格律诗，我不喜欢新诗，也不反对人家写新诗，豆腐炒青菜，个人心里爱嘛。"如今的诗刊以新诗为主体，也有格律诗词发表。另外还有《中华诗词》，其投稿须知如下：

一、本刊以刊登格律诗词为主。诗词作品须符合声韵、格律要求，一次投稿不超过5首。作品格式为：作者姓名、标题、正文。一页一首。每页须注明作者姓名、地址、邮编、电话，以便作品发表后及时寄付稿酬和样刊。

二、来稿请用规范简化字，欢迎使用电子信箱投稿，纸质稿以打印稿为宜。请用A4纸横行书写，文字格式请参照本刊的样式。

三、欢迎短小并谈创作的文章。文字稿件引文务须核对准确并注明出处(包括正文、序言、注释中的引文)，涉及社会新闻的，亦请注明出处，以增加引文的可信度，以免引起读者疑惑。

四、本刊对来稿拥有修改权(不同意修改者请注明)、专有出版权和网络传播权。作品在本刊发表后，本刊按有关规定向作者一次性支付该作品上述所有使用方式的报酬(一至两首以刊代酬)。

五、由于本刊人手有限，对不采用的稿件不退稿，请作者自留底稿。

六、为防止作品重登或漏登，来稿请按本刊地址或电子邮箱投寄，勿寄私人尤其是不向副主编以上人员寄稿。同一作品切勿反复修改、多次投寄。一个月以内请勿投稿两次以上。

《中华诗词》杂志社2020年8月5日

第二节 散文

一、散文的定义

散文是一种题材广泛、写法灵活、特点鲜明、语言优美、文情并茂的文体样式。它结构灵活、表现手法多样：它可以记叙生动感人的故事，也可以托物言志，描写宏伟的场面和秀丽的山水景色，抒发激越的感情；它可以写真人真事，也可以在真人真事的基础上进行较多的艺术加工或勾勒渲染，或浓抹细描、具体描述，笔调朴素而深情，或展开联想，风格自由而疏放。

散文有广义、狭义之分。广义的散文是一个相当广泛的概念,在我国古代,凡是不是韵文和骈文的,都称散文;狭义的散文,是和诗歌、小说、戏剧并称的,以记叙或抒情为主的,没有完整故事情节、篇幅短小、形式自由的文学体裁。

散文是深深根植于生活的土壤,用真情实感的琼浆浇灌出来的花朵。它像电影演员的化装,很讲究,却极接近生活,刻意雕琢而又不露痕迹。作者虔诚地向读者作心灵的剖白,坦诚、直率地公开内心世界,甚至不惜公开隐秘。散文字里行间流溢的是诚挚、自然的美。

散文以特有的真挚、坦率、纤细、高雅亭亭玉立于文苑,形成了它迷人的笔法、笔调,对其他艺术作品有极强的渗透力。散文的作者不像小说那样站在后台,越冷静越好,而要面对读者直抒其感,亲切、直接。散文体裁的灵活多样非其他文学作品能比,它把众多的材料通过艺术处理达到形散神不散的境地、散与不散的矛盾和统一,促其在构思上下功夫,而在情思和意境上,又总是充满诗情画意。浓郁的抒情给人以美的享受、陶冶……这一切,构成了它质朴、平易、恬淡、隽永和自然的美。

二、散文的特点

(一) 选材广泛,主旨深刻

散文在选材上有着自己的特点。它的选材领域十分广泛,可以不受时间与空间的限制,纵横驰骋于古今中外的各种人和事;它又往往选取某些包含着重大意义的生活片段或激动人心事件的某些侧面来突显主旨。有的散文是直接选取重大题材来表现重大主旨的,有的则以小见大,深入挖掘叙写对象的内在含义,从生活的某个侧面来表现主旨,甚至从一个表面上看来似乎没有多少特殊意义的具体事物上生发开去,通过深入开掘、飞跃联想,从而揭示出生活的本质,表现重大的时代精神。

优秀的散文,总是跳动着时代的脉搏,体现着时代的精神。它可以着笔于生活的一角,反映生活激流中涌现出来的新人新事,也可以截取生活的横断面,以表现时代风貌。它可以叙写一件平常的事物,展示其不平常的意义,给人以新的思想启发,也可以落笔于祖国的壮丽山河,给人以美的享受。生活的散文一旦为美的眼睛与纯真的心灵所观照和折射,平淡便有了诗,单纯便有了美。

(二) 形式灵活,手法多样

散文的特点就是"散"。鲁迅说过,"散文的体裁,其实是大可以随便的""大概很杂乱"。这"随便"和"杂乱",即我们通常所说的"散","散"就是结构灵活。散文题材的广泛,需要有一种与之相适应的表现形式。这种形式应该是较之其他文学体裁最自由、最灵活、最少拘束的。它只需要在一个正确、突出的主旨统帅之下,将若干人和事,不受时间、地点限制组织在一起就可以了。在一篇散文中,写作者从立场、观点出发,在生活实践的基础上,可以浮想联翩,用一支灵活多样的笔,时收时放,时张时弛,把事件、人物和景物点染、穿插、交织在一起。同时,把自己的感情、情绪、见解熔铸在散文的字里行间。

散文在表达方式上也是自由的、灵活的,叙述、描写、议论、抒情、说明都能灵活自由地运用,笔调活泼,不拘一格。在一篇散文中,可以夹叙夹议,并加以必要的描写、抒情;可以根据内容的需要，以某一方法为主，有时还可以把几种方法杂糅起来，使之达到水乳交融的地步。

散文形式灵活、手法多样，并不等于松散和芜杂；它同样要求围绕一个中心选材，有理有序、泾渭分明。

（三）语言优美，情文并茂

散文之所以被称作美文，很重要的一个方面就是指其语言之美。除了传情达意、形神兼备之外，散文的语言讲究韵律、节奏和词采，讲求形式美。所谓韵律，是指由句式长短造成的参差起伏的旋律感；所谓节奏，是指由音节韵脚形成的顿挫徐疾的节奏感；所谓词采，是指由富有文采的语言形成的画面感。如宗璞的《紫藤萝瀑布》，状物写景如运笔作画：

> 从未见过开得这样盛的藤萝，只见一片辉煌的淡紫色，像一条瀑布，从空中垂下，不见其发端，也不见其终极，只是深深浅浅的紫，仿佛在流动，在欢笑，在不停地生长。紫色的大条幅上，泛着点点银光，就像迸溅的水花。仔细看时，才知那是每一朵紫花中的最浅淡的部分，在和阳光相互挑逗。

虽是散文，这里也有音乐的美感，其中的短句如风中摇铃，发出串串脆笑，曲尽其妙地体现了花的活泼性情；虽是使用抽象文字符号，却也颜料般流光溢彩，尤其是写出那种阳光挑逗的花心的亮点，更是画龙点睛，为一片略显单调的紫色平添了许多灵趣；虽是在写静物，却能凭借着情感的投入和真切的体验，以动衬静，使紫藤萝的勃勃生机跃然纸上。这样的语言，的确称得上字字生辉。《紫藤萝瀑布》是托物言志的佳作。除了对景物描写的文字之外，作者抚今追昔，感悟人生，发出对生命深沉的吟哦，如同大提琴的弦音一般感人至深，余韵悠长。

由此可见，美的抒情语言在时间和空间两个维度上都会给人以美感，给人以立体深邃的音乐感和美术感，这又是一般写实文章不能达到的。

三、散文的分类

根据抒情和表现形式的不同，散文可以分为两大类：传统散文和电视散文。

（一）传统散文

传统散文主要是以文字为载体，运用语言来抒写情怀、描状景物，并最终形成文字文本，它又可以分为以下两种：

1. 叙事散文

叙事散文是指以写人叙事为主要内容的一种散文，它侧重于以真人真事为基础，记述人物的活动、叙写事件的发展过程。我国古代这类散文很多，如史传、碑志、墓铭以及记叙山水楼台、名胜古迹、书画古董等事物的文章。

叙事散文按时间推移和空间的变换安排内容，以叙述描写为主要表现手法，具有鲜明浓郁的抒情因素。其抒情不能游离于所记叙的人物和事件，要在叙述、描写中抒情，融情于事，融情于人。叙事散文的写人并不要求全面叙写人物的生活经历和精神面貌，只须刻画人物生活经历中最感人、最有代表性的一个侧面;其叙事亦不要求写事件的全过程,不必完整地反映事件的开端、发展、高潮、结局的各个环节,不要求详细描写复杂曲折的故事情节,只须选择作者自己感受最深、最有意义的生活片段,以简练的笔墨勾勒出富于生活和时代气息的画面,信笔所至,片段拾零。叙事散文主要有速写、特写、游记、回忆录等。

2. 抒情散文

抒情散文是以直接抒发作者主观感受和情怀为主要内容的一种散文。抒情散文侧重于因人、因事、因景、因物感怀抒情,具有真实而强烈的感情色彩,富于诗的情调,感染力极强。我国古代这类散文很多,如李密的《陈情表》、陶渊明的《归去来兮辞》、韩愈的《祭十二郎文》等。季羡林先生的《黄昏》也是这一类型的当代散文名篇:

> 黄昏是神秘的,只要人们能多活下去一天,在这一天的末尾,他们便有个黄昏。但是,年滚着年,月滚着月,他们活下去有数不清的天,也就有数不清的黄昏。我要问:有几个人觉到这黄昏的存在呢?——早晨,当残梦从枕边飞去的时候,他们醒转来,开始去走一天的路。他们走着,走着,走到正午,路陡然转了下去。仿佛只一溜,就溜到一天的末尾,当他们看到远处弥漫着白茫茫的烟,树梢上淡淡涂上了一层金黄色,一群群的暮鸦驮着日色飞回来的时候,仿佛有什么东西轻轻地压在他们的心头。他们知道:夜来了。他们渴望着静息;渴望着梦的来临。不久,薄冥的夜色糊了他们的眼,也糊了他们的心。他们在低隘的小屋里忙乱着,把黄昏关在门外,倘若有人问:你看到黄昏了没有? 黄昏真美啊,他们却茫然了。……

抒情散文有直抒胸臆的,亦有委婉含蓄地抒怀言志的。直抒胸臆的以抒情为主要表现手法;委婉含蓄地抒情言志的,往往是托物言志、借景抒情或寓情于事,把叙述、描写、抒情交织融合在一起运用,借助对现实生活和自然界一事一物的刻画描写,突出表达作者对生活的感受和真挚的爱憎。

抒情散文有通篇抒情的,亦有叙事与抒情交织的,抒情的位置可以在文章开头,亦可在文中或结尾。抒情散文多以作者的感情为线索组织篇章结构,其语言情调应与作者的情感协调一致:情感热烈直灼的,语言情调宜激越、奔放、率直;情感绵延的,语言情调宜舒缓、委婉、飘逸。抒情性散文抒发的感情应该是健康的、成熟的、有益的,应该是作者情感的自然流露,不能忸怩作态、无病呻吟,更不能抒发一些颓废的、消极的情绪。

抒情散文是以精巧的艺术构思和优美的语言创造诗情画意,并借以表达写作者的思想感情的文学体裁,但它不同于叙事散文。如果说叙事散文通过写人叙事表现主旨、表达情思,那么抒情散文的笔触则直奔作者的主观情思而去,只要能够充分表达思想情感,完全不必要求具有连贯的情节、完整的人物和景物。抒情散文也不同于抒情诗,抒情诗是韵文,其艺术形象常常是变形的,具有超现实色彩,而抒情散文的语言平白如话,虽也要求悦耳动听但并不具备强烈的音乐性,抒情散文中的艺术形象更真实,更接近事物原貌。随着电视传媒的普及,运用电视手段和特定语汇来抒写主体思想情感的散文渐渐进入文学领域,而且日益赢得读者和观众的重视。

（二）电视散文

电视散文是一种新型散文，它是传统散文移植于电视领地而绽放的新花。电视散文以屏幕为载体，运用画面和音响等特殊语汇来抒情，虽然也形成文字脚本，但主要是以电视播放画面和音响加上字幕和配音综合而成，立体建构为文本的。

电视散文的出现，大大加强了抒情散文的表现领域和艺术手段，使传统抒情散文的形象和意境直接实现为屏幕上的有声画面。从思维方式看，电视散文同样是通过写景状物等形象化的方式来抒情的，只是由文字表现手段变成了画面、音乐、解说为一体的综合表现手段。当然，电视散文的画面和音响与脚本文字之间不是完全对应和机械重叠的，而是作为一种特殊的语汇和系统独立于文字之外又辅成于文字表达。从直抒情怀到写景状物，再到电视音画，"能指"逐渐由"言"而"象"，而音响画面和立体形象，反映着人类表达方式及抒情手段的历史演进和思维发展。

四、散文的写作

（一）叙事散文的写作

1. 严格选材

叙事散文是侧重写实的，这一特性决定着它必须格外地重视选材。与小说创作相比，小说作者从现实中得来的材料只是他塑造艺术形象的原料，小说形象创造得是否成功，虽然与素材的质量有关，但最终起关键作用的还是作者的艺术再造能力。但叙事散文作者不对素材作过多虚构式的改造，他更多的是在剪裁、取舍、组合上下功夫，只不过有时对局部内容略作变动而已。这就是说，素材质量的高低，更为直接地决定着叙事散文质量的高低。所以，叙事散文作者应当花大力气从现实生活中捕捉高质量的材料。

材料的质量，主要表现在三个方面：一是要新颖。叙事散文所写之人，总要在个性特点、生活经历、言语行动、思想情操等某一方面有与众不同的地方；所叙之事，在情节、细节上总要有独特之处。材料不新，散文要出新就大受限制。新鲜是文章的生命，一篇人物雷同、景象雷同、故事陈旧的叙事散文是没有多少可读性的。二是要有丰厚的内蕴。叙事散文的选材，可以是包含着充沛的情感因素的，如朱自清的《背影》、归有光的《项脊轩志》；可以是蕴藏着深刻的生活哲理的，如许地山的《落花生》；也可以是生动、有灵趣的。三是要精粹，能以小见大。郁达夫曾指出："一粒沙里见世界，半瓣花上说人情，就是现代散文的特点。"讲究撷取"一粒沙"与"半瓣花"，正是叙事散文选材的独有特色。

优质的材料直接来自生活，这就要求叙事散文作者必须勤于观察、善于观察。首先要保证拥有丰厚的生活积累，然后才可以从众多的材料中提取精华。

2. 深入开掘

严格选材是写好散文的基础，但散文要产生独到的艺术魅力，还需要写作者在此基础上去品味、提炼、生发出好的主旨，取得意高文胜的效果。提炼主旨在方法上要注意多角度地去研究、感悟生活内容，要善于把生活小事放在不同的背景下去审视。如一位大学生在旧书堆里看到一本《杨家将演义》，想到自己曾做过这本书的"说书先生"——那是在小学五年级的时候，字也认不全，还要靠问老师，查字典。即便这样，那些大人们还是听得津津有味。

如果没有"开掘"意识，这样的小事，想起来也就是好玩而已。但换一个角度，把这件往事放在与改革开放的背景连接起来的时代长廊中，就看出了一些关于过去的酸涩和关于现在的欣慰，看出了时代变迁的沧桑感和生活发展的可喜可歌，由此，一个较有深度的主旨就显现出来了。

主旨的提炼不能单靠方法、靠灵感，还要靠执著、靠勤奋。深入的开掘有时是一项艰苦而漫长的工作，关键是写作者要有一种态度，那就是不放弃对主旨质量的要求，决不在没有找到值得表达的主旨之前勉强动笔，而是将触动了自己的事物放在心里，沉淀着、酝酿着。冰心的《一只木屐》写到作者当年离别日本的时候，"看见在离船不远的水面上，飘着一只木屐，它已被海水泡成黑褐色的了。它在摇动的波浪上，摇着、摇着，慢慢往外移，仿佛要努力地摇到外面大海上似的"。这是写实的，这只木屐给作者留下了深刻的印象，在作者脑海里飘了许多年，一直都没有被写出来。到后来作者产生了深刻的想法，这只木屐对于作者而言，成了日本劳动人民的象征，具有了特别的意义，正如文中所说："就这样，这清空而又坚实的木屐声音，一夜又一夜地，从我的乱石嶙峋的思路上踏过，一声一声、一步一步地替我踏出了一条坚实平坦的大道，把我从黑夜送到黎明！"这时，这只木屐才被作为一条线索、一个象征物描写出来。《一只木屐》所体现的运思规律，完全适用于各类叙事散文的写作。

3. 精心布局

叙事散文因为写人叙事笔法灵活、不拘一格，所以更需要注意结构的安排。首先是要在自由中求严谨，要把握住线索与脉络，善于用适当的线索将材料串联、组织为一体。如臧克家的《昆仑飞雪到眉梢》，就是扣住叶圣陶先生温良恭俭让的美德和识拔人才、追求进步的可贵品质，从多个侧面刻画人物的。作者"得识叶老，已经有四十个年头了"，在这样漫长的时间范围内，作者有选择地、跳跃性地写了与叶老的接触、拜访、通信等众多的内容。其中每件事大多是写一点细节、一个片段，又不完全按时间顺序来写，并不连贯，但由于紧紧围绕着一个中心，次第展开，写来毫无凌乱的感觉，组成了一个有机的整体。

其次，要在自由中求曲折。散文叙事讲究从从容容、自然随意，可以从容到似乎毫无人为的设计，但却不可平铺直叙，不可以只会照事情的原样道来。余秋雨的《老屋窗口》叙述了一个引人深思的故事：少女时候的河英曾毅然冲出家庭，走向学校，走向书本，她就像雪岭上的一个"红点"，在"我""生命的第一曲线"中留下了深深的印迹。她也曾勇敢地抗婚出走，就像一团火，在偏僻的山村燃起了团团烈焰。然而，岁月的流逝竟熄灭了这团烈火，河英最终告别了书本、理想，不得不"生了一大堆孩子，孩子结婚后与儿媳妇们合不来，分开过。成了老太婆了"。作者没有顺着人物的生活经历写下来，而是以"我"探家为线索，将现实与过去交叉在一起，字里行间暗示、透露着 20 世纪 80 年代末、90 年代初全新的时代背景与山村的封闭落后所形成的对比，使故事的叙述在断续中显现曲折，使作品表现的生活层面更见广阔、深厚，加强了对主旨的表现力度。

4. 锤炼语言

语言的美来自创造和锤炼，散文的写作者应当有字斟句酌的精心、反复推敲的苦心，像写诗那样，再三剪裁材料、安排布局、推敲字句，然后写成散文。总体上来说，叙事散文的语言应当符合以下基本要求：首先要简洁。言约意丰，是散文的美学特征之一，应当力求用尽可能少的文字表达尽可能多的意思。文章中多余的文字，应视为语言的垃圾，言辞越啰嗦，内容越显空洞。反之，删除了多余的字句，就好比扫清了垃圾，留下的自然是一片洁净世界，令人赏心悦目。日常生活中，我们的话语常常脱口而出，未经仔细推敲，要做到十分简洁是不容易的，写到文章里，如果呈现出一种超出日常生活的精练，那就会显示出写作者的匠心和智慧，让读者感受到一种文学作品高于生活的艺术美。历代的散文名家都十分讲究文字的简洁精练，留下了许多佳话。宋代欧阳修的《醉翁亭记》，开门见山第一句话就是："环滁皆山也。"据书籍记载，原来的开头是："滁州四面皆山也，东有乌龙山，西有大丰山，南有花山，北有白米山。"经过欧阳修的精心修改，才成为现在这个样子。修改后斧劈刀削般的简练，使这五个字成为脍炙人口的名句。

其次要自然。叙事散文的语言应以平白如话为基调，它虽并不排除艺术修饰和雕琢，却必须确保其自然、清新。清代吴德旋在《初月楼古文绪论》里指出："作文岂可废雕琢，但须是清雕琢耳。功夫成就之后，信笔写出，无一字一句吃力，却无一字一句率易；清气澄澈中，自然古雅有风神，乃是一家数也。"语言功夫的"成就"，绝非一日之功，它需要经历长期的甚至是艰苦的精琢细磨，但基本的方向却是要力求自然的，要既不"率易"，又有"清气"。如周立波的《王震将军记》的结尾一段："敌人没有来。雨落着。江水正大涨。黄浊的、滔滔的江面有十里路宽。江上起了风，在汹涌的浪涛之上，被东风吹得鼓鼓的许多的白色的风帆，正不绝地来往。王震将军和王首道政委带领的部队，安然渡过长江了。"这一段文字既铿锵有力，又情景交融，但却没有人工斧凿的痕迹。叙事散文的语言正该如此，要美得平易，美得自然，犹如"一个美人着了朴素的衣装"。

再次要精美。散文作者应当尽己所能，为读者奉献上最优美的文字。要创造散文的语言美，基本的要求就是注意从生动美、形象美、音乐美等多方面入手，写出自己的个性和风格。生动美指的是语言鲜活、灵动、不呆板。张洁在《拣麦穗》中描写人物神态的语言和人物对话就是极生动传神的："我"还只是一个不懂事的小姑娘，跟在大姐姐们后面拣麦穗，"那篮子显得太大，总是磕碰着我的腿和地面"。大姐姐们拣麦穗是为了备嫁妆，于是二姨问："你拣麦穗做啥？""我大言不惭地说：'我要备嫁妆哩！'"二姨再问："你要嫁谁嘛？""我说：'我要嫁那个卖灶糖的老汉！'"周围的姑娘媳妇都笑了，"像一群鸭子一样嘎嘎地叫着"。小姑娘的天真烂漫与浓郁的生活气息在这样的语句里表达得淋漓尽致。

形象美指的是语言有鲜明的形象感，有时仿佛不是用文字，而是用色彩为读者作画。如叶全新的《篮子里的妹妹》[①]中的一段描述：

[①] 叶全新. 篮子里的妹妹[J]. 散文，2000(6).

谁家的孩子放在这儿？她四周张望,不见人影,只有六月清晨的凉风和路边草上的露珠。她蹲下来细细打量这个睡在大树下的孩子。粉红色的小脸还是毛绒绒的,长而淡的眉毛在睡眠中微微地翘动,有晨曦射进了树枝间,落到婴儿柔软的黄发上,使那浓密的细发闪烁着亮光。薄而红的小嘴仿佛在吸吮,一会儿撮成了一粒鼓鼓的樱桃,一会儿又撇成一瓣橘片。

这就像是一幅鲜明、逼真、立体感极强的肖像画,线条、色彩间弥漫着新生命和母爱的光辉。

音乐美主要体现在节奏和韵律两个方面。让语言的停顿、间歇形成有规律的变化,就会带来节奏感;使语言的声与韵以及抑扬高低合理搭配,就会产生韵律。富有韵律和节奏感的语言,自然比一连串杂乱无章的语言更接近音乐,更富有美感。叙事散文虽不同于诗歌,但也绝不可以忽略语言的音乐美。

(二) 抒情散文的写作

1. 直抒情怀式散文

所谓直抒情怀,就是直接把情感置换成词语和意象,讲求韵律、节奏、文采,并由词语和意象的铺排形成情感的蓄势,在情感和语言恣肆汪洋而势不可遏的时刻,氤氲而转出抒情主人公的形象。这类散文的写作需要注意三点:

(1) 注意情感的表现应该有波澜跌宕。散文情感本身的表现应该有一个波澜起伏、跌宕流走的过程,最忌直白无文、空洞嘶喊。更重要的则是努力谋求情感的意象化,谋求由情感而引发联想和想象,从而形成意象体系。请看下面这段文字:

呵,我思念那洞庭湖,我思念那长江,我思念那东海,那浩浩荡荡无边无际的波澜呀! 那浩浩荡荡无边无际的伟大的力呀! 那是自由,是跳舞,是音乐,是诗!

呵,这宇宙中的伟大的诗! 你们风,你们雷,你们电,你们在这黑暗中咆哮着的闪耀着的一切的一切,你们都是诗,都是音乐,都是跳舞。你们宇宙中伟大的艺人们,尽着发挥你们的力量吧!

这是历史剧《屈原》里的一段抒情,虽然出自戏剧,如果单列出来,就其性质而言却是典型的直抒情怀式散文。这里的散文形象由洞庭湖、长江、东海和风、雷、电等意象连缀而成,所诱发的想象和联想诡谲奇丽、恣肆汪洋,节奏和气势雄姿跌宕、一泻千里,情感表达颇有层次而不是平浅无文,整体看来又意境邈远、气势恢宏、气象不凡。

(2) 注重抒情主人公的形象。犹如叙述角度对于小说叙述的意义一样,抒情主人公的提出,是使直抒情怀式散文的情感能够真诚、独特而且充分感觉化的保障。或者说,我们不仅仅着力于表白那堆情感究竟是怎样的,而且尤其应当表现的是:我们是怎样的抒情者! 一般空洞浮泛、苍白乏味的直抒情怀,往往缺乏的正是这样一个独特真诚的抒情主人公。

(3) 努力增强语言的艺术感染力。直抒情怀式散文对语言的要求比叙事散文更高,它不仅强调语言形式本身的表现力和感染力,在音韵和节奏的要求上也是无懈可击的。

2. 写景状物式散文

这类散文是把情感转换成情景、事物、画面等实体性形象图景,从而在象征、意指或譬喻等审美关系上显示情感的内涵。从散文形象创构理论的角度看,文章所描写的情景、事物和画面,从本质上讲,就是散文意象的一种放大,是主体人格精神和情感意志的喻体化、对象化。或者说,这些情景、事物和画面成为人的诉说对象,是主体情感的传神阿堵。苏轼的《前赤壁赋》、鲁迅的《秋夜》、周敦颐的《爱莲说》都是典型的例子。

写景状物式散文的抒情是基于情感内容的更趋精微复杂,即所谓的"言不尽意";形态(即"象")的确立正是为了更充分更深刻地表达这种精微复杂的感情,因而借助主体情感与客观事物之间的审美文化关系加以象征、加以譬喻,达到所有景语皆情语的主客统一境界。写作这类散文时,应注意三点。

(1) 发掘景物与情感之间的审美文化关系。景物与情感之间确实存在着长期文化实践积淀而成的、确已约定俗成的审美文化关系,譬如象征、意指、譬喻等。例如,人们一见到中天圆月,就常常会联想起故乡、小山村、狗吠、游子、团圆这样一些物或事,发现景物与情感之间的这种审美文化关系,借中天圆月抒写思乡之情、亲人之念,就很容易被读者解读或使他们产生共鸣。

(2) 写出主体的感觉情怀与景物特征。写景状物时,要传神地写出景物特征,写出主体独特真诚的感觉和情怀,写出情境来。如张岱《湖心亭看雪》中的这段文字:

> 崇祯五年十二月,余住西湖。大雪三日,湖中人鸟声俱绝。是日,更定矣,余拿一小舟,拥毳衣炉火,独往湖心亭看雪。雾凇沆砀,天与云、与山、与水,上下一白。湖上影子惟长堤一痕,湖心亭一点,与余舟一芥,舟中人两三粒而已。

这段景物描写,抓住空茫、寂静、冷清等特点,大笔写意,三笔两笔勾勒出一个远世隔俗、冷寂空茫的雪天景象,表现了作者孤绝傲世、超然独立的情怀和心境。

不仅如此,在捕捉和强调独特感受的基础上,运用多种手法使之作为一个过程显现出来,也是建构形象、营造意境的一个重要途径。如欧阳修《秋声赋》中的这段文字:

> 欧阳子方夜读书,闻有声自西南来者,悚然而听之,曰:"异哉!"初淅沥以萧飒,忽奔腾而砰湃,如波涛夜惊,风雨骤至。其触于物也,鏦鏦铮铮,金铁皆鸣;又如赴敌之兵,衔枚疾走,不闻号令,但闻人马之行声。余谓童子:"此何声也?汝出视之。"童子曰:"星月皎洁,明河在天,四无人声,声在树间。"

这一段文字分三层。从文章开始到"异哉!"是第一层,写秋声之始闻。"夜读书"使人想到秉烛搁笔、清夜捧读的情景,渲染了一种宁静清悠、孤独索寞的氛围,为下面秋声的描写作衬托。"闻有声自西南来者",宁静中渗入动的意向;"悚然而听之",突现了惊警、惶悚、阴噤的感觉;顺此一叹:"异哉!"那阴噤不测的秋声便呼之欲出了。第二层从"初淅沥以萧飒"到"但闻人马之行声",写秋声之去来。首先是变无形为有形,用了三个比喻来写秋声。"初淅沥以萧飒",如雨;"忽奔腾而砰湃",如浪,所谓"波涛夜惊,风雨骤至";第三个比喻是

"赴敌之兵,衔枚疾走,不闻号令,但闻人马之行声",躁急不测,令人窒息。其次,文章将秋声之去来写成一个充分感觉化的过程。"初淅沥以潇飒",声在远方,声气和缓,使人想到夜雨秋风;"忽奔腾而砰湃"就骤然拉近,声势紧急起来,"如波涛夜惊",音响也壮阔惊骇起来;到"鏦鏦铮铮,金铁皆鸣"就真真切切,如在耳畔,凌厉逼人;在这声势和气氛都躁急紧促到极点时,一笔推远:"又如赴敌之兵,衔枚疾走,不闻号令,但闻人马之行声。"迅急低切,渐渐而远,神秘不测中有令人警心骇意者。第三层由童子来说出秋声之尾绪:"星月皎洁,明河在天,四无人声,声在树间。"风过去了,宇宙复归宁静。一场劫掠之后,给人更大的空寂和苍凉,但境界更为空阔,天际繁星,地上树影,明河皎洁,动止而静,听觉形象也就转化为视觉形象了。总之,作者抓住独特的感觉,主要是听觉感受,运用比喻、夸张、拟人、通感种种修辞手法,渲染描摹,描绘了风急天高、阴晦不测的秋夜景象,传达了天行肃杀、人生易老的况味。

(3) 注意散文意象体系的构建。在遵循传统散文写作规律的同时,要注意构建散文意象体系。这种表现技巧的基本形式是,在一篇文章中不凭借单个意象表达情感,而是多个意象在形成一定体系的过程中,景物和画面从自身的逻辑关系、具体特征和现实制约上失去规定,抽象为形式,变成符号,从而直接体现着情感。

张洁的《我的四季》是典型的例证。这篇文章所写的"春播夏锄秋收冬储"完全不是现实意义上的生活情形,当然也不必完全遵循所写景物应有的现实逻辑关系,但却有生活体验,有人生的遭逢和际遇,有生命的意蕴和境界在,而且显示着大道无形的虚灵悠远的意境。而"春播夏锄秋收冬储"这一程式,完全是一个纯形式,是一个主体情感的符号体系,它演示着人的一生中甜酸苦辣、艰难苦恨的况味,表述了那种只求奉献、只求无愧的人生态度和生命境界。这种散文的形象结构方式是无法以传统写作理论中题材、结构等观念来解释的,它不是象征,而是意象化,是散文向艺术本体的升华。如果我们仔细体认,会发现这样的散文已经不存在传统意义上的题材(人、事、景、物),散文形象也回归为一个意象体系了。

(三) 电视散文的写作

电视散文是综合运用电视音画和字幕等立体手段的一个新的抒情文类,同其他散文,特别是传统抒情散文相比,其基本抒情任务是相同的,但是电视的视听功能给这类散文带来了相应的艺术优势和特定的文学要求。

电视散文不仅具有配乐散文的背景音乐那样的联想趋势和听觉效果,而且加上了立体流动的画面解说和视觉效果,这就使得散文在文字的基础上建立起音乐和美术甚至是雕塑的审美空间。就创作而言,它能够使人在全新的意义上感受和体验活泼生动、具体现实的美,从而为散文创作开拓了更大的艺术空间和更多的创作维度。

电视散文的创作难度也增加了:它要求画面和音乐,要求视觉和听觉效果,要求动作感和流动性,要求成熟的色彩解读水平和声音感受能力。从一定意义上看,电视散文是蒙太奇从冲突和动作的戏剧性上的一种轻度消解,每个画面、每段音响都要求相对独立又必须前后连贯,整体上是一个完全不可断缺却又可以拆解的抒情剧。

电视散文的写作应注意以下三点。

1. 注意电视散文的表达方式

电视散文的表达方式不适宜平铺直叙,不是纯粹风景,当然也不是动作性极强的蒙太奇。从散文形象创构的理论讲,画面和音响的配设本质上是一种散文意象的创意和选择。一般电视散文的屏幕上既出现画面也呈现字幕,而且配有音乐和朗读音响。这些画面和音响既不能离开文字脚本太远,又不能是文字的直接刻板翻译,作为一种"能指",它是独立而连续的。可以创设意境,也可以特选镜头,但肯定是一幅幅画面、一个个镜头随着朗读和音响的时间性延续不断地排演下去,从而形成一个空间性的意象系列。这就需要培养对画面和音乐的艺术感觉,需要研究色彩和造型、乐段和旋律,在与文字结合和熔铸的基础上进行意境和形象的创造。

2. 重视"动作性情结"的设计

除了画面和音响之外,电视语汇最难设计的是"动作性情结"。电视散文毕竟还是散文,是抒情文,但是它又必须把观众置于故事和动作的边缘,有奇可猎,有缘可系,有情可悟,有结可解。比如电视散文《四十九朵玫瑰》写一对历尽苦难的情人在各自已有了不再相属的生活和家庭之后,居然在垂垂老矣的晚年谋求相逢,但是又不是通常意义上的情人聚首、重温旧梦、道德风险式的浪漫,而是一种过来人的垂询,一种对于过去岁月的缅怀,一种人之于世界的感慨和感恩。在如何相见这个"动作性情结"上,作者颇费了一番情思。作品的设计是出人意料的:女主人公告诉男主人公,在当初相偕走过的那个桥上,每天都有老人、孩子和妇女走过,今天,她在其中。那时,她将见到他,但是她不会上前认他。男主人公凄泪满怀,买了四十九朵玫瑰作为他们离别四十九年的纪念,然后守在桥头,一支一支地送给过往的老人、孩子和妇女,那时,他已经不是在辨认旧日的情人,而是在向每一位走过桥头的人赠送着祝福——一种凝铸了他一生的生命和情感的祝福。这时的音响不时重复当初一双情侣凄惨告别时的语言,并且叠上现实中那位苍苍老者泪意盈然的面影和真纯深挚的笑意,使得这一"情结"获得了文字无法企及的艺术效果。

3. 注重电视散文的抒情色彩

电视散文最高的要求依旧是广远的意境、深邃的哲理、悠远的人生况味和深长的生命意蕴,是超越于画面之上的那些悟解和领会。在抒情这一点上,电视散文又注定地归属于抒情散文而不是叙事散文。

训练与实践

一、写作知识训练

1. 抒情散文有哪些特点?其写作方法中主要强调了哪些要素和理念?
2. 电视散文独特的艺术语言是什么?在写作电视散文时,应注意些什么?
3. 登山则情满于山,观海则意溢于海。这句话是什么意思,适用于散文写作吗?适用于哪些类型的散文写作?

二、例文评析训练

1. 下面这篇散文大家应该并不陌生,但是却不一定从叙事手法和散文文体特性上去对其进行过分析。请阅读下文,并回答以下问题:

(1) 悬念、陡转、张弛、抑扬及巧合是小说写作常用的叙事技巧,散文写作中也会用到吗?用了能够增加散文的艺术魅力吗?

(2) 请搜寻其中包含的与小说叙事相同或相似的叙事手法。

(3) 散文可以虚构吗?是需要完全写实,还是只要求写实为主?"前面也是妈妈和儿子,后面也是妈妈和儿子。""到了一处,我蹲下来,背起了母亲,妻子也蹲下来,背起了我的儿子。"这样有深意的画面,你认为是从生活中选取的,还是加入了一点虚构的?

散步

莫怀戚

我们在田野上散步,我的母亲,我的妻和儿。

母亲本不愿出来的:她老了,身体不好,走远一点就觉得很累。我说,正因为如此,才应该多走走。母亲信服地点点头,便去拿外套。她现在很听我的话,就像我小时候很听她的话一样。

天气很好。今年的春天来得太迟了,太迟了,有一些老人挺不住,在清明将到的时候死去了。但是春天总算来了,我的母亲又熬过了一个酷冬。

这南方初春的田野!大块小块的新绿随意地铺着,有的浓,有的淡;树上的嫩芽儿也密了;田里的冬水也咕咕地起着水泡……这一切都使人想着一样东西——生命。

我和母亲走在前面,我的妻子和儿子走在后面,小家伙突然叫了起来:"前面也是妈妈和儿子,后面也是妈妈和儿子。"我们都笑了。

后来发生了分歧:母亲要走大路,大路平顺;我的儿子要走小路,小路有意思……不过,一切都取决于我。我的母亲老了,她早已习惯听从她强壮的儿子;我的儿子还小,他还习惯听从他高大的父亲;妻子呢,在外面,她总是听我的;一霎时我感到了责任的重大,就像民族领袖在严重关头时那样。我想找一个两全的办法,找不出;我想拆散一家人,分成两路,各得其所,终不愿意。我决定委屈儿子了,因为我同着他的时日还长,我同着母亲的时日已短。我说:"走大路。"

但是母亲摸摸孙儿的小脑瓜,变了主意:"还是走小路吧!"她的眼随小路望去:那里有金色的菜花,两行整齐的桑树,尽头一口水波粼粼的鱼塘。"我走不过去的地方,你就背着我。"母亲说。

这样,我们就在阳光下,向着那菜花、桑树和鱼塘走去了。到了一处,我蹲下来,背起了母亲,妻子也蹲下来,背起了我的儿子。我的母亲虽然高大,然而很瘦,自然不算重,儿子虽然很胖,毕竟幼小,自然也很轻,但我和妻子都是慢慢地,稳稳地,走得很仔细,好像我背上的同她背上的加起来,就是整个世界。

2. 阅读下面的例文,回答下列问题。

(1)括号内的文字可以去掉吗?为什么?不妨试一下,去掉这些括号内的文字,看看文章会是什么样子。

(2)如果配置音乐,除了解读文本,你还要看括号内表现景物的文字,也就必须考虑空间和时间的问题。思考:这篇散文的三个片段是依据什么线索编织起来的?

(3)你认为这篇散文表现了怎样的主旨?这个主旨又是怎样表现的?

人类的净土——哈纳斯

宋宝珍

(旅行家走入画面)

我走过了太多的都市喧嚣,我经历了太多的人世纷扰。哪里还有洁净的乐土,哪里还有宁静的家园?! 踏遍了大地山川,我在苦苦地寻找。人说,在那遥远遥远的地方,人类还留有一方净土——哈纳斯!

(轰然的水声,春水欢快地流动)

清脆的水声是春天的音符,它欢欢畅畅地来了,跳跳荡荡地来了,它扑进了小溪,融入了大河,奏响了春天的乐章。

(大河)

沿河而上,我走进了神奇的哈纳斯。哈纳斯,位于新疆维吾尔自治区的布尔津县境内,与俄罗斯、哈萨克斯坦接壤,总面积达2千平方公里,是国家级自然保护区。哈纳斯,当地人也叫它喀纳斯,据说这出自蒙古语。

哈纳斯的水,哈纳斯的山,圣洁神灵山水间。一个圣水的故事在蒙古族土瓦人中间世代流传。

那是很久以前,山中一对猎人夫妻苦苦地盼着他们的儿子出世,可是猎人的妻子却难产,痛苦不堪,危在旦夕。山上的仙鹿跑来,跳进清澈的湖水,顷刻间,湖水变得五彩斑斓。猎人的妻子喝下了湖水,立刻转危为安,一个新的生命诞生了。猎人为了感谢救命的圣水,给新生的儿子取名哈纳斯。

湖水给了土瓦人生命,土瓦人的多情又铸造了哈纳斯的神圣;圣洁的湖与有灵性的人,自古就相依共生。哈纳斯,是人与湖共有的名姓。

(弯弯的溪水)

在阳光下漫游着,在草地上徜徉着。在田园诗般的草原上,一切都是这样的宁静,一切都是这样的安详。

(搭毡房)

在这里的土瓦人,据说是成吉思汗统辖的蒙古人的后裔。这片苍天厚土,是他们世世代代生活的地方,他们说,生活在美丽的哈纳斯,就像在母亲的怀抱一样。

（鹿群）

山川给了它们强健的筋骨，大地给了它们奔腾的天性，在和煦的阳光下，它们是一群自由自在的生灵。

（旅行家出现）

哈纳斯春夏相连。方才这享受着春光融融，很快就迎来了莺飞草长的夏天。

（河上的雾）

哈纳斯的夏天美得像梦。

清晨，薄雾漫过了山谷，为河道披上一层轻纱；中午，雾气又升上了山崖，它像羊群在天空漫游，像巨龙在林中游动，像奔腾的海湖，像盛开的白花。

雾是湖水的性情，也是哈纳斯的精灵。山因雾而神秘，湖因雾而朦胧，山山水水画梦中。

（各种野花）

哈纳斯的大自然仪态万千，金莲花如火，石蒜花似雪，勿忘我的幽蓝，野芍药如丹。

哈纳斯呀，你是一幅多彩的画卷，舒展地铺向天边。

（禾木河畔的村落）

炊烟袅袅，更显出草原的宁静；白雾迷蒙，把人带入迷人的仙境。土瓦人的生命在这里蔓延、滋长，土瓦人的生活与绿色的大自然水乳交融。

（旅行家进入毡房）

香喷喷的奶酒、热腾腾的茶，走进了毡房回到了家。

深情的酒歌催人醉呀，吃不够土瓦人的奶疙瘩。

（雨天、彩虹）

草原的天，真是孩儿脸，说变就变，刚刚还是万里晴空，转眼又是乌云满天。

看这遥远天际的彩虹，它穿透了梦想和现实的时空，连接着天与地的真诚。

（笛声）

绿水逶迤，滋润着这片神奇的土地；绿了林莽，绿了草滩，绿了马蹄，绿了山岩，绿得令人心醉，绿得让人感叹。

（月亮湾）

哈纳斯的湖水，千曲百转，穿过幽深的山谷，流过寂静的林荫，在天地之间，画出了一条最有韵致的优美曲线。

（脚印）

在河道中央，两个小岛多像巨大的脚印？上了年纪的人都说，当年，成吉思汗挥师西征，踏平山川，他涉水过河的足迹，如今仍清晰可见。一段神话般的历史，就这样刻写在山水之间。

（蝴蝶、小野兔）

吃饱了,就在山石中聚会;睡醒了,就在草地上撒欢儿,没有人来打搅它们的雅兴,它们与清风为邻,与快乐相伴。

(湖)

哈纳斯有大大小小的湖泊三百多个,它们像珍珠在大地上错落。当年,成吉思汗的军师耶律楚材远征西域,路经哈纳斯时,一下子被这里的美景吸摄了。他诗兴大发,忍不住挥毫泼墨,写下了动人诗篇:

谁知西域逢佳景,
始信东君不世情。
圆沼方池三百所,
澄澄春水一池平。

(平静的湖面)

哈纳斯,你这人间的净土,美丽的天堂。

3. 下面是冰心的《往事(二)》中的片段,分析文中创造了怎样的意境,在方式上与前面的电视散文有什么不同。

今夜林中月下的青山,无可比拟!仿佛万一,只能说是似婵娟的静女,虽是照人的明艳,却不飞扬妖冶;是低眉垂袖,璎珞矜严。

流动的光辉之中,一切都失去了正色:松林是一片浓黑的,天空是莹白的,无边的雪地,竟是浅蓝的了。这三色衬成的宇宙,充满了凝静,超逸与庄严;中间流溢着满空幽哀的神意,一切言词文字都丧失了,几乎不容凝视,不容把握!

今夜的林中,决不宜于将军夜猎——那从骑杂沓,传叫风生,会踏毁了这平整匀纤的雪地;朵朵的火燎,和生寒的铁甲,会缭乱了静冷的月光。

今夜的林中,也不宜于燃枝野餐——火光中的喧哗欢笑,杯盘狼藉,会惊起树上稳栖的禽鸟;踏月归去,数里相和的歌声,会叫破了这如怨如慕的诗的世界。

三、写作技能训练

1. 重新理解"蜡烛"这一意象,避开"燃烧自己,照亮别人"之类的寓意,努力出新,看看有几条思路。

2. 再读《荷塘月色》,谈谈这个名篇的形象建构方式属于哪一类,在具体描写"荷塘月色"这一特定意象时体现了怎样的思路和情怀。

3. 假定身处这样的环境:漆黑的夜,躺在床上,似乎听见了远远近近、各种各样的声音,过去未来,如同电影片段一般在脑海中闪过。你能据此写出一篇题为《夜之声》的抒情散文吗?

4. 算一算,这一生你还能见妈妈多少次,把感受写下来。

5. 四季的风,差异巨大。但是有人说:"四季之风,不管怎样轮回交替,总是在默默地表达着对生命的爱。"请用散文的方式解释这句话。

6. 生活内容总是以平平淡淡居多,有时候让散文作者很感动的东西,写出来未必能感动读者。比如一个大学生在车站上丢了一件不值钱也不重要的东西,别人捡到了还给他,他很感动,这种感动是真实的,有其表达价值,但是更有表达难度。表达这样的东西,需要作者深刻地反省:究竟是什么感动了自己?感动只是一种结果,还有其产生的原因。只是把结果告诉读者,效果往往不佳。把产生感动的原因也很好地呈现出来,让读者进入其中,体验一番,产生出与作者一样的结果,这才是合理的写作方法。请就上面大学生失物被归还的事例展开设想,想想他有可能因为什么被感动,然后根据自己的设想选择出最佳的写作方法。

7. 生活虽然是平淡的,但感受还是要有特点。请写出5条以上的生活感受,指出其与众不同之处。并围绕这些感受构思散文,列出纲要。

8. 散文作者观察事物,应当看出特点。眼中有特点,才能笔下有特点。笔下有特点,才值得读者一观。这种特点有一些是事物固有的,有一些来自观察者情感的注入,事物在情感浸润中变形。请撰写短文,回答以下问题:

(1) 你观察的事物呈现出什么特点?

(2) 其特点是事物固有的,还是你注入情感造成的?你在观察中是否明显地带有个人情感?如果不带情感你的观察有变化吗?请其他人冷静地、不带情感地去观察,结果与你相同吗?

(3) 如果你观察到的特点大多是事物固有的,那么你有没有感到写作观察的艰难?为什么?

(4) 如果是你的情感注入影响了观察结果,事物呈现的特点与其固有的属性相比是不是发生了变形?变形程度大不大?对散文写作是否有益?

四、写作实践训练

1. 以《秋天的原野》为题,写一篇写景状物的散文,要求写出真诚独特的感受,要有情境、有画面。

2. 以《我曾经许诺》为题,写一篇直抒情怀的散文,要有抒情主人公的形象。

3. 以《霞色弥漫的校园》为题,就早晨校园的情景,写一篇电视散文短稿,然后配乐朗诵,看看你运用视听语汇的能力怎样。

4. 以小组为单位,观察同一事物,各自表述观察结果,选出最优。比较最优者与最劣者,深入分析优劣形成的原因,指出其观察方法上的不同。探讨要避免浅尝辄止,可以组织多次讨论和书面分析,直至得出令人满意的答案。

5. 以小组为单位,针对相同话题,各自表述观点、感受,选出最具有散文表达价值者。此项活动要经常进行,可以利用数字化形式展开,如使用手机微信、视频等,以视频记录事物、现象,以微信发言定时或不定时地深入讨论。

6. 以班级为单位开展征文评选活动,在散文章节学习完毕后选出优胜作品。

第五章 议论文体

第一节 时评

一、时评的含义及文体源流

时评,通常也被称作"新闻时评",是广义新闻评论的分支。广义的新闻评论,包括社论、评论员文章、编者按、编后语、述评、政论等,而时评是对当下发生的时事、新闻,就其事实本身或其表现出乃至隐藏的现象、问题,发表作者自己的见解和看法。简单地说,时评就是对时事、新闻的评述议论。

追溯文体渊源,时评是随着近代新闻业的发展而出现的,其文体确立大致在20世纪初,创始人是梁启超和陈景韩。1895年梁启超在北京创办《中外纪闻》,除了刊登政论文章,也登了些自己撰写的短评。后来,他在日本创办《新民丛报》,开始写"国闻短评","择中国外国近事之切要者,略加绪论,谈言微中",①这算是萌芽时期的时评。1904年,《时报》在上海创刊,其主笔陈景韩设"时评"栏目,亲自动笔写些犀利峻冷的短评,文章密切配合当天的新闻报道,观点明确独到,文字洗练明快,深受读者喜爱。它的成功,标志着报纸评论真正摆脱了传统论说的窠臼,找到了一个新闻与评论相得益彰的好形式,于是各报竞相效仿,时评迅速风靡全国,在当时影响极大。这标志着时评文体的正式确立。胡适在1921年《时报》创办十七年的时候曾应约写了一篇《十七年的回顾》,对《时报》的开风气之先,创立时评文体的重要意义评价极高:

"《时报》的短评在当日是一种创体——用简短的词句,用冷隽明利的口吻,几乎逐句分段,使读者一目了然,不消费工夫去点句分段,不消费工夫去思考。"

"《时报》创出这种制度之后,十几年之中,全国的日报都跟着变了,全国看报的人也不知不觉的变了。"

但可惜的是,这种短小、敏锐的新闻评论没有得到进一步发展。1912年,陈景韩离开《时报》到了《申报》,《时报》的时评文章逐渐减少。五四新文化运动以后,生动、形象的论理小品文兴盛起来,取代时评成了新闻报刊的宠儿,并促成了现代杂文和随笔的产生。报纸的言论文体就以"政论""社论""评论员文章"为主了。

---

① 马少华.时评的历史与规范[J].新闻大学,2002(3).

抗战期间,乔冠华、胡乔木等为《解放日报》《新华日报》曾撰写了一些国际时评、短评,时评开始重新出现。20世纪五六十年代,他们也为《人民日报》《新观察》《北京周报》等报刊写过国际时评,但数量并不算多。90年代末至今,伴随着网络、新媒体的迅速发展和日益普及,时评蔚然兴盛,呈现出强劲的发展势头。

二、时评的文体特征

1. 现实针对性

时评的现实针对性主要表现在两个方面:

其一,敏锐感应现实。时评,是对时事新闻的评论,时事新闻是第一性的,评论是第二性的。事实是基础,评论是深化。时评所评述的事实,就是时刻变动着的现实,只有不断地关注现实,时评才有源头活水。因而,时评要应"时"而作、因"事"因"势"而为,感应敏锐,反应迅捷。好的时评文章必定紧密联系现实,体现时代精神。时评失去了现实性,也就失去了读者。

其二,论题指向明确。时评多为"事评","开口"小且具体。它要针对具体事件、具体问题或现象有感而发,矛头集中而单一。时评的基本形式是就事论事,就事论理,其"事"又多为现实生活中那些引人注目的新闻事件、热点问题,或者是人们尚未普遍关注的带有某种倾向、趋势的社会现象。由于有的放矢,论述容易出新意,有深度,其提出的解决问题的办法往往具有可操作性。

2. 理论阐述性

时评要在新闻事实的基础上,陈述观点、发表意见,观点和意见是评论的核心。时评是一种"有效率"的文体,它不注重文学意义上的文采,而更追求把道理说清楚。"时评,不是四平八稳的专论,也不是自由联想的杂感、随笔,旁敲侧击的讽刺;它是面对新闻事实本身的一个毫不避让的回答:这事儿,我怎么看。"[①]因此,看待新闻事件的立场和角度,往往成为一篇时评好坏的关键所在。

现代社会中,媒体竞争已经进入"观点时代",以往媒体竞争的制胜之道主要是提供及时、准确、丰富的信息,但在信息高度发达的今天,媒体提供的信息同质化程度越来越高,独家新闻的可能性比以往明显减小。所以,媒体能否在提供信息以外,呈现一些具有思想深度和独到见解的观点,无疑成了决定媒体质量和影响力的主要因素。

3. 普遍表达性

时评是公民写作,是大众表达。它应当以广大人民群众的眼睛为视点,从人民群众的角度去观察问题,提出问题,分析问题,反映广大群众的心声和愿望。无论是褒扬良善,赞颂高尚的风气,还是鞭笞邪恶,批评错误的倾向,都应当是所是,非所非,立场鲜明,观点明确。当然,就作者个体而言,其观点看法可能会偏激、片面些,但就社会整体而言,不同文章的各种观点相互补充、佐证,自然会使事物、现象背后的本质趋于明晰,也在客观上代表了

---

① 马少华.关于"时评"的写作[J].新闻大学,2002(4).

公众的看法和意见。

时评的普遍表达还表现在写作的门槛低。不管是专家学者，还是普通大众，只要对社会生活的世态万象有所感悟，有自己的见解或看法，都可以拿起笔来，用评述的形式，一吐为快。

4. 语言通俗性

时评要贴近生活、贴近实际，说百姓关心事，用百姓口气谈，而不要写成高头讲章，枯燥无味。时评之所以为老百姓喜闻乐见，正是它内容的平民化，表达的通俗化。如果假话、套话连篇，动辄训人、吓人，读者自然要敬而远之。好的时评文章，精于选材，巧于构思，行文活泼，表达流畅，有很强的可读性。即使是那些尖锐、犀利的批评性时评，也应该是讽刺中讲究分寸，活泼里固守原则，软中有硬，绵里藏针。

同时，时评是个人署名文章，发表的是个人见解，作者与读者是平等的关系，文章的表达语气也应是循循善诱，娓娓道来，或者平等商榷，相互请教。不可居高临下，以势压人。更忌打棍子，扣帽子，搞人身攻击。

三、时评的基本类型

角度不同，标准不一，时评的区分方式就不一样。

从写作目的和社会功用出发，时评可分为表彰性时评、批评性时评、启发性时评；从评论对象出发，时评可分为事件性时评、非事件性时评。

这里着眼于文章写作，从时评的写作构思方式出发，把时评区分为四种类型，即：就事论事型、就事引申型、借题发挥型和质疑辩驳型。

1. 就事论事型时评

就事论事，顾名思义，就是针对某个具体的事件、事实，通过分析评述，提出自己的见解、看法。这种评论文章，一事一议，反应迅捷，笔墨集中，篇幅简短，是时评中的"轻骑兵"。作者并不追求广泛的联想，也不试图讲普适性的大道理，而是紧紧扣住论题，鲜明提出自己的事实判断或价值判断，对事件的现状、根源，作出分析；对事件的走向、趋势，作出预测；对事件的意义、作用，作出评价。例如，2021年5月22日两位院士、国家最高科学技术奖获得者吴孟超、袁隆平相继离世。"双星"陨落，国人同悼，这种情真意切的自发悼念，意味着什么？有怎样的社会意义？时评《全网悼"双星"是宝贵的社会风向标》[①]旗帜鲜明指出：这"是一种宝贵的社会风向标，是党的十八大以来持续强化核心价值观引领、持续立根塑魂、正本清源，从而春风化雨、润泽人心的鲜明体现"。这种现象"将形成强大示范效应，让我们的社会更加正气浩荡，让我们的民族精神更加挺立"。文章没有过多阐述，从具体事实出发，透过现象抓本质，可谓判断精准，一语中的。

2. 就事引申型时评

此类时评，也是"事评"，即文章生发的由头也是具体的新闻事件。但与"就事论事型"

[①] 易艳刚.全网悼"双星"是宝贵的社会风向标[N].新华每日电讯,2021-5-23.

有所不同的是,作者关注的并非个体的偶然事件,而是事件所反映出的某种普遍社会现象,或某个突出的社会问题。文章由点及面,把评述的焦点集中于现象或问题。内容厚实,论理深刻、启人心智,是这类时评的主要特点。由于关注的并非一时一事,这类时评容易引发较大的社会反响。例如,发表于2006的时评《"眼球经济"与"看客效益"》[①],文章由某报推出一个"中国作家富豪排行榜"引发了舆论哗然说起,联想到年内文坛各种令人眼花缭乱的事件,提出"眼球经济"的社会问题。随后,又与鲁迅笔下的"看客"现象做比较,批评了部分国人"爱热闹、缺乏理性"等性格弱点,令人深长思之。

3. 借题发挥型时评

此类时评,不直接提出论题,而是借助一个引子,把论题引出,然后就论题展开分析论证。同样是引出论题,"借题发挥"与"就事引申"有明显不同:就事引申,是由点及面,由个别到一般,体现的是思维的归纳;借题发挥,是由此及彼,由个别到个别,或由一般到一般,体现的是思维的对比或类比。这类时评,近于杂文,或者说借鉴的是杂文的写作构思方式,往往论理婉曲,活泼生动。以温州日报2004年7月19日发表的屈超耘的时评《慎"红"说》为例,作者的观点是人要"慎红",即"人在走红,红火时,最应该慎对",但文章并没有上来就提出"红火时怎么办"的论题,而是由古人、今人的"慎独""慎黑"说起,构思巧妙,转换自然,有较强的阅读吸引力,同时也能相互映照启发读者,让读者对所及论题有更加全面深入的认识。

4. 质疑辩驳型时评

此类时评,是针对别人的评论观点,或社会上流传的某种习见,用驳论的方式,提出自己的鲜明看法。尽管采用的是质疑辩驳的方式,但文章的观点,可能与"论敌"针锋相对,也可能与"论敌"互为补充,甚至,有的时评文章,用反驳的口吻,表述的却是相同或相近的看法。近些年来,人们思想空前活跃,表达空间越来越大,这为质疑辩驳型时评的产生提供了良好的社会环境。各类媒体中大量的时评栏目,诸如"七嘴八舌""不同意见""观点交锋"等,提供的往往就是这类时评文章。

四、时评的写作

(一) 选择论题

选题,是时评写作要做的第一步工作。所谓"选题",多数情况下包含两层意义:一是考虑评论的对象,即所评的"是什么"? 二是考虑构思的引发,即"从哪里说起"?

1. 选题的原则

时评写作的选题,可遵循以下两条原则:

其一,"公众关注"原则。这个原则针对的是评论对象问题。就一般评论文章而言,论题应是十分广泛的,举凡人类社会的各种问题几乎无不可以作为论题。但时评既然属于新闻评论的一种,就不能不具备一定的新闻性,其选择的论题也要具备一定的新闻价值。因

---

① 李舫."眼球经济"与"看客效益"[N].人民日报,2006-12-21.

而，不管针对的是具体的新闻事件，还是有普遍意义的社会现象、社会问题，一定是当下公众所关注的，体现着鲜明的时代特色。对这样的论题进行评述议论，才能想公众之所想，急公众之所急，对读者明辨是非、提高认识有启迪作用，对社会问题的尽快解决有促进作用。可以说，评论对象的特定性决定了时评论题的公众"关注度"，而"关注度"的大小则直接决定了时评文章论题的价值大小。

时评《"学高为师"还是"身高为师"》[①]便是一篇有选题价值的时评。作者评论的是某地5位女代课教师在教师录用考试中，因身高不达标而被拒绝录用，由此状告当地县人民政府这一新闻事件。这样的事件之所以能成为新闻，表面看是由于"近年来，由于身高问题而被拒绝录用为教师的新闻不绝于耳"，究其实还是因为在目前就业难的时代大背景下，广大公众对用人公正、公平、公开原则的关注。作者敏锐感觉到"这样的新闻事件一再地冲击公众的视野，应当引起全社会的深思和重视"，于是以此确立论题，就事论理，一针见血提出"学高为师"还是"身高为师"的问题，引发公众思考。

其二，"大题小入"原则。这个原则针对的是评论角度问题。时评的选题，如果是就事论事，具体到"点"，不存在"从哪儿说起"的问题，一般开门见山摆出事实即可。但很多时评选题，是具有普遍意义的社会现象、社会问题，若直接提出问题，固然直截了当，但一来较为抽象，难以抓人眼球，二来较为笼统，容易大题大论，使议论流于空泛。所谓"大题小入"，就是寻找"由头"，从具体事件、具体人物入手，再通过思维的联想功能，拓展到面上的论题。当然，即使是就事论事的时评，看似思维并未拓展，但作者在对个别事件的评析中，反映的也是对现实中同类事件的共同看法，尽管是小题小论，却也是以小见大，以个别体现一般。时评的选题体现的是个别与一般，具体与概括的辩证统一。

2. 选题的途径、方法

时评的选题，途径不一，方法多样，概而言之有四点：

其一，着眼现实，关注媒体。在各类媒体中及时捕捉新闻由头，同时观察体验，感知变动的社会焦点。时评作者一定要有新闻记者的敏锐，当"好事之徒"。

其二，通过比较，把握异同。在用心的辨析中发现事实与事实、事实与现象之间蕴含的逻辑联系和共同的本质特征。

其三，广泛阅读，启迪思维。从别人的评论文章中发现线索，提出疑问，从而关注事实，提出自己的评论论题。

其三，反向思维，标新立异。从司空见惯的平凡生活中揭示乖谬，或独具慧眼，敢于对所谓常识定论或公众习见提出异议。

3. 标题的拟定

"题好文一半"，时评选题是否成功，也反映在标题的拟定中。醒目、新颖的时评标题能先声夺人，为文章增光添彩。时评标题的拟定，可以在文章完成之前，也可在文章完成之后，但一定要立足于选题的对象、角度及构思方式，在简洁醒目的前提下，追求具体、生动、

[①] 艾模钦."学高为师"还是"身高为师"[N].半岛都市报，2005-07-29.

形象的表达效果。

标题与论题关系密切。有的时评标题本身就是论题,如《"超级女声"折射了什么?》;有的标题直接就论题表明观点,如《用人之短》《比坏心理腐蚀社会道德》;也有的标题暗示论题或论点,如《梅花"清"气满乾坤》。时评的标题拟定,要避免程式化、单一化,不要动辄《论×××》《×××要不得》或《为×××叫好》。

(二) 分析论证

时评写作的基础是新闻事实,但论述基于事实又不能囿于事实,它是对事实的认识和判断,是对事实的引申、述评和延伸。确定了论题,只是发现问题、提出问题,完成了写作的基础工作。随之而来的下一个工作就是分析论证,即就事论理,以具体的事实、现象为缘起议论发挥,进而从个别到一般,把提出的问题上升到理论的高度进行深入、细致的分析,透过现象,揭示隐藏在事物内部的本质,把道理讲深说透。这样,评论才能获得普遍的指导意义与教育作用。

时评的分析论证体现的是严密的逻辑思维过程,因而,需要在思维方式上下功夫。具体说来:

1. 抓准突破口

突破口是时评展开分析的切入点,也是议论展开的关键,它涉及整篇文章的写作构思。抓突破口需要对论题进行具体分析,比较同中之异或异中之同,在矛盾的纠结中凝聚思维焦点,从而进行论证剖析。

例如,费国政在《中国青年报》1987年10月28日发表的时评《"合理错误"议》,针对一则"报载"消息:"一些大企业对受聘的经营管理人员作出明确规定:在受聘的一年内,允许而且必须犯一次以上的'合理错误',否则将被解聘。"按常理,既然是"错误"当然是少犯或不犯好,为什么会允许而且要求员工必须犯错误呢?作者敏锐发现关键所在,那些大企业要求员工所犯的并非通常意义上的错误,而是"合理错误"。什么是"合理错误"?"当然不是知法犯法,蛮干胡来,而是指在竞争中敢冒风险、勇于开拓造成的失误。"因为,"没有这种失误,就意味着平庸、保守,就得考虑让贤"。于是,文章巧妙抓住"合理错误"这个突破口,从对概念的剖析入手,强调了在鼎新革故的改革大潮下,改革者们具备开拓、创新意识的重要性。同时,也呼吁人们对那些在改革创新中出现失误的人给予最大的宽容与理解。

2. 分析要深入

时评以评为主,作者对待所讨论的事物或问题,一般不采取"软损伤"方式,而使用"硬打击"策略。既不过多地旁征博引,也不进行繁琐的逻辑推理,而是直截了当指出问题的实质,旗帜鲜明表明自己对事实的判断,引导读者作理性的思考和追问。

评论中的分析,其思维呈现两个走向:一是透过现象,纵向开掘,通过对事实根源的揭示,点出事实的深层本质;二是由点及面,横向拓展,从偶然事件的出现,探讨其所以发生的社会背景,或有普遍意义的文化心理结构。

3. 论证须辩证

辩证思维，是较高层次的逻辑思维。时评论证中的辩证思维，主要体现为具体问题具体分析，既要明确提出观点，又要强调观点成立的条件。避免从概念到概念，由正反对比，到非此即彼；或者笼统肯定、否定，把局部真理普遍化。

请看时评《用人之短》[①]中的两段论证：

> 聪明的领导，在用人的时候，既善用人之长，又善用人之短。比如，安排遇事爱钻牛角尖者去当质量检查员，让处理问题头脑太呆板者去当考勤员，而脾气太犟争强好胜者，便任命他当攻坚突击队长，办事婆婆妈妈的去抓劳保，能言善辩的就去搞公关接待。这样一来，单位的一切便都秩序井然，效益日日见好。

> 在平常人看来，短就是短；在有见识的人看来，短也是长。即所谓"尺有所短，寸有所长"。清代思想家魏源讲过这样一段话："不知人之短，亦不知人之长，不知人长中之短，不知人短中之长，则不可能用人。"中国智慧充满了辩证法，就看你是否具备这样的眼光。如果大才、小才、奇才、怪才、庸才以及不才都能被领导"短中见长"，那么，会有多少千里马奔腾在各行各业之中呢？观念一变，到处都充满希望，到处都是"钱"途。

长与短，本来是对立的一对概念，但作者谈到识人用人，却并没有把长与短绝对化、概念化，而是结合具体工作，谈人对工作岗位的适应问题。本来，人的性格、个性，"无所谓长，无所谓短的"，与工作岗位适应了，短也可长，反之，长也可短。有了作者的这一番辩证分析，文章"用人之短"的立意就有了坚实的基础。

（三）安排结构

1. 把握一般性的结构形式

时评在内容的安排上，典型体现了议论文章的"三段式"结构，即：引论——本论——结论。有人从大量时评作品出发，把这种"三段式"结构细化，设计了一个所谓的初级时评结构"工艺图"：

> 一篇评论文章不应超过六段，每段至少应有两个句子，但不要超过五句——
> 第一段，准确地、具体地指明评论对象（范围尽量小一些）；
> 第二段，提出主要观点，不要上纲上线；
> 第三段，举一个说明文章观点的例子；
> 第四段，再举一个说明文章观点的例子；
> 第五段，举一个似乎不支持文章观点的反例，予以简单讨论（如果有困难，本段可暂缺）；
> 第六段，结论，强调主要观点，不要上纲上线。

[①] 蓝天云.用人之短[J].心理与健康，2006(2).

这个"六段式"的时评"工艺图",单纯从形式上看,准确地反映了人们对客观事物的认识过程,先提出问题,再对问题展开分析,最后再总括得出结论。而且,中间 4 个段落的"本论",既注重了理论分析,也考虑了事实论证;既有正面的证明,也有反面的驳斥,体现的是严密的形式逻辑思维方式,尽管不是所有的时评都只能用这种结构形式,但对初习时评写作者而言,可以作为参考、借鉴。

2. 突破常规写作思维

时评结构是内容外在的展示形式,体现的是作者内在的写作思维。文章是内容与形式的统一体。内容决定着形式,形式又规范了内容。写作的初级阶段,可充分发挥形式的规范作用,通过参考借鉴,尽快"入体""上路"。但规范是把"双刃剑",一方面可使初学者少走弯路;另一方面,也常常扼杀写作者的创造性思维。时评结构的更高要求是,不拘一格,创造新的结构形式。

体现时评主要价值的是判断,是观点。观点决定着内容,内容又需要最佳的表现形式。时评结构的创新,要着眼于突出文章的思想观点。在此基础上,追求结构的千变万化。

(四) 语言表述

时评的语言表述,应典型地体现评论文章的语体特色。要达到这一要求,要从表达方式和遣词用语两方面着眼:

1. 表达方式

在表达方式上,要叙议结合,情理交融。时评中的"叙",用以"摆事实",目的是"讲道理",所以,多用概括叙述,一般只求事实完整,不求细致生动,以免喧宾夺主;时评中的"议",多以概念、判断、推理等逻辑方式展开,客观冷静阐述,少有情感的参与。

优秀的时评作品,更可以突破这种惯常表达方式,以生动形象、风趣幽默的手法,或寓评于叙,或评中见情,情趣盎然,在情与理的紧密交融中达到深入浅出的论理效果。请看顾洛逸的这则时评:

马谡,算条汉子

马谡在《三国演义》中,是个志大才疏、刚愎自用的人。失街亭后,诸葛亮按军法将其斩首,无可非议。

仔细考察一下马谡,似也有其优点:失街亭后,他一没向敌投降,二没畏罪自杀,三没推卸责任。他与诸葛亮关系不错,本可以带着名酒贵烟金首饰之类去疏通疏通,请老首长高抬贵手;也可以跟诸葛亮谈谈自己南征北战,没有功劳也有苦劳,如真斩首,上有七旬老母,中有如花娇妻,下有嗷嗷待哺婴儿,将依靠何人?但马谡没有送礼贿赂,替自己说情开脱,而是"自缚跪于丞相面前",从容交代后事,坦然伏法受刑。相形之下,那些有错不认,死皮赖脸给自己开脱责任,低三下四要求减免处分的人,就不如马谡那样具有男子汉气概了。

这则评论谈的是人犯了错误应该怎么办,对待所犯错误应持怎样的态度。作者打破通常的表达套路,用了大家熟知的马谡失街亭后,"自缚跪于丞相面前"的历史故事作引子,古今映照,借此喻彼,既论理形象,又态度鲜明。这种对杂文文体构思、表达方式的借用,取得了非常好的论理效果。

2. 遣词用语

在遣词用语上,既要准确明了,又要语气合体。

时评语言的准确,有两层含义:首先是概念含义清楚,所持的观点立场正确,流露的感情健康,格调高尚;其次,是思维清晰,语言顺畅,语句之间前呼后应,逻辑联系紧密,表情达意恰如其分,和谐统一;时评语言的明了,是非清楚,态度明朗,绝不含糊其词。

时评的表达语气要合体。所谓"合体",就是能让读者在阅读过程中,感觉文章是在清晰地"讲理"——思路条理,是非分明,而不是杂文的旁征博引,辛辣戏谑,也不是散文的情感丰沛,含蓄蕴藉。时评作者论理的态度,要满腔热情,和风细雨。因为,只有通过让人接受的方式,使读者明辨是非,区分善恶,才能达到教育人、引导人、启发人的写作目的。即使是批评性的评论,也要与人为善,注意表达的分寸。可以正面引导,切忌冷讽热嘲,不要动不动就上纲上线,打棍子,扣帽子,盛气凌人,颐指气使。

训练与实践

一、文体知识训练

1. 时评写作应如何选题?请结合写作实际谈谈自己的体会。
2. 有人说"时评杂文化则时评兴",你认为是否有道理,为什么?

二、例文评析训练

下面这段评论:其论题是什么?构思上有何特点?其所用的论证方法对论理有哪方面的作用?请结合阅读感受分析回答。

NBA球员以赢得总冠军戒指为荣,加内特迄今只在球场上赢得一枚总冠军戒指。但看了他的专访后,我们发现,在他人生舞台的荣誉室里,何止一枚总冠军戒指。

有些人,因为某项特长而成为明星,成为公众人物,他又因为身为公众人物,而应该也必须承担起更多的社会责任。

这让人想起最近几天,我们视线当中的另一位文艺界的公众人物。他的朋友动手打人,他自己则用骂人的方式为其张目撑腰,在这个行业的精华与糟粕之间,他留下了糟粕;在这个行业的正气与江湖气之间,他选择了江湖气;在个人的私愤与公众人物的社会责任之间,他习惯性地倒向私愤。

然而在加内特的人生故事面前,在我们身边更多的有社会责任感的公民表现面前,这位公众人物如此庸俗、低俗、媚俗的表现,是多么的丑恶。

三、写作实践训练

就自己从社会生活中感知的某种普通性问题或社会现象，找一个具体的新闻事件作"由头"，写一篇时评阐述观点看法。要求引述概括，转换自然，观点鲜明，论证充分，千字左右。

第二节　文学评论

一、文学评论的定义

文学评论简言之就是对文学现象进行的一切理性思考活动。文学现象的范围很广，既包括文学史、文学家、文学作品、文学思潮、文学流派等与文学创作有关的探讨，也包括文学鉴赏、文学赏析、文学批评、文学史学研究等与文学理论有关的理性思考。

与文学评论有关的术语很多，对于初学者而言，需要掌握文学鉴赏与文学评论的辩证关系。

（一）文学评论与文学鉴赏之间的差别

1. 性质上的差别

文学评论是一项科学性、理论性很强的研究工作，它需要在充分占有材料的基础上，以科学的态度，经过认真的分析、合乎逻辑的推理，最终得出正确的结论。在进行评论时，评论者一般都带有明确的目的，代表着一定的立场、派别或角度进行审视或思考。他们用理性的眼光，一分为二地对作品进行合理性、不合理性两方面解读，按照某种理论归纳成富有逻辑条理的论断。虽然评论家在评论过程中也有情感因素的参与，但大都会有意识地将情感因素抑制在次要的位置上。如果评论者如同一般读者那样沉湎于情感的大喜大悲之中，必然会影响自己的理性判断，使评论活动无法导向正确的最终结论。

而文学鉴赏的"鉴赏"二字本身就包含着肯定和欣赏之义，也就是说文学鉴赏活动首先是从对作品或作家的创作有所接受或认可开始的，这一点与文学评论的理性、辩证性有所不同。

2. 取向上的差别

莫泊桑说："一个真正名实相符的批评家，就只该是一个无倾向、无偏爱、无私见的分析者，像绘画的鉴赏家一样，仅仅欣赏人家请他评论的艺术品的价值。他那种无所不知的理解力应该把自我消除得干干净净，好让自己发现并赞扬甚至于他作为一个普通人所不喜爱的、而作为一个裁判者必须理解的作品。"这就是说，一般读者所进行的文学鉴赏可以表现出一种强烈的主观偏向性，即可以根据自己的个人爱好选择阅读的对象，选择对作品的态度，而文学评论则不能。

（二）文学评论与文学鉴赏之间有密切的联系

1. 文学评论以文学鉴赏为基础和前提

任何形式的文学评论活动都是从文学鉴赏开始的，文学鉴赏可以无需继之以文学评论,但文学评论却必须以文学鉴赏为基础和前提。也就是说,文学鉴赏是文学评论的根基,文学评论是在文学鉴赏基础之上向高度和深度方向的延伸与发展。文学鉴赏过程中的情感共鸣,是评论者激情勃发展开有效评论的基础和保证。文学评论的初学者尤其要先懂得文学鉴赏,之后才可能逐步进入文学评论层面。

2. 文学鉴赏以文学评论为指导

由于不具备深厚的文学艺术修养,普通的读者在进行文学鉴赏活动时很容易停留在作品的表面而无法深入其中,从而无法获得真正的艺术享受。这种状况很容易导致鉴赏障碍,使读者甚至对优秀的文学作品也不愿意阅读,有时反而更愿意接受流行的通俗作品。所以,文学评论有引导和指导普通读者鉴赏的任务,使其文学鉴赏活动沿着健康的方向发展。

二、文学评论的特点

文学评论是对文学的评论,是一种既有认识内涵,又有审美内涵的理论文体。它不仅要有丰富深刻、鞭辟入里的内容,而且要有精粹警策和精美新颖的形式。这是一种既不同于文学文体,又与一般的理论文体有别的评论性文体,其主要特点为:

(一) 科学性与艺术性的统一

文学评论的写作特点首先表现在科学性与艺术性的统一上。所谓科学性,主要指文学评论要揭示文学现象的客观规律、评判文学作品的思想性和艺术性,最终得出合乎科学的结论。而艺术性则主要是由于文学评论属于文学范畴,它所评论的对象也必然具有很强的艺术性。科学性与艺术性的完美统一构成文学评论的双重特性。

(二) 感性与理性的统一

文学评论是评论者主观思想意图即感性认知的集中表现。一个文学评论者,不仅在长期的评论实践中形成了自己的评论观念,而且具有自己独特的评论特色和个性,他在进行文学评论时,不但要将这些主观的思想因素化为具体的评论意图,还要极力追求带有强烈个性特色和较强创造意识的新颖的表现形式。因此,评论者的主观因素在文学评论活动的全过程中占有非常重要的地位。但是,所有这一切都必须建立在一个客观的即理性思考和判断的基础之上。这就是说,评论者主观能动性的发挥,都离不开文学创作这个客体所提供的物质基础,都只能在这个基础之上加以表现。文学评论活动的进行,必须受到文学创作这个客观存在的限制。所以,文学评论者的评论活动应该做到主观与客观相统一。离开了这个客体基础,文学评论就失去了评论对象,评论就成了无的放矢,这样的评论不具有审美意义和美学价值。

(三) 形象思维与抽象思维的统一

由于文学评论的对象是文学作品及与其相关的各种文学现象,所以,文学评论者在开展文学评论时,必须是一个善于运用形象思维的人。只有这样,他才能重建文学形象,并在此基础上进行分析和研究,从中抽取自己对评论对象的认识和看法,进而归纳、概括、整理成为自己的结论。也就是说,文学评论者需要在形象思维的基础上进行抽象思维,并把两者较好地结合起来,综合运用,这样才能完成文学评论的任务。正如普列汉诺夫所说的那样,只有那种兼备极为发达的思想能力和极为发达的美学感觉的人,才有可能做艺术作品的好批评家。

三、文学评论的分类

文学评论的种类很多,根据不同的分类标准可以分成很多不同的类型。

(一) 按评论对象所涉及的范围分

可分为作品论、作家论、流派论、思潮论、文学史论、批评论等。其中最值得初学者重视的有两大类:

1. 作品论

作品是文学表现的基本形式,因而作品论是评论所有文学现象的基础,是所有文学评论的起点,也是评论主体开展文学评论最重要的基本功。作品论的评论范围很广,既可以围绕一部作品的一个方面、一部作品展开分析,也可将两部相关的作品进行比较,还可围绕一类作品进行综合性研究;既可以全面评说作品的思想性和艺术性,也可只评某一点或某个侧面。作品论还可以根据体裁的不同分成小说评论、诗歌评论、戏剧评论、散文评论、杂文评论等。比如,《挥洒趣笔闲情,凸现人物群像》[①],一看题目就能预知评论的大致走向一定是基于整部作品的。至于从体裁上看,应该属于哪种作品论,还要细读原著,结合学过的文体知识进行准确判断。

2. 作家论

作家论顾名思义就是围绕作家或艺术家的创作道路、创作倾向、艺术追求、个性风格等展开的评论。作家评论在整个文学评论中占有重要的地位,因为它一头连着文学作品,一头连着文学流派。比如《鲁迅论》《曹雪芹论》等。

(二) 按评论形态分

可分为论文体、短论体、札记体、随笔体、书信体、序跋体、评点体、诗歌体、对话体,以及由短论体、对话体变化而来的近几年较为常见的笔谈体等。一般评论者最常用的是:

1. 论文体

这是文学评论的基本形式,一般篇幅较长,内容系统,展开充分,论理透彻,多旁征博引,重资料,重分析,有严密的逻辑性和明确的论辩性,理论性和学术性都很强。

2. 短论体

这是一种篇幅短小、内容单一集中的评论样式,其特征是评论视角新,切入角度小,开掘程度深,抓住一点说深说透,且逻辑严密,自成系统,文体较易驾驭,适宜初学者学习运用。

3. 札记体

与通常所谓的"读后感"同为一类,是一种心得体会式的评论体。与短论不同,札记一

---

① 冯现冬.挥洒趣笔闲情,凸现人物群像[N].文艺报,2022-08-03.

般只用于评论作品,很少涉及其他文学现象,重"感受"的独特性,要言不烦,点到为止。

4. 随笔体

与文艺漫笔、文艺杂谈同属一类,是一种行文自由、短小活泼的评论体。随笔形式多样,不拘一格,重联想生发、类比引申,多旁敲侧击,行文潇洒自如,追求的是灵动洒脱的散文笔调和清新活泼的理趣。

(三) 按评论性质分

可分为赏析型、阐释型、评判型、辩驳型等不同类型。赏析型即将文学文本作为唯一的评论对象,着重在鉴赏基础上的分析与点拨,目的在于引导读者去领略作品的精妙之处。文字渗透感情,用语讲究文采;阐释型评论的评论对象不限于作品,常常联系作者、社会、历史、文化等问题对其进行具体、充分的解析与发掘,并从由此及彼的联系出发作理论的概括和规律的归纳,以求准确地把握对象的本质;评判型评论侧重于对评论对象的评价和判断,指出其成败得失,揭示其正面意义,或者指出其负面的影响,站在比较高的理论视角上作一种定性分析和价值判断。这是一种发现事实、指出事实,进而根据事实进行评判,引出符合事实的科学结论的评论;辩驳型或称之为争鸣型、探讨型,常在对他人的阐释或判断有不同的认识和评判时用,着意于辩驳,借此表明自己的观点。这类评论的关键在于抓住问题的症结,突出争论的焦点,辩驳有据,评析中肯,明辨是非,以理服人。

四、文学评论的写作

(一) 掌握文学评论基本的评判标准

进行文学评论写作,只有掌握了科学的方法,才能获得最优化的效果。对文学评论的写作方法的探讨,包括文学评论的方法和写作文学评论的方法两个方面。

写作文学评论,首先要考虑的是如何评论,然后是如何写作。文学评论写作的关键是评判标准的确立,因为它涉及社会、政治、美学、文艺学等方方面面的问题。从写作学角度来谈文学评论写作,我们只能简单明了地陈述一个基本的衡量参照,即历史的、美学的衡量标准。这既符合历史唯物主义,又符合艺术科学原理。

所谓历史的衡量,就是通过美学分析,看其是否真实而艺术地反映了生活的某些本质,在艺术形象的刻画中是否蕴含了正确的思想倾向。即在历史上有无进步意义,对现实生活与现实矛盾有无独到而深刻的认识,是否表现了时代前进的要求和历史发展的必然趋势等。

所谓美学的衡量,就是以融入历史观点的美学分析,来审视作品通过艺术形象反映生活、表现思想所达到的完美程度。即艺术形象的真实性、生动性与典型性程度如何,感情因素与艺术感染力的整体效果如何,艺术形式上是否具有独创性和新颖性等。

(二) 树立问题意识,力求有所创新

写作一篇文学评论,即使是水平测试式的,也应该以对某个问题的探讨和研究作为出发点。一篇文学评论要想有一定的价值,就必须能发现或回应历史或现实中的某个文学作品或思潮的难点或疑点。在学习写作文学评论之初,就应该树立一种针对问题的批评风

气,而不是仅仅满足于复述前人或他人曾经就某个文学问题发过什么言、说过什么话。学习写作文学评论,首先应该勇于发现问题,善于从人们视而不见处发现问题,提出疑问。这个要求是比较高的,但是,应该意识到写作文学评论哪怕提出一个有价值的问题,也胜过一百次的人云亦云。写作者应该有意识地培养自己的问题意识,善于在常识的缝隙中发现问题的实质。当然,要具备发现问题的能力,就需要熟悉文学历史和掌握多种文学理论,具备坚实的理论基础和理论思维的能力。

文学评论还要具有创新意识。创新意识是指人们根据社会和个体生活发展的需要,引起创造前所未有的事物或观念的动机,并在创造活动中表现出的意向、愿望和设想。它是人类意识活动中的一种积极的、富有成果性的表现形式,是人们进行创造活动的出发点和内在动力,是创造性思维和创造力的前提。文学写作属于创造性思维活动的重要组成部分,创新意识的强化非常重要。要培养文学评论中的创新意识首先要在观点上追求创新。其次还可以在分析问题的角度上寻求突破。文学评论中围绕不同时期的作家、作品、文学流派、创作思潮的研究就是如此。比如,20世纪曾经轰动一时的对杨朔散文的评价中的不同见解。当时,有的评论家认为杨朔散文的贡献在于把诗带进了散文,有些则认为杨朔散文失之于做作,双方各执一词。其实,这些观点都是从逻辑的角度来静态地提出问题的,如果我们能从文学发展史的角度动态地思考问题,把杨朔散文放在现代和当代散文的历史发展中去分析,我们的思维领域就可以得到新的开拓,我们的结论就会有创见性。从历史发展的角度看,杨朔在20世纪50年代末,曾打破了散文对通讯报告的依赖。在杨朔写得最好的散文中,散文的叙事、新闻、报告的成分消失了,代之而起的是抒情的成分。从美学角度来说,杨朔把散文从实用性的边缘拉回到审美性的领域中来,他的散文有力地促进了我国当代散文向纯艺术散文的发展。但是,他把散文从通讯报告、特写中解放出来的同时,又轻易地把它放到了诗的束缚中。因此,杨朔散文既有创新之处,也有局限性。

(三)掌握文学评论的基本写作步骤

文学评论的写作过程大致可分以下三大步骤。

1. 阅读

文学评论第一步就是阅读和欣赏。阅读的过程就是调查研究、占有材料、发现问题的过程。对一篇作品反复阅读、认真钻研,有了收获,写出来的文学评论质量才会高。毛泽东曾说过,《红楼梦》至少要读五遍,不读五遍就没有发言权,反之,那种粗枝大叶地把作品翻一翻,就在那儿海阔天空地评论,实在是一种不良文风的表现,必须坚决反对和克服。《红楼梦》如此,其他文学作品的评论又何尝不是这样?

第一,要讲究方法。阅读有各种方法,准备写文学评论时的阅读比一般的阅读要深入得多。文学评论中的阅读首先要学会在多渠道的审美阅读中寻找有价值的评论对象。具体而言就是,既要能够针对不同文体的不同审美特点和审美内涵,运用不同的阅读方式,获得不同的审美体验,又要依据不同的文本呈现形式,采用不同的阅读方式,以获得最佳的阅读效果,发现最有评论价值的选题。其次要学会在鉴赏性阅读中捕捉自己独特的审美感受。"一千个读者就有一千个哈姆雷特",由于个人的审美标准、价值取向等因素的影响,文学评论本身就应该具有个人的独特性,任何的模仿、抄袭、人云亦云之作都不具有真正的审美意义。当然还应该学会在研究性阅读中把握阅读对象的特殊价值,因为这是文学本身的魅力所在。有独特性,既不重复自己,又不重复他人是文学创作始终坚守的原则,因此在阅读过程中,必须善于比较和联想,为获得更全面、更新颖的论题作准备。

不论评论哪个方面的问题,都要认真对待阅读环节。因为阅读、研究、欣赏在这里是第一位的工作,如果连作品都没有读过,或者说虽然读了却理解不了、欣赏不了,文学评论的写作就无从谈起。阅读作品,不是看上一眼半眼,想了一点半点,就能作出科学评论的。所以,写文学评论前,必须仔细、反复地阅读作品。

第二,要遵循原则。文学评论写作中的阅读和欣赏主要应把握以下两点:一是以形象感受为起点。文学作品都有形象的描绘和刻画,这种描绘和刻画反映了作者的意图,表述了作者的某种感情,也寄托着作者的美学理想和追求。以形象感受为起点来欣赏作品,不仅可以得到来自形象塑造方面美的享受,而且可以通过直观的形象把握作品的情感基调或主题思想。二是善于钻进跳出,反复品读。文学评论的阅读是一个必须经过多次反复才能到达理想沉淀的过程,在这个过程中要具备"钻进去,跳出来"的综合分析的能力。也就是说在整个阅读过程中开始要能钻进去,感受、理解作品的艺术形象,把握作品的复杂性和整体性;最后还必须能跳出来,站到一定的理论高度,提出对作品的基本评价。只有这样反复阅读,反复欣赏,才能由浅入深、由表及里地获得深刻的认识。

当然,不论是阅读方法,还是阅读原则,文学评论中的这种深入的阅读理念都强调阅读层面的深度和广度。鲁迅先生说过:"我们要研究某一时代的文学,至少要知道作者的环境、经历和著作。"这就是说,评论一个作家,甚至评论一篇文学作品,对这篇作品的作者要深入了解,包括其生活经历、思想感情、世界观等。这时,可以读作者的自传及自述文章、别人写的评传、零星的回忆和逸闻逸事等材料,对正确、全面地认识和评价作家、作品会有很大的帮助。除了这些,还要读一些别人写的或前人写的评论文章作参考。有了这些必要的材料,才算具备了写文学评论的基础。

2. 定题

在顺利完成了阅读环节的任务之后,就可以围绕这些想法和看法作进一步的信息搜索,以确定文章的论题,这就是评论的定题。

定题就是选定或确定论题,就是明确评论什么,相当于明确一篇议论文的中心论点,表明自己对某一作家、某一作品的基本看法、基本态度,即文章写作过程中的立意。文学评论可以写的东西很多,如评论一个作家,可以评论他的生平、他的创作倾向、他的思想倾向、他的作品的艺术特点等。评论一篇作品,可以评论它的思想性,也可以评论它的艺术性。那么,如何为评论确立一个好的论题?主要应从以下三点考虑:

第一,评论对象是否有研究的价值。这就要看评论对象本身从思想内容、艺术技巧到流派风格有没有可评的东西,如作家有自己的理论见解、创作经验、风格特点等;作品较为优秀,或反映了某种倾向,或有突出问题和影响等,这才便于从各方面或从某一方面进行评论,写出来的文章才有价值。第二,评论对象是否有现实意义。这就是要考虑文学创作的需要、文学理论探讨的需要、思想教育的需要,能针对具体问题展开评论。第三,自己对评论对象有无深刻体会或独到见解。这是写好评论的决定因素,如果对作家、作品没有什么体会或见解,写不出来却硬写,其结果不是无的放矢、面面俱到就是老生常谈、肤浅平淡。有深刻体会或独到见解,才有新意、有特点,才能体现评论的价值。

常见的文学评论的论题,有四种类型:一是把握精神,全面分析;二是找出特点,重点评论;三是针对问题,展开争鸣;四是抓住要害,予以批判。

3. 评论

文学评论的写作内容主要包括两大方面:一是作品的思想内容,二是作品的艺术形式。

先看作品的思想内容方面的评论。文学作品既是客观社会生活的反映,又要表达作家的思想感情,所以,在作品中,必然会渗透作家的思想政治倾向。考查文学作品的思想意义、社会价值,是文学评论的首要任务。一部作品的成败得失、价值高低,首先要看它的思想内容,要看作品所体现出来的思想倾向、思想深度。具体而言主要有以下三点:

第一,要把握总的思想倾向。评价文学作品的思想性,要从作品的全部内容出发,力求把握作品的基本精神和总的思想倾向,以得出科学的论断。要防止断章取义、以偏概全,防止主观臆断、曲解作品的思想内涵,造成判断的失误。比如古罗马理论家发现了愤怒出诗人,后来就有人以为只有愤怒才出诗人,不愤怒就不能出诗人,这就是犯了以偏概全的毛病。

第二,要顾及全篇及全人。评价文学作品的思想性,应当抱有历史唯物主义的态度,了解作者的生平、阅历、思想感情、气质,并联系作品产生的历史背景,以及作品所反映的时代特点,全面地、实事求是地进行考查、分析和判断。正如鲁迅所说:"倘要论文,最好是顾及全篇,并且顾及作者的全人,以及他所处的社会状态,这才较为确凿。"20世纪50年代,当有人歪曲长篇小说《青春之歌》的主题和人物形象时,茅盾从作品的整体出发,运用历史唯物主义观点进行分析,认为小说正确地反映了那个时代的现实生活,肯定了它的主题的积极意义。

第三,要注重社会效果。文学作品问世之后,就具有社会性,就会在社会生活与人民大众中产生影响,这种影响是积极的、有益的,还是消极的、有害的,这也是文学的社会批评的重要内容。对那些张扬时代主旋律、格调高昂的优秀作品要大力推荐、热情扶持,而对那些有错误倾向,如宣扬暴力、凶杀、色情的作品,则应该进行批判、揭露,对有些格调不高、情感不健康的作品要给予批评。

再看作品的艺术形式方面的评论。文学作品的内容都要通过一定艺术形式表现出来,艺术形式的要素包括结构艺术、表现手段和语言技巧等。尤其是语言,文学被称为语言的艺术,作家通过语言,运用灵活多变的手法广泛地反映复杂的现实生活,塑造各种各样的人物形象,传达丰富细微的思想感情。而不同的文学体裁,又有它不同的语言特点,这些都是评论者需要了解的。

评价一部文学作品的艺术性,还可以从内容和形式的融合、统一方面入手,研究作家如何运用美的形式艺术地反映生活,比如人物形象的艺术表现技巧。人物形象的塑造主要体现在叙事类文学作品中。以小说和戏剧为代表的叙事类文学作品的主要艺术特征就是以塑造人物形象为中心,它的思想价值和艺术价值都是通过人物形象的塑造表现出来的。所以,在这一类文学作品中,评析人物占有相当重要的位置。文学家塑造人物,总是企图表现某种思想、某种感情、某种审美理想。成功的人物形象,它的思想内涵是丰富的、复杂的,因此要通过对人物形象及其性格的分析,揭示出它所概括的思想容量,揭示出它的艺术魅力和艺术价值。同时,还要分析作者是如何塑造人物、运用何种艺术手法刻画人物的。

(四) 文学评论写作的基本结构与方法

文学评论从文体类型上仍然属于议论文的写作范畴,因此,其文章结构也不可能离开一般议论文的写作思路,"点——线——面"的构思是有序而有效的整体构思。"点"即论点,"线"即支撑论点的所有理由和依据(论据),"面"即论点、论据、作品的内容之间构成的一个完整的"面",这个"面"可以根据构思的需要或横向展开或纵向铺陈。

文学评论的写作,离不开对作家、作品、文学现象的介绍与说明,因为与文学创作相比,评论是第二性的,没有创作就无所谓作品,一切评论都必须依附于创作,所以具体到文章的写作方法或表达方式方面,文学评论的写作方法主要有以下两种。

1. 叙议结合法

写评论主要运用叙述和议论相结合的方法,即"夹叙夹议"的表达方式。其中,叙述主要以概括叙述为主,叙述的内容主要包括复述故事情节、概述作品梗概和节录、摘引作品的有关内容。需要注意的是,文学评论中的复述、概述不是简单地重复作品的内容,而是有针对性地、带有观点倾向地概括有关内容,是作为议论的基础而存在的。议论则是通过对叙述内容的分析、挖掘,表达作者的理解、观点和看法。叙议结合的要求是:叙要精练干净、恰到好处,使内容的介绍能和而后的评论相互照应、配合;摘引的文字要截取精当,能够典型地说明问题,且不可太长太多。议要切中肯綮,环环相扣,使后面的分析评论真正成为前面的叙述的升华与深化。总之,议由叙而生发,叙要为议服务,要夹叙夹议,叙议要有机结合。比如,山东青年作家冯现冬发表在 2022 年 8 月 3 日《文艺报》上的评论《挥洒趣笔闲情,凸显人物群像》中的一段文字:

> 作为非虚构文学的人物传记,其内部构造往往遵从"他是怎样成为了这样一个人"之脉络行文,《蔡京沉浮》却不是这样。作为文化批评学者,陈歆耕来了一个反弹琵琶。他跳出世人把蔡京简单标签化为"奸臣""六贼之首"的历史评判,采用"多视角""多声部"的叙述手法,在占有大量史料的基础上,从时人、史学家、作者三重视角层层观照、交错发声,形成一种颇具戏剧性的论辩式反转,或者说"复调"结构,在类似"双重奏"或"三重奏"的声音交叠中,试图从更多视点呈现历史真相,同时唤醒读者的"第四种声音"。作品以对比式、衬腔式、模仿式等多种形式呈现复调,且看下例:
>
> "笺曰:'何处机心惊白鸟,谁人怒剑逐青蝇',以讥谗谮之人。讥讽'谗谮之

人'有什么错呢?"

这是"车盖亭诗案"中的片段文字。吴处厚评论蔡确《夏日登车盖亭》其四,笺曰:"'何处机心惊白鸟,谁人怒剑逐青蝇',以讥谗谮之人。"紧接着,作者发声道:"讥讽'谗谮之人'有什么错呢?"如是,不同观点的声音形成对比式复调。其中或许还暗含了读者的声音:真是欲加之罪何患无辞!读者的声音与作者的声音形成衬腔式复调。

这些复述的文字与前后的解读构成严密的逻辑关系。既是论证过程中的重要论据,也是作品内容的一种高度浓缩与概括;既观点倾向鲜明,又渗透着浓郁的情感色彩,而不是刻板的情节复述。

2. 分析评论法

分析就是对作品本身的各种因素及其关系进行客观的解剖、说明。评论就是对作品的全部或局部的成败得失,以及实质和意义发表看法,进行评论。

在文学评论中,有的偏重于分析,如文章讲析,往往通篇是对作品的含义、人物性格、各个部分的作用等进行解释,目的在于向读者讲解作品。有的偏重于评论,如通过分析作品,总结创作经验、阐述文艺理论方面的文章。但多数文章是把分析和评论有机地结合起来,这一部分侧重于分析,那一部分侧重于评论,或边分析边评论,或在分析的基础上进行评论等。比如,上海青年作家项静发表在的《声音、沉默与雾中风景——〈应物兄〉》中的一段文字:

> 十三年的继续写作和难以结束,作家的无力感和沉默,象征着当代写作的某种困难。不断生长、巨大的篇幅、不断地重写,悖逆着速食时代的文学需求,这种小说似乎只能属于19世纪长篇小说的黄金时代或者波澜壮阔的20世纪初期,《应物兄》由此释放出一种孤独者的声音。
>
> 小说由一个自言自语的孤独声音开始,应物兄问"想好了吗?来还是不来",除了淅淅沥沥的水声,周围空无一人,是自己对自己的发问。小说在问号中跃入生活的巨流,在一个庸常的生活悬念中诞生,带着日常的蛮力进入生活的巨大岩层:哈佛大学东亚系教授程济世先生,应物兄在哈佛大学访学时的导师,应清华大学的邀请将回国讲学。程济世先生是济州人,在济州度过了童年和少年时代,曾多次表示要叶落归根。济州大学校长葛道宏求贤若渴,想借这个机会与程济世先生签订一个协议,把程先生回济大任教一事敲定下来,成立儒学研究院,进而创立太和研究院。小说最重要的贯穿始终的人物是应物兄,他是邀请程济世回国的重要参与者,整部小说是在他的限制视角之下叙述出来的。他有一个特殊技能可以隐藏自己的声音,创造了只有自己才能够听到的滔滔不绝,有效地解决了他喜欢发表意见,但又怕闯祸和得罪人的问题,周围的人认为他慎言慎思,但只有他自己知道,他一句话也没少说。

细品这段文字不难发现，项静在复述作品内容之后，顺势进行拓展，在解读的基础上增加了自己的一些分析和评论："小说最重要的贯穿始终的人物是应物兄，他是邀请程济世回国的重要参与者，整部小说是在他的限制视角之下叙述出来的。他有一个特殊技能可以隐藏自己的声音，创造了只有自己才能够听到的滔滔不绝，有效地解决了他喜欢发表意见，但又怕闯祸和得罪人的问题，周围的人认为他慎言慎思，但只有他自己知道，他一句话也没少说。"这样的解读，既是对作品内容创作艺术层面的挖掘，也对引导读者进一步读懂作品起到一定的启发作用。

训练与实践

一、写作知识训练

1. 什么是文学评论？广义的文学评论主要包括哪些方面？
2. 作家论与作品论的主要内涵有哪些？作品论的主要写作特点是什么？
3. 文学评论写作主要应该遵循的评判标准有哪些？
4. 文学评论的写作过程共分哪几步？其中定题环节你认为应该考虑哪些问题？
5. 文学评论与文学鉴赏之间的区别与联系体现在哪些方面？

二、例文评析训练

阅读下文，结合文学评论写作方面相关的文体理论，在思考讨论的基础上完成下列任务：
1. 从评论对象所涉及的范围的角度看，本文应属于哪种类型的评论？为什么？
2. 本文的选题立意有哪些值得借鉴的地方？请结合相关写作理论加以阐述。
3. 仔细梳理本文作者的写作思路及逻辑关系，完成下列任务：
（1）给文章补写一级、二级标题。
（2）阅读《声音、沉默与雾中风景——〈应物兄〉》一文，简要列出本文的结构提纲。

《声音、沉默与雾中风景——〈应物兄〉》

三、写作实践训练

阅读下面这首诗作，在读懂原作主题思想的基础上，自拟题目，自选角度，写一篇不少于1500字的短论。

五月的麦地

海 子

全世界的兄弟们
要在麦地里拥抱
东方，南方，北方和西方

麦地里的四兄弟,好兄弟
回顾往昔
背诵各自的诗歌

要在麦地里拥抱
有时我孤独一人坐下
在五月的麦地梦想众兄弟
看到家乡的卵石滚满了河滩
黄昏常存弧形的天空
让大地上布满哀伤的村庄
有时我孤独一人坐在麦地为众兄弟背诵中国诗歌
没有了眼睛也没有了嘴唇

第三节 学术论文

一、学术论文的定义

　　学术论文是学术研究的结晶,是用来表述科学研究成果的一种文章体裁;学术论文的写作是学术研究的重要组成部分,是对某一学科领域的科学规律的揭示。在社会实践中,人类总是不断地认识客观世界,改造客观世界。对各门学科、各种领域,从现象到本质,从特征到规律,从存在到发展,人类都在进行着从不间断的探索与研究,并产生了各种认识和见解,涌现出了各种发明与创造。这些科学的认识、见解、发明、创造,需要进行交流和传播。撰写学术论文便成了一种交流传播研究成果的重要手段,它对于将科学技术、人文成果转化为社会生产力和思想力量,对于培养大学生、研究生的科技创新能力和人文精神,具有举足轻重的作用。

　　学术论文按不同标准可划分为不同种类。按研究领域,可分为自然科学论文、社会科学论文和思维科学论文等类别;按科学研究的性质和方法,可分为创造性理论研究论文、实验型论文、设计型论文和综述型论文等种类;按写作目的和使用范围,可划分为学术论文与学位论文。大学生的学术论文按写作时间来说,又可划分为学年论文和学位论文两大类。学位论文按学位等级可分为学士、硕士和博士论文三级。

二、学术论文的特点

（一）学术性

　　学术论文是学术成果的载体,其内容是作者对某一课题潜心研究的成果,因此具有很强的学术性。学术论文要有一定的深度,它要求作者必须具有深厚的专业功底,熟悉学术界的研究动态,对所研究的课题具有全面、深入的了解。学术论文既可以推翻某一学科领域中的旧说,提出新见;也可以把一些分散的材料系统化,用新的方法加以论证,得出新的结论;还可以是作者在某个学科领域中,通过自己的观察、调查、实验,获得新的发现、发明或创造，在论文中陈述自己的学术见解。

学术是一种专门的、系统的学问。所谓"专门"，指的是学术论文写作是在一个特定的领域里展开的创造性劳动，它的内容具有较强的专业性，与一门学科、一门学问的创设和发展密切相关。这是学术论文与社论、时论及一般的文学鉴赏文章的不同。

学术论文是写作者对一课题潜心研究的成果，不仅是"专门"的，而且是"系统"的，是纳入一门学科的体系之内，建立在相关研究基础上的，不可能抛开前人的研究而独立存在，不可能隔离于学科体系和关联之外。因此，学术论文作者不但要了解所论述的课题的现状，还要了解其历史，熟悉学术界的动态，把握好自己的主攻方向和研究角度。不论是推翻某种陈旧的观点，提出新的见解，还是把一些分散的材料加以整合，用新的方法进行论证，得出自己的结论，或者是通过亲力亲为的观察、调查、实验获得新的发现，都需要有较长时间的学习和思考作基础，需要一个较长的纵深发展的探索过程。这一特点使学术论文不同于那些凭借写作者灵感临时介入某一领域而发表的议论文字。

（二）科学性

学术论文的科学性是由科学研究的性质决定的。科学的任务是揭示事物发展的客观规律，探求客观真理，作为人们改造世界的指南。学术论文要正确地反映某项科学研究的过程及成果，发挥其改造世界的指南作用，它本身就具有科学性。科学性，是学术论文的"本"，是学术论文的灵魂。失去了科学性，学术论文也就丧失了它存在的价值，甚至还会给社会带来危害。学术论文的科学性主要体现在两个方面。

1. 内容科学

内容科学即内容真实、正确、准确，能够反映客观事物的本质规律，揭示客观真理，符合客观实际。所谓真实，是指论文内容表述的是客观存在的事实，或是超越事物表象阐明本质的真实，或是古今中外公认的科学真理，这是科学性的基础。所谓正确，是指论文内容符合客观规律的科学总结，或是经得起推敲的理论体系的逻辑推理，或是经过实践验证的观点、方法和技术。所谓准确，是指论文内容的阐述要恰如其分，既不夸大，也不缩小，不允许出现误差。

2. 结构和表达科学

结构和表达科学，即论文结构严整，推理严谨。具体来说，论文的立论要客观、正确，论据要可靠、充分，论证要有力、周密，既要合乎形式逻辑，又要合乎辩证逻辑，语言文字要准确、明白。

要做到这些，就要求写作者掌握马克思主义的理论观点和科学的思想方法，掌握坚实的理论知识，同时还要求具有强烈的责任感和事业心。

（三）创新性

科学研究的生命在于创新。没有创新，科学事业就不能进步。学术论文的创新性主要表现在：选择的课题新，研究的角度新，取得的成果新。科学研究最忌步人后尘，因循别人的结论。那种人云亦云、抄袭别人研究成果的文章，是没有任何学术价值的。科学研究中的创新不是轻而易举就能获得的,能针对学术问题说出一句前人没有说过的又十分正确的话实为不易,必须锲而不舍,勇于探索,方能在科研上取得新的进展和突破,从而写出具有创新性的学术论文。

学术论文的独创性,主要表现为以下三种形式:一是开拓型。这种独创性,是"发前人所未发",提出别人没有发现过或没有涉及过的问题,创立新说,成一家之言。开拓型的独创,不是轻而易举就能获得的,它是研究者长期潜心研究的结果。每一位学术论文的写作者,都不应该放弃这方面的探索和努力。二是加深型。这种独创性,表现在对前人已研究过的课题的开掘和加深上,并不是说,研究前人已经研究过的课题就是步人后尘、拾人牙慧。如果写作者在研究某一课题的过程中,在掌握确凿的第一手材料的基础上,从新的"角度",采用"新方法",对该课题达到了较高层次上的真理性的认识,得出了过去的研究者限于以往的历史条件和认识水平所不能得出的结论,那么就实现了加深型的独创。另外还有争鸣型等,即在与旧说或通说的商榷之中体现出来创新性。

三、学术论文的写作

(一) 学术论文的准备

撰写学术论文是一项浩繁的工程,必须进行充分的准备,写起来才能得心应手。准备工作大致包括以下几个方面:

1. 选择题目

学术论文写作质量的高低与选题密切相关。因此选题绝不能心血来潮,随意选取,必须根据自己的理论水平、知识储备、学术兴趣等条件来选定题目。选题应注意以下几点:

(1) 掌握学术信息

撰写学术论文,无论是在确定题目的过程中,还是在定了题目之后,都要注意有关此题目的信息。如果信息不灵,往往会在无意中步入他人之后尘,或者与他人"撞车",从而使独创性难以体现。

掌握学术信息,途径之一是向导师或内行讨教。学术论文的写作者虚心向导师或内行请教,有利于准确及时地掌握学术信息,了解学术研究的动态和现状,从而为自己的选题奠定"价值判断"的基础。掌握学术信息,途径之二是查阅文献资料。查阅文献资料,指查阅有关的专业目录、报刊目录索引、专题目录索引和年鉴等。通过查阅,了解本学科研究的历史和现状,看看有多少人研究过,达到了什么程度,还有哪些问题没有解决等。弄清了这些情况,对写作者确定选题大有好处。

(2) 进行自我认识

首先,要了解自己的兴趣指向。兴趣可以培养,也可以转移,对某个课题,原先不感兴趣,后来变得甚感兴趣的情况是有的。但对课题始终提不起兴趣来,却终究是一种极不利于课题研究的心理状态。写作者应当避免这种情况。

其次,要估量自己的资料积累。从材料与选题的角度看,大致有两种情况:一种是从掌握的大量资料中引出研究的课题;另一种是在一般地了解资料后确定课题,然后再收集资料。不管属于哪种情况,都必须估计一下自己的资料积累情况,计划如何再进一步搜集资料。

最后,要明白自己的优势。有人长于宏观把握,有人精于微观研究,有人立论周严,有人驳论锋利。在选题的时候,要扬长避短,研究工作才能很好地展开。对于初学写学术论文的人来说,由于时间、经验和能力所限,应选择突破口小一点的题目、具体一点的题目,以有利于研究工作的顺利开展。

(3) 确定主攻方向

一般来说,确定论文的主攻方向应该从以下几个方面去考虑:

第一,选择与社会生活和科学文化事业密切相关的问题。现实的需要,永远是科学研究最根本、最强大、最内在的推动力。需要,能孕育、催生新的学科;不需要,任何学科都势必要萎缩乃至消亡。现实的需要,是不能不予以重视的原则问题。

第二,选择具有学术价值的问题。学术研究的根本目的在于提高学术水平,推动某一学科的发展。这一类的题目,有的对某门学科的发展有迫切的现实意义,有的从表面看来不直接应用于当前的四个现代化的建设,例如对基础理论或古代文学的研究,但它是与我国的科学文化发展相关连的,同样有学术价值。学术研究既要看现实的需要,也要考虑长远的利益。

第三,选择可行的课题。首先,客观条件是第一性的。自然科学研究尤其要注意客观条件,如资料多寡、经费来源、实验场所、仪器设备、时间期限以及相关学科发展水平等。文科学生也必须注意参考文献的充足与否,比如要研究港台作家,而大陆没有出版这位作家的文集,导师中也没有相关研究专家,那么这个选题就不具备可行性。其次,要根据自己的主观条件量力而行,要对自己的知识结构、学业专长、研究能力、兴趣爱好、对课题的理解程度等有清醒的认识。再次,选题不宜过大。题目过大就会有"老虎咬天"的感觉,不知从何处下手,论文写出来也往往流于空洞。比如一位本科生以《鲁迅小说研究》作论文选题就明显太大。一般说来,学士学位论文应以作品细读为主,在"小题大做"的过程中掌握论文写作规范、方法与学术语言等。有时,断然放弃不适合自己的论文选题,也是明智之举。

第四,要在比较的基础上选择题目。题目的选择如同地质勘探,要在比较的基础上选"点":要在广泛的面上选最具"高峰性"的点;要在历时性的发展链条上选"经典性"的点;要选择在深度挖掘的过程中"最具含金量"的点。

2. 搜集资料

研究资料的搜集主要有以下三种途径。

(1) 阅读原作

阅读原作是第一位的,不阅读就没有发言权,只有细读作品才能进入作品内部,才会有自己的心得,从而使论文成为"内部研究",而不是大而化之的"外部研究"或"意识形态研究"。

在阅读阶段,写作者可以不必过多关注已发表、出版的论著,否则易形成先入之见,戴着有色眼镜进入作品，其"发现"会大打折扣。还有一种"先入为主"的阅读情形是把作品当作某种理论的注脚，比如把西方学界的某种理论套用到中国作品评论中，作品仅仅是这种理论的证据而已。实质上，这是一种学术投机行为和拼贴行为。更恶劣的"不阅读"是从网络上抄袭别人的"心得"来代替自己的阅读，这是学术研究的大忌。

仅仅细读完一部作品就写论文，仍嫌不够。比如解读韩少功中篇小说《报告政府》时，如果没有通读韩少功的其他小说甚至全部小说，就没有参照系；如果不是把这部作品放在整个20世纪90年代或21世纪以来中国当代小说创作流程中进行比较研究，就不能说真正理解和把握了这部作品；如果不把它与其他作家的同类作品进行比较，就不能全面认识《报告政府》的文学史价值。另外，论文还应当知人论世，唯有如此才能对研究对象抱"同情的理解"。

(2) 社会调查与实验

对于社会学、教育学、心理学、新闻学等学科来说，时常会运用社会调查、田野调查的方法来搜集资料。这需要首先有一个大体的定向，但决不能带着成见进入调查。如果主题先行，那么在调查的时候就会不自觉地专注于有利于自己的论点的材料，而放弃不利于自己的论点的材料，这样以偏概全、歪曲事实，所得出的结论也会失之毫厘、谬以千里。

科学实验更需严谨的态度，绝不能合理想象甚至反向推定。在自然科学领域，有人伪造实验数据，影响十分恶劣。前些年，一位化学教授一年时间内在国内外学术期刊发表了上百篇论文，在中国同行中排在前几位，被评为有突出贡献的专家，被某高校当作高层次人才重金引进。但是事实证明，他的"实验数据"多是伪造的，因而中国化学学会对他进行了封杀。这些教训都应引为镜鉴。

(3) 新材料的发现或旧材料的收集

对于纸质资料应学会文献检索。比如若要研究中国现代文学名家，应从他的研究资料专辑开始查寻资料线索，其中对研究对象的研究综述则可以成为资料收集的起点。另外，通过浏览中国学术期刊全文网、人大复印报刊资料全文数据库、人民日报数据库等，可以轻易地搜集到关于某个专题的资料，只需在"篇名""关键词"或"主题"项下键入想查询的内容，就可以得到海量的信息。如果在网络上没有找到相关信息，那么研究很可能是开创性的。

在收集和整理史料方面，哲学家冯友兰有"全真透精"四字诀，即搜集史料要"全"，审查史料要"真"，了解史料要"透"，选择史料要"精"。历史学家陈垣则赋予"竭泽而渔"新义，主张在史料搜集方面见疑不放、穷追不舍。文学史家杨义认为，学术研究"应该建立在阅读大量的原始材料和研究资料之上，因为学术研究首先是一种锲而不舍、持之以恒的艰苦磨练，非从读书破万卷的深厚扎实的材料文献功夫开始不可。缺乏材料文献之米的巧妇是难为无米之炊的"。[①] 穷源返本的资料搜集是艰苦的工作，也是学术研究的"真功夫"，是学术发现和创新的坚实保障。

---

① 杨义.读书的启示[M].杨义学术演讲录.北京:生活·读书·新知三联书店,2007:410.

3. 确立论点

确立论点,是课题研究的深化和结果,也是论文写作的前提和依据。这是研究成果和论文价值的集中体现,是影响论文全局的关键。

论点,是学术论文所表达的题旨和基本结论。一篇学术论文,最重要的是抽象、提炼观点,因为它是论文的灵魂和主心骨,是论文的论证核心和主体,是作者的观点、意图、主张、评价和态度的集中反映。

科学研究的实践是论点形成的基础。从选择课题开始,经过收集资料,对资料进行加工、分析、综合、归纳、判断等研究和评价过程,逐步孕育,形成一定的见解和结论,进而提炼出正确、新颖、深刻的论点。因此确立论点是课题研究的深入和归宿。确立论点,主要是确立全文的中心论点。为了论证中心论点,还要围绕中心论点确立若干分论点。这些分论点从属于中心论点,是为证明中心论点服务的。中心论点一经确立之后,就起着统帅全文的作用。论文的材料取舍、构思谋篇、结构安排、表达方法,乃至遣词造句,都要围绕论点而展开,服从并服务于论点的论证。学术论文价值的大小、水平的高低,在很大程度上取决于论点是否深刻而有新意。

4. 拟定提纲

提纲是学术论文构成的蓝图和基本逻辑框架,是由序码和文字组成的逻辑图表。通过提纲可以把写作者初步酝酿成形的思路、观点等用文字固定下来、明确起来,起疏通思想、安排材料、形成结构的作用。有了提纲,行文就有所遵循,何处该起、何处该收、何处该分、何处该合、承接转换、详略疏密均在自己的意料之中,写起来全局在握,目标明确,思路豁达,可避免论文内容的松散零乱、自相矛盾。

拟写学术论文的提纲,一要从全局着眼,权衡好各个部分;二要项目齐全,能初步构成论文的轮廓。一般来说,提纲应该写得细一些,包括的项目有:

① 题目(暂拟);
② 论文的宗旨、目的;
③ 中心论点所隶属的各个分论点;
④ 各个分论点所隶属的小论点;
⑤ 各小论点所隶属的论据材料(理论材料、事实材料);
⑥ 每个层次采用哪种论证方法;
⑦ 结论。

论文的提纲要纲目清楚、明确,使人看过以后,能够较好地写出论文的观点、材料以及观点和材料的组合安排方式,能把文章的大意大势标示出来,形成一个粗线条的论文框架。

提纲的写法,概括起来有论点写法、标题写法、提要写法等三种。

提纲写好之后,不要立即动手写作,而应当回过头来看看自己所掌握的材料有无错漏,同时,要反复推敲提纲的几项内容:论点是否明确,论述的层次有无主次不分、颠倒或重复等问题,论据是否充分,材料安排是否恰当,等等。提纲的推敲过程,也就是写作者的逻辑思维渐趋严密的过程。

(二) 学术论文的撰写

学术论文写作必须逻辑缜密、观点清晰,语言要"信、达、雅"。中华人民共和国国家标准《期刊编排格式》(GB/T 3179—2009)和《学术论文编写规则》(GB/T 7713.2—2022),对学术论文结构与行文格式有规范化的要求。一篇完整的学术论文的格式,通常由以下几个部分组成:

1. 文章标题

文章标题是一级标题,一般用三号黑体,居中。标题应简明、具体、确切,能概括文章的核心信息,符合编制题录、索引和检索的有关原则。标题一般不超过 20 个字,必要时可加副题,用较小字号另行起排。标题应尽量避免使用非公知公用的缩略语、字符、代号和公式。

2. 作者姓名与作者简介

作者姓名一般用宋体小四号,置于篇名下方,与中文摘要之间空两行。译文的署名格式是:著者在前,译者在后,著者前用方括号标明国籍。

中国作者姓名的汉语拼音采用姓前名后,中间为空格,姓氏的全部字母均大写,复姓连写;名字的首字母大字,双名中间不加连字符,姓氏与名均不缩写。如:WAN Cheng(万成),LIU Lishan(刘立山)。

作者通讯地址应用较小字号标明工作单位全称,所在省、城市名及邮政编码,加圆括号置于作者署名下方。多位作者的署名之间用逗号隔开;不同工作单位的作者,应在姓名右上角加注不同的阿拉伯数字序号,并在其工作单位名称之前加注与作者姓名序号相同的数字;各工作单位之间连排时以分号隔开。

作者简介是对文章主要作者的姓名、出生时间、性别、民族(可省略)、籍贯、职称、学位、特长等作出介绍。一般排在文章首页地脚,其前以"作者简介:"或"[作者简介]"作为标识。同一篇文章的其他主要作者简介可以相继列出,中间以分号隔开。

3. 摘要与关键词

摘要应能客观反映论文内容的主要信息,具有独立性和自含性,一般不超过 200 字,以与正文不同的字体字号排在作者姓名与关键词之间。中文摘要前以"摘要:"或"[摘要]"作为标识。公开发行的学报论文应附有英文摘要,其内容应与中文摘要相对应。英文摘要前以"Abstract:"作为标识。

关键词是反映论文主题概念的词或词组,一般每篇 3—8 个。关键词应以与正文不同的字体字号编排在摘要下方。多个关键词之间用分号分隔。中英文关键词应一一对应。中文关键词前以"关键词:"或"[关键词]"作为标识,英文关键词前以"Key words:"作为标识。

4. 正文

(1) 把握学术论文构成的基本型

学术论文构成的形式多种多样。但是,它也与一般的议论文相同,有它的基本型。它的基本型一般由引论、本论、结论三部分构成。

第一部分：引论（绪论、绪言、前言）。它是学术论文正文的起始部分。这一部分，一般是说明为什么要研究这个课题，解释研究这一课题的现实意义，并提出论文的中心论点。如果是篇幅较长的论文，往往要对本论部分作扼要介绍，或提示出论述问题的结论。引论部分必须写得简明扼要，在整篇论文中所占的比例要小。

第二部分：本论。它是学术论文的主体部分，是论文的精华所在。这一部分应是详细地阐述写作者个人研究的成果，特别是详细地阐述写作者所提出的新的、独创性的内容。写作者在这一部分里必须根据论题的性质，或正面立论，或批驳不同的看法，或解决别人的疑难问题，从而周详地论证文中的全部思想和新见解。本论是体现论文水平和价值的主要部分，文字量较大，篇幅较长，一般约占全文的三分之二，要全力把它写好。

第三部分：结论。它是学术论文的最后部分。这一部分的内容与引论相关，是围绕本论所作的结论，是对本论部分的强调，但不是本论论点的重复，而是一篇论文要旨的简明扼要的提示。如果结论部分已提前在引论或本论部分作了提示，这部分只作为论文的收尾，不再提示论文的主旨，但必须注意与论文的开头相照应。

上面所说的，只是学术论文构成的基本型，并不是一成不变的死板公式，写作者可根据实际情况加以变通。

（2）展开论述，阐述明晰

学术论文主要是阐明道理、提示规律，引导人们达到对问题的真理性认识，这就要求写作者善于展开论述，把矛盾充分地揭示出来，从不同的角度、层次对问题进行具体的分析，把道理讲得深入透彻。

学术论文展开论述的重要方法是夹叙夹议，或者是先叙后议、先议后叙，交替进行；或者是边叙边议，把两者糅合起来。写得好的论文议论风生，说完一层意思又说另一层意思，一步一步地接近所论问题的核心。例如，有一篇学术论文的作者在第一节中提出基本观点：张洁在她的作品中所追求的是一种美。在第二节中，指出她的这种美，不是物质生活的美好和人的外表的漂亮，而是一种内在精神的美。在第三节中，又指出这种美属于道德审美范畴，这种美，对于她的主人公来说比物质生活乃至生命本身更重要。在第四节中，这种美又增加一层内涵——对社会的使命感和对生活的责任感。到了第五节又规定这种美不是那种阳刚之美，而是朴素优雅之美，因而在她的作品中成功的正面主人公很少是叱咤风云的英雄。在最后一节中，作者指出这种美成为张洁的创造的标志，但是这种创造的优点也是有限度的，它也带来了局限。论文逐层深入，使论点的内涵越来越丰富、具体，给读者深刻的启示与教益。

一篇论文，除了论证部分，往往还有非论证部分，如开头介绍有关情况，引出要讨论的问题；解释关键性的概念，明确研究的对象；复述典型例子，理清它的来龙去脉；指明实现论点的途径，提出具体的做法；等等。这些都是论文不可缺少的部分，要通盘考虑，全面安排，明晰地加以阐述。阐述明晰主要指概念明确，界说清楚，主次分明，条分缕析。比如，解释基本概念常有这种情况：双方论争，各抒己见，纠缠了大半天，才发现彼此都没有明确表达自己所用的概念,实际上混战了一场。可见,概念含糊不清,思想活动就不可能正常地进行,思想交流就没有共同的目标。

下定义、分类别、释词语等,就是确切地阐述概念的一些方法。

(3) 要有较浓的理论色彩

学术论文侧重于理论阐述,有较强的理论色彩,"理形于言,叙理成论。词深天才,致远方寸"(刘勰《文心雕龙》),这是学术论文的一个显著特点。

学术论文的理论色彩不是外加上去的,也不是书本上现成的教条,而是从客观实际中抽出来又在客观实际中得到了证明的规律性东西。学术论文的理论色彩来自熟练的理性思维,来自活跃的创造性思维,来自雄辩的文字表达。

怎样才能加强学术论文的理论色彩呢?

第一,要有综合和抽象的过程。这就是说,写作学术论文时不能满足于一般的排列、堆砌材料,而要从感性上升到理性的高度,能够对纷纭复杂的客观事物作一番"加工",进而找到规律性的东西。第二,要有从个别到一般的"飞跃"。这就是说,写作者不能匍匐于某一具体事物上,就事论事,而应该去深入开掘其广泛的社会意义。只有跳出了具体事物的小圈子,才能放开眼界,发挥论述的指导作用。第三,要坚持以理服人。在学术讨论中,对自己不同意见的观点提出异议,展开争论,这是正常的,但决不可以将对方的观点故意歪曲夸大,说得一无是处,甚至"无限上纲"。只要那些看法还有一点可取之处,就不应全盘否定。在学术讨论中,问题可提得十分尖锐,倾向可表述得十分鲜明,但一定要坚持"摆事实,讲道理",以理服人,不能离开理论分析,不能搞简单化、庸俗化。

5. 结论

结论是论文的收束部分,是本论部分分析论证的必然结果。它往往是本论部分重点的提示和强调,它的内容与引言有着密切关系,应当与之相呼应。

6. 致谢

致谢绝非可有可无、狗尾续貂的附记,而是学术论文不可分割的一部分,除了对论文写作过程中给予帮助的师友表达谢忱,还可以包括对未完成的研究的说明,以及未来的研究计划等。

7. **参考文献**

参考文献应执行《信息与文献 参考文献著录规则》(GB/T 7714—2015)及《中国学术期刊(光盘版)检索与评价数据规范》规定,采用顺序编码制,在引文处按论文中引用文献出现的先后,以阿拉伯数字连续编码,序号置于方括号内。一种文献在同一文中被反复引用者,用同一序号标识。需标明引文具体出处的,可在序号的"[ ]"外著录引文页码,采用小于正文的字号编排,如"[1]22"。

参考文献的项目要齐全;列表时应以"参考文献:"(左顶格)或"[参考文献]"(居中)作为标识;序号左顶格,用阿拉伯数字加方括号标示;每一条目的最后均以实心点结束。学术论文写作是一项科学、理性、严谨的研究活动,在人类文明活动中居于重要地位。只要有"沉潜往复、从容含玩"的向学之心,就一定能达到"蓦然回首,那人却在,灯火阑珊处"的境界。

训练与实践

一、写作知识训练

1. 什么是学术论文？它的主要特点是什么？
2. 选题是决定学术论文内容和价值的一个关键性的环节，为了选好题目，尤其应该注意哪些问题？
3. 写作学术论文必须注重搜集资料，在搜集资料中应注意什么问题？
4. 怎样才能加强学术论文的理论色彩？结合具体文章加以说明。

二、例文评价训练

《论文学误读》是一位本科生的毕业论文，认真阅读后，就题目的确定、论述的展开、结构的安排、语言的运用等问题，谈谈自己的看法与意见。

《论文学误读》

三、写作技能训练

找一篇经典的学术论文，分析其行文规范、论文结构和语言特色。

第四节　杂文

一、杂文的含义及文体源流

杂文是一种以议论和批评为主、兼有评论与文学特色的边缘性文体。它以广泛的社会批评和文明批评为主要内容，一般以对假恶丑的揭露和批判来肯定和赞美真善美；杂文体式多变，笔法灵活，篇幅简短，语言活泼；论理上讲究抒情性和形象性，具备鲜明的讽刺和幽默喜剧色彩。

从文体角度考察，杂文既古老又年轻。

鲁迅曾言杂文"古已有之"，确实，早在先秦时期，就多有具备鲜明杂文特点的优秀作品。如《战国策》中的《邹忌讽齐王纳谏》《触龙说赵太后》，荀子的《劝学》、庄子的《秋水》、孟子的《齐人有一妻一妾》等文章。这些文章，或讽喻劝谏、婉而多讽，或连类取譬、论理形象，或直面现实、针砭抨击，用冯雪峰先生在他的《谈谈杂文》的话说："都是最好的、最出色和最本质的杂文。"

自秦以降，历朝历代都不乏杂文佳作。如南北朝时期，阮籍的《大人先生传》、鲁褒的《钱神论》、嵇康的《与山巨源绝交书》，唐代的"说"体文《马说》《捕蛇者说》，明代刘基的《卖柑者言》，清代龚自珍的《病梅馆记》、梁启超的《少年中国说》等。

但古代的杂文作品，并未有明确的文体归属。据考证，历史上，"杂文"一词，最早见于范晔的《后汉书》。但范晔所说的"杂文",指杜笃、苏颂等人写的那些不能归入"赋、诔、吊、书、赞"中的连珠式等杂体文。后来,南朝梁代的刘勰在《文心雕龙》卷三中言:"详夫汉来杂文,名号多品,或典、诰、誓、问,或览、略、篇、章,或曲、操、弄、引,或吟、讽、谣、咏,总括其名,并归杂文之区;甄别其义,各入讨论之域。"①可见,范晔、刘勰之所谓"杂文",并非文体概念,泛指非主流的杂七杂八文章,是古代散文中的一部分。这种说法大致也代表了古人对"杂文"的理解。

杂文文体地位的确立是在现代。五四之后,伴随着新文化运动的兴起,文章分类出现了新的变化,"散文"成了文学体裁,其概念外延大大缩小。散文中那类以论理为主的小品文,一时蔚为大观。以鲁迅为代表的一大批现代作家,从强烈的历史使命感和社会责任感出发,把小品文锻造为"文明批评""社会批评"的武器,他们在理论与实践两方面的不断尝试与探索,终于使直面现实、犀利泼辣的"硬性"小品文,以旧瓶装新酒的"杂文"名义挣脱出散文母体,毫无愧色地登上了20世纪30年代中期的文坛。

二、杂文的文体特征

杂文的特征可概括为以下四个方面。

1. 感应敏锐,时代性强

杂文人称"千字文""豆腐块",是反映生活敏锐、及时、极具时代色彩的文体。鲁迅曾说过:"现在是多么迫切的时候,作者的任务,是在对于有害的事物,立即给以反响抗争,是感应的神经,攻守的手足。"②有人称,读鲁迅的杂文,就是读一部中国现代史。这也正是因为鲁迅杂文颂扬真善美,鞭挞假恶丑,反映着时代的风雨阴晴。

2. 敢于批评,富有思想

批评意识,是杂文与生俱来的特质,也是杂文不可或缺的本质属性。杂文的批评,是广泛的社会批评和文明批评。鲁迅的杂文,或剖析国民弱点,批评病态的社会文化心理,或揭露社会政治的黑暗、反动文人的无耻,或抨击专制统治者的凶残、帝国主义的罪行等,"论时事不留面子,砭锢弊常取类型"③,堪称杂文典范。但杂文的批评,并非只是破坏,不重建设。"破"与"立",是辩证统一的,"破"中有"立","立"中有"破"。杂文是通过批评达到建设的目的,是寓肯定于否定之中。"杂文的根本点在于社会建设性。批判是形式的、外在的,而追求人类共同价值的实现,是本质的、内在的。"④

杂文的批评通过深刻的思想价值来实现。思想是杂文的生命,是杂文的内核和灵魂,也是杂文实现其社会价值的基础。杂文通过其独到的思想认识,启迪、影响于读者,造就公平、公正、合理、正义的社会舆论环境,激发改革社会、推动文明的巨大动力。杂文表达的思想不同于一般社会科学论文所表达的思想,它不是抽象的、概括的,而是具体的、生动的,是

---

① 刘勰.文心雕龙[M]//范文澜.文心雕龙注.北京:人民文学出版社,1958:262.
② 鲁迅.《且介亭杂文》序言[M]//鲁迅全集(六).北京:人民文学出版社,2005:3.
③ 鲁迅.《伪自由书》前记[M]//鲁迅全集(五).北京:人民文学出版社,2005:4.
④ 朱健国."第六站杂文家"的思想轨迹——盘点刘洪波[J].唯实,2002(8).

思想性和艺术性的水乳交融。鲁迅先生关于"吃人"封建制度的认识,柏杨先生关于"酱缸文化"的思考,既达到了前无古人、旁无众随的思想高度,又体现出杂文思想的具体和生动。

3. 曲笔论理,生动形象

"曲笔"是一种写作技巧,也称为"绕笔",即由于某种特殊原因,作者不便直接道出本意,于是用委婉的表述,使读者通过思索,来了解作者本来的意旨。曲笔论理,体现的是杂文的文学特征。诚如姜振昌在《鲁迅研究月刊》发表的《鲁迅与中国 20 世纪杂文》所说:"只有'曲笔'的确立才使杂文作为一种文体走向自立,在形式范畴的根本性意义上赋予议论文体以艺术特质。"杂文以思想的表达为主要目的,杂文的思想又是一种具体、生动的思想,因此,概念、判断、推理的逻辑形式,实现不了这个目的。直白浅露或一览无余,永远是杂文论理的大敌。杂文的"曲笔"论理,主要体现为作者创作思路的营构,是杂文艺术构思的主体。"曲笔",是就思想与事实、情景的沟通方式而言的,这种沟通方式,不是直接的沟通,也不是单一的、明确的线式沟通,而是委婉、隐蔽、迂回曲折的沟通,是多维立体、模糊化的沟通。曲笔论理要通过多种多样的方法来实现。在杂文中,最常用的"曲笔"论理方法是象征、暗示、影射、类比、对比等。

当然,杂文的曲笔,也不能绝对化,决非越曲越好。时代不同,读者对象不同,杂文当然可以写得明白晓畅些,但这只是曲笔艺术如何运用的问题,而不是要不要曲笔艺术的问题。没有了形象生动,杂文只能等同于时评、政论等,失去了独立的文体地位。

4. 幽默辛辣,亦谐亦庄

幽默辛辣是杂文突出的语体风格,也是杂文突出的文体特征。杂文要"对于有害于新的旧物""竭力加以排击",要不留情面地抨击时弊、贬责痼疾,因而,没有辛辣,杂文就如同温吞水,如同隔靴搔痒,实现不了其激浊扬清、鼎新革故的社会功能。幽默恰恰有助于作者发现和描绘生活中乖讹、悖谬的东西。杂文就如同雄鹰,有了辛辣与幽默这两只翅膀,它才能翱翔天空,翅膀有了残缺或损伤,便难以飞得高、飞得远。

好的杂文作品,总是力图让读者在笑声中获得哲理启迪与艺术享受。即使是内涵十分严肃的杂文,作者也往往涉笔成趣,使读者发出意味深长的微笑。但在笑过之后,却能领略到作者对于有害事物的犀利尖锐的抨击和揭露,顿生痛快淋漓之感。

杂文的讽刺要看对象,它可以是"匕首""投枪",也可以是"银针""手术刀",还可以是"啄木鸟""乌鸦";杂文的幽默也并非油滑,不能为幽默而幽默,为笑笑而笑笑。

三、杂文的基本类型

从写作特点和表现形式出发,杂文可分为三类:本体杂文、边缘体杂文、变体杂文。

(一) 本体杂文

本体杂文是杂文的原初体式,也是体现杂文文体特征最典型的体式。简单地说,那些使人一提到"杂文"就自然地联想到,或看到它们就让人意会到"什么是杂文"的作品,就是本体类杂文。

着眼于写作构思,本体杂文有两种常见样式:寄寓式和杂感式。

1. 寄寓式

指用寄寓的方式来评说世象、阐述论理的杂文。把抽象的道理寄托于形象的寓体中,是寄寓式杂文的主要特征。用以寄托论理的"寓体"可以是虚拟的故事,也可以是真实的事件,还可以是具体的客观事物。寄寓式杂文古今佳作数不胜数,如先秦孟子的《齐人》、唐代韩愈的《马说》、明代刘基的《卖柑者言》,当代作家王小波的《一只特立独行的猪》等。

2. 杂感式

指那些通过旁征博引方式杂谈论理的杂文。其主要表现特征是:内容博杂,材料众多,结构疏落,夹叙夹议,充分展现杂文"杂"的一面。从文体渊源看,杂感式杂文继承的是其现代散文母体的特征,所谓"杂而不乱""杂而有味""杂而有文"等,正是对它的简要概括。这类杂文现当代文坛上也有数量众多的好作品,如鲁迅的杂文《由中国女人的脚,推定中国人之非中庸,又由此推定孔夫子有胃病——"学匪"派考古学之一》,新时期杂文名篇《马尾巴.蜘蛛.眼泪及其它》等。

(二) 边缘体杂文

杂文与政论、时评、随笔、散文小品等皆属姊妹文体,许多作品都是处于杂文与这些姊妹文体的交叉边缘地带,在文体特点上,互为包容,兼而有之;在文体归属上,界限模糊,亦此亦彼,这类作品可统称为边缘体杂文。

边缘体杂文主要有四种样式:思辨式、时评式、随笔式、小品式。

1. 思辨式

指那些侧重以逻辑推理形式阐述思想观点的杂文。这类杂文多有完整的推理过程,思辨性强,近于通常的政论、思想评论。不同的是。文章的逻辑思辨中渗透着作者强烈的主观情感,注重使用具体、生动的事实材料,语言也追求生动、幽默的表达效果。

2. 时评式

指那些处于杂文与时评边缘地带、具备些时评特点的杂文。这类杂文与时评一样,有较强的时效性,常由新闻事件引发,一事一议,篇幅简短,却不注重对事实本身进行判断,多引申开去、阐发有普适意义的真知灼见。不用"直笔"用"曲笔",又使其有别于一般的时评。

3. 随笔式

指那些抒心写意,纵情而谈的"软性"杂文。这类杂文着眼于个人的日常感悟,选材不拘大小,叙议生发自然,幽默风趣而又机智洒脱,有较浓的生活气息。与一般生活随笔不同的是,文章在貌似闲适、超脱的漫议闲谈中,并没有超然世外,灌注作品其中的仍然是对世道人心的关注,对社会中假恶丑现象的嘲讽与批评。

4. 小品式

指那些用故事小品的形式,通过对社会生活中具体事件或场面的描述来达到对世事人情讽喻目的的杂文。这类文章,近于散文或小品,叙述描写的成份较多。相对完整的故事情节、具体详尽的细节刻画、含而不露的讥刺嘲谑,是这类杂文的主要特点。

(三) 变体杂文

变体杂文是相对本体杂文而言的,那些突破常规杂文构思、通过新颖独特的表现体式表达杂文思想内涵的杂文就是变体杂文。杂文是最讲究变化、最注重创新的文体,在表现体式上同样如此。杂文家严秀(曾彦修)曾有言:鲁迅的杂文就什么形式都有,唯一不用的形式就是摆开架势板着面孔的枯燥杂文。变体杂文,有的是对已有文章体式的巧妙借用,有的是作者独出心裁的体式创造。

近些年来,众多杂文作家在杂文的表现体式上做了有益的尝试,因而出现了诸如公文式、对话式、书信式、评点式、寓言式、打油诗式、故事新编式、仿拟式等一些体式新颖的杂文,大大增强了杂文的艺术表现力。当代作家刘征、魏明伦等,都创作了大量的变体杂文。刘征的"故事新编"杂文《庄周买水》曾于20世纪80年代获《人民日报》杂文征文一等奖,说明变体杂文已得到了社会的普遍认可。

四、杂文的写作要领

杂文的写作,应把握以下几个方面。

(一) 选材大中取小,立意以小见大

选材大中取小,是说在选择杂文写作素材时,要站在全局的高度,着眼于公众所关心的重要问题、普遍现象,选取那些最有代表性、最能突出事物本质,而又往往为人们所忽略的细枝末节;立意的以小见大,则是说,尽管文章写的是微不足道的小事物、小问题,却可以引人思考,从中揭示出社会、人生的某些普遍本质。

一次经历,一则笑话,一个场景,这些生活中的"一地鸡毛",在很多作家眼里,可能只是写作素材的"下脚料",构不成完整的情节或冲突,但在慧眼识珠的杂文作家眼里,却可能触动写作灵感,引发对社会现象、社会问题的思考。鲁迅的杂文《由孩子的照相说起》,感于孩子照相这样的日常琐事,他对比分析中日两国照相师"觑机摄取他以为最好的一刹那的相貌"之不同,批判教人"驯良",使人"低眉顺眼,唯唯诺诺"的文化"国粹"。邓拓的杂文《伟大的空话》,感于邻居孩子写的一篇《野草颂》:"老天是我们的父亲,大地是我们的母亲,太阳是我们的保姆,东风是我们的恩人,西风是我们的敌人……"作者把这类"悬河之口,滔滔不绝"的语言,戏谑地称为"伟大的空话"。

杂文选材立意的"大"与"小",要做辩证的理解。素材的小,不是将大化小,或舍大求小,而是包含着社会人生大道理的"小";立意的大,也不是上纲上线,无限拔高,而是相对于具体事物、具体问题的"大"。选材的大中取小,是从大处着眼、选择小的突破口,小处落墨;立意的以小见大,是在理解具体事物、具体问题的基础上,"借一斑而窥全豹",阐发带有普遍性的道理。这正是通常所谓的"大处着眼,小处着手"。

(二) 思维多方扩展,广泛联想想象

杂文论理,要讲究艺术构思,倘若思维过于拘谨,不仅难把道理讲清,文章也失去了"杂文味"。如果能紧扣议论中心,拓展思维,用联想、想象的形式,或由古及今,或由此及彼,广泛联系,旁征博引,则不仅能使文章杂味十足,还能收到论理透彻的良好效果。

联想的方法很多,有类比联想,有接近联想,有对比联想,有因果联想。杂文写作构思中,最常用到的是类比联想和对比联想。

以鲁迅杂文《现代史》为例。作品旨在揭露军阀混战横征暴敛又大施欺骗的现代历史,却从生活中习见的"变戏法"场景写起,文章用白描的手法写街头"变戏法的"所玩的种种花样。戏法变完了就要钱,变一回戏法,要一回钱,钱到手了,又变花样,又要钱。可是,由于题目冠以"现代史",篇末作者又特意声言"到这里我才记得写错了题目,这真成了'不死不活'的东西",就含蓄地点明了题旨所在,读者读到最后茅塞顿开,拍案叫绝。

想象也能用于杂文的写作构思中。王蒙有篇杂文《雄辩证》,写一个患"雄辩症"的病人,在与医生的对话中,口若悬河而又蛮不讲理。医生让他坐,他就说:"难道要剥夺我的不坐权吗?"医生让他喝水,他又说:"这样谈问题是错误的,因而也是荒谬的,并不是所有的水都能喝……"医生说:"今天天气不错。"他却反驳:"你这里天气不错,并不等于全世界在今天都是好天气,比如北极……"医生忍不住反驳说这里不是北极,他又上纲上线:"但你不应该否定北极的存在。你否认北极的存在,就是歪曲事实真相,就是别有用心。"显然,这种病人在生活中不大可能存在,但作者旨在通过想象中的这个夸张了的人物形象,讽刺了生活中装疯卖傻、胡搅蛮缠的那一类人。

(三)采用多种手段,突出形象论理

形象论理是杂文区别于一般议论文最主要的特征,也是杂文赖以生存的基础,杂文失去了形象性,也就失去了自身。形象论理,可采用形象化手法,也可创造具体的杂文形象。

杂文形象论理的方法、手段很多,这里简要介绍几种。

1. 设喻取譬

设喻取譬就是通过打比方,把抽象的道理形象化。这种手法,包括语言修辞中的比喻,也包括事物之间的比照、映衬。

鲁迅先生善用设喻取譬,例如,在《未有天才之前》中,他抨击那些倡导整理国故的人,就形象地把旧文化喻为"旧马褂",新思想、新知识喻为"新马褂",说"我总不信,在旧马褂未曾洗净叠好之前,便不能做一件新马褂"。谈及天才时,他说:"其实,即使天才,在生下来的时候的第一声啼笑,也如平常的儿童一样,决不会就是一首好诗。"在《娜拉走后怎样》中,他断定走后结果"只有两条路:不是堕落,就是回来",打比方分析说"因为如果是一匹小鸟,则笼子里固然不自由,而一出笼门,外面便又有鹰,有猫,以及别的什么东西之类;倘使已经关得麻痹了翅子,忘却了飞翔,也诚然是无路可以走。"

2. 取神画像

所谓取神画像,就是抓住事物的突出特征,用漫画式手法寥寥几笔勾勒其形象。这种方法,文字不多,形象却往往逼真传神。请看:

> 他有点上等人模样,也懂些琴棋书画,也来得行令猜谜,但依靠的是权门,凌蔑的是百姓,有谁被压迫了,他就冷笑一声,畅快一下,有谁被陷害了,他又去吓唬一下,吆喝几声。不过他的态度又并不常常如此的。大抵一面又回过脸来向

台下的看客指出他公子的缺点，摇起头装鬼脸道：你看这家伙，这回可要倒楣哩！

这是鲁迅杂文《二丑艺术》中的一段描写。仅仅百十来字，就为舞台上的"二丑"角色勾勒了一幅画像，揭示了"二丑"角色共同的两面派嘴脸，具有相当的概括性，形象本身又惟妙惟肖，形神皆备，给人留下深刻印象。鲁迅杂文中的许多形象，如媚态的猫、势利的狗、嗡嗡的苍蝇、哼哼的蚊子等，都是运用这种漫画手法勾勒出来的。

要注意的是，杂文中的形象，与小说等文学作品中的形象不同。这表现在：其一，小说中的形象只有一重质的规定性，杂文中的形象则有两重质的规定性。就是说，小说中的形象狗就是狗，二丑就是二丑，杂文中的形象狗既是狗，二丑既是二丑，也是具有狗性"神髓"、体现两面派嘴脸的人；其二，杂文的形象不求完整，但求传神，如鲁迅杂文常常只写人物的"一鼻，一嘴，一毛"。简单地说，杂文塑造的是有普遍意义的"类型化"形象，小说塑造的是个性鲜明的"典型化"形象。

3. 托物喻理

假托某一具象事物，以说明现实生活中某个抽象的道理。道理是抽象的，事物是看得见，摸得着的，将抽象的道理寓于可视可知的事物当中，文章的形象性就增强了。杂文的托物喻理，假托之物往往细微、平凡，不为人注意，但写入文章中，却有着寓意深刻的论理作用。

朱志砺的杂文《敲开蛋壳的权利》[①]就是一篇典型的托物寓理之作。文章借一个真实事件展开论述。说一位大军区司令下连队视察，询问士兵的伙食情况。当听到士兵回答主要吃炒蛋、煎蛋，很少吃煮蛋时，声色俱厉地下命令，要求以后让战士们吃煮蛋。文章分析道，首长很清楚，"炒蛋的弊端在于，敲开蛋壳的权利，全部集中在司务长和炊事员手里"，所以，就可能有猫腻，司务长、炊事员很容易偷吃。只有"把敲开蛋壳权利交还给士兵"，才可能避免此类现象发生。显然，在这里，"蛋壳"对鸡蛋的保护，就是"制度""机制"的保障作用。由此，文章最后揭示主旨"关于蛋的不同吃法的指示，当然可以从营养学角度去理解。但是，从社会学、经济学角度理解，不也是很有意思么？"

4. 以理带事

这是一种将抽象道理落实到具体事件上的形象化手法。生活中的很多道理比较复杂，直接论述不易说清，而通过一些具体事件予以展示，就能够将道理讲得浅显易懂，还能避免因使用过多概念术语而造成的枯燥乏味。

以理带事手法有两种，一种是先把道理讲出来，紧接着拎出一件事予以证明；另一种是通篇写事，把道理寄寓于事中，篇尾稍加提示，让读者去领会。

鲁迅的《拿来主义》，在谈到对文化遗产的态度时，先表明自己的观点：所以我们要运用脑髓，放出眼光，自己来拿，紧接着叙写一个穷青年继承祖上大宅子的事例，采用的是前一种方法。沙叶新《门前的那条路》，写自家门前的路三番五次被"开肠破肚"的经过，篇末戏

---

① 朱志砺.敲开蛋壳的权利[J].杂文月刊（下半月刊），2005(12).

谑点题:"其实,世上本来有路,折腾的人多了,也就没有路了。"这也属以理带事,但采用的是理寓于事中的后一种手法。

5. 引经据典

这里所说的"经""典"是广义的,既包括历史故事、名人逸闻、文学形象,也包括寓言、笑话、格言、诗句、俗语等。杂文的用典,可以正用,可以反用,可以明用,可以暗用,也可以串用、改用、批用等。例如,鲁迅在杂文《扁》中,批评了当年某些文艺批评家不结合作品实际,空洞争论的不良倾向。在列举了他们"这个主义好,那个主义坏"的种种议论后,作者讲了一个笑话:

> 乡间一向有一个笑谈:两位近视眼要比眼力,无可质证,便约定到关帝庙去看这一天新挂的匾额。他们都先从漆匠探得字句。但因为探来的详略不同,只知道大字的那一个不服,争执起来了,说看见小字的人是说谎的。又无可质证,只好一同探问一个过路的人。那人望了一眼,回答道:"什么也没有。扁还没有挂哩。"

"扁"还没有挂,却毫无根据地争论起"扁"的内容,这与脱离作品而评头论足的批评家何其相似,一则笑话,犹如一幅生动的讽刺画,胜过洋洋洒洒的一大篇议论。

6. 巧用闲笔

杂文的"闲笔",指那些没有直接参与文章阐发、论证,看似与主旨没有表面关联的闲散内容。通常为文,忌讳内容游离主旨,但杂文的"闲笔"运用得当,非但不"闲",还有着深化思想主旨、增强表达趣味的独特作用。如果说正笔是树干,闲笔恰是鲜活的枝叶。

王小波的杂文《有关"伟大一族"》①,当谈到"每个人都有自己的梦想,这些梦想不见得是伟大事业的起点"时,先举了个鲁迅杂文的例子:"鲁迅先生的杂文中提到有这样的人,他梦想的最高境界是在雪天,呕上半口血,由丫环扶着,懒懒地到院子里去看梅花。这真是一个典型而又幽默的例子。"内容至此,作者顺带来了一段精彩的议论和描述:

> 我看了以后着实生气:人怎么能想这样的事!同时我还想:假如这位先生不那么考究,不要下雪、梅花、丫环挽着等等,光要呕血的话,这件事我倒能帮上忙。那时我是个小伙子,胳臂很有劲儿,拳头也够硬。现在当然不想帮这种忙,过了那个年龄。现在偶尔照照镜子,里面那个人满面皱纹,我不大认识。走在街上,迎面过来一个庞然大物,仔细从眉眼上辨认,居然是自己当年的梦中情人,于是不免倒吸一口凉气。

这段文字,明显是游离论证的闲笔,作者紧接着也说"凉气吸多了就会忘事,所以要赶紧把要说的事说清楚",话题又引回来。这段"闲笔",确与主旨没有多少内在联系,也非蕴含着什么微言大义,可仔细体味,其生动诙谐中透露出的关于岁月流逝、青春不再的感叹,

---

① 王小波.有关"伟大一族"[M]//我的精神家园.北京:中国人民大学出版社,2010.

正体现了作者智性的灵光,也使文章摇曳多姿,平添了形象色彩和幽默意味。

(四) 运用幽默讽刺,行文不拘一格

幽默和讽刺是杂文最突出的语体风格,也是使杂文生动、形象、深刻的重要艺术手段。

幽默,是英文"humor"的音译,意即言行生动有趣而含意颇深;讽刺,用鲁迅的话说就是:"一个人,用了精炼的,或者简直有些夸张的笔墨——但自然也必须是艺术的——写出一群或一面的真实来,这被写的一群人,就称这作品为'讽刺'。"幽默与讽刺在杂文中相依相随,难以分离,讽刺之中有幽默,幽默之中有讽刺,杂文作者总是用幽默风趣的方法嘲弄、抨击和否定那些消极落后甚至反动的东西,让读者在会心的笑声中辨别是非、美丑、善恶。

造成杂文幽默讽刺效果的方法很多,前面列举的形象化手法,常常就能达到这一目的。这里再从语言修辞的角度介绍几种:

1. 反语

或反话正说,或正话反说,这种表里不一的曲笔迂回,运用得当,能使文字含蓄幽默、情趣横生。例如,郭松民的杂文《如何大修恭王府才能重现盛世王气》[①],本意是就一则新闻报道,批评劳民伤财的面子工程,但作者却故意说看了报道,心里"真高兴啊",认为这是"盛世该办的事","最能给咱中国人挣面子,所以不仅要修,而且要修得体体面面"。作者接着"驳斥"了社会上的种种"质疑",说是"实在可笑",并煞有介事地提出了修好工程的"几点建议"。这样的构思与表达,令人忍俊不禁,在笑声中悟出其讽刺意旨。

2. 移就

移花接木,将词语或句子的惯用语境有意置换,从而造成明显的不谐调,在"文不对意"的错乱状态中造成幽默感。比如词语的张冠李戴、大词小用或小词大用,用庄严的态度讲述卑俗的事物,或用诙谐的口吻谈论严肃的问题,等等。鲁迅杂文《安贫乐道法》中说:

> 大热天气,阔人还忙于应酬,汗流浃背;穷人却挟了一条破席,铺在路上,脱衣服,浴凉风,其乐无穷,这叫做"席卷天下"。

把"席卷天下"这句成语用在此处,显然不符其原意,但表达却有了幽默味。

3. 仿造

将某个固定词语或惯用的熟语,巧妙地改动其中个别成分,仿造出另一个相反或相似的词语。由于仿造的词语突破惯常思维,出乎读者意外,却又机智灵活,也能产生幽默的讽刺效果。例如,鲁迅杂文中根据"公理"而造出"婆理";根据小姐的"深闺"造出穷女的"浅闺";根据"寿终正寝"造出"枪终路寝"等。

4. 双关

即利用谐音让一个词语同时兼有两种意思,表面上说的是这种意思,实际上指的是另一种意思。这种手法俏皮、含蓄,有很浓的幽默讽刺意味。例如,20世纪80年代初,针对当时市面上可口可乐的火热宣传推销攻势,缪群写了篇《未必"可口",更不"可乐"》的杂文,

---

[①] 郭松民.如何大修恭王府才能重现盛世王气[J].杂文选刊(上半月),2006(2).

表达了自己对民族产业受到冲击的忧虑。文章的标题巧用双关,耐人寻味。

5. 借代

杂文中常用的借代手法有部分与整体互代,原因与结果互代等。借代的形式各不相同,其生动形象的艺术效果,风趣幽默的深长意味,却是共同的主观追求。实际写作中,借代往往与其他修辞手段结合运用。如:

> 本来,考核一个人的成绩,不是听他唱得好听不好听,而是看他"下蛋不下蛋",但那善于炫耀和卖弄的人,生一个蛋就唱得像生了十个似的,只做出三分成绩就吹成十分,碰上个凡事只用耳朵听而不用眼睛看的糊涂官,自然就博得了偏爱,于是,一帆风顺,扶摇直上了。而那些埋头"下蛋"的人,由于他们一声不响,默默无闻,就很少为人所知,更不受重视。因此,他们既没有"蟑螂"可吃,甚至连个"下蛋的窝"也没有。

作者在文章中用比喻把人和母鸡联系起来,并顺势运用了借代。后面的"下蛋""蟑螂"和"下蛋的窝",就分别替代了"出成绩""报酬"和"工作岗位"。不难发现,这里被替代的都是一些较抽象的词语,用以替代的则是些具体、生动而富形象性的词语。

6. 夸张

有意识地夸大某种现象或某个问题,把之推到一个极端的境地,突出其本质的荒谬。作家夏衍20世纪50年代写过一篇杂文,题为《"废名论"存疑》①,对当时"废名排号"的社会风气表示异议。文章末尾写道:

> 我设想若干年后,人们的履历表将如下式:姓名:王十七。籍贯:第五省第三十八县第二二六乡。学历:第十一省第九十八中学毕业。职业:第十五省第九市第三副食品商店第七门市部经理。

请看,即使没有前面的分析论述,仅这一段文字,"废名排号"行为的荒谬性不也体现出来了吗?

训练与实践

一、文体知识训练

1. 为什么说"杂文既古老又年轻"?
2. 杂文与政论、时评等论理文章主要的区别体现在哪里?

二、例文评析训练

请阅读分析下面的这则杂文,看其构思写作有什么特点?

---

① 夏衍."废名论"存疑[J].杂文选刊(中旬版),2011(9).

弟弟和评论家
李华岚

弟弟是很喜欢发议论的：

"我们老师的声音顶高！"

"哥哥的鼻子最大！"

"顶"和"最"是他经常使用的词儿。倘若遇见声音比老师更高和鼻子比哥哥更大的人，他只得无可奈何地说：

"他的声音顶顶高！"

"他的鼻子最最大！"

弟弟年幼，出现这样的说法是可以原谅的。遗憾的是，我们的某些写评论的人，也往往犯与弟弟相似的毛病：

"全诗的语言达到了炉火纯青的……"

"在人物塑造上达到了登峰造极的……"

"给描写这类题材的作品开辟了道路，是我们新文学史上的一块里程碑式的……"

我常常为这种评论家担心，仿佛他们发誓只写一篇文章，以后就洗手不干了。不然，等更成熟更完美的创作问世后，他们只得借鉴弟弟的"顶顶"和"最最"法了。

（原载1962年5月5日《文汇报》）

三、写作实践训练

请仔细阅读下列材料，准确把握其主要意旨，并以之为"由头"，联系社会，写一篇杂文。要求：观点鲜明，逻辑清晰，内容转换自然巧妙，语言表述生动幽默。篇幅800字左右。

弥勒佛与韦陀

去过寺庙的人都知道，一进庙门，首先是弥勒佛，笑脸迎客，而在他的北面，则是黑口黑脸的韦陀。但相传在很久以前，他们并不在同一座庙里，而是分别掌管不同的庙。弥勒佛热情快乐，所以来的人非常多，但他什么都不在乎，丢三落四，没有好好地管理账务，所以依然入不敷出。而韦陀虽然管账是一把好手，但成天阴着脸，太过严肃，搞得人越来越少，最后香火断绝。佛祖在查香火的时候发现了这个问题，就将他们俩放在同一座庙里，由弥勒佛负责公关，笑迎八方客。而韦陀铁面无私，则让他负责财务，严格把关。经过两个人的分工合作，庙里一派欣欣向荣的景象。

第六章
说明文体

第一节 说明书

一、说明书的定义

说明书是介绍产品特征、性能和使用、保养办法的一种专用说明文。随着经济、社会和科学文化事业的不断进步，人们在工作和生活中已越来越离不开说明书，说明书的使用范围也越来越广泛。我们在使用科学技术产品时所见到的使用须知、用户指南和在欣赏文学艺术作品时见到的内容简介、故事梗概等，都属于说明书的范畴。说明书，已成为人们现代文明生活中不可或缺的良师益友。

二、说明书的分类

说明书主要分为以下两类：

（一）产品说明书

产品说明书主要用来说明产品的制作方法和使用方法，即介绍产品的特征、属性、研制方法、功能和用途等。常见的类型有使用说明、用户须知、用户手册、操作指南等。

（二）作品说明书

作品说明书适用于书籍书刊出版、网络传媒、影视播映、戏剧歌舞演出等方面的内容介绍。常见的类型有内容提要、故事梗概、剧情介绍、作品导读等。

三、说明书的特点

（一）操作性

说明书不仅供用户"阅读"，更是为了指导用户"使用"，其目的在于保证操作的正确和规范。可见，说明书的最大特点便是一看就懂，一懂就能操作。因此，说明书应该写成"傻瓜教科书"。这是由于产品的"智能化"程度越高就意味着在操作上越趋向简单化、"傻瓜化"——连傻瓜都会使用。以此类推，一篇说明书的质量越高也就意味着理解起来越容易。如果连傻瓜都能明白，那肯定是一篇简单、明了、易操作的说明书。

（二）简明性

说明书告诉读者"据此理解"和"照此操作"，因而文本和读者在"传递—接受"信息的过程中就需要迅速找到理解模式的对应点，达到沟通无障碍。作为理解模式的关键部位，文本的结构和表述这两个维度均需提高要求。文本结构要具备思路清晰、重点突出、层次分明等特点，文本表述要体现简洁精练、要言不烦、明白晓畅等特点，总之，要求做到简明扼要，让人一目了然，避免冗长繁琐、含糊不清，说不明白反而让人越来越糊涂。

（三）严谨性

说明书的语言具有准确、周密、规范等特点。不准确，说明书的科学性就大为逊色；不周密，很可能由于表述上的纰漏，"失之毫厘，谬以千里"，既损害消费者利益，又破坏出品人的形象和声誉；不规范，就会造成误解和曲解，影响说明效果。尖端科技产品的说明书要达到精准乃至"不易一字"的高度精确性。所以，表达准确得体又严密周全，是说明书语言的根本要求。在此基础上，才谈得上进一步提高语言表述的灵活性和艺术性，不过，那是锦上添花。而即便是锦上添花，也要以准确周密为前提。

（四）通俗性

说明书面向大众，要求人人能懂，"老妪能解"，在表达上往往有明白如话、浅显易懂的特点。而且为了使说明效果更加形象直观，说明书还常用"图文并茂"的形式，通过图形、照片来演示一些比较复杂的环节，使之与文字说明相辅相成。这些"示意图"如同放在读者面前的"镜像"，读者对照镜像就可以循序渐进地完成每一个步骤。

四、说明书的写作

（一）说明书的结构方式

常用的说明书结构方式有条款式、短文式、复合式三种。

1. 条款式

产品说明书多采用条款式结构，分门别类、有条不紊地逐一介绍说明对象的特征、功能和操作方法。较常用的写作顺序是：

程序和步骤→使用方法→注释或注意事项（亦可省略）

例如抖音视频的制作和传播程序为：

第一步：打开抖音 APP。

第二步：点击下方的"＋"号。

第三步：或者选择手机里的照片（可以多选），或者直接录制视频。

第四步：完成之后点击左上角♪符号，选配合适的音乐。

第五步：完成之后点击"下一步"按钮。

第六步：在此页面可以输入想要的文字，然后点击"发布"即可。

再如活动策划书的必备项目可以概括为以下数条：

① 封面：策划名称（策划主题、副标题），策划者姓名及简介（小组名称、成员名称：单位、职称和姓名），策划制作年、月、日，编号及总页数

② 目录

③ 策划目的（前言）

④ 内容的简要说明（策划摘要）

⑤ 策划内容的详细说明（策划的背景、动机、环境分析、目标、策略等），可采用文字、照片、图片、统计图或表格等形式

⑥ 策划费用预算

⑦ 策划实施时的步骤说明以及计划书（时间、人员、操作等的计划表）

⑧ 策划的预期效果（使用资源、预期效果及风险评估）

⑨ 存在的问题、原因和解决途径

⑩ 可供借鉴、参考的策划案、文献、案例等

⑪ 如果有第二、第三备选方案时，列出其概要

⑫ 实施中应注意的事项

条款式在形式上所体现的简洁之美，构成了视觉上的高清晰度，读者可以通过它迅速掌握要领，活学活用，顺利完成操作过程。由此可见，条款式的说明书在实用性、操作性方面具有十分明显的优势。

2. 短文式

作品说明书可采用短文式结构，介绍作品的主题、人物、故事情节、艺术风格等。短文式的优点是有头有尾，结构完整，既突出重点，又兼顾全面，有较强的整体性。它虽然不如条款式那样带有极强的可操作特征，但详略得当，对重点内容的说明具体、充分。

例如电视综艺节目《脱口秀》的简介可以写成：

> "脱口秀"一词，是英语"talk show"的音译，"talk"表示互动式的谈话和交流，而"show"则有展示、表演的意思。"脱口秀"是评论新闻或社会问题的"电视谈话类节目"。从国外的《今夜秀》《奥普拉脱口秀》《小城大腕》，到国内的《实话实说》《壹周立波秀》《今晚80后脱口秀》等，特色十分鲜明：在探讨话题上，其价值主张与受众的日常生活及内心诉求息息相关，迎合受众对"槽点"进行"发声"的欲望，由此引发受众的共鸣；在表演风格上，"脱口秀"要求表演者具备扎实的艺术功底、深厚的知识素养和独特的表演技巧，以幽默段子和大量反转抖出"爆梗"；在传播效果上，实现多平台融媒体的联动和精准高效的宣传效果，达到了幽默性和严肃性、颠覆性和崇高性、对抗性与戏谑性之间的有机融合。总之，"脱口秀"节目，诙谐风趣，生动活泼，既在笑声中让人放松心情，产生互动、狂欢的效果，又在寓教于乐中发挥教化功能，提升文明境界。

在这里，节目简介紧紧扣住大众话题、爆梗表演、融媒传播等内涵要素来撰写，突出了节目的幽默定位、挑战悬念以及融时尚、创新和娱乐为一体的鲜明特色。

3. 复合式

应该说条款式和短文式各有利弊，因此一些较复杂的说明书，如尖端科技产品的说明

书、场面恢宏的影视剧介绍或大型活动策划等,往往根据说明的需要,取长补短,将条款式和短文式融为一体而采用复合式结构。

(二) 说明书的写作要求

1. 替用户着想

说明书需要体现"为用户服务"的宗旨。一般来说,写作者本人应该是精通本专业的"内行人",但在写作时却要站在一个"外行人"的位置,从一个外行人的理解模式和接受能力的角度来撰写。只有急用户所急,想用户所想,才能达到说明白、易接受的效果。所以,在写作过程中,写作者经常要列出产品内部构造的"线路图"和操作程序的全部"菜单",便于用户的操作和检修。为了更好地满足用户需要,说明书要根据读者对象的差异对写作内容作适当调整,要根据读者的地域、年龄、性别、文化层次等不同情况确定不同的写作重点。譬如同样是介绍影片,向儿童介绍与向成人介绍的侧重点肯定不同,对儿童应多介绍情节与思想意义,对成人则应多介绍作品意蕴和所达到的艺术高度。说明书还应该随时代变迁,不断适应读者的"求新"心理,根据事物的发展、研究的深入而推陈出新,超越过去的思路,挖掘新的信息。如介绍电脑,过去侧重于输入法和文件处理,现在就要侧重于信息管理、网络传播、多媒体制作等。

2. 崇尚科学精神

说明书以说科学、用科学为己任,自然应具有较高的科技含量。而要使这些科技信息充分地被读者消化和吸纳,就要在说明事物的时候遵循科学规律,在介绍剧情的时候合乎艺术原理,不能想当然。产品说明书应像一位"严格的教练",指导和训练客户进行科学化、规范化的操作;作品说明书应像一位"无声的老师",默默地讲解故事情节或者艺术特色;活动策划书应像一位"负责的引导员",耐心地解读活动的流程。说明书要胜任这样一种"导师"的角色,就要求言之有"物"——说明事物特征做到准确、鲜明;言之有"序"——安排说明结构做到优化、合理;言之有"度"——运用语言表达做到严谨、简明。尤其是援引数据说明时应做到准确无误、一丝不苟,对说明书的科学性不能有丝毫的损害。要防止和反对弄虚作假、忽悠人的说明书。

3. 巧用说明方法

说明书为了便于读者理解和接受,要求深入浅出,通俗易懂,灵活地采用丰富多样的说明方法。说明的主要方法有"两举(举数字、举例子)两比(打比方、作比较)一下(下定义)一分(分类别)",另外还有图表等辅助形式。产品说明书大多采用平实的说明方法,如下定义、分类别、列数字、使用图表等;作品说明书在运用说明方法时弹性较大,除使用基本的说明方法外,还采用积极修辞的方法来增强说明的形象性,并适当吸收叙述与描写的方法,在朴实之中散发出活泼的气息;活动策划书在综合运用说明方法时,既要以灵动的创新的方法凸显策划书理念上的创意,又要以严谨务实的态度保证细节上的缜密,追求"创意就是震撼,细节就是圆满"的说明效果。

训练与实践

一、写作知识训练

1. 问答

（1）为什么要把说明书写得人人能懂，"老妪能解"？

（2）说明书主要有哪几种结构方式，各有什么特点？

2. 填空

（1）说明书可以分为_____、_____和_____三类。

（2）说明书具有_____、_____、_____和_____的特点。

二、例文评析训练

1. 下文是使用视频处理软件"剪映"的说明书①，它采用的是哪一种说明书的结构方式？从科学性与可接受性等方面分析其优缺点。

下面以剪辑微课视频为例简单举例说明如何使用剪映软件，具体操作如下。

1. 创建文件

首先是打开剪映，点击"开始创作"或者"＋"号按钮，即可进入操作界面。接着导入录制好的微课视频和所需图片，剪映既支持本地导入，也有在线的素材库。导入的素材出现在左上方窗口中。

2. 微课视频剪辑

将前面导入的视频、图片等素材按顺序拖动到下方的时间轴上，开始进行剪辑。第一个拖动的素材默认放在主轨道，所以应把最关键的微课视频放在主轨道。主轨道的特点是可以关闭原声，需要注意的是，至少要保留一个片段，不能为空，这样方便后期增加录音等。另外，把图片拖动至时间轴后，系统默认在主轨道上方区域，如图1所示。

图 1

---

① 冯嘉莉、盘俊春. 一个轻而易剪的免费视频剪辑工具：剪映[J]. 中国信息技术教育. 2021(3).

使用时,可以在中间的预览区观看视频文件,把不需要的部分剪掉或者进行分割,在分割点上插入需要的图片,一张图片时长是3秒。

如果设计的是思考题或者做练习需要停顿一下时,可以根据需要,通过插入图片题目的方式适当增加问题的停留时间,给学习者更多的同步思考时间。

3. 添加转场

为了使各剪辑之间的切换效果自然,可以添加转场效果。点击控件区的"转场",选择转场效果。在选中的转场效果图标上点击"＋"号,将效果添加在指定的位置上。对已经添加的转场效果,可在时间轴上的功能区选择"删除"按钮,右上方的窗口可调节转场时长,如图2所示。

图2

4. 添加标注和字幕

先选择控件区的"文本","新建文本"中有许多模板,从中选择一个字体模板,在右上方窗口可以设置文本内容,更换字体、颜色,设置描边、边框、阴影等。还可以在预览区直接进行大小边框调整,标注显示时间可在时间轴通过拖拽边界进行调整,如图3所示。

图3

剪映还有一个很实用的功能，就是"识别字幕"，它能识别视频中的人声，并自动在时间轴上生成字幕文字。只要单击"识别字幕"，点击"开始识别"，只要有人声它就会自动识别出来了，如图4所示，在最上方轨道就是所识别出来的字幕。还可以对字幕进行内容或样式的修改，操作方法与"添加标注"的操作一样。

图4

5. 重新配音

在微课视频制作中，如果发现原配音中某一段出现失误，可以通过新录音来进行补救。既可以进行一次性录音，也可以分段录音，分段录音的好处是可以重复录制，选择最佳效果。

具体做法如下：首先单击主轨道前面的声音按钮，使其关闭原声。接着导入配音文件，单击编辑区域的"导入素材"，导入录音1就可以替换原配音了，还可以在功能区进行音量调节、淡入淡出时长等设置，如图5所示。

图5

6. 添加背景音乐

背景音乐可以直接从海量的在线素材库中选择,也可以登录自己的抖音账号,同步音乐进行添加。试听后,点击右下角的"+"号即可出现在下方的时间轨上,可在右上方窗口进行音量调整。一般来说,视频中讲解的声音应较大,通常设为100%至120%,背景音乐音量设置在10%左右比较合适。

7. 添加片头片尾

无论是微课视频,还是一般的视频,添加简洁的片头和片尾可以保证视频的完整性,效果更佳。作为片头和片尾的素材可以是视频也可以是图片,可以自定义,也可以从剪映自带的素材库中选取。将选好的片头视频添加到主轨道的最前端即可,效果如图6所示。

图 6

8. 添加画中画

在微课视频制作中,有时需要在视频中同时显示另一段视频或图片,这就需要进行画中画的操作。具体操作如下:首先导入需要画中画显示的视频,这里选择的是素材库中的"新年氛围";然后通过拖拽把视频加入轨道中,位于主轨的上方;接着通过拖拽画中画视频的关键点,调整该视频显示的位置和大小,如整体画面的左上方;最后拖动时间轴的位置调整该画中画视频出现的时间即可,如图7所示。若想对该画中画视频进行修改,可在时间轴上点击画中画,或者在预览区中点击,在右边的功能区进行修改。

除了上述功能的介绍,剪映还具备贴纸、特效、滤镜等大量素材应用,最终视频还可以以9:16的比例进行竖屏导出,即导出的是手机版视频,这一点非常实用。限于篇幅,不再一一展开详细介绍,大家可以尝试学习操作。

总的来说,剪映是一款轻而易剪的免费视频剪辑工具,它的功能强大,插件图标实现可视化,所见即所得,操作简单,即使是新手也可以轻松上手,值得大家一用。

图 7

（文中示意图有调整）

2. 下面是电影《我和我的父辈》的故事梗概，根据作品说明书的写作原理，评析它的说明效果。

《我和我的父辈》是由吴京、章子怡、徐峥、沈腾联合执导的剧情片，该片是继 2019 年《我和我的祖国》、2020 年《我和我的家乡》后，"国庆三部曲"的第三部作品，该片于 2021 年 9 月 30 日在中国大陆上映。该片由《乘风》《诗》《鸭先知》《少年行》四个单元故事组成，《乘风》取材于抗日战争时期一支战功卓著的铁骑队伍——冀中骑兵团，他们为保护群众撤离，拼死抵抗日军。电影描绘了一组骑兵团与冀中人民共同抗击日寇侵略的军民群像。《诗》以 1969 年我国研制长征一号火箭、发射首颗人造卫星为背景，以一个普通航天家庭为切口，展现父母一辈艰苦奋斗、无私奉献的航天精神，以此向中国航天人致敬。《鸭先知》取材于中国第一支电视广告诞生的背后故事。生长于上海的徐峥再次聚焦上海的弄堂生活，以此致敬改革浪潮中敢为人先的父母一辈。《少年行》讲述机器人"邢一浩"肩负特别使命从 2050 年回到 2021 年，邂逅了怀揣科学梦想的少年"小小"，两人意外组成了一对临时父子。伟大梦想、科技创新精神在这对"父子"间实现传承。四个单元以革命、建设、改革开放和新时代为历史坐标，通过"家与国"的视角描写几代父辈的奋斗经历，讲述中国人的血脉相连和精神传承，再现中国人努力拼搏的时代记忆。

三、写作技能训练

1. 单项训练

（1）恰当运用说明方法，写出烹饪某一道菜的步骤。

（2）写出饲养某种宠物或培植某种花卉的注意事项。

（3）适当使用图表，说明制作某个多媒体课件的具体过程。

2. 综合训练

为自己的小发明或者小制作写一篇说明书。

四、写作实践训练

1. 选一部经典名著或者流行作品（小说、戏剧、影视等），写一篇作品说明书（作品简介）。

2. 去附近的企业搜集资料，为他们的产品写一份说明书。

3. 为暑期社会实践活动写一份详细的策划书。

第二节　解说词

一、解说词的定义

解说词就是用作口头讲解、说明的文辞。解说之"解"含有分解、分说的意思，即将一个完整的事物分解成几个阶段或几个部分来阐释。分开说明的好处就在于条理分明，避免笼统含混，在具体解说某一对象时可以在"面"（整体）上凸显出个别"点"（典型）的特征，如介绍黄山的主体部分，可以突出"奇松、怪石、云海、温泉"这四绝。当然各部分之间要有自然的衔接，使点面结合、分与总和谐统一。

二、解说词的分类

解说词的适用范围很广，有展销会、展览会的讲解词，如《上海交通大学校史陈列馆解说词》；有参观、旅游的导游词，如《华东黄金旅游线导游词》；有影视节目、网络宣传的解说词，如大型电视文献纪录片《理想照耀中国》解说词。由此可见，解说词内涵丰富、形式多样、使用广泛。

三、解说词的特点

（一）"词"与"画"的统一

解说词不是一种单纯的语言载体，而是声画一体、听觉语言与视觉语言相辅相成的复合载体。电视片解说词作为一种"电视思维"，固然要处理好画面语言、解说语言、音乐语言的"金三角"关系，而陈列室的讲解员、风景点的导游，也要配合具体的照片、眼前的景致这些"画面"来构思恰如其"氛"的解说词。依画而写、词画合一是解说词的显著特色，解说词具有声画整体构思的倾向性。

（二）"实"与"虚"的统一

解说词注重知识的可靠性（实）与方法的灵活性（虚）相统一，这就是所谓的取材精、使用活。"实"是解说词的生命线，解说词不说则已，言必有据，人名、地名、物名、数字等都必须确凿有据，不能夸大其词，华而不实；"虚"是解说词必要的点缀，适当运用描述性的文学手法、修辞手段，能增添解说词生动活泼的情趣。但实为主，虚为辅，是一条不可违背的准则。

(三)"俗"与"雅"的统一

解说词主要通过口头语言来实现。虽然很多时候都是先有稿子,再转化为口头讲解,但解说词的稿子为了便于口头表达,总是尽量趋向"口语化"。因此,通俗易懂、悦耳动听是解说词追求的目标。在口语化、通俗化的同时,解说词还体现出语言健康文明、清新自然的特色,使通俗中透出"典雅"的色彩,真正达到雅俗共赏。

四、解说词的写作

(一)解说词的结构

解说词通常包括前言、主体和结束语三部分。

1. 前言

前言是对解说对象的文化背景、发展情况、意义价值等概貌的总括。前言的写作方式主要有概括式、叙事式、描述式、抒情式等。写好前言很不容易,既要概括全面,又不能喧宾夺主;既要发掘优势,又不能言过其实;既要高度凝练,又要有一定文采,有表现的力度。陈列馆的前言往往朴实无华,透出历史人文的底蕴;旅游画册的前言则文辞溢美,比较抒情。下面是《苏州博物馆解说词》和《浙江桐庐旅游画册解说词》前言的比较:

《苏州博物馆解说词》前言	《浙江桐庐旅游画册解说词》前言
2006年中秋佳节,苏州博物馆新馆正式对公众开放。新馆坐北朝南,总投资3.39亿元,总占地面积10 700平方米。建筑群被分为东、中、西三个部分。中部为入口、前庭、中央大厅和主庭院;西部为博物馆主展区;东部为次展区和行政办公区。 现代的材料、传统的表达,是新馆设计的理念。贝聿铭先生的设想是:"中而新,苏而新,不因循,不割裂"。 主庭院东、南、西三面由新馆建筑相围,北面与拙政园西部花园相邻。这是一座在古典园林元素基础上精心打造出的创意山水园,由铺满鹅卵石的池塘、片石假山、直曲小桥、八角凉亭、竹林等组成,既不同于苏州传统园林,又兼具中国人文气息和神韵。北墙之下为独创的片石假山。这种神似宋代米芾画风的、别具一格的山水景观,呈现出清晰的轮廓和剪影效果。使人看起来仿佛与旁边的拙政园一脉相承,新旧园景笔断意连,巧妙地融为一体。	富春江,素有"奇山异水、天下独绝"之称。这条浙江水系的翡翠玉带,尤以桐庐境段最为秀丽。 古人云:"三吴行尽千山水,犹道桐庐境清美。"上游七里泷,水如染,山如削,峰紧流窄,鸢飞鱼跃,称"富春江小三峡"。自严子陵钓鱼台至窄溪,江流宽阔,两岸绿树烟花,小桥流水,山庄错落,更兼有严子陵钓台、大奇山、白云源、桐君山、天子岗等名胜古迹点缀其间,宛如一幅幅绚丽的画卷。 富春江景色四季宜人,无论是"日出江花红胜火,春来江水绿如蓝"的艳春,"两岸绿树凝滴翠""翠色随人欲上船"的夏景,或是"一江流碧玉,两岸点红霜"的秋色,都有一番醉人的魅力。即便是"诸山皓然""寒江独钓"的冬天,也有耐人寻味的底蕴。

由比较可知,博物馆解说词的前言以平实朴素为主,有时还援用数字说明,用语简约概括,而旅游画册解说词的前言重在描述景致,多引用名诗佳句,富有文采,充满诗情画意。

2. 主体

主体是对解说对象的具体特征展开说明,分层次进行细致介绍,有时还要展示出丰富的细节。主体部分的结构方式随解说对象的不同而变化,主要有以下几种结构形式:

(1)"总分式"结构。展销会的解说词多采用这种结构方式,分类介绍展出物品与总体说明会场情况相结合,既烘托出特色商品,又兼顾整个展销会的气氛。

(2)"板块型"结构。展览馆的解说词多采用此类结构方式,以历史沿革为经,以主要成就为纬,划分成若干个"板块",组成板块与板块之间的"意义链环",这契合展览图片抚今追昔、历史与现实相交织的特点。

(3)"流动性"结构。用于参观、旅游的解说词结构多属此类,它一般是移步换景,时移景迁,中间还点缀着不少名人掌故的传说,显得轻松活泼。

(4)"蒙太奇"结构。这是影视节目解说词的常用结构方式,讲究画面之间的叠合和过渡,可以变换和重组时空顺序,表现空间更宽广。

(5)"链接式"结构。可用于单位的网络宣传,通过超文本链接和多媒体声像的演示,立体地塑造单位形象,扩大知名度。

主体部分的写作要十分重视语言与画面、语言与声韵的关系:

(1)语言与画面的关系。随着高科技时代的到来和网络、多媒体的出现,以后的解说词不仅仅是文案写作,而且是语言、图像、实物"一条龙"的策划和制作,所以必须重视语言与画面的关系。

① 画面是语言的基础。画面是解说词的特定对象,是解说词活的源泉。解说词必须根据实际场景来构思,并贯穿于整个制作过程中。解说词只有紧密配合生动的画面,才能达到形神兼备、声情并茂、情景交融的效果。

② 语言对画面起到"画龙点睛"的作用,使画面充满生机和活力。而且语言还能够唤起对画面形象的本能联想,从而拓展想象的空间。

③ 语言与画面互相撞击,产生一种复合式的新语言。电视片《漓江水》的解说词就很好地利用了语言与画面的互补作用,引人遐思:

画面	解说词
象鼻山 江水流过象鼻山	啊!大象,你这森林之王,来到漓江之岸已经畅饮了千年万载,难道还是没有喝足,没有喝够……
驼峰山 驼峰山静卧在绿树、绿水中	噢,骆驼,你这戈壁之舟为什么在这里搁浅,看那怡然的神态,恐怕早已忘却了那漠漠黄沙。

(2)语言与声韵的关系。解说词写好后要诉诸有声语言,因此要符合人们的听觉习惯,最好做到平仄交替,有张有弛,富有节奏、韵律美。如《复活的军团——秦王兵马俑》中

介绍秦人尚武精神的一段话：

> 韩非子是战国时期的大思想家,他记录了自己初次接触秦人的感受。秦人听说要打仗,就顿足赤膊、急不可待,根本就无所谓生死……当时一个著名的说客这样描述战场上的秦军：他们光头赤膊,奋勇向前,六国的军队和秦军相比,就像鸡蛋碰石头……他们左手提着人头,右胳膊下夹着俘虏,追杀自己的对手……在说客绘声绘色的叙述当中,可怕的秦军令人不寒而栗。"喜"的竹简上还有这样的记载：秦军在战前和战后,都要大量饮酒。大碗的酒使血流加快,使神经亢奋。作战命令已经下达,战争即将开始。要么战死疆场,要么加官晋爵。在这种时刻,酒使所有的士兵只有一种冲动：奋勇杀敌、建功立业。

平仄相间的音韵为这段话带来了吐字清晰、节律匀整、高低起伏、疾徐有度的表达效果。在重视语言与声韵的关系时,还要注意句式的选择对节奏、声律的影响。解说词在通常情况下应该选用简短有力的句式,最好还能运用排比句、对偶句等整句的形式来加强表现力。电视片《西湖》第一集关于西湖之水的解说词堪称这方面的典范：

> 在这里,用"水墨丹青"作为中国绘画的又一称谓,似乎更为富于东方色彩。色彩,因水而渗透,笔墨,因水而润泽。有了水的十分神奇的功用,人们的那些奇思妙想,才得以在这一片深青浅黛的湖山胜处,点翠飞花,并表达出了以灵秀为宗的关于水的主题。
>
> "花港观鱼"的"港"是水,"柳浪闻莺"的"浪"是水,"平湖秋月"的"湖"也是水,"三潭印月"的"潭"自然还是水。
>
> 水,漾泳着晨雾夕阳,涵纳着云影天光。
>
> 水,涌动时有光芒之美,这光芒竟然是千形百态。水,平静时有倒影之美,这倒影竟让人浮想联翩。
>
> 缓缓驶去,那是苏小小乘坐的油壁香车；
>
> 翩翩而至,那是李慧娘眼中的美哉少年；
>
> 几道疏帘绿柳堆烟,那是西湖佳话仍然在断桥之侧搬演游湖借伞；
>
> 一把破扇遮风避雨,那是绝代疯僧要回到净慈古寺参加蒲团打坐。
>
> 西湖之水,把东方的画卷浓涂重抹,让千年的岁月情醉湖山。

3. 结束语

结束语是对解说对象介绍完毕之时的收束,也是给整篇解说词画上一个句号,这如同指挥家在曲终时的最后用力一挥,或豪迈,或深情,或铿锵有力,或含味隽永,给人以鼓舞和启迪。结束语大体有三种方式,即总结式、照应式和余韵式,其中的余韵式往往带有哲理的内涵,例如：

> 了解了范仲淹的生平事略,再来游天平山的人们,当看到那嶙峋的怪石时,

就会看到范仲淹刚直不阿的风骨;当看到那云蒸霞蔚般的红枫时,就会想到范仲淹忧国忧民的丹心;当看到那澄澈的清泉时,就会想到范仲淹清白澹泊的生活。当攀登那奇险的"一线天"时,就会想到在封建制度下,由一个穷儒而成就为"第一流人物"所经历的极为艰难的道路。

(二)解说词的写作要求

1. 广泛占有资料

解说词和说明书不同,说明书根据新产品、新作品的新特征来介绍,重在现在;解说词要回顾历史,分解现状,展望未来,重在过去、现在、将来的连贯性。所以,要写好解说词,首先应有一个积累材料的艰苦过程。广泛占有资料,才能为进一步筛选、精选材料打下基础。撰写校史陈列室的解说词,如果没有对历史的钩沉、对现状的熟悉、对学校远景规划的关注,恐怕就难以下笔,即使勉强下笔,也会因为材料不足而显得内容单薄、解说空洞。写作导游词,如果对景点的人文历史一无所知或知之甚少,即使文笔再好,也难以"生花",即使挤尽辞藻生出"花"来,也是没有生命力的。解说词只有深深扎根于充足的资料之中,才能汲取到源头活水。

2. 讲求文情并茂

解说词以"文"(词)为外部显在的标志,以"情"为内部潜在的驱动力。一方面,"文"要求表达到位,正像老舍所说的"写东西,要一句是一句"。① 另一方面,"情"要求真切动人。因为解说词面对的是听众,是活生生的人,这就不能忽视"情"的感人力量。要是"语言无味,面目可憎",肯定效果不好。这就需要在解说时渗透情感因素,充满深情的表述可以一改解说词的呆板枯涩。当然,解说词的情感要自然地配合画面,不能生硬,不能牵强,否则亦难产生应有的感染力。

3. 通俗而不庸俗

解说词的写作者不能因为自己是文化人就故作高深,应当自觉具备读者意识,追求解说词的通俗化。当然,通俗不等于平庸,更不等于庸俗。如导游需要幽默感,说话妙趣横生,这可以给景点平添许多生趣。可是如果幽默变成了油嘴滑舌,口才变成了废话连篇,那只会喧宾夺主,转移听众的注意力。总之,解说词不应该成为社会的精神污染,而应该为人们带来精神享受。

训练与实践

一、写作知识训练

1. 解说词是_____与_____的统一,_____与_____的统一,_____与_____的统一。

---

① 老舍.关于文学的语言问题[M]//老舍全集(第16卷).北京:人民文学出版社,1999:351.

2. 解说词的前言有_____式、_____式、_____式、_____式,结束语有_____式、_____式和_____式,你喜欢哪种形式的前言和结束语?请说说理由。

3. 要增强解说词的吸引力,你有什么良好的建议?

二、例文评析训练

根据解说词的写作要求,分析下面《寒山寺》的导游词片段。

  大家发现没有,寒山寺的山门是朝西的。通常的居民建筑或寺院建筑都以坐北朝南为最佳,而寒山寺的庙门为何要朝西呢?据德高望重的寒山寺老方丈性空法师说,这乃是"因地制宜"。原来苏州是水乡,隋代开的那条运河正位于寒山寺的西边。唐宋之际,水上交通日益发展和繁忙,为便于路过的商人、船民、农民、信徒乘船来此朝拜进香,庙门便朝西靠河边开了。还有,人们都知道《西游记》中唐僧西天取经的故事,西天是佛祖居住地,西天又称极乐世界,光明圣洁,没有烦恼,所以庙门朝西开,也表示崇敬向往佛国圣地,一举两得,何乐而不为呢?再者,寺院多火烛,历代寺僧都以大运河的水来消防灭火。按中国五行学说,水能克火,从风水上来克制火灾。然而,和尚们的苦心仍逃不脱人间的灾难。历史上的寒山寺也避免不了战火和火灾,前后共五次火毁。破坏最严重的是清咸丰十年(1860年),清军与太平军交战,一把大火,将古寺楼阁化为尘埃,除诗碑外无复留存。现在的寒山寺是清光绪三十二年,即1906年重建的,宣统二年(1910年)又加修缮,重建大殿,一时成为吴中名刹。

三、写作技能训练

1. 单项训练

(1) 假设要拍一部反映你家乡风光的纪录片,用概括和抒情相结合的方式写出解说词的前言。

(2) 一家网站准备开辟"佳片有约"公众号,为它策划一份在网页上张贴的解说词(要求配画、配乐),突出该公众号的特色。

2. 综合训练

给下面德国漫画大师埃·奥·卜劳恩的传世名作《父与子》的连环画编写一篇解说词。

鱼儿的来信

四、写作实践训练

1. 参观本校校史陈列室，听讲解员仔细讲解，做好笔记，据此撰写一份简要的解说词。
2. 举行一次现场教学，组织参观当地的博览会或展销会，听主办方介绍有关情况，然后对其解说词进行评述，分组推选代表发言。

第三节　科学小品

一、科学小品的定义

科学小品与戏剧小品、电视小品不同，它不仅指节目形式上的短小精悍，而且指文体上的交叉性、边缘性。科学小品是科学和文学"联姻"的产物，是科学知识性与文学趣味性的结晶，是以普及科学知识为目的的文艺性文体。由于它可以自由运用各种文学手法来传播科学，因此妙趣横生，能够激发起读者学科学、爱科学、用科学的热情。

二、科学小品的分类

科学小品按形式分，主要包括三类：文章式、戏曲式、多媒体式。

文章式是科学小品的一般形式。无论是自传体还是小说体，散文体还是较纯正的说明文体，都是按照文章结构来安排的。如 1980 年 5 月 16 日《光明日报》刊登的《洲际导弹自述》。

戏曲式是科学小品的特殊形式。利用舞台剧、相声、快板书等戏剧和曲艺的形式来宣传科学知识，它符合大众口味，寓教于乐，具有一般文章无法比拟的优势，但到了真正演示时却受到时空、道具、观众等客观条件的限制，这一点又不如一般文章简便。如小话剧《心理门诊》、相声《走火入魔》等。

多媒体式是科学小品的现代形式。现代化的网络传播和多媒体制作为科学小品提供了更为宽广的表现空间,文字、动漫和声像的互相链接,可以使科普知识获得最圆满的传达。如可使用多媒体软件"课件大师"等制作的各种类型的课件。

三、科学小品的特点

(一) 新奇

科学小品在科学普及的过程中应运而生,在高科技时代茁壮成长,成为科学文艺大观园里的一朵新葩、奇葩。科学小品的"新奇"是科学本身具有"神奇"特点所带来的特色,是科学神奇之树开出的新奇之花。科学的发展日新月异,20年前,人们无法奢谈网络,而今天,网络却走进了千家万户。"江山代有新科技,各领风骚仅数天",这是人类进化、科技积累到一定程度获得加速度发展的历史必然。由于科学的神奇,以科学知识普及为宗旨的科学小品产生"唯新""尚新"思想,也就不足为怪了。当然,科学小品文追求新奇,不同于科幻小说海阔天空的幻想,要建立在科学依据的基础上。

(二) 有趣

科学知识要普及,让普通大众喜闻乐见,就离不开趣味性的"包装"。因为在接受科学知识时,不仅读者的智力因素如文化层次等在起作用,读者的非智力因素如兴趣爱好等也在影响着阅读的选择。科学小品的趣味性"包装",就是为了最大程度地刺激读者的阅读兴趣,使读者乐于接受文本传递的科学信息。

四、科学小品的写作

(一) 科学小品的结构

科学小品一般由导入语、正文和结尾组成。

1. 导入语

导入语是以饶有趣味的形式引入话题,激发起读者阅读文本的兴趣,并进而产生了解文本所介绍的科学知识的兴趣。如《数字时代的"笔"和"纸"》的开头部分就是一段很能引发读者好奇心的导入语:

> 电子纸张是一种薄而软的纸状物,表面看起来与普通纸张十分相似,实际上却有天壤之别。

这个导入语简洁有力,一语道破了电子纸张和普通纸张形似而质异的区别,引领人们去探索电子纸张的"新卖点"。

2. 正文

正文主要围绕所要宣传的科学知识,分门别类、逐层予以介绍。如《动物的"言传身教"》,就从狒狒通过模仿互相学习技能说起,然后指出动物除了遗传继承外,还有"行为继承"(即"文化继承"),透过鸟类迁徙路线"定线飞行"的现象,强调了"行为继承"的现实性和重大意义,最后以白冠雀学习双亲和其他鸟类的鸣叫为例,说明"行为继承"对提高学习能力、加速行为进化的影响。正文时而讲述卡通片的情节,时而描绘动物们群聚相习的可爱场景,虽穿插丰富,但有条不紊,突出了"行为继承"在生物进化中的作用。

科学小品的正文要写得漂亮,应充分重视以下因素:

(1) 游戏性。"游戏是人释放心理压抑达到放松的有效途径,它永远不是任务而是业余娱乐"①,维特根斯坦也曾在《哲学研究》中提倡游戏精神的自由与自主。科学小品的游戏性就体现在它是一种开放的结构,读者可以随时参与进来,联系生活中的感性体验来理解科普知识,也可以用科普知识去重估生活价值、创造新的生活。科学小品使读者在参与游戏的过程中经历创造的乐趣。譬如抚养婴儿的科普小品,就可以借鉴《宝妈喂养日记》的游戏设计,将培养宝妈对于0—1岁婴幼儿的喂养技能,浓缩在8天的游戏情节中。每个关卡需要20—30分钟通关。在这8个日记关卡中,宝妈可以在游戏中模拟体验喂养婴幼儿过程中经常遇到的问题,并在游戏过程中学习相关的健康知识,比如:母乳喂养技能,奶瓶奶粉如何挑选,辅食如何添加,营养素的补充,等等。游戏还融入真实的生活场景,并通过游戏模拟操作让宝妈逐渐掌握喂养技巧。游戏玩法也主要是通过回答问题、人机对话以及模拟操作来推动剧情进展,完成闯关。② 科学小品与游戏情节相融,寓教于"玩",具有别开生面、引人入胜的效果。

(2) 故事性。这是基于人人爱听故事的普遍心理。讲故事,不仅符合"加上糖衣"、快乐学习的现代教育观念,达到寓教于乐、渗透教化力量的效果,能够对人起到潜移默化的感染作用,而且娓娓动人的故事本身就能产生引人入胜的阅读快感。而科学小品的故事性既可凭曲折的情节取胜,也可以描述具体场景见长。它不一定是一个完整的故事,但体现着浓重的故事意味,具有"故事性"。如竺可桢的《天时对于战争之影响》:

> 虽以拿破仑之盖世英才,然公元1812年,莫斯科之役,俄人坚壁清野,以待严冬之来,果焉11月初旬以后,天气骤变,风雪交加,法人弃甲曳兵而走,死亡枕藉于道,即幸而免者亦堕指落鼻,不复作人形。说者谓是役焉,拿破仑之败,非败于俄兵,而败于严寒之神,非过语也。
>
> 滑铁卢之战,拿破仑孤注一掷,亦犹项羽之于垓下也。时拿破仑军枪炮之精,胜于威灵顿,故利在于坚实之地以行军。交锋前一晚,大雨倾盆;翌日虽霁,而田野泥泞,步履维艰;延至午刻,拿破仑始克发动进攻。当是时也,法兵莫不以一当百,冲锋陷阵,鏖战至薄暮5点,英兵已不能支,势将溃矣,而普将白鲁且之援军至。故19世纪法国著名文学家维克多·雨果遂谓若非1815年6月17日晚间之雨,则今日之欧洲之为谁家之天下未可逆料,数点霖雨,足使英雄气短,为千古之长恨矣。天之亡我,非战之罪,谁不云然?③

上文为了充分说明气候对战争的重要影响,讲述了拿破仑远征俄国和滑铁卢之战这两

---

① 赫伊津哈.游戏的人[M].杭州:中国美术学院出版社,1996:9.
② 杜博文,蒋平,王韬.宝妈喂养日记——育儿类医学科普游戏设计思考[J].科学教育与博物馆,2022(5).
③ 竺可桢.天道与人文[M].施爱东编.北京:北京出版社,2016:3,5.

个生动的故事。由于"故事性"的演绎,气候影响历史格局这一复杂难懂的话题,从而变得通俗易懂,物候学不再是一个抽象的科学概念,而被软化为大众化程度较高的一种可以直观的历史场景。

(3) 形象性。是指将理性化、抽象性的科学知识转换成读者可以直接把握的感性语言。抽象虽然是科学研究之必须,但对于读者来说,却没有必要将科学家研究时的思维痛苦强加在自己头上。相反,读者需要接受的是科学知识经过"形象"的调节器还原为活色生香的生活本身,他们希望经历的科学世界是一个充满形象话语和情感魅力的世界。如《数字人文与古代文人踪迹》,就赋予大数据时代以形象化的诗情画意:

> 比如,我们从《杜甫年谱》知道,安史之乱前夕的天宝十三载(754年),杜甫在长安,过着"朝叩富儿门,暮随肥马尘"的窘迫生活,通过大数据的筛排,我们还能够知道这一年,李白在哪里"斗酒诗百篇",王维在哪里"弹琴复长啸",岑参在哪里经历漫天乱雪,高适在哪里感叹月华如霜。
>
> 比如,我们知道,苏轼曾谪居黄州五年,写有《念奴娇·赤壁怀古》和前后《赤壁赋》等名作,如果不通过大数据,我们就无法清晰地了解,在苏轼之前和之后,哪些作家也曾寓居黄州,吟诗作赋,领略过"江上清风,山间明月"。
>
> 比如,《苏轼年谱》可以告诉我们,苏轼一生到过凤翔、开封、杭州、密州、徐州、湖州、黄州、惠州、儋州等地,如果不通过大数据,我们就无法进一步掌握,在苏轼生前和身后,还有哪些作家也到过这些地方、曾留下"湖光烟霭""山色空蒙"的美丽诗篇,以及"掬水月在手,弄花香满衣"的动人身影。[①]

该文用诗一般的形象语言,表达了大数据时代信息筛查的便捷性。对古代文人踪迹的综合性梳理,不仅展示了文学地图时空的广阔性,而且增添了文人活动的文化趣味。形象化的表述方式,融解了大数据的冰冷,拉近了现代与古代的距离。

3. 结尾

科学小品的结尾方式比较灵活,它可以通过一段抒情式的文字强化读者的印象;可以运用议论的方式启发读者作出理性思考;亦可以出于一个科普工作者的使命感,展望此项科研工作的前景,激励读者去进一步探索那些未知的领域。

(二) 科学小品的写作要求

写作科学小品需要做到三个结合:

1. 科学精神与艺术思维的结合

写作科学小品需有科学求实精神,来不得半点马虎,介绍科学知识必须准确无误,阐释科学概念必须严谨完整;写作科学小品还应有艺术构思能力,通过各种艺术手法吸引读者,使读者自愿阅读,自觉接受。

---

① 根据王兆鹏,邵大为《数字人文在古代文学研究中的初步实践及学术意义》(载《中国社会科学》2020年第8期)改写。

2. 知识体例与叙事模式的结合

每一篇科学小品都应有属于自身的科学知识结构,这是此种科学有别于别种科学具有独特知识体系的标志。但在科学小品的行文表达过程中,对这种知识结构应该进行必要的调整,将原有的知识体例转化成作者可写、读者可读的体例。有人主张以小说叙事模式来表现知识体例,提出开篇先声夺人、主体引人入胜、结尾耐人寻味的写法,也不失为吸引读者的一种有效途径。当然,在实际操作中,又不至于这样单一,自有更丰富新颖的表现方式。

3. 专业术语与艺术语言的结合

科学小品既然要传播科普知识,就离不开专业术语,因为科学知识本就是由专门的概念、范畴构成的逻辑系统,离开了特定的专有名词,科学就失去了特殊的研究对象,也就失去了特有的价值;但科学小品的目的是要普及,不宜太多的"术语轰炸",除保留必要的术语之外,其他的相关名称可以通过语言的创造性转化而获得通俗的阐释。当我们读到竺可桢在《向沙漠进军》里将流沙的侵袭叫作"阵地战"和"运动战"时,不得不惊叹这位科学家的语言表现力。

训练与实践

一、写作知识训练

1. 科学小品的新奇是科学本身的_____所带来的;科学小品要让大家喜闻乐见,离不开_____的"包装"。
2. 写作科学小品要注意哪三个结合?

二、例文评析训练

按照科学小品的写作要求,你认为下文写得怎样?谈谈你的看法,并阐述理由。

链式记忆法

简单地讲,假如有必须记忆的 A、B、C、D、E 几件事,首先可在 A 与 B 间联想,然后,再在 B 与 C 间联想,并且依次联想下去。这种联想如果联系得好,只要想起 A,就会产生连锁反应,所有应记忆的事情都能回忆出来。

例如,我们打算记忆 10 件毫无关系的事情(当然不限于名词):飞机、树、信封、耳环、水桶、唱歌、篮球、腊肠、星星、鼻子。

要是逐个记忆当然不是件简单的事。但是通过记忆链的联想方法,就容易记牢。最好采用离奇的联想,联想步骤如下:

① 把飞机和树木通过联想联系起来,可以想象这样的景象:巨大的树木犹如一架大型飞机在空中飞翔。

② 再由树木联想到信封,无数像信封样的果实挂满了枝头(或巨大的信封中

装有树木)。

③ 由信封想到耳环,当打开信封时,无数耳环向自己脸上飞来,或把信封作为耳环戴在自己的耳朵上。

④ 再联想水桶,想象耳环下挂着巨大的水桶。

⑤ 接下来是唱歌。想象巨大的水桶张开大嘴在唱歌,或想象自己头戴水桶在唱歌。

⑥ 唱歌与篮球可作这样的联想:唱歌人的嘴中飞出无数个篮球,或者想象篮球在唱歌。

⑦ 由篮球联想到腊肠。想象腊肠在打篮球,或者想象篮球运动员用腊肠作为球进行比赛。

⑧ 联想星星。把天空中的星星想象为大腊肠。

⑨ 最后联想到鼻子,想象星星长着巨大的鼻子。或者想象自己脸上的鼻子是一颗大星星。

三、写作技能训练

1. 单项训练

(1) 搜集材料,口头介绍中国饮食文化或者茶文化,亦可举行类似的班级研讨会。

(2) 找一些科技术语,如"基因草图""边缘资本""单反数码相机"等,试着对它们进行创造性转化,转化成通俗易懂的表达方式。

2. 综合训练

以下文为基础,查询有关资料,写一篇题为《身临其境:5G 改变我们生活》的科学小品。

按照通常说法,5G 技术有三大特点,分别是:大宽带、广连接、低时延。

首先,所谓"大宽带",也就说明它的通信速度更快。4G 网络的下行速率能达到 100—150Mbps,比 3G 快 20—30 倍,但 5G 是它的 100 倍。这就意味着你在 4G 时代,用手机下载一部 10G 的高清电影,需要一分多钟才能够完成。而在 5G 时代,同样一部电影基本上不到 1 秒就下载完毕了,这个体验是非常爽的。

5G 会带来很多应用上的改变,主要体现在两个方面:一个是看视频;一个是体验虚拟现实(VR)和增强现实(AR)内容。先说用手机看电影,4G 时代,看 720P,1080P 电影,都觉得非常惊艳,但在 5G 时代,用手机看一部 4K 甚至是 8K 的高清大片,是能够轻易实现的,想想都令人期待。

再看看 VR 和 AR 相关应用,虽然 VR 和 AR 在 4G 时代也非常火,但它们一直存在三大问题:第一,设备太重;第二,画质不好;第三,佩戴一段时间后,人很容易头晕目眩,整体上的体验感并不是特别舒服。一旦体验不好,大众接受度就低,导致大范围商用的难度增加。

到了 5G 时代,由于速度更快,而且加上云计算的一些相关能力,基本上不存在上述三大问题。试想未来,虚拟体验和现实世界结合起来的场景,一定令人非常震撼。

5G技术的第二大特点,是"广连接"。真正给世界带来改变的,就是它能实现更多连接,带来万物互联的极致体验。

"广连接"带来的应用,以及给我们生活带来的改变,可以从家居和社交两个视角来看看。

讲到智能家居,大家一般会想到比尔·盖茨的那一个世外桃源2.0,也就是他的未来屋,当年他是花了大几千万美元,耗资几年才打造出来。但其实5G时代到来后,我们普通人只要花几万块钱,就可以体验到比尔·盖茨那种全智能化的生活体验。也就是说,5G技术让富豪级体验走进千家万户。例如,我们家里的电视、电脑、洗衣机、冰箱、空调、扫地机器人、洗碗机等家用电器,都可以连接上网,包括厨房里的锅碗瓢盆,也可以连接上网,人们对这些设施和物件进行远程控制、智能管理与互动,为日常生活增添亮彩,多美好。再比如社交。就算在人流密集的地方,我们上网也可以便捷和快速,以前如果在欧洲杯的现场看一场足球赛,当你近距离把C罗和梅西的精彩对决拍下来,想分享给你国内的朋友,发现在用户密集的高峰时段,视频根本发不出去,甚至根本连不上网。但是当5G时代到来后,基本上可以实现实时通讯,这种体验自然是非常棒的。

但其实5G的"广连接"所带来的最大改变,是工业互联网的升级。5G支持每平方公里100万个连接,这也就意味着,我们在工厂里的每一个元器件都能连接上网,对于整个工业的精细化管理和效益提升,都将是极大的帮助。而这势必会重构全球工业,激发生产力,让世界更美好、更快捷、更安全、更清洁且更经济。

5G技术的第三个特点,是"低时延"。它体现为反应更快,只有1毫秒。以往新闻传输,这边主持人提问结束了,那边的记者还要卡顿好几秒钟才开始说话,这在5G时代绝不可能出现。5G最大的应用场景就是无人驾驶。

我们在许多科幻片里面看到无人驾驶,总觉得那是未来的一个体验场景,现在5G技术让它成为现实。我们平常开车,最怕的就是堵车,但5G技术为智能驾驶提供信息辅助,帮你规划最畅通的路线,而敏捷迅速的避让反应,让驾驶这件事情变得轻松、安全而美好。甚至在5G时代,整个城市交通将由"交通大脑"来进行控制,车辆和车辆之间可以非常方便地进行连接和交互,"堵车"将成为一个历史名词。

都说4G改变生活,5G改变世界。

其实4G技术已经给我们的生活带来了翻天覆地的变化,让我们每个人都过得像国王一样,比如早上起床去上班,我们可以不用自己开车,直接掏出手机打开网约车软件约个司机,很快就有一辆车停在你的家门口。到了中午,我们饿了想吃东西,整个城市的美食都已经整装待发,只要我们掏出手机在点餐软件上点个餐,天南地北的特色美食,都能在一个小时内送到你桌上。到了晚上,我们想亲自下厨给家人做一顿爱心餐,过程中突然发现油快用完了,拿起手机火速点开购物软件,不出十分钟,门铃响了,油给你送到门口了……4G 的生活已然十分便利,然而 5G 技术将带领我们走向另一种生活体验,无论是医疗的远程手术,视频的快速传输,VR、AR 的逼真体验,还是工业、农业、商业互联网的快速应用,这些都将极大地促进整个社会政治经济和文化的发展。[①]

四、写作实践训练

1. 为"家庭机器人"写一篇科学小品。
2. 有组织地去海岛、山区、农村参加生产劳动,仔细观察新奇的海产品或农作物新品种的特征,再查找有关科学文献,写一篇科学小品。

第四节　广告

一、广告的定义

广告,顾名思义是广而告之的意思。它源于拉丁文"Adverture",原来的意思是大喊大叫,引人注意。随着社会变迁、商业繁荣,"广告"一词已经演变成"诱导""影响"的代名词,与宣传、促销等活动紧紧捆绑在一起。国外经济界流传着一句话:"想推销商品而又不做广告,犹如在黑暗中向情人传送秋波。"由此可见,广告已成为一种重要的商业运作方式。

广告的定义,有广义和狭义之分。广义指发布各种社会信息的大众传播活动,狭义指支付费用树立品牌的商品宣传。

二、广告的分类

广告分类的标准不同,结果也不一样。

按社会功能分,有商业性广告和非商业性广告;

按宣传目的分,有商品销售广告、企业形象广告、企业观念广告等;

按诉求对象分,有消费者广告、生产者广告、商业批发广告、媒介性广告等;

按诉求方式分,有理性诉求广告和感性诉求广告;

按广告的覆盖面积分,有全球性广告、全国性广告、区域性广告、地方性广告等;

按媒体形式分,有实物广告、叫卖广告、招牌广告、报纸广告、杂志广告、印刷传单广告、广播广告、电视广告、电传广告及网络广告等。

此外,还有邮寄广告、招贴广告、路牌广告、地铁公交广告、霓虹灯广告等多种形式。广告可以采取一种形式,也可以并用多种形式,形成各种广告媒体之间的互补关系。

---

① 孙文.5G 智联万物:轻松读懂 5G 应用与智能未来[M].深圳:海天出版社,2020:1—4.有删改。

三、广告的特点

(一) 出奇制胜

如果说促销和追求效益是做广告的目的,是企业主无法摆脱的经济诱惑的话,那么,为了在广告宣传中打响品牌而追求策划构思的"创意",对广告人来说,也是挥之不去的艺术诱惑。创意是广告的一大特色,现代美国广告之王戴维·奥格尔认为创意就是四个字——"别出心裁"。作家毛姆为了推销作品,构思了一则征婚启事:"本人喜欢音乐和运动,是个年轻而又有教养的百万富翁,希望找一位像毛姆小说中主人公那样的女子做终身伴侣。"这是以征婚为名,行推销之实,据说,他的小说因此倾销一空。

(二) 扬长避短

做广告不可能面面俱到,只能突出自己的优势,在市场定位中找准自己的目标。款式不如人家新颖的,就跟人比质量可靠;功能不如人家丰富的,就跟人比价格优惠。总之要充分展现特色,让人过目不忘。例如:

> 不去蓬莱岛,就来天台山……

这是浙江天台山的旅游宣传广告。巧用孙绰《游天台山赋》中"涉海则有方丈蓬莱,登陆则有四明天台",和《西游记》第六十回"不亚天台仙洞,胜如海上蓬莱"的句子,将"北蓬莱,南天台"的文章做足,借势营销,既蕴含着天台山作为"山岳神秀"、人间仙境的风景魅力,又隐隐透出"佛宗道源"、人文底蕴的历史内涵。寥寥十个字,极具诱惑力。这则广告的成功,究其原因,突出自然风光优势和人间仙境魅力是关键。

当然,突出优势并不是不顾实际自卖自夸。香港就曾明文规定"包医百病"的药品不准在广告中出现,所以有些药店在广告词中申明"大病还须去医院",不失为一种明智之举。

(三) 依托文化

广告文化是一个新课题。广告作为一种大众促销活动,不能不受到社会文化心理的制约。许多广告都在消费者的文化心理上做文章,利用人们"趋同"和"求异"的矛盾心理,精心策划,树立商品新观念。策划者多采用传统文化习俗的种种方式,赋予广告民族特色,如山西杏花村汾酒的广告词"酒气冲天,飞鸟闻香化凤;糟粕落地,游鱼得味成龙",就采用了传统的对联手法,让古老的龙、凤意象互相对应,散发出浓郁的民族气息。而有时候,传统形式的花样翻新,也会别具风味。成语谐音字的转换就是其中一种,往往一字之改,刷新了含义。如默默无"蚊"(蚊香)、"骑"乐无穷(摩托车)、口服心服(矿泉水)等。

而圣象地板的广告词,则从生命哲学的高度,赋予自然和生命人格力量,不失为广告中采用柔性文化策略的典范:

> **让生命与生命更近些**
>
> 生命是自然创造的一种神奇。

我们应该尊重、珍惜每一个生命,如同尊重、珍惜我们自己,并对自然充满敬畏与感激。

而自然万物皆有生命。

不是吗?在心中空无一物通透澄明的纯粹状态下,如果你仔细谛听,用心触摸,你就会感受到生命无所不在。一颗尘埃,一滴水珠,一缕清风,一丝呼吸,到一粒种子,一朵花,一棵树,一株草。从一只蚂蚁,一条小狗,一尾小鱼,到一匹马,一头狮子,一只大象,都是生命的一种存在。

地板也是有生命的,它是那些曾经美丽的招摇于风中的树木的精魂。如果你知道地板会呼吸,再看一看它温暖而纯净的光芒——那是磨难锻造、铅华洗净的生命之光,如涅槃的凤凰,蛹化的蝴蝶——你就会知道,那些美丽的树木其实从未死去。从树木到地板,只不过生命换了一种形式而已。它依然清新,依然友善,依然美丽,守护着生命最初的纯真而执著的本色。

圣象了解这一切,所以圣象是那样地热爱着每一个生命,渴望着与每一个生命近一些,更近一些。

四、广告的写作

(一) 广告的结构

一则完整的广告包括广告主题、标题、正文、标语、落款等几个部分。

1. 广告主题——树立形象

广告主题是广告为实现宣传目的而表达的基本观念,对商品广告来说,就是要突出商品的特殊个性,树立商品的"自我形象"。说得白一点,就是要充分展示商品与众不同的"优势中心"。

广告主题是由消费心理研究、产品市场定位和广告表现形式三部分共同构成的。兹列表如下:

广告主题构成要素	广告主题的形成途径	经典文本
消费心理研究	AIDMA 法则: 吸引注意(Attention) 激发兴趣(Interest) 刺激欲望(Desire) 加强记忆(Memory) 导致行动(Action)	1. 从 12 月 23 日起,大西洋将缩短 20%(航空公司) 2. 伊利优酸乳,青春滋味,自己体会 3. 麦氏咖啡,滴滴香浓 4. 康师傅方便面,好吃看得见
产品市场定位	正向定位:功能、质量、消费群体、价格 逆向定位:适度自我揭短,以"诚"感人	1. 三碗不过冈 2. 妈妈,我要喝,娃哈哈果奶 3. 不坐林肯,就坐喜美 4. 男人就应该对自己狠一点(柒牌服饰)

续 表

广告主题构成要素	广告主题的形成途径	经典文本
广告表现形式	内创意:重组要素,突出优势,烘托主题 外创意:品牌响亮,承诺明确,形式奇异	1. 臭名远扬,香飘万里 2. 梁新记牙刷一毛不拔 3. 新鲜常在香雪海 4. 阿里山瓜子,一嗑就开心 5. 一品黄山,天高云淡

2. 广告标题——画龙点睛

广告标题是对广告主题的高度概括。作为广告的题目,作为广告"个性"的标志,它要鲜明地揭示主题,让读者一眼看出广告最本质的信息,同时又要与其他广告加以严格区别,不能模糊自身的特色。

创制广告标题的原则是:用最少的文字突出商品的优势,放大广告的焦点,强化诉求的目标,内容一定要单纯,切忌面面俱到、冗长繁琐。措辞要生动,深入浅出,使人易读易记,最好能朗朗上口,令人过目不忘。像"不同凡想"巧用成语谐音,展示电子产品的独特思维方式及个性化配置,打造个体风格;"金利来,男人的世界"洋溢着豪情;"味道好极了"通俗易懂,完全是一句口头语、家常话;"活力28,沙市日化"这则广告仅用了八个字,囊括了产品性能、品牌名称、地址和厂家,言简意赅。"活力"二字富有现代色彩,"28"与"好事逢双,遇八即发"的幸运数字、民俗心理相联系,既显得生机勃勃,又有文化蕴含;加上四字结构,句式匀整,简洁有力,并以响亮的"8"和"化"押韵,音韵铿锵,掷地有声,的确是一则成功的广告标题。

3. 广告正文——展示优势

广告正文是向消费者提供商品的主要信息,为他们购买前的决策提供判断的依据,它是广告标题的具体化,是广告主题的充分体现。广告正文包括以下三部分:开头,对商品原料、性能、生产工艺、获奖情况等作简要交代,以增强商品的可信度;主体,用富有说服力的事实来证明商品的质量和功用,突出个性与优势,提高商品的竞争力。主体的结构有陈述体、目录体、问答体、证书体、幽默体等;结尾,强调广告主题,催促购买,往往形成一句广告标语。

4. 广告标语——形成观念

广告标语是广告在较长时间内反复使用的特定商业用语,用意在于让消费者牢固地树立关于该商品的观念。它与标题不同,标题是引导消费者注意和阅读正文,而标语却要在消费者群体中建立一种观念,并让消费者牢记它;标题可以随广告的变化而变化,而标语要相对固定下来,在相当一段时间内用在不同的广告设计上。当年的钻石巨头戴比尔斯公司也许人们并不熟悉,但他们的广告语,"钻石恒久远,一颗永流传",却成为一种深入人心的观念延续了下来。

5. 广告落款——保持联络

广告落款要写明广告客户的单位名称、地址、电话号码、传真、电子邮箱等,便于消费者及时联络、咨询或订购商品。

(二) 广告的写作要求

1. 遵循广告法规

广告写作要恪守法规，建立良好的社会形象。《中华人民共和国广告法》在"广告准则"中指出："广告内容应当有利于人民的身心健康，促进商品和服务质量的提高，保护消费者的合法权益，遵守社会公德和职业道德，维护国家的尊严和利益。"如广告中不能使用国歌，不能使用"最高级"等用语，不能含有淫秽、迷信、恐怖、暴力、丑恶的内容。戴维·奥格尔在《一个广告人的自白》里就曾告诫过人们："千万不要写那种连你也不愿你的家人看的广告。你不会对你的妻子说谎话，也不要对我的太太说谎。己所不欲，勿施于人。"

2. 认准市场定位

艾·里斯和杰·特劳特在他们合著的《广告攻心战略——品牌定位》一书中提出了一个重要观念："一个产品想要讨好每一个人，到头来是对任何人都不讨好。"广告写作只有着眼于某一类消费者群体来确定诉求目标，才能显示自身的优势和特色。像万宝路表现的硬汉魅力，太太口服液风靡女性世界，娃哈哈果奶走俏儿童市场，都是这些品牌在市场中找准自己坐标之后所产生的巨大效应。

3. 使用规范语言

广告的语言实际上也是语言的广告，从中反映出写作者的个人素质、文化修养和语言水平。于根元在《广告语言规范》中分析了大量的实例来说明广告用语的失范现象，如"硫酸浓度100％"是严重失实；"承蒙广大客户爱戴"属用词不当；"乘胜前进，再创新高"中的"新高"指新高峰，还不是独立的语言单位，这样的说法比较生硬，广告词里应慎用。强调广告语言的规范化，并不意味着排斥形象比喻、适度夸张和适当运用网络新词等有助于广告表现力的艺术形式，而是要反对和杜绝不真实、不文明、不恰当、不规范的语言现象。正如新版《现代汉语词典》可以收录比较成熟的流行词汇如"宅男""宅女""山寨""雷人"，但不收录有贬义色彩对人不够尊重的"剩男""剩女"。

肯尼迪说："广告是印刷出来的推销术。"在高度商品化、信息化的现代社会，广告的媒体早已突破了印刷的范围，而且广告已经渗透到社会的各个领域，成为人们生活的组成部分。广告，是一门无敌的推销术。

训练与实践

一、写作知识训练

1. 如何理解罗瑟·里斯夫的"广告是无敌推销术"这句话？
2. 广告主题由_____、_____和_____三部分构成。
3. 简述社会文化心理对广告的影响。

二、例文评析训练

1. 根据创制广告标题的原则,分析下列广告标题的特色,并说明理由。

① 长城电扇,电扇长城

② 谁说毫末技艺,却是顶上功夫(理发)

③ 眉笔像花瓣一样柔和

④ 冒险与史诗(西班牙旅游)

⑤ 南方周末,一纸风行

2. 下列5句广告语哪一个最好,为什么?

① 我厂生产某某酒,孔明爱酒胜美人

② 今年二十,明年十八(香皂)

③ 不是猫儿馋,确是花儿香(香皂)

④ 八包催肥一头猪,不肥不算大丈夫(饲料)

⑤ 文化用品逞风流,百货大楼来选购

3. 上海奥美广告公司为查生啤酒拟制的广告,采用古代通告形式"禁酒令",借用中华典籍来诠释诉求内容,风格独特,试加以评析。

禁酒令

　　查生啤之新鲜,乃我酒民头等大事。新上市之贝克生啤,为确保酒民利益,严禁各经销商销售超过七日之贝克生啤,违者严惩,重罚十万人民币。

　　此布

金匙集团下属金匙啤酒有限公司
贝克元年五月

4. 下文是《读者》杂志的征订广告,试分析有什么特点,你觉得这样好不好?

选择《读者》,就是选择了一类优秀文化

　　《读者》始终坚持"博采中外、荟萃精华、启迪思想、开阔眼界"的办刊宗旨,融思想性、知识性、趣味性为一体,与时俱进;追求高品位、高质量,赢得了海内外各个年龄段和不同阶层读者的喜爱,被誉为"中国人的心灵读本"。

　　《读者》杂志创刊于1981年1月,是甘肃人民出版社主办的一份综合类文摘杂志。原名《读者文摘》,因与美国《读者文摘》发生长达10年的冠名权纠纷,在广泛征名之后自1993年第七期始定名为《读者》。

　　《读者》杂志始终以弘扬人类优秀文化为己任,并将高尚的道德、崇高的理想、生活的哲理,巧妙地融入精美的文章当中,使读者在轻松、愉快的阅读中陶冶情操、净化心灵。

　　《读者》始终坚持把社会效益放在首位,努力实践"贴近实际、贴近生活、贴近

群众"的原则,回报读者、服务社会,始终坚持低价位、高品位,读者愿意买,买得起。

《读者》创刊至今,共发行 6 亿多册,多年来长盛不衰,深受广大读者欢迎。从 1991 年至 2000 年,连续 10 年发行量排在中国 8 000 种杂志前 5 名(三次第一),据总部设在英国伦敦的世界期刊联盟最新出版的《世界期刊概况》公布的全世界期刊发行量最大的前 50 名刊物排名,《读者》杂志排在第八位,被称为中国期刊的第一品牌。

2001 年在新浪网等 60 家网站联合网上公众投票评选中,获"全国公众最喜爱的百家企业"第十二名及"商业服务类企业"第一名;2001 年被中国广告协会评选为"全国广告行业文明单位"。

《读者》杂志获奖情况:

1998 年获国家新闻出版总署颁发的第一届全国百种重点社科期刊奖。

1999 年获首届"国家期刊奖"。

2001 年被国家新闻出版总署认定为"双高"(高知名度、高学术水平)期刊。

2001 年获第二届全国百种重点社科期刊奖。

2003 年获第二届"国家期刊奖"。

2005 年获第三届"国家期刊奖"。

主办单位:甘肃省人民出版社　　　　国际标准刊号:ISSN 1005—1805

国内统一刊号:CN 62—1118/Z　　　　国外发行代号:M 1161

联合征订代号:LD 621118

三、写作技能训练

1. 为最近上映的一部大片拟一个广告标题。
2. 为"报喜鸟"西服撰写广告标语,树立一种观念。
3. 以问答形式为当地的某家火锅城撰写广告正文的主体部分。

四、写作实践训练

1. 为你的学校或所在的系拟一份招生广告。
2. 通过调查研究,为房地产开发公司拟一份报纸广告,要求用简图标明地段和住房结构,并做到文辞简约、清晰、流畅,有一个醒目的标题。

第七章 应用文体

第一节 计划

一、计划的定义

计划是单位或个人根据党和国家的有关方针、政策以及上级的指示要求，依据本部门和个人的实际情况，对未来一定时期内的工作、生产、科研和学习等进行部署与安排的一种预见性事务文书。在所有事务文书中，计划的应用范围极广，机关、社会团体、企事业单位等要对一定时期的工作预先作出安排时都会使用到计划这一文种。它主要用于对未来的工作任务预先拟定目标，设想步骤、方法等，做到事先心中有数，减少盲目性。

制订计划至关重要。古人有言：凡事预则立，不预则废。计划是前进方向上的"路标"，是一切行动的先导，也是实施目标的手段。人们按计划行事，工作就有了明确的目标，就能统一思想、协调行动，掌握进程，使工作有条不紊地进行，从而实现预期的效果。科学的、切实可行的计划，对我们的工作、学习、生产、科研等都有着重要的指导、推动与保障作用。

二、计划的分类

计划的种类很多，其名称叫法也不一。常见的"规划""部署""安排""设想""打算""方案""纲要""思路""要点""意见"等，都是人们对今后工作或活动作出的部署与安排，因而也都属于计划这个范畴。

按照不同的标准，可以将计划分成不同的种类，常见的有以下几种：

按内容分，有生产计划、工作计划、经济业务计划、学习计划、科研计划、教学计划、文体活动计划等；

按性质分，有综合计划和专题计划；

按时间分，有中期计划和短期计划等，也可以分成跨年度的多年计划（如五年计划、十年计划）、年度计划、季度计划、月份计划等；

按效率分，有指令性计划、指导性计划、一般性计划；

按范围分，有中央计划、区域计划、系统计划、单位计划、部门计划、个人计划等。

三、计划的写作

（一）计划的结构

计划的写作格式一般可分为条文式、说明式、表格式等几种。不管采用何种格式，其基本内容都由以下三个方面构成：

1. 标题

计划的标题一般有以下三种构成形式：

（1）由单位名称、时间期限、内容范围、文体名称构成。如《××大学 2024 年后勤工作计划》。采用这种方式拟题，文末只写日期即可，不必再署单位名称。

（2）由时间期限、内容范围、文体名称构成。如《2024 年第一季度生产计划》。采用这种方式拟题，文末要签署单位名称。

（3）由单位名称、时间期限、内容范围、文体名称、内容成熟程度构成。如《××大学 2024 年后勤工作计划（征求意见稿）》。采用这种方式拟题，文末不用再署具体单位名称。

2. 正文

计划正文的写法，格式比较固定，一般由以下三个部分构成：

（1）基本情况和指导思想。这是计划正文的第一部分内容。制订计划要有依据，其依据就是对基本情况的分析和认识。所谓基本情况，一般包括两方面的内容：一是制订计划时的现实情况，二是前段工作中存在的优缺点。通过以上两方面内容的介绍，可以突出制订计划的必要性和针对性。在介绍基本情况的基础上，还要明确地提出制订计划的指导思想，也就是说明为什么要制订这份计划。这是制订计划的立足点，要尽量写得简洁、明确。

（2）基本任务和具体项目。这是计划正文的中间部分。其主要内容是写做什么、做多少、做到什么程度。在这部分内容中，要先把基本任务作概括的交代。然后，围绕这一任务，把需要进行的工作（学习、生产）项目一一述说清楚。在写作时，要注意突出重点，分清主次，既要明白、具体，又不应过于烦琐。

（3）方法步骤和具体措施。这是计划正文的最后一部分，也是重点部分。一份计划要能真正地发挥应有的指导作用，关键在于方法对头、步骤合理、措施有力。对此，作者要注意从实际出发，切实针对有关任务，并立足于现有条件，写清先做什么、后做什么、怎样去做、如何保证做好。为了使这部分内容眉目清楚，便于掌握，可以采用条款式的写法。

3. 落款

计划的落款包括计划制订者署名和签具日期两个方面，位置在正文的右下方。如在标题中已写清单位名称，则只签署日期即可。如果计划另有附件，或者需要抄报、抄送上级机关或有关单位，应按行文格式予以注明。

（二）计划的写作要求

1. 正确选择计划类文书的种类

要写好一篇计划，首要的是明确计划的内容属于哪一类，适合用哪一个具体的计划种类来表达，只有正确选择和使用某种计划类的文书，才能写出规范的计划。各种类型的计划类文书写作要求如下：

（1）安排、打算。这是计划中最为具体的一种格式，常用于时间较短、内容具体，并偏重于工作步骤和方法的计划。由于其工作比较确切、单一，不作具体安排就不能达到目的，所以其内容要写得详细一些，这样容易使人把握。

（2）规划。这是计划中最宏大的一种。从时间上说，一般都要在三五年以上；从范围上说，大都是全局性工作或涉及面较广的重要工作项目；从内容和写法上说，往往是粗线条的，比较概括，它是带有全局性、长远性和指导性的计划，因而内容往往要更具有严肃性、科学性和可行性。

（3）设想。这是计划中最粗略的一种。在内容上是初步的，富有创新性，多是不太成熟的想法；在写法上是概括地、粗线条地勾勒。但时间不一定都是远的，范围也不一定都是宏大的。一般说来，时间长远些的称"设想"；范围较广泛的称为"构想"；时间不太长、范围也不太大的则称为"思路"或"打算"。设想是为制订某些规划、计划作出准备的，是一些初步想法。设想与规划一样，在内容和写法上都比较概括，不可能也没有必要写得太细、太具体。

（4）方案。这是计划中内容最为复杂的一种。由于一些具有某种职能的具体工作比较复杂，不作全面部署不足以说明问题，因而其内容构成势必要烦琐一些，一般对指导思想、主要目标、工作重点、实施步骤、政策措施、具体要求等项目都作出较为全面的部署与安排，并且其内容要求周密，专业性较强。

（5）要点。这是对一定时期内的全局工作或中心工作所作的简要安排，实际上就是计划的概要和浓缩，大多是上级机关某一项重要或较大工作计划的摘要。由于要点的内容是摘录计划的主要点，所以其正文都写得比较概要，既不要兼顾各个方面，也不必讲具体做法，更不用讲道理；没有过渡段，段落也不长。在结构方式上，大都是并列式，可分若干项目一贯到底，也可分几大项，大项下分若干小项，其中的小项可在每一大项下单独排列，也可全文排列。

（6）意见。这是政策性和原则性较强、内容较完整的计划。

2. 实事求是地制订计划

计划的写作不能闭门造车，要有理论依据和实际依据。制订计划时，必须深入调查研究，吸收先进经验，根据本单位的人力、物力、财力等具体条件与特点，从当时当地的实际情况出发，做到依据科学，扬长避短，充分发挥自身优势和潜力。在积极进取的同时，还要注意量力而行。目标的确定、任务的提出、具体的措施步骤等，都要建立在调查研究和科学分析的基础上，不搞脱离实际的高目标、"大计划"。在写作计划时，要对各方面的情况有充分的了解，前面的有什么成功的经验、失败的教训？哪些工作做完了，哪些工作有待今后继续进行？工作中有哪些有利因素和不利因素？如此等等，根据这些事实制订出的计划，才能有针对性，切实可行。

3. 计划的内容要明确具体

计划可以采用多种结构模式，但不论采用哪种结构，计划的内容都应体现出"做什么"和"怎么做"的内在逻辑关系。所谓"做什么"，也就是计划的目标、任务，要明确目标和任务的定性和定量要求，同时还要明确具体的完成时限。所谓"怎么做"，也就是完成计划的具体措施、步骤和方法，一般应包括人力、物力、技术、手段、组织领导等。以上这些内容都要明确而具体,这样计划的执行者才能更好地理解、把握和执行计划,顺利完成计划。

训练与实践

一、写作知识训练

1. 计划的写作内容主要由哪三个方面构成?
2. 计划正文部分的写法,格式比较固定,它一般包括_____、_____、_____三个部分。
3. 计划写作的三点要求是:_____、_____、_____。

二、例文评析训练

1. 下面是一份写得比较成功的计划,结合所学的关于计划写作的有关知识,评析它的成功主要表现在哪几个方面。

××师范学院2024届毕业生教育实习工作计划

　　教育实习是高等师范院校培养合格中学师资的一个重要环节,是有效提高师范专业学生从教能力的基本措施。根据学院教学计划的安排和《××师院教育实习规程》的规定,我院2020级师范教育专业毕业生将从4月19日至5月21日进行教育实习。为确保教育实习工作的正常进行,提高实习质量,特制订本计划如下:

　　一、实习准备工作

　　1. 各系3月31日将教育实习计划、校内模拟实习指导教师和基地带队教师的名单交教务处教学科。

　　2. 4月3日召开基地校长座谈会,总结去年基地实习工作,落实今年基地教育实习的各项工作任务。

　　3. 4月6日由各系带队教师到各教学基地落实各学科教学实习的具体内容。

　　4. 4月9日,邀请区教委教研室的同志分专业为实习生、实习指导教师和带队教师作有关中学教育基本情况的专题报告,介绍中学教学常规和课堂教学达标规范。

　　5. 4月12日组织全体实习指导教师到基地学校参观学习,通过听课、参观、分学科座谈、交流,了解中学教育实际,获取中学教育改革信息,进一步掌握中学教学常规。

　　6. 4月29日,教务处将对全体基地实习带队教师进行培训,明确带队教师的职责和要求。

　　二、校内模拟实习

　　校内模拟实习时间为4月19日至4月30日。

1. 模拟实习第一周,在实习指导教师指导下,实习生以实习小组为单位,开展中学课堂教学研究,分析研究教材,每个实习生要编写四个教案。然后,在教师批阅教案的基础上,以实习小组为单位试讲、讨论、评议。

2. 模拟实习第二周,在指导教师的主持下,组织"模拟讲课",每个实习生讲两节课,由实习小组对讲授情况进行集体评议,评定分数,并填写《校内模拟实习鉴定表》。

3. 教务处将在4月中旬统一安排微格教学训练。望各系提前做好各项准备工作。

三、教学基地实习

教学基地实习时间为5月3日至5月15日,5月2日进入基地,5月16日返校。

进入基地后,带队教师要认真组织好以下业务活动:

1. 熟悉实习基地学校的情况。

2. 同基地学校领导及指导教师共同协商,确定实习班级,明确实习任务。

3. 组织教学见习,观摩指导教师的课,听取任课教师对实习的安排意见,以便接课或开展班级管理工作。

4. 每位实习生在实习指导教师和原班主任的指导下,制订出实习计划。

5. 按实习计划认真完成:试讲、观摩、课堂教学、实习班主任和教育调查等项任务。

6. 注意整理有关材料,积累经验,为总结实习工作保存第一手材料。

四、实习工作总结及表彰

实习工作总结及表彰的时间为5月17日至5月21日。

1. 实习队从实习学校返回学校后,将实习生个人总结、基地实习队总结交系实习领导小组。

2. 各系根据实习队的总结,综合校内模拟实习、教学基地实习等方面的情况,审核实习成绩,搞好实习工作总结,评选出"优秀指导教师""优秀实习生",并召开全系教育实习经验总结交流会。各系5月25日前将系实习总结交教务处教学科。

3. 在各系实习总结的基础上,由教务处写出全校教育实习总结,并组织评选"实习工作先进系"。5月28日召开全校教育实习经验总结交流会,对"实习工作先进系""优秀指导教师"和"优秀实习生"进行表彰。

五、工作实施要求

1. 请各系于3月25日前成立以系主任为组长的系实习领导小组,全面领导教育实习工作。

2. 请系实习领导小组根据本计划要求尽快制订系教育实习工作计划,报教务处批准后实施。

3. 本计划请于 3 月 28 日前传达到全体教师和实习生。

2024.3.10

三、写作实践训练

1. 结合本学期学习任务,制订一份个人读书计划。
2. 以值周班长的身份,制订一份开展班级学习竞赛活动的计划。

第二节　总　结

一、总结的定义

总结是单位或个人对过去的工作、学习等进行回顾、分析和研究,从中找出经验教训,引出规律性的认识,以指导今后的工作和学习的应用文体。

从辩证唯物主义认识论来看,总结是不断提高认识水平和工作能力的一种重要方法。通过总结,可以对以前实践中的成功经验予以归纳和概括,把失败的原因和教训予以剖析和分解,从而对过去的工作或学习作出正确的评价,得出科学结论,以便进一步明确今后的实践方向,克服盲目性、被动性,更好地发挥主动性、积极性,把工作做得更好。重视总结,写好总结,将会使我们少走弯路或不走弯路,有效地提高工作质量和工作效率。

二、总结的分类

总结的种类很多,与计划相对应,它可以从不同的角度划分为以下几类:

按内容划分,有工作总结、生产总结、学习总结、思想总结等几种;按范围划分,有地区总结、单位总结、班组总结、个人总结等几种;按时间划分,有年度总结、季度总结、月份总结、阶段总结等几种;按性质划分,有专题总结和综合总结。

(一) 专题总结

专题总结是选取工作中的某个方面、某些成绩、某种经验、某种问题进行深入的阐述的总结。往往偏重于总结工作中的某些突出成绩或典型经验,以点带面,加以推广。它比综合总结使用更广、针对性更强。要求集中一点,突出特色,注重深度,针对性强。

(二) 综合总结

综合总结是一个单位、一个部门对某个时期情况所进行的全面总结。包括工作情况概括、成绩和经验、缺点与教训等。综合总结并不等于面面俱到,包罗万象,而是要根据主题的需要有所侧重。

三、总结的写作

(一) 总结的结构

总结的结构内容主要由以下几个方面构成:

1. 标题

总结的标题拟制有以下三种方法:

(1) 由单位名称、时间期限、文体名称构成标题。

如《××大学 2024 年度工作总结》。

这类标题多用于全面总结。

(2) 使用正、副两个标题,正标题概括总结内容,副标题标明单位名称、时间期限、文体名称。

如《强化素质教育,培养合格人才——××大学 2024 年教学改革工作总结》。

这类标题多用于单项总结。

(3) 通过归纳、概括全文内容重点,提炼标题。

如《狠抓教风、学风建设,确保教育、教学质量》。

这类标题也多用于单项总结,尤其是经验总结,一般都用此法拟题。

2. 正文

正文是总结的主干部分,在这一部分中,要对总结的全部内容采用合理的结构形式予以介绍。

(1) 就总结内容来说,主要包括以下几个方面:

① 基本情况概述。在这一部分中,要先从全局着眼,对过去的工作予以概括交代。通过说明工作的时间、背景以及工作的大致情况如何,使读者先有一个总的印象。

② 主要成绩、不足和经验、教训。这是总结的重点。在这一部分中,要本着实事求是的精神,对过去的工作进行深入、细致的回顾、分析和归纳,用一分为二的辩证方法,肯定成绩,找出不足,并结合具体事例,对主要经验和教训予以概括、阐述。

③ 今后努力的方向和设想。在这一部分中,要针对以前工作中存在的问题、不足,明确指出以后工作的努力方向和奋斗目标。同时,还应就如何发扬成绩、纠正缺点、进一步搞好工作,提出合理的、具体的设想。

(2) 就结构形式来说,较为常用的有以下几种:

① 条文式。这种方式是把总结的内容大致分为几个部分。每部分依次用一、二、三等数码标示。

② 贯通式。这种方式是指总结内容的叙写一气呵成,既可按工作的进展过程顺序介绍,又可由基本情况介绍落笔,依次写到今后的努力方向和设想。在行文过程中,对每部分内容不予独立划分,只用分段来表示叙写层次。

③ 小标题式。这种方式在内容划分原则上与条文式一致,即全文分为几个部分,每部分都有着相对的独立性。其不同点是前者仅用数码代表各个部分,此种方式则要对每部分内容予以概括,分别拟出小标题,每个小标题分别代表着每部分内容的重点。

在写作中,采用哪种结构形式,要视不同情况而定。一般说来,专题总结多采用小标题式写法;综合总结多采用条文式写法;篇幅较短的个人总结(如学习小结、短期工作小结等)多采用贯通式写法。不管采用何种写法,都要以有利于全面、系统、深入地表现总结内容为根本原则。

3. 落款

总结的落款包括总结者署名和签署日期两个方面,位置在正文的右下方。如果标题中已写明单位名称,则只签署日期即可。

(二) 总结的写作要求

1. 注意积累,占有材料

总结是较长时间内工作的回顾,在整个工作过程中,应时时处处当有心人,为写总结积累材料。某个典型,某些细节,有关的时间、地点、人物、事件、原因、结果等,无不在搜集之列。当然,也不排除通过开座谈会、个别调查等途径搜集材料。没有丰富的实际材料作为判断的基础和论证的实例,就难以把总结的内容准确而全面地表达出来。尤其是掌握原始材料,是写作总结的基础,是得出结论、寻找规律的依据。

2. 探索规律,提炼观点

总结工作的经验教训,找出规律性的东西,这是工作总结的重点。如果总结只是事实的回顾,不探索规律、提炼观点,"总"而不"结",那是在写回忆录,是没有实际意义的。只有抓住关键问题,用有典型意义的材料提炼和论证具有指导意义的观点,总结出新鲜经验,写出的总结才有全局性的普遍价值,才能反映本单位工作特点,对今后的工作或对其他单位的工作才有一定的指导和借鉴作用。能否认识和反映带有规律性的经验,是衡量一篇总结质量高低的重要标志。

3. 突出特点,抓好重点

写总结必须抓住特点。"年年岁岁花相似,岁岁年年人不同",写总结就要写出这些"不同"之处,否则,今年的总结与去年的总结雷同,写总结就变成了例行公事。这就要求撰写人要不断学习新精神,研究新情况,寻找新经验,抓住特点和重点,写出特色,写深写透。这样写出的总结,才有高度、有新意、有时代感。

4. 叙议结合,语言简朴

总结是工作中常用的一种事务文书,它不同于叙事性的文章,从表达方式上讲,它既要求用叙述的方式摆事实、谈成绩与不足、讲做法,又要用议论的方式分析原因、总结出经验教训,要求叙议结合。总结的语言要求简洁朴实,不能拖泥带水、过分修饰。

训练与实践

一、写作知识训练

1. 专题总结是_____,综合总结是_____。
2. 结合实例,谈谈为什么写总结要注意抓规律性的东西。

二、例文评析训练

下面是一份写得不够成功的总结,它的主要缺点有三个方面:一是总结的目的不够明确;二是全文重点不够突出;三是语言运用不够准确。请结合所学的总结写作知识,对其进行认真分析,看看上述三个方面的问题在文中的具体表现是什么。

个人学习总结

在过去的一年中,由于大家的帮助,在学习上取得了较好的成绩。为了总结经验,继续发扬我系的学习传统,争取更大的成绩,我针对去年的情况,谈自己的三点感受,仅供同学们参考。

一、明确目标,把握学习方向

这是一个最根本的问题。我们从中学进入大学,学习的广度与深度将迈上一个新台阶,学习的特点与方法也将会有所改变,这就需要明确目标、把握方向,否则会眉毛胡子一把抓。至于学习方法的问题,就要求我们在学习时抓住专业特点,不断摸索,从实践中找到一条切实可行的路子。比如我们学习"心理学",这门课是比较抽象的,未学之时有些同学可能会认为这是一门推测、占卜的学科,而当我们接触到其内容时,方知它是一门研究人的心理现象的科学。从教师的讲授中我们又会进一步了解到,它是为了教给师范院校的学生研究人的心理的方法,为将来对待不同特点的学生打好基础,以便因材实施,因人制宜。我们明白了这一点,就会在学习过程中,能够结合实际,学以致用。常言道:"无帅之兵,谓之乌合。"学习也是如此,如果一个人学习目标不明确,学习方向把握不准,那么他迟早会四处碰壁,丧失信心。这一点,我想每位同学都会有自己的深刻体会。另外,作为中文系的学生,还要特别注意处理好课内与课外的关系。

二、珍惜大好时光,从小事做起,发奋学习

一位诗人说过:"小事是珍珠,岁月是金线,谁最勤于拾起珍珠,串入金线,谁就有一条青春常在的'珍珠项链'。"这话包含了多么深刻的道理。岁月如梭,时不我待,四年的大学生活转眼就会过去,这又怎容我热血青年袖手旁观,空虚等待?但是在我们中间确实存在一种不良现象,有些同学认为上了大学,铁饭碗定了,于是混天熬日,游手好闲,把自己的学习抛到九霄云外,直到考试时挑灯夜战,洋相百出。著名教育家陶行知先生说过:"学生的职务是'千学万学,学做真人'。"的确,作为一名学生,其天职就是学习。可是眼下在我们之间又出现了经商的势头,他们到市场上提几双鞋、几双袜子、几包瓜子,在校园的角落里一摆,便做起商人来……他们可能会认为这种做法并不妨碍学习,可是同学们设身处地地想一想,我们师范院校的学生,毕业后大部分要做教师,如果上学期间把大量的时间用在这上面,势必会影响自己的学习。同学们,假如我们现在不多用些时间来充实自己的头脑,将来又怎么会走上讲台面对千百双如饥似渴的眼睛呢?同学们,我们要惜时如金,勤奋耕耘,种瓜得瓜,种豆得豆。抓住今天才有明天,与其梦幻将来,不如从眼前做起。记住这一点将是我们学习进步的真谛。

三、正确对待与克服学习上的困难

我们知道,现在我们学习上的独立性大了,我们已由学习的被动者变为主动者，由此，在学习上不免会遇到一些困难，但是随着我们自主性的增强，我们应正确对待和勇于克服这些困难。比如我们学习"文学概论"，这是一门纯属理论性的课程，它需要我们在理解的基础上来把握课文内容，这样在学习中就不免会遇到困难麻烦，可是只要我们主动地学习，认真做好笔记，然后对照课本在理解的基础上形成一个知识框架，也就不难把握了。世界上的万事万物并非都一帆风顺，学习上存在困难也是正常的，那些学业上的胜利者无一不是化困难为力量的强者，贝多芬双耳失聪却给世界谱写了最伟大的交响乐，因为他"扼住了命运的咽喉"；圣人孔子一直颠沛流离，周游列国，虽一生不得志，却成为世界著名的思想家；当代数学家陈景润用几麻袋演算纸铺好摘取数学王冠的道路……这些人都是困难面前的巨人，我们又怎会甘愿成为挫折面前的矮子呢？我们坚信：在科学上没有平坦的大道，只有不畏劳苦勇于攀登的人才有希望到达光辉的顶点。"桃李不言，下自成蹊。"只要我们学习上付出了辛勤的汗水，就必定会有可喜的收获。

三、写作技能训练

1. 以《××学院××班本学期班级工作总结》和《××学院××班××活动小结》为题，分别拟制一份全面总结提纲、一份专题总结提纲，并将两份提纲进行比较，看看它们的区别是什么。

2. 结合班级近期开展的重要活动，分别写一份总结、一份通讯，然后进行分析对比，看看它们在语言表述上有何不同。

四、写作实践训练

1. 每人写一份写作课学习总结，并在小组进行交流。

2. 在校内或校外选择一个单位，经过深入细致地了解情况后，为他们写一份工作总结。

第三节　调查报告

一、调查报告的定义

调查报告是根据工作需要对某一情况、问题、事件进行深入和认真分析后写成的汇报性公文。在日常工作中，调查报告的使用是十分广泛的。它既可以由某一领导机关出面，对某一问题、事件进行调查，写成报告，然后用文件形式下达，直接地指导工作；也可以由新闻记者出面，通过对正面典型的报道和反面典型的揭露，扶持先进，批评落后，借助舆论影响，间接地推动工作。由于调查报告与现实工作有着密不可分的关系，它的作用越来越为人们所重视。尤其是进入21世纪以来，新事物层出不穷，新问题也接踵而至，生活中的许多现象都需要我们在调查、研究的基础上重新认识，这就要求我们在更为广阔的领域内，充分运用调查报告这一形式，去报告新情况、研究新问题、宣传新创造、总结新经验，以更好地为现代化建设服务。

二、调查报告的特点

（一）现实性

调查报告的根本作用是通过对正、反典型的调查和报告，扬正抑邪，为当前的工作服务。因此，它有着较强的现实性。

调查报告的现实性，主要表现在两个方面：其一，它所写的，多是反映社会生活中的新情况、新动态、新事物、新问题、新经验、新变化，在选择反映对象上讲究一定的时效性；其二，它在调查和报告的过程中，要及时地体现党在不同时期的路线、方针、政策，为现实工作重心服务。

（二）针对性

调查报告不是"想当然"之作，它必须遵循一条原则，即事件的发生、问题的出现在前，调查、报告在后。这样，就决定了调查报告必须有较强的针对性，它要时时瞄准生活，在明确的目的支配下，去选择调查、报告对象，去集中、深入地反映生活的新变化。同时，在一篇调查报告中，它又往往是只就一种现象（或一类现象）、一个问题进行调查和报告，重点突出，内容也集中。

（三）典型性

调查报告所写的主要是现实生活中的各种人物和事件。在一定的时期内，这些人和事常常是代表着各类典型：有成功的，也有失败的；有先进的，也有落后的；有集体的，也有个人的。调查报告在反映这些典型的时候，虽然是从个别落笔，但产生的却是广泛的意义。这种广泛意义，往往对当前的工作有着普遍的指导作用。这样，就使调查报告具备了典型性的特点。通过典型表现主题思想，是调查报告的又一特点，也是它能产生较强说服力的关键所在。

三、调查报告的分类

（一）反映社会情况的调查报告

这类调查报告所反映的内容比较广泛、全面，主要是对社会上的政治、经济、军事、文化等方面的情况予以调查、分析、报告，以期引起有关方面的注意，或为领导机关制定某项方针、政策提供资料和依据。

例如《是什么让花朵蒙上阴影——越城区法院关于少年犯的调查报告》，就是反映一个地区的少年犯罪这一社会问题的，文章由现象分析本质，笔锋所指涉及社会的各个方面、各个层次，读来发人深思，对遏制少年犯罪现象的进一步滋生蔓延无疑具有积极的意义和实际的作用。

（二）介绍新生事物的调查报告

这类调查报告主要反映生活中涌现出来的能够反映时代精神的新人、新事、新气象、新风貌。在写作过程中,要做到较为全面地反映出这一新生事物的基本情况和特点,比较完整地阐述它产生、发展的过程,并揭示它成长、发展的规律,说明它的意义和作用。

例如《关于加快农村富余劳动力转移的调查报告》,就是针对农村富余劳动力转移这一市场经济条件下出现的新问题、新事物而写的。

(三) 总结典型经验的调查报告

这类调查报告所反映的是先进单位的典型经验,这些经验,主要是在现实生活、工作中的新创造,但也可以是对原有经验、做法的发展、改进和提高。在写作过程中,一般要从思想基础、创造过程、具体做法、实际效果等几个方面,对典型经验予以报道。

例如《采取得力措施改善办学条件提高普及程度——关于杞县"两基"工作上台阶的调查报告》,作者对河南杞县开展农村义务教育工作的成绩和经验进行调查,对取得成绩的内在原因进行了研究,归结了数条有推广价值的措施和方法。这类调查报告对树立典型、交流经验、以点带面地推动一个地区某项工作的开展具有重要作用。

(四) 揭露问题弊端的调查报告

这类调查报告所反映的是生活中存在的各种问题、弊端,或者是对被掩盖、混淆,甚至是颠倒了的东西予以揭露,以明辨是非,正人视听。在写作中,它不仅要实事求是地阐明存在问题的实际情况,还要注意结合党的有关路线、方针、政策,分析问题产生的原因,揭露问题的实质,弄清问题的真相,以引起人们的注意和重视,并帮助人们从中吸取教训,提高认识,改进工作。

例如《不要让子孙后代埋怨我们——关于北京河流污染情况的调查报告》,就是通过对北京河流污染情况的调查和报告,反映了一个被人忽视但又十分严重的问题。全文通过对现实情况的介绍和对未来情况的展望,指出了问题的严重性,引起了有关方面的高度重视。

四、调查报告的写作

(一) 调查报告的结构

调查报告的结构,主要由以下两个部分构成:

1. 标题

调查报告的标题没有固定的形式,在拟制方法上常用的有以下几种:

(1) 公文式标题。这种标题大致上由被调查单位、事件以及文体名称构成。如《我国光纤光缆产业发展调查报告》这一标题即属此类。

(2) 论文式标题。这种标题由调查报告内容的概括构成,它常常是反映了全文的中心思想,或是指出了主要问题。如《关心食品卫生关注百姓健康——关于染色剂苏丹红相关情况的调查报告》这一标题即属此类。

(3) 新闻式标题。这种标题是将具有较强新闻价值的调查内容予以概括、归纳所形成的,它既可以用直接点出调查对象的形式出现,又可以用间接烘托调查对象的形式出现。如《志愿者:西行之路越走越畅——来自"新疆生产建设兵团大学生志愿服务西部计划"的调查报告》这一标题即属此类。

调查报告的标题,除了上述几种外,还可以像一般文章那样,根据不同情况予以灵活地拟制。如《奏响"甜蜜的乐章"——关于浙江蜂产品重返欧盟市场的调查报告》《绚烂云霞映群山——山西焦煤西山煤矿总公司工会帮扶困难职工调查报告》这样一些标题,其主标题都类似一般记叙文的标题。如果去掉它们的副标题,只保留主标题也是可行的。在写作实践中,要从实际情况出发,灵活地采用各种形式的标题。

2. 正文

调查报告的正文由以下三个部分构成:

(1) 导言。又叫引言、前言。在这一部分中,主要是介绍基本情况、交代调查对象及调查经过、说明调查目的以及所要解决的主要问题等。

导言的写法是多种多样的,最为常见的有以下两种:

一种是概括提要式,即在导言部分将全文内容要点予以概括提示,使读者一看就能对调查对象有一个大致的认识。如《浙江省高校毕业生就业问题调查报告》的导言:

> 近年来,随着高等教育大众化,高校毕业生就业难已成为不争的事实。浙江省由于经济发达,政府重视,学校配合,大学毕业生就业难的问题并不突出,但大学生就业趋向、就业观念、就业渠道有了新的变化,用人单位和社会环境也跟过去有所不同。这使大学生就业出现了一些新的问题和困扰,需要政府、学校、社会多方重视,合力解决。
>
> 去年是我省高校扩招的第二个毕业生就业高峰年。为了准确、全面了解高校毕业生的就业情况,省统计局城调队结合省教育厅的基本数据,对全省19所高校进行了抽样调查。共发放问卷1 230份。调查对象的分布结构为:研究生占5.0%,本科生占54.4%,专科生占18.2%,高职生占22.4%,男生占58.9%,女生占41.1%。据省教育厅统计,省内普通高校本专科毕业生达10.5万,比上年增长31%,再加上0.47万名毕业研究生,共有毕业生10.97万。虽然毕业生多,但就业率也不低。截至2004年8月底,省内普通高校本专科毕业生签约率达到75.0%,加上应聘和灵活就业,总体就业率达到90.9%(包括考上研究生),比去年增加了10个百分点。当然,也有少部分毕业生未能就业,占总数的9.1%。

另一种是交代说明式,即在导言部分将调查的目的、经过、时间、地点、对象、方式、结果等,予以交代或说明。如《人与自然的协调发展——来自武昌区创建园林城区的调查报告》的导言:

> 近年来,武昌区委、区政府牢固树立和认真落实科学发展观,以创建园林城区为契机,坚持以人为本,坚持人与自然的协调发展,取得了显著成效。公共绿化一园一色,道路绿化一路一景,社会绿化由普遍绿化向花园式绿化发展,基本形成了以山水绿化为依托,以干道绿化为轴线,围绕公园、广场、社区绿化来扩展,点、线、面相结合的山水园林城区格局;城区绿化覆盖面积由1998年的1 208

万平方米增加到 1426 万平方米,增长 18.04%,绿化覆盖率达到 35.62%;公共绿地由 324 万平方米增加到 427 万平方米,增长 32%,人均公共绿地面积达到 6.5 平方米。今年武昌区被武汉市授予"园林城区"称号。

(2) 主体。主体是调查报告的主干,对调查情况的具体叙述要在这里进行,写作者所掌握的大量材料也要在这里使用,在写作时必须认真地予以组织。

具体地说,主体内容的安排多用以下几种方法:

① 按事物产生、发展、变化的过程或时间的先后顺序去写。采用这种写法要注意把事物的发展过程大致划为几个阶段,逐段地予以叙述、交代,以使文章层次清楚。同时,对于重点,要通过典型事例的介绍予以突出,并进行分析、综合,指出其意义和作用。做到了这两点,文章就会错落有致、主次分明,从而避免流水账式的写法。

② 按调查内容性质的不同,把材料予以分类,从不同的角度或几个方面去写。采用这种写法,大都使用小标题,每一个小标题领起一部分内容。在写作中,既要注意每一部分的相对完整,又要注意全文结构严谨、匀称。例如《三大关注因素:品牌价位像素——2015 年 1 月数码相机市场调查报告》就是采用了这种写法,全文分别从不同品牌产品市场关注度、不同像素标准的 DC 产品关注度、不同价位产品的关注度这几个方面,反映了"调查时限内我国数码相机产品的整体市场关注情况相对于上一年度末呈现出一定的上升态势"这一市场新变化。

③ 按调查的先后顺序,逐点予以叙写。采用这种写法,主要以写作者调查活动的进展为线索来组织报告内容。写作中对于每一个"点"的变更,要交代清楚,同时,也要注意紧紧围绕中心,突出重点材料。例如《我们不能做历史的罪人——西双版纳热带森林调查访问记》就是采用了这种写法,作者依据调查行踪,依次写了"我们先去大勐笼自然保护区","我们又到大勐笼保护区的曼达鸠";接着又去了"小勐养保护区""勐仑保护区";最后,"我们又到攸乐山去看一片刚被烧毁的热带森林"。全文对每一个调查点的叙写是集中的,交代是清楚的,重点材料亦是突出的。

④ 按事物的本质区别,将两个截然不同的调查对象放在一起,用对比的方法写。采用这种写法,要善于抓住两个同类事物(基础相近,条件相仿)的不同本质,形成鲜明对照,通过对照,表现出孰是孰非、孰优孰劣。全文材料的组织、结构的安排都要为这种对比服务。例如《同样两家服装店,积累水平大不同——徐汇区新春、模范服装店的对比调查》就是采用了这种写法,文章先后从善于不善于做生意、安排生产合理与不合理、经营制度健全不健全、领导管理水平高与不高等几个方面入手,将"新春"与"模范"两家服装店作了对比,赞扬了前者,批评了后者。

(3) 结尾。结尾也就是调查报告的结束语。这部分如何写,要灵活掌握。它可以在写完主要事实或经验后,对有些情况作补充说明;也可以对应该重视的问题强调指出,提请有关方面注意;还可以对全文内容作概括、归纳和总结,再次强化主旨等。如果在主体部分已把话说完,调查报告也可不再专门安排结尾。总之,结尾如何写,是否要专写结尾,要视具体情况而定,不可照搬"套子"。

(二) 调查报告的写作要求

1. 深入调查,充分占有材料

调查报告的写作是立足于调查结果之上的,先有调查,后有报告,是调查报告写作的根本原则。因此,对调查报告来说,深入调查,获取材料是具有先决意义的,必须充分重视。调查工作有一定的规律,它大致包括这样两个阶段:

(1) 准备阶段。在这一阶段,调查者要先学习与本次调查有关的材料、文件,为调查获得判断是非优劣的尺度、标准。同时,要根据调查的要求、目的,列出调查提纲,安排好调查的方法、步骤。

(2) 调查阶段。这是大量获取第一手材料的实质性阶段,在这一阶段,写作者要努力深入实际,亲至现场,对调查对象作全面、细致、深入的调查了解。为了确保材料来源的广泛性,并保证材料的真实、全面,写作者要善于采用开调查会、个别了解、现场察访等多种形式进行调查工作。对于材料的获取,要立足于现实,又要注意过去;要重视面上的材料,又不放过点上的材料;要听取正面的意见,又要注意反面的意见。总之,占有材料越多、越全面、越具体越好。

2. 认真研究分析,找出规律性的东西

深入调查,充分占有材料是调查报告写作的关键一步,但仅仅满足于此是不行的,写作者还要在这一基础上对全部材料进行认真的分析研究,从中找出规律性的东西,以形成全文的写作中心。对于调查报告来说,所谓规律性的东西,也就是促使事物发展变化的根本因素。比如报告的是一个先进典型,除了要全面地把握这一典型的先进特征、主要成绩和经验外,还要努力挖掘出是什么因素促成了这一先进典型的问世,是什么因素使其具有了先进性。抓住了这一点,就抓住了调查报告的内核;也只有抓住了这一内核,调查报告才有说服力,才能产生较强的指导意义。

训练与实践

一、写作知识训练

1. 联系工作、学习、生活实际,谈谈调查报告的作用是什么。
2. 调查报告的三个特点是:_____、_____、_____。
3. 结合教材有关内容,概括调查报告主体内容的安排有哪几种方法。

二、例文评析训练

下文是关于高校周边网吧的调查报告,该报告反映了一个普遍存在的现实问题,较为成功地体现了调查报告的文体特征。请仔细阅读、分析全文,并回答以下问题:

1. 这是一篇什么类型的调查报告?
2. 这篇调查报告的导言是采用什么方式写成的?

3. 阅读《高校周边网吧调查报告》，回答问题：这篇调查报告主体内容的组织采用的是哪一种方法？从本文反映的情况来看，采用这种方法有什么好处？

《高校周边网吧调查报告》

三、写作技能训练

1. 单项训练

以"双休日，大学生在干什么？"为题，在校内组织一次调查活动。然后，以小组为单位，分别对调查获得的材料进行整理，并以所学的调查报告写作知识为指导，集体讨论、拟定一份写作提纲，在全班进行交流，看哪个小组拟定的提纲最好。

2. 综合训练

调研报告是与调查报告十分接近的文体，近年应用范围广泛，使用频率很高。在线查阅调研报告写作理论，仔细阅读《"农民荒"加重　粮食安全堪忧》一文，总结这篇调研报告的特点，并分析其与调查报告的异同。

《"农民荒"加重　粮食安全堪忧》

四、写作实践训练

1. 对全校特困生进行调查（调查对象选择群体、个人均可），写一篇如实反映情况的调查报告。

2. 选择当地的一个先进教育单位进行调查，写一篇介绍其先进经验的调查报告。

第四节　简报

一、简报的定义

简报，是情况的简要报道，是传递某方面信息的简短的内部小报，又称动态、简讯、要情、工作通讯、情况反映、情况交流、内部参考等。它是以简要的文字、灵活的形式，快速反映有关工作或情况的一种应用文种。在各种事务文书中，简报的数量最多，应用最为广泛，它是党政机关、社会团体和企事业单位用以汇报工作、反映情况、沟通信息、揭露问题和交流经验而编发的一种带有新闻特点的文书资料。

二、简报的分类

（一）工作简报

工作简报是为推动日常工作而编写的简报，也是简报中最常见的一种形式。它的任务是及时反映工作进展情况，交流工作中取得的经验或指出工作中存在的问题，为上级领导和下级工作人员及时了解、掌握工作情况服务。编写工作简报，要注意迅速及时，并围绕工作中心突出重点，抓好典型。

（二）专题简报

专题简报是针对某项工作、任务、活动而编写的专项简报。它与工作简报的区别是前者面向全局，有较强的广泛性；而后者则目标单一，有较强的针对性。专题简报的编写是伴随着某项工作、任务、活动的开展而进行的，工作、任务、活动宣告结束，简报的编写也就停止。因此，它比工作简报更注重时效性。

（三）会议简报

会议简报是在会议期间为反映会议情况而编发的简报。它可以是一次性的，也可以是连续性的。其内容主要包括：重要的报告、讲话、会议决议、讨论发言、会议动态及其他重要情况。会议简报是专为会议服务的，会议结束了，简报也就停办了。因此，它是阶段性的简报。

三、简报的写作

（一）简报的结构

1. 报头

简报报头格式是固定的，一般由简报名称、期数、编发单位、日期等组成。简报名称用大字印在报头正中，如"情况反映""会议简报""工作动态""理论动态"等。简报名称之下是简报期数，标明"第×期"。编发单位名称在报头左下方，编发日期在报头右下方。根据需要，还可以在报头左上方印上机密等级，在右上方印上编号。报头之下正文之上，要印上一道横线，以示区别。

报头的设计格式如下：

〔密级〕　　　　　　　　　　　　　　　　　　　　　　　　（编号）

工作动态

第×期

中共××市委办公室　　　　　　　　　　　　　　　××年×月×日

（正文）

2. 报体

简报的报体一般由以下几个部分组成：

（1）按语。按语是代简报编制机关的立言，是对文稿及使用作出说明、评价，如说明材料来源、转引目的、转发范围，表明对简报内容的倾向性意见及表示对所提问题引起讨论研究的希望等。按语的位置在报头之下、标题之前,它视需要而使用,并非每篇必有。一般在触及转引、总结或重要的报道体、汇编性简报文章前才会使用按语。

(2) 目录。简报通常是一期一篇,根据需要也可以是一期为一组性质接近的文章。如果是一组文章,则须在报头下设计"目录"一栏,将各篇文章标题先印于此,然后依次刊出每篇文章。

(3) 标题。简报正文的标题,要力求确切、简短、醒目,让人一看即可知道简报所写的是什么内容。简报正文标题在报头横线之下居中书写,如果需要,也可使用副标题。使用两个标题时,正标题是虚题,用以概括全文的思想意义或内容要点;副标题是实题,用以交代单位及事件,对正标题起补充说明的作用。

(4) 开头。简报的开头同新闻的导语相类似,它要用简短的文字,对简报内容先作概括的交代,上来就写明白时间、人物、事件、结果等,给人一个明确的印象。

开头的写法一般有总括式、总结式两种:总括式即在开头用概括的叙述介绍出简报的主要内容。这种写法多用于工作简报和会议简报;总结式即在开头先对要介绍的事物作出结论,指出其意义、作用或价值,然后再作必要的解释或说明。这种写法多用于经验简报。

简报正文的开头,贵在单刀直入、简明扼要,在写作中要力避"戴大帽子""绕大弯子"的不良做法。

(5) 主体。主体是简报的中心部位,它要承接开头,将前面的内容具体化,用典型事实或可靠数据来充实简报内容。由于主体部分所涉及的材料多,在写作时要注意合理地划分层次。

一般来说,主体层次的划分有以下几种:

① 以时间先后为序,按事件发生、发展到结局的过程,逐层安排材料。这种写法多用于典型事件及一次性全面报道某一会议的简报,其优点是时序清楚、一目了然。

② 按事物之间的逻辑关系,从材料的主从、因果、递进等关系入手,安排层次。这种写法的优点是便于揭示、表现事物的内在本质,突出主要内容和思想意蕴。应注意的是,采用此法要对事物的本质和材料之间的关系有深入透彻的认识。特别是在材料较多的情况下,如何取舍、安排各层内容,更要注意在认真分析材料的逻辑关系的基础上进行。

③ 将全部材料按并列的关系,一一予以列举。一些侧重于情况反映或情况交流的简报,多采用这种写法。这种写法的优点是写作者处理材料的灵活性较强,在安排层次时可以既不受时间先后的限制,又不受事物间逻辑关系的约束。但是,在写作中亦应注意中心要明确,层次要清楚,全文各部分内容都要为一个主旨服务。

(6) 结尾。简报的结尾多是对所述内容作一概括的小结,与开头形成呼应,起到强调重点、突出主旨并使结构更加紧凑的作用。在写作中如何安排结尾内容,或者是否要结尾,要根据简报内容表达的需要而定。如果简报内容较多、篇幅较长,读者不易把握,就应在结尾概括一下。如果简报内容单一、篇幅较短,且在主体部位已把话讲完,就不必另写结尾。

3. 报尾

报尾在正文结尾之下,与正文结尾用一道横线隔开。报尾要写明印数、发送对象,在发送对象名称之前，要分别冠以"报送"（对上级）、"转送"（对同级）、"分发"（对下级）等字样。

（二）简报的写作要求

1. 选材要准

简报不能有事必报，要注意从党的中心工作和单位阶段工作的需要出发，在众多的事件中选取那些最有指导意义或必须引起重视的经验、情况和问题，予以全面的、实事求是的报道。那种捡起"芝麻"丢了"西瓜"，或只看表象忽视本质，误把"芝麻"当"西瓜"的做法，是必须注意避免的。

2. 速度要快

简报也是一种"报"，它有新闻性。这就要求简报的编写应该求快，对于工作中、会议中出现的新动向、新经验、新问题，写作者要及时地捕捉，并用最快的速度予以报道。否则，失去了新闻性、时效性，简报就会降低指导意义，甚至完全失去应有的作用。

3. 文字要简

简报的一个"简"字，代表了简报的基本特征。为了体现这一特征，写作者在编写简报时要首先注意选材精当，不求面面俱到；其次，要力求文字简洁，对事物作概括的反映。一篇简报最好是千把字，至多不超过两千字。篇幅过长、文字过繁的做法，是不适于简报的编写的。

训练与实践

一、写作知识训练

1. 常用的简报分为哪几种？
2. 编写简报的三点要求是：_____、_____、_____。

二、例文评析训练

下面是一篇简报，请结合以下几个问题仔细阅读、分析全文，从中领悟其写作技巧。

1. 这是一篇什么类型的简报？
2. 这篇简报主体内容的组织，采取的是什么方式？
3. 这篇简报在语言运用上有何特点？

××科技简报

第 2 期（总第 35 期）

××市科学技术局编　　　　　　　　　　　　2022 年 3 月 15 日

××市高新技术产业基地龙头作用显著

　　××高新技术产业区按照"一区多园"的布局，建设与发展各具特色，高新技术产业基地对高新技术产业发展的龙头作用显著。据2021年科技部的综合评价,××高新区技术创新综合排名在53个国家级高新区中列第8位,经济发展综合排名第4位。全年高新区实现技工贸总收入555亿元,同比增长47%,其中工业总产值385.1亿元;外贸出口12亿美元,同比增长56%。

一、××科学城建设与发展势头迅猛。(略)

二、长河软件园高唐新建区规划建设进展顺利。

高唐新建区6.69平方公里的前期开发工作已基本完成;软件产业孵化中心首期2.8万平方米的建设工程将于今年春季竣工并陆续投入使用。目前,长河软件园共有软件企业约830家,较建园前(1998年)增加646家。软件企业管理和产品开发迈向规范化、标准化,通过ISO9000质量体系认证和CMM等级认证的软件企业分别有95家和5家。据初步统计,2021年园内软件企业实现技工贸总收入105.7亿元,比上一年增长23.27%,其中软件销售收入56.02亿元,比上一年增长26.8%。

三、黄岗信息园专业化特色明显。

黄岗信息园在有限的地域范围内,积极利用社会力量,整合周边资源,以一年一个新园区的发展速度,相继开发了××、××、××、××等4个基地。2021年9月,黄岗信息园以其专业化发展的园区特色,被国家信息产业部正式批准为全国首家"信息服务示范园"。目前,园内企业总数已达770家,比建园前(1999年)增加660家。2003年园内企业共实现技工贸总收入80.3亿元和税收2.93亿元,分别是建园前(1999年)的4.4倍和6.6倍。

四、民营科技园建设步伐明显加快。(略)

五、南沙资讯科技园建设进入新阶段。

随着大南沙开发区的建设启动,南沙资讯科技园也开始迎来前所未有的发展契机。首期开发的26万平方米建设用地,以及园内约3 000米主干道路和绿化工程已相继建成投入使用;建筑面积为6万平方米的办公服务中心和孵化中心也已建成,目前正在进行对外招商工作。

报:×××

送:×××

发:×××

共印150份

三、写作实践训练

1. 结合校内开展的大型活动,编写一篇专题简报。
2. 了解学校近期召开的大型会议的情况,编写一篇会议简报。

第五节 纪要

一、纪要的定义

纪要是以会议记录为蓝本，将会议概况、讨论的问题和议定事项加工整理而形成的公文文种。在行文关系上，纪要兼有上行、平行、下行公文的特点。它可以上报，向上级机关汇报会议情况和结果；可以发给平级机关，用来沟通情况获得支持和配合；也可以发给下级单位，传达会议精神和议定事项，以便贯彻执行。

二、纪要的分类

（一）决议性纪要

这种纪要所记载的主要内容是会议形成的决议、决定、协议或主要意见，对会议过程、开会的具体情况等内容不作详细交代。决议性纪要往往具有较强的"指示"性质，因此，它对于现实工作的指导意义是比较突出的，例如《全省中小学团队工作座谈会纪要》即属此类。这份纪要所记载的主要是山东省中小学团队工作座谈会所形成的关于如何搞好团队工作的几项决议，这些决议，对于团队工作的开展具有直接的指导意义。

（二）综合性纪要

这种纪要面向会议全体，对会议议程、参加人员、开会的具体情况、会议的主要精神、主要决议、意见等予以全面介绍。它既可以写正面意见，也可以同时写不同意见，纪要内容是较为具体的。例如《市委先进性教育活动领导小组办公室工作纪要》就属于这种类型，它对会议的记述较为全面，综合了多方面内容。

三、纪要的写作

（一）纪要的结构

1. 标题

纪要的标题有两种形式：

（1）单一式。由机关名称、会议名称和文种组成，如《××市人民政府第×次常务纪要》，这是例行办公纪要的常用标题形式；或由"事由＋文种"组成一般公文标题形式，如《关于解决粮食购销体制改革后遗留问题的纪要》；也会采用"会议名称＋文种"的形式，如《全国农村工作纪要》。

（2）复合式。由正副标题组成，如《探讨新时期文学的发展——中国当代文学研究会第一次学术讨论会纪要》。

2. 正文

纪要的正文可分为以下三部分：

（1）开头。开头一般是写会议概况。它要用简约的文字对召开会议的指导思想、目的、要求、时间、地点，以及参加人员、主持人是谁，按什么程序进行等作概括的交代。

（2）主体。这部分是纪要的骨干部位。它要对会议的主要议题、议程、主要精神、原则、决议、结论和今后任务、打算等予以具体的介绍和阐述。

这部分内容的写法,常见的有以下三种:

① 概括叙述式。这种方式是在原始会议记录的基础上,参照其他有关材料,对会议内容进行分析、综合,围绕会议的中心议题或指导思想,予以概括的阐述或交代。这种写法适用于议题单一的小型会议。

② 发言记录式。这种方式是根据会议发言的顺序,将每个发言人的讲话要点分别予以综合、归纳,然后一一进行介绍。这种写法有点像从略的会议记录,从纪要内容的组织顺序,可以看出会议的进展过程,它适用于座谈会或学术讨论会。

③ 分列标题式。这种方式是把会议全部内容按其性质归类,每一类设一个小标题,从几个方面入手,介绍会议内容,这种写法可以不受会议先后程序的限制,便于突出会议中心内容,全面地反映各种意见。一些重要的大型会议的纪要,宜采用此法写作。

(3) 结尾。结尾内容一般包括以下三个方面:其一是对会议加以总结或作出评价;其二是针对会议决议、精神发出号召,督促或倡导与会人员积极贯彻会议精神,执行会议决议;其三是对有关方面、有关人员提出表彰或表示感谢。以上三方面内容的安排,在写作时要根据不同情况灵活地处理,可以三方面全写,亦可以只写其中的一两个方面。

3. 落款

写明发文单位和日期即可。

(二) 纪要的写作要求

1. 要明确会议的中心意图

任何会议的召开都是有目的的,它总是要围绕一定的中心,按照一定的意图,通过开会来研究、探索、解决一定的问题。纪要在介绍、反映会议情况、会议内容时,首先要明确地把握会议的中心意图,并通过具体的材料予以集中的阐述和表现,使有关人员在阅读纪要时,能够准确、全面地了解会议精神。为了少走弯路,不出差错,正确地掌握并反映会议的中心意图,写作者要注意全面、深入地分析会议材料,吃透会议有关发言、文件的主要精神,善于从中归纳、综合会议主旨。同时,注意听取参加会议的领导或会议主持人的意见,请他们对此作出指示或予以提示。若条件允许,在动笔前能请有关领导对写作提纲予以审阅则更好。

2. 要全面反映会议情况

写纪要不同于文艺创作,写作者不能从个人好恶出发,任意删除会议内容和材料,更不能断章取义,随便更改会议发言人的原始意图。以全面反映会议情况、准确体现会议精神为前提,对会议内容作合理的综合、归纳是允许的。但是,这种综合、归纳要在忠实于会议内容的基础上进行。否则,就会导致纪要失实,或产生片面性,从而破坏会议的应有效果,造成不良影响。

训练与实践

一、写作知识训练

1. 决议性纪要与综合性纪要相比,各自突出的特点是什么?
2. 纪要主体的写法,主要有_____、_____、_____三种。

二、例文评析训练

下面是一篇纪要,结合以下几个问题仔细阅读、分析全文,从中领悟其写作技巧。

1. 这是一篇什么类型的纪要?
2. 这篇纪要主体内容的组织,采取的是什么方式?
3. 这篇纪要主要通过哪些材料表现会议的中心意图?
4. 这篇纪要在语言运用上有何特点?

全省高校学生教育与管理研究会第九届年会
纪要

××省高等学校学生教育与管理研究会第九届年会于20××年11月4日至6日在××师范学院召开。省委高校工委副书记、省教委副主任××同志出席了会议并在会上作了重要讲话。

×××同志在讲话中充分肯定了我省高校学生教育与管理研究会一年来的工作,全面分析了当前高校学生工作面临的形势和存在的问题。他强调,当前高校的工作重点是抓好党委中心组的学习和"三进"工作。党委中心组成员每学期都要结合学习、工作写出论文,高校工委每年组织党委中心组优秀论文评选活动。今后考核干部,要评学、考学,把干部理论学习考核结果作为选拔干部的重要依据。要积极推进以"三进"为主要任务的教学改革、课程建设和师资队伍建设,组织好大学生理论学习的第二课堂活动,培养一支学生理论学习骨干队伍。

他指出,当前和今后一个时期的思想政治工作要抓好形势政策教育。要结合今年纪念党和国家的重大事件,加强对青年学生的近现代史国情教育和主旋律教育。要进一步加强高校政工队伍建设,选拔优秀高学历人才充实到辅导员队伍中来,制定相应政策,设立奖励基金,对优秀工作者给予重奖;要切实加强校园文明建设,组织有影响有实效的精神文明创建活动,进一步优化教育人才环境,确保学校稳定。

他要求,广大党员干部要切实解放思想,树立四大教育观念,即以终身教育为信念的教育价值观,以学会认知、做事、合作、生存为核心的教育目标观,以自然科学与人文科学结合为特点的教育内容观和以注意学生创造个性发展为基本特征的教育方法观。

×××同志在讲话最后,还对教育战略产业问题、素质教育问题和教育持续发

展问题作出了深刻阐述。在充分讨论交流的基础上,与会代表达成了以下共识:

1. 继续深化理论学习。要积极推进"三进"工作,通过"两课"及学马列小组、学党章小组、理论研究会等多种形式,深化学习效果。研究会将设立专门科研课题,加强对"三进"工作的研究,探索"三进"工作的意义、内容、方法、步骤。下届年会将对研究成果进行评比表彰。

2. 全面实施素质教育。学生政工干部要拓宽思路,勇于探索,积极培养学生的创新能力,要加强学生成才机制研究,制订大学生课外教育计划,改进综合测评方法,把素质教育落到实处。

3. 进一步完善学生成才服务体系。要多渠道、全方位地建立健全特困生工作机制,全面实施以"奖、贷、减、补、助、扶"为主要内容的"助学工程",决不让一名学生因家庭经济困难而辍学,同时要加强对特困生的自立自强教育。要适应社会主义市场经济的要求,培育和拓宽毕业生就业市场。

4. 加强校园文明建设。要加大校园文明建设的硬件投入和软件建设,坚持两手抓、两手硬,优化育人环境,确保学校稳定。要充分发挥学生在校园文明建设中的主体作用,加强教育管理,引导他们自觉地参与校园文明建设。要创造一切条件,调动一切因素,积极迎接省委高校工委、省教委组织的评估。

5. 建立一支高水平的德育队伍。要增强爱岗、敬业、奉献精神,把德育工作当作一项事业来对待,不断加强理论学习,提高思想素质和业务素质,要选拔优秀的高学历人才充实到德育工作队伍中来。要深入研究高校德育的新特点和新规律,积极开发思想政治工作的载体,组织有实效的精神文明创建活动。与会代表建议省有关部门要为学生政工干部提供更多的学习考察机会,学习国内外学生教育管理的先进经验,开阔视野,更新观念。要建立对学生工作的考评机制,定期表彰先进单位和优秀工作者。

会议期间,研究会常务理事会听取了秘书处年度工作总结和财务管理报告。对本年度12部优秀论著、93篇优秀论文进行了表彰,并决定编辑出版年度优秀论文集,大家一致认为本次年会交流了经验,研讨了工作,开阔了思路,明确了今后的奋斗目标和努力方向。

三、写作实践训练

1. 组织一次主题班会,然后写一篇纪要。
2. 参加学校或地方上召开的会议,在会议组织人员指导下,写一篇纪要。

第六节　合同

一、合同的定义

合同,从字义上看,是"验合相同"的意思。有关单位或个人为了共同完成某项任务,出于自愿并经双方协商讨论,按照互相协作、密切配合的原则,订出各方都要遵守的事项,作为执行和检查的凭证。这种凭证,就叫作"合同",也称"契约"(地契、房契)、"合同契约书"。

合同与协议书有相同之处,两者都是以书面形式明确当事人责任的法律文书。它们的区别在于:合同有明确的标的,对双方当事人的权利、义务和违约责任规定得比较明确具体;协议书只对当事人的主要经济往来活动作些原则规定,内容不如合同具体。有的协议书是把缔约前达成的一致意见以书面形式固定下来,为签订正式合同奠定基础。在现实生活中,有些协议书已经具备了签订合同所要求的基本条款,内容比较完善,当事人也不打算另订合同,这种协议书实质上就是合同。也有些合同,因条款不全、责任不清,并不符合法律要求。因此,不应该仅从名称上来区分合同与协议书,而应看它的内容和实质。

二、合同的分类

合同的种类很多,不同的分法有不同的名称。

(一) 按性质分

1. 购销合同

购销合同是供需双方为有偿转让一定数量的物质财产而明确相互权利、义务关系的协议。合同中应明确规定产品的名称、品种、数量、质量和包装要求,交货的时间、地点和方法,价格和结算的方式,违约责任;如果法律对此有专门规定或有依该合同性质必须规定的专门条款以及当事人一方要求规定的特殊条款,也都应该作为主要条款而订入合同之中。除即时清结的交易外,购销合同都应当采用书面形式。

2. 财产租赁合同

财产租赁合同是出租方和承租方之间为租赁一定财产明确相互权利义务关系的协议。财产租赁合同的种类繁多,形式各异,但一般都具有如下一些特征:

(1) 财产租赁合同属于转移财产的经济合同,其标的物就是出租的财产。因此,只有法律允许自由流通,并且具有一定物质形态的财产才能充当财产租赁合同的标的物。

(2) 有的财产租赁合同中,出租方出租的财产必须是归出租方自己所有或经营管理的财产。承租方因工作需要,可以把租赁物转让给第三方承租使用,但必须事先征得出租方的同意。同时,除法律另有规定外,财产租赁合同在其有效期限内不因该财产的所有权或经营管理人的变更而失效。

3. 借款合同

借款合同是借款方和贷款方之间为借用一定数额的货币而明确相互权利义务关系的协议。

借款合同有以下主要特征:

(1) 借款合同与财产租赁合同两者在性质上相类似。借款方使用借款必须符合法律和合同的规定,并接受贷款方的检查和监督,专款专用,不得以此进行非法活动,借款方必须按期如数还本付息。

(2) 双方当事人都是特定范围的法人,只有企业法人才能申请贷款,只有经有审批权限的上级主管机关、银行及其有关的上级机关审查合格,下达贷款指标并通知有关银行后,申请贷款的企业法人才能成为借款方与贷款方签订贷款合同。

(3) 在借款合同订立和履行的全过程中,银行既以贷款方的身份行使办理信用业务的经济组织的职能,履行义务和享受权利,同时又以国家金融管理机关的身份行使国家赋予的全部管理职能,并可依法对借款方的违约行为及其他不法行为直接独立地进行经济制裁。

4. 建设安装工程承包合同

此种合同是承包方和发包方之间为完成特定的建设工程任务而明确相互权利义务关系的协议。其特点是:

(1) 各种建设安装工程承包合同都属于完成经济工作的经济合同。它的标的物是承包方完成了工作的最终成果,即已经建成并准备交付使用的特定的建设安装工程项目,是一种新增加的并且达到了一定金额标准的、能够独立发挥经济效益的固定资产,对整个国家或某个局部地区和部门的经济和发展发挥着长期的、重要的作用。因而此类合同的计划性特别强,对建设安装工程的质量要求特别高,国家对该合同的签订和履行的管理也特别周密和严格。

(2) 建设安装工程承包合同中的发包方是国家计划批准进行新建、改建或扩建的建设单位,承包方必须是国家建立的或经国家批准的,并且有相应的经济权限和经营能力的专门性的勘察、设计、建筑和安装企业或其他法人组织。

(3) 建设安装工程承包合同当事人双方的权利义务关系较之其他一切经济合同都更密切、更复杂。在履行合同的过程中,更需要始终密切配合、通力合作,共同确保整个合同义务得以按时全面完成。协作原则在此合同中表现得尤为突出、更为重要。

另外,还有加工承揽合同、货物运输合同、供应水电合同、仓储保管合同、财产保险合同及科技协作合同等。

(二) 按形式分

1. 表格式合同

表格式合同是按印刷好的表格,把双方达成协议的内容逐一填入表中。这种合同写起来比较简便。但它一般只适用于一方同意另一方的条件而达成的协定,其项目比较简单。如:

××物资管理处物资供应合同

申请单位: 　　　　　年　月　日签订( )　字第　号

品名	型号及规格	订货数量					交货记录
		合计	一季度	二季度	三季度	四季度	

续 表

品名	型号及规格	订货数量					交货记录
		合计	一季度	二季度	三季度	四季度	

收货单位		结算单位		供货单位	
名称		名称		名称	××物资管理处
通信地址		通信地址		通信地址	
电话		电话		电话	
整车	零担	结算银行账号		结算银行账号	
专用线					
备注					

2. 条款式合同

条款式合同是把双方达成的协定逐条排列，写成书面材料。

如：

建筑承包合同

××市工程机械厂（甲方）

××市第×建筑公司（乙方）

为建设××工程机械厂办公楼，经双方协商，订立本合同。

1. 甲方委托乙方建办公楼一座，由乙方按照甲方提出的图样（附件一）建造。

2. 全部修建费（包括材料、人工）议定为人民币×××万元。

3. 甲方在订立合同后×周内，先付给乙方全部修建费的百分之七十，其余百分之三十，在办公楼建成验收合格后×天内全部付清。

4. 办公楼在十四个月内建成（从×年×月×日到×年×月×日）。

5. 修建办公楼所用的材料，执行双方协议的标准（附件二）。

6. 如质量不符合国家规定标准，由乙方返修。原材料低于协议标准，乙方按照材料差价的两倍赔偿损失。如不能按期完工，延长一个月，甲方扣除付给乙方的建筑费百分之一，延长三个月扣除百分之四，延长半年扣除百分之十，延长一年扣除百分之三十。

　　7. 合同一式两份,双方各执一份。

××市工程机械厂(公章)

代表×××(私章)

××市第×建筑公司(公章)

代表×××(私章)

2022年×月×日

三、合同的写作

表格式合同大都用于内容比较简单的贷款、保险或一般的购销合同;条款式合同大都用于比较复杂的建设工程承包、联产承包、科技协作等合同。条款式合同的写法比较固定,一般包括标题、当事人、正文、结尾四部分。

(一) 合同的结构

1. 标题

标题要提示合同的性质、种类,由事由和文种名称构成,写在合同用纸的顶部正中间,如"租赁合同""××出版社图书出版合同""培训合同"等。

2. 当事人

写订立合同的双方单位名称。必须写得详细、具体,要写全称,并在单位名称后注明"甲方""乙方"或"供方""需方",亦可写成"买方""卖方",但不能使用"我方""你方""他方"这类容易引起混乱的代称。如:

××市工程机械厂(甲方)

××市第×建筑公司(乙方)

3. 正文

这是合同最主要的内容,一般应写明以下几个部分:

(1) 写明签订合同的目的和依据,要写得简明扼要。

(2) 写明双方议定的内容,即合同的主要条款。主要有以下几方面的内容:

① 标的。指合同当事人的权利义务所共同指向的对象,有的为物,有的为钱,也有的是指劳务。任何合同都必须有十分明确的标的,没有标的或标的不明的合同是无法履行的,也是不能成立的。所以说,标的是合同必备的最基本的条款。

② 数量和质量。数量和质量是标的的具体化,合同必须在条款中明确规定标的数量和质量,因为它是衡量标的指标、确定权利和义务的尺度,计算价款和酬金的依据。数量要使用通用的标准计量单位准确表述,衡量质量的标准要明确,使用的必须是国家标准、部颁标准或企业标准。如果合同中的数量或质量表述不具体、不确切,就会造成合同纠纷。

③ 价款和酬金。这是指取得合同标的物的一方向对方支付的代价,是以货币量来表示的。应写明使用的币种、标的单价、总金额、计算标准、结算方式和程序。

④ 履行的期限、地点和方式。履行的期限,是享有请求权的一方要求对方履行合同的

时间规定，也就是双方一致确定的合同兑现的时间；履行地点，是指合同中履行合同义务的地点；履行的方式，是指当事人履行义务的具体方法。上述三项，均须在合同中作出明确的规定。

⑤ 违约责任。当事人不履行合同，或不适当履行合同，都属于违约，都要依法承担约定的责任。违约责任主要用来督促当事人信守履行合同的义务，保证合同的实现，保护当事人权益，是合同中不可忽视的重要条款。

4. 结尾

在正文下方写明签订合同单位双方的名称及其代表人姓名，并加盖公章及代表或法人代表的个人私章。

最后写明签订合同的日期。如有附件，要另起一行，注明件数。有的合同还要写明双方开户银行的账号、电话和地址。

合同至少一式两份，有多方参加的，应各执一份。必要时，还需一式多份，送公证部门公证或报上级主管部门备案。

（二）合同的写作要求

1. 注重格式的规范性

不论条款式还是表格式合同，都讲究内容的规范性，不能任意省略规定的内容，一般也不允许将其内容顺序颠倒。尤其是正文部分的内容，一定要包含标的，数量和质量，价款或酬金，履行合同的期限、地点和方式，违约责任等，漏掉了任何一项内容，都不合规范的要求，都会给合同的履行带来困难，给双方带来损失。

条款式合同和表格式合同，往往都按合同格式先印好，协议部分在双方协商一致后将内容填入空白处。许多条款的内容是固定的，因此，在写作合同时还要注意格式的规范性。

2. 注意条文的科学性

条文的科学性，是订立合同必须认真对待的。合同的条款要写得具体明确，如数量、质量、价款、期限、费用、经济责任等须写得清清楚楚，不能含糊，不能脱离实际、违反科学。

在确定合同标的时，一定要有科学的分析，像交付的货物、货币，提供的劳务，完成工作的质量、时间等，均要有科学的依据。例如，建房承包合同，在确定房屋建成时间时，如果没有科学的分析，到时房子就不能如期交付使用，承包方就要受罚，发包方也会受到损失。准确的标的的数量和质量是合同的基本条件之一，必须规定得明确、具体、科学，度、量、衡等计量单位必须精确无误，有详细规定，避免在执行过程中发生矛盾。

3. 重视语言的准确性

订立合同，语言必须准确，不能模棱两可、词不达意、含混不清，标点亦要正确，以免造成歧义。

合同一经签订，对双方都有法律效力。《中华人民共和国民法典》第三编"合同"中规定：依法成立的合同，自成立时生效。它要求双方当事人都应按照约定全面履行自己的义务。签订时，语言文字稍有马虎，用错字词，便可能给双方造成经济损失或要承担其他责任。因此,合同的每一项内容,每一个字词,都要认真推敲,要意思明确、用词准确,不要留下漏洞。例如写产品的名称、规格、数量和质量要求、计量单位、包装要求、运输方式、交货日期及地点等,用词上都要一一认真酌定,缮写清楚,否则在合同的执行中就会受到损失,带来严重的后果。从这一点上讲,合同语言可说是"一字值千金"。

同时,合同中的文字,不得随意涂改。签订合同是一件十分严肃的事情,它与国家利益、集体利益以及个人利益都密切相关。合同的每个字,都紧密联系着签约双方的利益。因此,不准随意涂改。如发现内容、文字上有错漏必须改正,一定要经过双方同意,并在改正了的地方盖上双方代表的印章,以体现合同用词的严肃性。

4. 注重合同内容的政策性

合同的内容,要遵守国家政策、法令的规定,凡是违反政策、法律和法令的,不能签订,签订了也是非法的无效的合同。合同亦不能违反社会主义的公共利益及道德准则,如隐瞒商品的缺陷、弄虚作假、有害人民的身心健康及一切与社会主义的利益及精神文明背道而驰的行为,在合同中都必须摒弃。

训练与实践

一、写作知识训练

1. 问答

(1) 合同由哪几部分构成?说明正文的写法及应注意的问题。

(2) 简要说明制订合同应注意些什么问题。

2. 填空

(1) 合同实际上也是_____。按性质分,合同可分为_____、_____、_____、_____;按形式分,合同可分为_____、_____。

(2) 建筑安装工程承包合同是承包方和_____之间为完成_____的建设工程任务而明确相互_____关系的协议。

二、例文评析训练

下面是××大学与××市房屋修缮公司订立的一份合同。仔细阅读,认真分析,指出其弊病。

建筑承包合同

甲方:××大学

乙方:××市房屋修缮公司

为了修缮××教学楼,经双方协商,订立本合同。

1. 甲方委托乙方修缮××教学楼一座,由乙方按照甲方所提要求(附修缮要求一件)进行修缮。

2. 全部修缮费(包括材料、人工)议定为 20 000 元整。

3. ××教学楼要在一个月内修缮完毕。(从×月×日到×月×日)

4. 本合同自签订之日起生效,双方不准违约。

甲方代表:×××
乙方代表:×××
2022 年×月×日

三、写作实践训练

某大学要建设一座六层钢筋水泥结构教学楼,已筹集建楼款 800 万元,建筑面积 7 000 平方米,拟承包给××市××建筑公司,交楼期限为 8 个月。根据上述内容拟写一份建筑工程承包合同。

第七节 策划书

一、策划书的定义

当今社会各种社会活动层出不穷,成功的策划会使这些活动有序进行,取得圆满成功。而策划书就是针对这些活动所制订的行动计划。尤其在市场经济活动中,策划是公司或企业在短期内提高销售额、提高市场占有率的有效行为。一份创意突出,而且具有良好的可执行性和可操作性的活动策划书,无论对于企业的知名度,还是对于品牌的美誉度,都将起到积极的提高作用。

从不同的角度来划分,策划书可分为很多类。一般从策划的内容来看,主要有两类:一是市场策划书,例如营销策划书、广告策划书等;二是专题活动策划书,例如社会公益活动策划书、庆典活动策划书等。

本节主要介绍的是专题活动的策划书。所谓专题活动,主要指对外接待、参观、庆典、新闻发布会、比赛、社会公益等大型活动。这种专题活动是为了达到一定的目的,在一个特定的时期、特定的场合下,组织的有针对性的活动,一般在举行之前需要写一份策划书。

二、策划书的特点

(一) 富有创意

创意是专题活动成败的关键。创意是组织者根据调查结论、社会组织形象特性和公众需求所进行的一种创造性思维活动,它是整个活动策划中的画龙点睛之笔。一个富有创意的策划,能吸引和感染公众,使专题活动取得良好的效果。

(二) 切实可行

好的创意最终要落实到行动中才能实现。策划书就是专题活动具体的行动计划,是在实际调查研究、综合考虑主客观各方面的条件后形成的书面材料。一份好的策划书,不仅要有具体可行的措施,还要包括其可行性的理论论证。

三、策划书的写作

(一) 策划书的结构

完整的策划书,主要包括以下几个方面:

1. 封面

策划书的封面要提供以下信息:(1)策划书的名称;(2)策划书的内容;(3)活动的日期;(4)策划机构或策划人的名称及策划书成文日期。

2. 标题

策划书的标题,使人一读就明白这是一份活动策划书而不是一份工作小结或评估报告。

标题可以直接写成"××公司×××活动策划书",也可以采用点明某一活动主题的词语作为主标题,而将"×××公司×××活动策划书"作为副标题列在其下。

标题撰写要明白易懂。

3. 前言

也称背景介绍,即简略地介绍组织策划这项活动的背景情况。任何一项专题活动的策划、组织和实施,都不是无缘无故的,均有其特定的背景和需要。只有阐明了这一背景和需要,才能引出后面的具体策划内容,也才能说明举办这一活动的迫切性和意义所在。

前言撰写要简明扼要。

4. 调查分析

策划是建立在调查分析的基础上的,调查分析是活动策划的先期工作。调查分析主要是对活动的必要性和可行性作出具体分析,明确工作的重点和方向。

调查分析要注重调查对象的代表性、调查手段的适用性、调查方法的科学性、资料收集的真实性和全面性、分析结论的可靠性。

5. 策划目标

为了提高活动的效果,必须明确策划目标。它是执行策划的动力,强调其执行的意义所在,能要求全员统一思想,协调行动,共同努力保证策划高质量地完成。目标的确立,可根据组织活动的具体情况选择,如将目标分为总目标与分目标、长远目标与阶段目标、具体目标等。还要考虑所设目标是否符合客观实际,是否符合活动组织者的要求,是否符合活动对象需要等。

6. 主题说明

主题是整个策划的灵魂,是对活动内容的高度概括,是策划所要达到具体目的的主要理念,是统领整个活动,连接各个项目、各个步骤的纽带。活动的主题是多样的,它既可以是一句口号,如"新北京,新奥运";也可以是陈述式表白,如悉尼的申奥主题:"悉尼,运动员的最佳选择"。好的主题,能够使活动更具吸引力;必要的主题说明,有利于人们更好地了解活动的意义。

7. 宣传媒介

策划书应当包括所策划活动的宣传方式和方法。一项专题活动的完成,需要组织者和活动对象共同参与。只有让参加者充分了解所策划活动的内容和意义,才能使活动取得成功。如果策划的是一个新闻宣传活动,或者是新产品的宣传和推广活动,就更需要选择好传播媒介。媒介的选择要有针对性、可行性、有效性。

8. 活动计划

活动计划是对具体活动的指导,包括活动的日期、地点、具体内容等。

首先,确定日期。日期的选择一般较为灵活,策划人员首先要将日期和时间确定下来,以便作具体的时间安排,并将其列入组织计划中去。除了专门针对节日的庆典活动,最好避开重大节日。要有具体的日程计划表,明确活动的起止日期。其次,选择地点。策划人员在选择活动地点时必须考虑公众分布情况、活动性质、活动经费以及可行性等因素。最后,活动的内容安排。包括活动的具体项目,要采取的措施、方法、步骤以及负责人等。活动计划要具备周密性、可操作性和具体性。

9. 经费预算

准确的经费预算是实施活动的保证。无论举办什么活动,都要考虑成本问题。策划人员应计划如何用有限的资金支付各项费用,估计可能需要的各种支出,准备呈报上级批准。经费预算要合理、全面,留有余地。

10. 效果评估

正确地评估本次活动的效果,有助于活动组织者了解策划的实现程度,衡量活动的实际效果,调动活动成员的积极性,并为以后的工作提供有用的信息。效果评估要依据目标,实事求是,并给出评估效果的方法。

11. 落款

最后落款需写明:策划者姓名、策划书写作时间。

(二) 策划书的写作要求

专题活动策划的基本要求是主题明确,内容具体;时机恰当,规模适中;形式新颖,组织周密;符合公众心理,赢得社会支持。要写出一份理想的活动策划书,需要注意以下几点:

1. 主题要新颖单一

专题活动要为广大公众接受,就必须选好主题。活动主题要新颖、富有独特性和个性、有意义和吸引力。主题看似简单,但设计难度很大,它既不能任意拔高,又不能空洞、口号化,必须贴近受众心理。

在策划活动的时候,首先要对实际情况作出准确的判断,结合要达到的目标,扬长避短地提取当前最合适的一个主题,而且也只能是一个主题,正所谓"有所为,有所不为",这才是"专题"活动,才能引起受众群关注,并且比较容易地记住你所要传达的信息,明白此次活动的意义。

2. 活动要集中精简

很多策划者在策划活动的时候往往希望执行很多的活动项目,认为只有丰富多彩的活动内容才能够引起公众的注意,其实不然。这样做,首先容易造成主次不分。很多活动搞得很活跃,似乎反响非常热烈,但是在围观或者参加的人当中,有不少人是看完了热闹就走。其实这里的问题就在于活动的内容和主题不符合,所以很难达到预期效果。在目前的策划活动中,有一些活动既热闹,同时又能达到良好的效果,就是因为活动都是紧紧围绕主题进行的。其次,提高活动成本,执行不力。在一次策划中,如果加入了太多的活动,不仅要投入更多的人力、物力和财力,直接导致活动成本的增加,而且还有一个问题就是容易导致操作人员执行不力,最终导致策划活动的失败。因此,策划的活动内容要紧紧围绕主题进行,并且要尽量做到精简。

3. 策划要具体可行

一个好的创意,是否能成功执行,最关键和最根本的是策划书的可操作性。策划要做到具有良好的执行性,除了需要进行周密的思考外,详细的活动安排也是必不可少的。对于活动的时间和方式,必须对执行地点和执行人员的情况进行仔细分析,在具体安排上应该尽量周全,另外,还应该考虑外部环境如天气、民俗等的影响。

4. 写作风格要多样

一般来说,策划人员在策划书的写作过程中往往会积累自己的一套经验,当然这种经验也表现在策划书的写作形式上,所以每个人的策划书可能都会有自己的模式,但往往是这样的模式限制了策划者的思维。而且,如果同一个客户三番五次地看到你的策划都是同样的,就很容易在心理上产生一种不信任的态度,有可能会影响创意的表现。或者,你有一个很好的主题,但是组织的相关活动与一般的活动内容和形式类似,很可能也会被认为缺乏创意和吸引力。因此,策划书的写作风格要丰富多样,根据不同情况灵活变换。

5. 言论要切忌主观臆断

在进行活动策划的前期,背景条件的调查是十分必要的,只有认真分析各种因素,才能够更准确地把握问题的关键,有针对性地寻找解决之道,主观臆断的策划者是不可能作出成功的策划的。同样,在策划书的写作过程中,也应该避免主观想法,切忌出现主观类字眼。因为策划书没有付诸实施,任何结果都可能出现,策划者的主观臆断将直接导致执行者对事件和形势产生模糊的分析,而且,策划书上出现一些主观字眼,会使人觉得整个策划都没有经过实在的分析,只是主观臆断的结果。

训练与实践

一、写作知识训练

1. 名词解释:策划书。
2. 策划书的特点主要有_____和_____。
3. 谈谈如何写好一份策划书。

二、例文评析训练

下面的策划书虽写得比较详细,但仍有很多不足。仔细阅读,认真分析,指出其弊病。

2023年春节联欢晚会活动策划书

一、活动目的

加强企业员工的凝聚力,丰富企业文化生活;表达企业对员工节日的关怀与问候,使员工开开心心、快快乐乐过好2023年春节。

二、活动时间:2023年×月6日下午14:00—23:30

三、活动地点:公司员工活动室

四、活动内容简述

活动分为三大部分:

1. 员工总结大会:14:00—17:30

2. 全体员工集体聚餐

(1) 在"×××"餐厅包席

(2) 按10(人)×14(桌)计

(3) 时间:18:00—19:30

3. "玉兔贺岁团结奋进"为主题的2023春节联欢晚会开始

(1) 由主持人宣布晚会开始

(2) 首先请董事长致词

(3) 节目表演:节目有健康、欢快的小品、歌舞、相声等不同的内容。

(4) 节目表演奖项如下:设集体一等奖1名(现金1200元)、集体二等奖1名(现金800元)、集体三等奖1名(现金400元);个人一等奖1名(现金100元/人)、二等奖1名(现金80元/人)、三等奖1名(现金60元/人);凡参加节目的人均设参与奖:食用油一瓶。

(5) 礼品派送:由企业统一购买礼品,所有到场的人员都有一只兔子玩偶。

(6) 有奖问答:在节目表演及礼品派送的过程中穿插进行,设问题30道(题目内容应涉及每个部门的规章制度和工作内容),答对者奖:胸章一枚,或公司产品一份。

(7) 有奖游戏:为促进春节晚会的娱乐性及员工的参与性,特设有奖游戏活动,在节目中穿插进行。获胜者奖:高档组合毛巾一盒;参与者奖:精美相册一个以及闪光胸章一枚。

(8) 幸运大抽奖:特等奖1名(价值1500元的物品);一等奖3名(价值1000元的物品);二等奖2名(价值800元的物品);三等奖9名(价值500元的物品);鼓励奖40名(价值200元的物品)。在节目中穿插进行。

五、具体工作人员安排

1. 晚会主持人:×××、×××

2. 摄像师:×××

3. 晚会导演:×××

4. 晚会现场维持：×××
5. 奖品控制协调和发放：人事部门
6. 舞台、场地设计：广告部门（色调主要以红色、金色为主，突出节日喜庆气氛）
7. 舞台灯光、音响布置：设备部门
8. 晚会场所布置：营销中心人员、生产车间工人、后勤人员
9. 晚会现场协助人员：×××
10. 游戏道具：气球20个，乒乓球80个，绳子一捆，苹果4个，乒乓球拍4个
    负责人：×××
11. 晚会现场后勤人员：公司后勤人员

三、写作实践训练

阅读下面这个案例，完成后面的题目。

20××年5月，某地一个商场开业庆典，推出了一个策划项目：凡是手持百元人民币号码尾数为"88"的可当200元消费。结果顾客手持"中奖"人民币蜂拥而至，柜台被挤坏，还有人员受伤，主办商家只好提前宣布活动中止。这次活动招致顾客不满，还受到中国人民银行的警告，工商部门也上门来干预。

1. 这个策划有哪些不合适的地方？为什么活动失败了？
2. 为这家商场的开业庆典写一份策划书。

第八节　演讲稿

一、演讲稿的定义

演讲稿也叫演说词，它是在较为隆重的集会上和某些公共场所发表的讲话文稿。演讲稿是进行演讲的依据，是对演讲内容与形式的规范和提示，它体现着演讲的目的和手段。从一般意义上说，写作演讲稿是为参加演讲活动所作的准备。从特殊意义上说，演讲稿的写作对演讲思维模式的形成和发展大有裨益。演讲稿是人们在工作、社会生活中经常使用的一种文体，它可以用来交流思想、感情，表达主张、见解等；也可以用来介绍自己的学习、工作情况、经验等。演讲稿具有宣传、鼓动、教育作用，它可以把演讲者的观点、主张与思想感情传达给观众以及读者，使他们信服并在思想感情上产生共鸣。

二、演讲稿的特点

（一）有声性

演讲稿是口头传播的文稿，是讲给听众听的，听众不可能因为听不清、听不懂而要求演讲者中途停下来作解说或重说一遍。演讲者与听众这种在短时间内、特定场合的传播者与接受者的关系，决定了演讲稿必须具有有声性。这一特点具体表现为演讲稿"声声入耳"，

运用口语化的表达，明白如话，说者顺畅上口，听者清楚易懂。如果词语过于文绉绉，词意艰涩费解，音节组合拗口，语句文言化或欧化，不顺不畅，既不宜于演讲者口头表达，也不便为听众所接受，从而不会有良好的演讲效果。

（二）鼓动性

演讲稿是宣传发动群众的一种有效形式，所以具有鼓动性的特点。演讲稿题材重大，主题深刻，有号召力有气势，语调庄重，富于激情，内容严肃，有紧迫感，会产生强烈的鼓动作用。演讲稿的鼓动性与其感染力相关。演讲稿是理、事、情的交融统一，冷静严肃的层层剖析，高度概括的哲理，生动形象的叙事，辅之以热情的鼓动、感人的抒怀，造成一种感染力极强的氛围。在这种氛围中，听众特别容易接受演讲者的观点、看法和感情，并产生共鸣，鼓动性也就在其中了。

（三）临场性

演讲稿是供演讲用的。演讲者在演讲时要面对听众，听众会对演讲者或演讲的内容及时作出反应：或表示赞同，或表示怀疑，或表示反对，或感兴趣，或表示冷淡。演讲者对听众的各种反应，不能置之不顾，而应根据它随时调整自己的演讲，即使有预定的讲稿或腹稿，也要改变演讲的某一部分结构，以适应听众的需要。因此，写演讲稿时，要充分考虑它的临场性，在保持内容完整的前提下，注意内容的伸缩性，既要有简单的提纲，又要有详细的提纲。在说明主要问题或疑难问题时，要储备几个能说明问题的例子，以便必要时使用。运用幽默和笑话时，不要过于随便，要事先计划好安插在什么地方适当。

三、演讲稿的写作

（一）演讲稿的结构

演讲是具有时间性和空间性的活动，因而演讲稿的结构具有其自身的特点，这个特点在开头和结尾表现得尤为明显。

1. 开头

演讲稿的开头，也叫开场白。它在演讲稿的结构中处于显要的地位，具有特殊的作用。演讲稿的开头，通常有下列几种：

（1）开门见山，揭示主旨。有的人演讲，开头常讲一些没有必要的客套话，叶圣陶对此曾评述说："谁也明白，这些都是谦虚的话。可是，在说出来之前，演讲者未免少了一点思考。你说不曾预备，没有什么可以说的，那么为什么要踏上演说台呢？随后说出来的，无论是三言两语或长篇大论，又算不算'可以说的'呢？你说随便说说，没有什么意见，那么刚才的一本正经，是不是逢场作戏呢？自己都相信不过的话，却要说给人家听，又算是一种什么态度呢？"其实，演讲者说这种"多余的话"，并不一定是出自本心，只不过是受了陈规旧习的影响，听人家这么说，自己也这么说，结果往往使听众松弛了注意力。

一般政治性或学术性的演讲稿都是开门见山，直接揭示演讲的中心。如宋庆龄《在接受加拿大维多利亚大学荣誉法学博士学位仪式上的讲话》的开头：

>我为接受加拿大维多利亚大学荣誉法学博士学位感到荣幸。

运用这种方法,必须先明确地把握演讲的中心,把要向听众揭示的论点摆出来,使听众一听就知道讲的中心是什么,注意力马上集中起来。但是,这种方法容易显得过于平淡、冷静,很难吸引人。

(2) 说明情况,介绍背景。比如恩格斯《在马克思墓前的讲话》的开头:

>三月十四日两点三刻,当代最伟大的思想家停止思想了。让他一个人留在房里总共不过两分钟,等我们再进去的时候,便发现他在安乐椅上安静地睡着了——但已经是永远地睡着了。

这个开头对事情发生的时间、地点、人物作了必要的说明,为进一步向听众揭示论题作准备。

运用这种方法开头,一定要从演讲的中心论点出发,不能信口开河、离题万里,使听众不知所云,还要防止笼统使用一些陈旧的套话、空话,败坏听众的胃口。

(3) 提出问题,引起关注。写演讲稿的开头,可根据听众的特点和演讲的内容,提出一些激发听众思考的问题,以引起听众的兴趣。这种问题应该新颖、独特,确实能促使听众去思考。例如美国废奴运动的不倦战士费雷德里克·道格拉斯1854年7月4日在纽约州罗彻斯特市举行的国庆大会上发表《谴责奴隶制的演说》,以别具特色的开头,引发出听众的积极思考,把人们带到一个愤怒而深沉的情境中去。道格拉斯是这样开头的:

>公民们,请恕我问一问,今天为什么邀我在这儿发言?我,或者我所代表的奴隶们,同你们的国庆节有什么相干?《独立宣言》中阐明的政治自由和生来平等的原则难道也普降到我们的头上?因而要我来向国家的祭坛奉献上我们卑微的贡品,承认我们得到并为你们的独立带给我们的恩典而表达虔诚的谢意吗?

2. 主体

演讲稿在开头之后要迅速转入主体,这是演讲稿的正文和核心部分,也是演讲稿的高潮所在,能否写好,直接关系到演讲的质量和效果。主体内容的安排,应注意以下几个问题:

(1) 确定结构形式。演讲稿的结构形式比较活泼,或旁征博引,剖析事理;或引经据典,挥洒自如;或层层深入,阐明观点;或就事论事,引出哲理。结构形式不管怎样变化,都要求主题突出、问题说透、推理严密、层次清晰、情理交融。

(2) 认真组织材料。演讲稿的理论论据与事实论据的组织安排要适当,例证要动人、典型,最好是写作者亲眼所见、亲耳所闻的;如果是第二手材料,则应核实无误。由于演讲稿的篇幅不能太长,一般以演讲三十分钟左右为宜,因此,理论论据也不可能过多过长,主要运用精辟的哲理性分析和警句式的概括,或引用名言格言。无论采用哪一种写法,都应言简意赅,起到画龙点睛的作用。

（3）构筑演讲高潮。一个成功的演讲，不可能没有高潮。演讲中的高潮，是演讲者就某一个论题，经过一番举例、分析、说明、论证后，对于肯定什么、否定什么、赞同什么、反对什么所作出的最鲜明的回答。它体现出三个特点：一是思想深刻、态度明确，最集中地体现演讲者通篇演讲的思想观点，是思想内容的凝聚点，是其精华所在；二是感情强烈，演讲者的爱憎、喜怒在这里得到尽情宣泄；三是语句简明精练。这三个特点的组合，使演讲具有强大的感染力。这在演讲稿的写作中应该努力显现。

如何构筑演讲高潮？首先，要注重思想感情的升华。必须在对某个问题有较为深刻全面的分析、论证，演讲者的思想倾向逐渐明朗，听众也能逐渐领会演讲者的思想观点，并有可能与演讲者的思想感情产生共鸣的基础上，构筑高潮。这时候演讲者必须直接站出来，作断言式、预言式或肯定式的宣言，全盘托出自己的思想见解，酣畅淋漓地抒发自己的感情。演讲者确实到了如鲠在喉、不吐不快的地步，才能真正构筑高潮。其次，要注重语言的锤炼。高潮部分可以运用一系列的排比句、反问句、设问句等，增强气势，抒发激情；也可以借助名人名言或哲理性的句子，把演讲者的思想揭示得更深刻。

一篇演讲，高潮可以有一个，也可能有几个。成功的演讲，应像跌宕起伏的海浪，一个高潮接着一个高潮。当演讲结束时，这个高潮便达到了顶峰。高潮往往在结尾，但也有一些演讲在中间或结尾前感情达到最高潮，而结尾渐渐趋弱，以深沉见长，同样也耐人寻味。

3. 结尾

结尾是演讲内容的自然收束，是演讲稿的有机组成部分。结尾给听众的印象往往将代表整个演讲给听众的印象。言简意赅、余音绕梁的结尾，能够使听众精神振奋，并促使听众不断地思考和回味；而松散疲沓、枯燥无味的结尾，则只能使听众感到厌倦，并随着事过境迁而被遗忘。

怎样才能给听众留下深刻的印象呢？美国作家约翰·沃尔夫说："演讲最好在听众兴趣达到高潮时果断收束，未尽时戛然而止。"这是演讲稿结尾最为有效的方法。在演讲处于高潮的时候，听众大脑皮层高度兴奋，注意力和情绪都由此而达到最佳状态，如果在这种状态中突然收束演讲，那么保留在听众大脑中的最后印象就特别深刻。

演讲稿的结尾没有固定的格式，或对演讲全文的要点进行简明扼要的小结，或以号召性、鼓动性的话收束，或以诗文名言以及幽默俏皮的话结尾。但一般原则是要给听众留下深刻的印象。

（二）演讲稿的写作要求

1. 了解对象，有的放矢

演讲稿是讲给听众听的，因此，写演讲稿首先要了解听众对象：了解他们的思想状况、文化程度、职业状况如何；了解他们的心理、愿望和要求是什么；了解他们所关心和迫切需要解决的问题是什么，等等。否则，不看对象，演讲稿写得再花功夫，说得再天花乱坠，听众也会感到索然无味，无动于衷，也就达不到宣传、鼓动和教育的目的。给中学生讲"高能物理"是难以成功的；对少管所的犯罪少年讲"我们的生活充满阳光"，不如讲"用汗水洗去悔恨",更能打动他们的心。我国近代民主革命家、教育家蔡元培 1917 年 1 月 9 日就任北京大学校长时发表的演说,看准对象,有的放矢,紧扣教育的特点、重点,讲述了"抱定宗旨""砥砺德行"和"敬爱师友"三点,说理循循善诱,语言亲切平实,从中阐述了自己的教育思想,收到了很好的效果。

2. 观点鲜明,感情深厚

一篇演讲稿要有一个中心。没有一个中心,听众就把握不住演讲者讲的是什么问题、什么道理,留下的印象是模糊的。演讲稿的中心,就是演讲稿要有一个明确的观点,主张什么,讲什么道理,要说得清清楚楚。演讲稿观点鲜明,显示着演讲者对一种理性认识的肯定,显示着演讲者对客观事物见解的透辟程度,能给人以可信性和可靠感;演讲稿观点不鲜明,就缺乏说服力,就失去了演讲的作用。例如,恩格斯的《在马克思墓前的讲话》是一篇著名的演讲词,讲话首先提出全篇的中心论点,高度评价了马克思一生在革命和科学方面的杰出贡献,思想明确、论点鲜明,全篇演讲围绕这个中心来讲,给人们留下了深刻的印象。

演讲稿要有深厚动人的感情,这样才能打动人、感染人,才能有鼓动性。因此,它要求在表达上注意感情色彩,把说理和抒情结合起来。对整篇演讲稿来说,往往是既有冷静的分析,又有热情的鼓动;既有所怒,又有所喜;既有所憎,又有所爱。当然,这种深厚动人的感情不应是"挤"出来的,而要发自肺腑,就像泉水要喷泻而出。如在莎士比亚的名剧《尤利乌斯·撒》中,罗马的布鲁塔斯在刺杀恺撒后的演讲就感情充沛、惊心动魄。其中有这样几句:"我爱恺撒,我更爱罗马。今天插在恺撒腹里的是这把短剑,将来国家有事,我一定效命疆场,也用这种短剑。"当时在场的人都听呆了,是爱国心使他讲出了这样动情的话。

3. 行文变化,富有波澜

俗话说:"文似看山不喜平。"平铺直叙的文章使人读起来感到呆板、单调、乏味;富于变化的文章则会使人越读越感兴趣。演讲稿也是如此,好的演讲稿,应当是有变化、有波澜的。

看一篇演讲稿是否有波澜,主要看它能否在听众心里激起波澜。构成演讲稿波澜的要素很多,有内容,有安排,也有听众的心理特征和认识事物的规律。如果能掌握听众的心理特征和认识事物的规律,恰当地选择材料、安排材料,就能使演讲在听众心里激起波澜。换句话说,演讲稿要写得有波澜,主要不是靠声调的高低,而是靠内容的有起有伏,有张有弛,有强调,有反复,有比较,有照应,这要求写作者要有一点艺术的匠心。例如闻一多的《最后一次的讲演》,感情浓郁,爱憎分明,在场的听众被他的演讲所感动,对他的演讲报以一次次热烈的掌声。这篇演讲,高昂的激情与低沉的哀悼兼用,愤怒的控诉与严肃的思索并呈。演讲的开头怒不可遏地斥责反动派"最卑污,最无耻",接着面对面地责问:"你站出来,你出来讲,凭什么要杀死李先生?"这就把听众引入思索。接着又揭露反动派的卑鄙伎俩:"说甚么'桃色案件',说甚么共产党杀死共产党",并连用两句"无耻呵!无耻呵!"表达了极其愤怒的感情。最后,评价了李公朴的死:"是李先生的光荣,也是昆明人的光荣!"这就加深了听众对李公朴的认识,激发了听众对爱国者的崇敬。末尾又用洪钟般的声音、连珠炮似的语言高喊:"我们要准备像李先生一样,前足跨出大门,后脚就不准备再跨进大门。"整篇演讲尽情尽致,鼓舞人心,真如大海怒潮,有时接天狂浪,有时水平如砥。

4. 语言流畅,深刻风趣

演讲稿是由主旨、材料、结构、语言四个要素构成的。在这些要素中,语言是重要的要素。没有语言,其他要素无法表现。不论多么深刻的主旨,多么动人的材料,多么精巧的结构,多么高明的表现手法,统统把它放在头脑里,是听不见、看不到的。要把演讲者在头脑里构思的一切都写出来或说出来,让人们看得见、听得到,就必须借助语言这个交流思想的工具。因此,语言运用得好还是差,对写作演讲稿影响极大。要提高演讲稿的质量,不能不在语言的运用上下一番功夫。

那么,写演讲稿在语言运用上应注意哪些问题呢?

（1）要口语化。"上口""入耳",这是对演讲语言的基本要求,也就是说演讲的语言要口语化。演讲,说出来的是一连串声音,听众听到的也是一连串声音。听众能否听懂,要看演讲者能否说得好,更要看演讲稿是否写得好。如果演讲稿不"上口",那么,演讲的内容再好,也不能使听众"入耳",完全听懂。

这里所说的"口语",不是日常的口头语言的复制,而是经过加工提炼的口头语言,要逻辑严密、语句通顺。由于演讲稿的语言是写出来的,受书面语言的束缚较大,因此,就要冲破这种束缚,使演讲稿的语言口语化。为了做到这一点,写作演讲稿时,应把长句改成短句,把倒装句改成正装句,把单音词换成双音词,把听不明白的文言词语、成语改换掉或删去。演讲稿写完后,要念一念,听一听,看看是不是"上口""入耳",如果不那么"上口""入耳",就需要进一步修改。

（2）要通俗易懂。演讲要让听众听懂,如果使用的语言讲出来谁也听不懂,那么这篇演讲稿就失去了听众,因而也就失去了演讲的作用、意义和价值。为此,演讲稿的语言要力求做到通俗易懂。列宁说过:"应当善于用简单明了、群众易懂的语言讲话,应当坚决抛弃晦涩难懂的术语和外来的字眼,抛弃记得烂熟的、现成的、但是群众还不懂的、还不熟悉的口号、决定和结论。"鲁迅也说过:"为了大众力求易懂。"[1]

演讲稿的语言要做到通俗易懂,首先要用通行的说法,其次要用规范化的语言。具体来说,可采取如下办法:把生僻的词换成常用的词,不用生造的词语,恰当地使用文言和方言词语,用明白的语言解释难理解的术语。

（3）要生动感人。好的演讲稿,语言一定要生动。如果只是思想内容好,而语言干巴巴的,那就算不上是一篇好的演讲稿。广为流传的许多名人的演讲,如鲁迅的演讲、闻一多的演讲,都是既有丰富深刻的思想内容,又有生动感人的语言。语言大师老舍说得好:"我们的最好的思想,最深厚的感情,只能被最美妙的语言表达出来。若是表达不出,谁能知道那思想与感情怎样好呢?"[2]由此可见,要写好演讲稿,只有语言的明白、通俗还不够,还要力求语言生动感人。

---

[1] 鲁迅.且介亭杂文二集[M].北京:人民文学出版社,1953.
[2] 老舍.人物、语言及其他[M]//出口成章.北京:作家出版社,1964.

那么,怎样使语言生动感人呢?一是用形象化的语言,运用比喻、比拟、夸张等手法增强语言的形象色彩,把抽象化为具体,把深奥讲得浅显,把枯燥变成有趣。二是运用幽默、风趣的语言,增强演讲稿的表现力。这样,既能深化主题,又能使演讲的气氛轻松和谐;既可调整演讲的节奏,又可使听众消除疲劳。三是发挥语言音乐性的特点,注意声调的和谐和节奏的变化。

(4)要准确朴素。准确是指演讲稿使用的语言能够确切地表现讲述的对象——事物和道理,揭示它们的本质及其相互关系。要做到这一点,首先,要对表达的对象熟悉了解,认识必须对头;其次,要做到概念明确、判断恰当、用词贴切、句子结构合理。朴素是指用普普通通的语言,明晰、通畅地表达演讲的思想内容,而不刻意在形式上追求辞藻的华丽。如果过分地追求文辞的华美,就会弄巧成拙,失去朴素的感染力。

5. 控制时间,不宜过长

演讲稿不宜过长,要适当控制时间。德国著名的演讲学家海茵兹·雷德曼在《演讲内容的要素》一文中指出:"在一次演讲中不要期望得到太多。宁可只有一个给人印象深刻的思想,也不要五十个让人前听后忘的思想。宁可牢牢地敲进一根钉子,也不要松松地按上几十个一拔即出的图钉。"这话说得极好,演讲稿不在乎长,要在乎精。

训练与实践

一、写作知识训练

1. 什么是演讲稿?它的特点是什么?
2. 演讲稿主体的安排应注意什么问题?
3. 如何构筑演讲的高潮?
4. 写作演讲稿在语言运用上应注意什么问题?

二、例文评析训练

认真阅读《那无边的花树哟,那无尽的果树》一文,分析这篇演讲稿在结构、语言、文风上有什么特色。

那无边的花树哟,那无尽的果树

——在浙江传媒学院 2022 级新生开学典礼上的演讲

倪学礼

(2022 年 9 月 23 日)

各位同学、各位老师、各位领导:

大家晚上好。感谢学校给我机会以这样一种方式与 2022 级的新生们进行交流。我现在的心情除了荣幸、惶恐,还有惭愧。因为专业背景所限,我更习惯于形象思维。我将以国内外三首现代诗来结构我的演讲、表达我的想法。我选择的第一首诗的题目是《从无尽的渴慕中》,作者为德语诗坛最伟大的诗人之一里尔克——

> 从无尽的渴慕中生出有限的
> 行动,像喷泉柔软地升起
> 又颤栗着迅速地弯下腰去。
>
> 可是,在这飞舞的泪珠里,
> 也展现了平时对我们不出一声的
> 我们自身那欢乐向上的力。(杨武能译)

大学是一片广阔、自由的新天地。作为教师代表,我真诚地希望每一位同学都能在浙江传媒学院这片新天地里快乐地驰骋、自在地翱翔。希望你们在这里的每一天都能拥有无尽的渴慕,渴慕探索、渴慕成长、渴慕超越,并在这渴慕中生长出蓬勃的激情和坚定的信念;希望你们在大学里的每一个抉择、每一次行动都源于你们真实的内心、内在的自我。像诗中所提到的喷泉一样,每一次涌现,都是水之力量的最大发挥;每一次喷薄,都是水之本性的最美绽放。像水一样,既奔流不息、一往无前,永远持守着"流淌"的使命;又泰然自若、随遇而安,永远以"水"之姿态立身于自然万物之中。要谦卑,但不失独立自持的骨气,更要永葆你们自身那欢乐向上的生命力量。

水有两个基本特性:一为"流";二为"润"。刚才,我主要是从水之"流"性切入,阐发这首诗的意义,来表达我对你们的希冀。

接下来,我想从水的第二个特性——"润"出发,引出我与大家分享的第二首诗,题目是《想想别人》,作者为巴勒斯坦桂冠诗人穆罕默德·达维什,达维什也是巴勒斯坦国歌的词作者——

> 当你做早餐时想想别人,
> 别忘了喂鸽子。
> 当你与人争斗时想想别人,
> 别忘了那些想要和平的人。
> 当你付水费账单时想想别人,
> 想想那些只能从云中饮水的人。
> 当你回家,回你自己的家时,想想别人,
> 别忘了那些住在帐篷里的人。
> 当你入睡点数星辰的时候想想别人,
> 那些没有地方睡觉的人。
> 当你用隐喻释放自己的时候想想别人,
> 那些丧失说话权利的人。

当你想到那些遥远的人们,

想想你自己,然后说:

"我希望自己是黑暗中的蜡烛。"(曹疏影译)

如果说,水之"流"性,是告诉我们要尽己之心、尽己之性的话;那么,水之"润"性,则在于启发我们要与人为善、爱人如己。大学生活在某种程度上是集体生活。在宿舍里,我们要和室友相处;在课堂上,我们要与老师、同学们交流。有陪伴与欢乐,就难免有龃龉和分歧。同学们,想想别人!希望你们在四年的大学生活里,不但能出色地完成学业,还能自然而然地修好"如何与他人相处"这门人生的必修课。只有这样,当同学们日后走出校园之时,才能更多地惠及社会、惠及他人。在这里,我更愿意借用鲁迅先生的一句话来表达我想说的意思,那就是——"无穷的远方,无数的人们,都和我有关。"我们在座的,是鲁迅先生故里的学子,在灵魂上理应更接近于鲁迅先生。在未来的日子里,我期盼我自己、我的同事们以及同学们,都能成为黑暗中的蜡烛,沙漠里的绿洲。

第三首诗的题目则是《新娘》,作者为中国天才诗人海子——

故乡的小木屋、筷子、一缸清水

和以后许许多多日子

许许多多告别

被你照耀

今天

我什么也不说

让别人去说

让遥远的江上船夫去说

有一盏灯

是河流幽幽的眼睛

闪亮着

这盏灯今天睡在我的屋子里

过完了这个月,我们打开门

一些花开在高高的树上

一些果结在深深的地下

在海子的笔下,万物都是有光的。这首诗则展现了"新娘之光"。新娘的到来,照亮了"小木屋""筷子""清水"这些最朴素的物件,也让过去、现在、未来中的每一个平凡的日子都闪烁着璀璨的光芒。

我想,对于刚刚走进大学校门的同学们来说,"未来"就是你们即将要迎娶的"新娘"(当然,这个"新娘"也是一种隐喻了);而此时此刻,这隆重的场面,就是学校为你们精心举办的"盛大的典礼"。在这典礼上，你们可以跟自己立下很多的誓约：跟体育场立约、跟图书馆立约、跟学习立约、跟生活立约，最重要的是跟命运立约！

"今天，我什么也不说"，让这三位伟大的诗人替我说，让充盈的生活本身替我说，让头顶浩渺的星空、脚下悠悠的大地替我说。

我期盼你们未来的每一天，都是闪着光的、有分量的，是有所期待的、不被辜负的，是能开出最美丽的花朵、结出最丰硕的果实的。

衷心祝福同学们都以一个新人的样貌，去迎接充满无限可能、无限期许的世界。在每一个崭新的日子里，为自己、为他人，去奋斗、去创造！

谢谢大家！

三、写作实践训练

利用主题班会或团会活动时间，组织一场同题演讲比赛。先以小组为单位进行，然后分组讨论，分析各位演讲的优缺点，在此基础上，再对演讲稿进行修改，各组推选若干名同学在全班进行演讲比赛。

新用具——新媒体写作与传播

下编

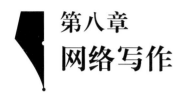

第八章 网络写作

第一节 网络写作概念与发展

就像互联网是在电脑的基础上形成的一样,网络写作是在电脑写作的基础上形成的一种写作行为。电脑网络既可以指局域网(如一个交互式电脑教室),也可以指互联网。而互联网既包含基于台式电脑、笔记本电脑等PC(Personal Computer 个人计算机)终端的PC互联网,也包含基于手机、平板电脑等移动设备的移动互联网,且后者的使用率已经远超前者。[①] 可以说网络写作是一种特殊的写作活动,它是以电脑、手机等设备作为写作工具,以互联网作为写作媒介,为适应数字化时代需要而产生的一种写作行为。

"计算不再只和计算机有关,它决定我们的生存。"[②]尼葛洛庞帝在他的畅销书著作《数字化生存》中这样写道,这种受计算机深度影响的生存方式就被称为"数字化"生存。现今,人们已经越来越深切地感受到这种生存方式所带来的变化,许多当初的预见都在变成现实。什么是"数字化"?顾名思义就是把文字、声音、图像等信息全部转化为计算机能够识别的二进制数('0'和'1')的数字序列。通过这种转化,使得计算机更能有效地处理这些信息。数字化的过程就是一个技术实现的过程,这其中既有数字技术又有电子技术。技术作为科学与现实生活之间的重要通道,它深刻地联系并影响着我们的精神世界与物质世界。技术理性与人文精神的冲突与矛盾也是由来已久,而人类文明正是在这两者之间的碰撞与交融中不断发展。而今天,技术又深深介入了我们的生活、我们的生存。

"数字化"同样冲击着我们的写作。在这个意义上,写作技术也进入了写作理论的视野。我们认为,写作技术是数字技术、电子技术与写作行为相结合而形成的一种方法系统。它既不同于写作技能,也不同于写作技巧。这种技术包括了如何使用写作工具(如电脑、手机),如何实现硬件与软件对写作的支持或辅助,如何进行文字等信息的输入与处理,如何进行多媒体、超媒体的构造与设计,如何进行文本的传播与共享等等。技术的介入必将带来写作思维方式的变化,所以这是一个"换脑"的过程。

需要强调的是,我们重视写作技术,但不应该依赖写作技术。技术应该内化为写作能力的一部分,与其他能力共同构成主体的写作技能。因此,一个现代写作者所应具备的基

---

① 中国互联网络信息中心.第50次中国互联网发展状况统计报告[DB/OL].(2022-08-31)[2024-07-22]. https://www.cnnic.cn/NMediaFile/2022/0926/MAIN1664183425619U2MS433V3V.pdf.
② 尼古拉·尼葛洛庞帝.数字化生存[M].胡泳,范海燕,译.海口:海南出版社.1996:15.

本技能里就该包括写作技术这一必要条件。

2022年8月31日,中国互联网络信息中心(CNNIC)在京发布的第50次《中国互联网络发展状况统计报告》显示,截至2022年6月,我国网民规模为10.51亿,互联网普及率达74.4%。我国网民使用手机上网的比例达99.6%;使用电视上网的比例为26.7%;使用台式电脑、笔记本电脑、平板电脑上网的比例分别为33.3%、32.6%和27.6%。互联网覆盖PC终端、移动终端及物联网终端,促进"人与人""人与信息"到"人与物""物与物"的全面连接。[1]

就目前的发展状况而言,网络写作包括了发电子邮件(E-mail)、论坛发帖、跟帖、留言、发网络日志(博客Blog、微博)、网络聊天、手机短信、微信、QQ等即时通信,以及微信朋友圈、公众号文章等几种主要形式,在技术和媒介的支持下,它深刻地影响了人们的日常生活。

第二节 网络写作与网络语言

进入21世纪,电脑、网络、手机正在不知不觉中改变着我们的生活。当人们惊呼"信息时代"已经到来的时候,电脑、手机已成为了人们日常工作、学习、生活中必不可少的写作工具。当然"换笔"的意义绝不仅仅是工具的变化而已,电脑、网络、手机所催生出来的写作实践改变了我们传统的思维习惯以及规范。

一、网络写作的形式

(一) 电子邮件

电子邮件(Electronic Mail,缩写为E-mail),是指通过一定的通讯网络在两台或两台以上计算机或终端之间进行电子文本信息传输与交换的一种技术。从网络写作的角度来看,我们关注的是这个传输的电子文本。电子邮件是因特网(Internet)最早提供的服务之一,是1972年由雷·汤姆林森(Ray Tomlinson)发明的。与传统信函相比,电子邮件所具有的优势显而易见:传输速度快,通信时间从原来的几天、几十天减少到几分钟、十几分钟;即写即发,不用贴邮票、跑邮局;使用费用较低;开发性广,即使是一些非因特网用户也可以通过一些称为网关(Gateway)的计算机与因特网上的用户进行电子邮件的收发。

目前除了比较常见的以文本为主的电子邮件外,还有视频电子邮件、语音电子邮件以及保密电子邮件。

(二) 帖子

发帖与跟帖是现在网络信息交流的重要手段之一,其文本就是"帖子"。"帖子"实现其交流功能的场所是电子公告牌与虚拟社区。

电子公告牌(Bulletin Board System,缩写为BBS),是一种以提供信息交流与交互讨论

---

[1] 中国互联网络信息中心. 第50次中国互联网发展状况统计报告[DB/OL]. (2022-08-31)[2024-07-22]. https://www.cnnic.cn/NMediaFile/2022/0926/MAIN1664183425619U2MS433V3V.pdf.

服务为主的网络服务系统,它包括了讨论区(论坛)、精华区以及电子邮件、聊天室、网上游戏等。在讨论区发表的文章就是"帖子"。讨论区按照不同的话题可以分出许多类别,用户可以根据自己的兴趣或需要进行选择,在讨论区里还可以选择只浏览不参与,也可以发表意见、参与讨论。精华区则是将最受欢迎的话题或帖子集中起来供用户阅读。

虚拟社区(Fictitious Community),也被称为 CLUB,是类似于 BBS 系统的一种网络服务系统,但它提供的功能更为强大。它包括了:公告栏、讨论组、社区服务、会员列表、在线聊天等,可以说以虚拟的环境尽可能地提供现实社区所能够提供的各种服务手段,为网络上有着共同兴趣、观念或需要的人们营造了一种社区环境的感觉。

同样地,在虚拟社区的讨论组发表的文章也是"帖子"。

(三) 博客

博客,英文写作"Blog",来源于英文中的"Weblog"一词。在网络上写作"Blog"的人通常被称作"Blogger"或"Blog Writer",而"Blogger"的中文名称就是"博客"。博客被认为是传统日记的网络形式,所以也被称为网络日志、部落格,通常是由一些篇幅短小并且经常更新的文章构成。这些文章也被称为"博文",它是按照年份和日期倒序排列的,而传统日记是按照时间顺序排列的。在内容上,博客写作的空间非常大,社会见闻、经济评论、休闲文章、生活故事、诗歌、散文、随笔、小说等都可以写,还可以插入图片、照片及其他链接,等等。由于进入门槛低、个性色彩强烈、信息含量丰富等特点,博客逐渐成为一种重要的网络传播方式、一种重要的网络写作形式,并在社会生活中形成越来越重要的影响力。如今,博客的影响力已由微博所取代。

2009 年 8 月,新浪网推出"新浪微博",成为国内门户网站中第一家提供微博服务的网站。"微博"是集成互联网、手机、即时通讯软件等多种途径,进行即时消息发布的系统,与博客有类似之处,但有 140 字的限制,发布的消息一般只能是只言片语,因而更为开放和方便。随着微博的发展,新出现的长微博已经可以突破 140 个字的限制。

二、网络写作的特征

(一) 超文本

"超文本"(Hypertext)是美国学者泰德·纳尔逊(Ted Nelson)在 20 世纪 60 年代自造的一个词。在他那里,"超文本"意为"非相续者述"(Non-sequential Writing),即分叉的、允许读者作出选择的、最好在交叉屏幕上阅读的文本。

超文本是一种以链接为基本特征,以节点为基本单位的数据系统。节点可包含文本、图像、动画和视频、音频等各种元素,它们通过链接组成一个互相联系的系统。

传统的文本结构是线性的,这种结构要求人们在阅读时必须按照固定的线性顺序进行,从第一页到第二页、第三页……直到最后一页。但事实上,这种结构与人类的意识结构是不对应的,人类意识是流动的,是非线性的。超文本所采用的就是这样一种非线性的网状结构,没有固定的顺序,不要求读者必须按照固定的顺序阅读。

虽然超文本这一概念出现得比较晚,但在传统书面印刷时代,具有超文本性质的文本早已经存在,传统书面文本中的脚注和含有多种检索方式的百科全书就有着与超文本相似的结构。可是,真正意义上的超文本(富含强大的链接与信息)是电子网络出现与成熟以后形成的,我们不妨称之为电子超文本。

网络写作的超文本特性就是电子化的。网络写作的超文本链接可以分为内部链接与外部链接两类。内部链接即指在该文本内部信息的调用与跳转,而外部链接指的是对文本以外的存在于网络的相关信息的载入。

(二) 超媒体

前面已经提到,作为超文本的节点可以包含图像、音乐、视频、音频等多种媒体信息。多媒体作为一种技术手段,不是网络的原创,比如传统教学中使用的幻灯片、演示文稿(常见的如 Microsoft 公司的 Powerpoint)就常常运用多媒体手段。多媒体(Multimedia)意为"多种媒体的综合",多媒体技术也就是能对多种媒体进行综合处理的技术。链接了多媒体信息的超文本也被称为"超媒体"(Hypermedia)。

超文本与超媒体的出现,改变了传统条件下人们被动接受信息的习惯,改变了主体与对象之间的单向关系,使得主客之间、作者与读者之间的交流与交互成为可能。从简单的信息检索到较复杂的信息选择与构造,以及复杂的虚拟现实(Virtual Reality),传统意义上的作者与读者的严格界限正在消失。

(三) 零散性

网络写作尤其是在线写作常常是即兴的、一次性完成的,写作者没有经过传统意义上严格的谋局布篇与修改,因此呈现出的是一种零散的面貌。只言片语的帖子、不到千字的电子邮件非常普遍,而即使是千字以上的文本,用我们传统的评价标准来看,或者是中心不明确,或者是结构不严谨,或者干脆是"流水账"。当然,这样说并不是要否定它。事实上,首先的一个问题是,用传统写作的评价标准衡量网络写作是否依然合适?其次,如果合乎我们的传统眼光,那么网络写作是否还具有独立性?零散性正是网络写作能够栖身于网络的独得之秘,因为网络写作在很大程度上就是"眼球"写作、"注意力"写作,读者的阅读也常常是即兴的、一次性的。在网上,严密整饬的文本是不受欢迎的,而断章似的短篇,甚至是文字的碎片,恰恰不用费太多精力思考,正好满足了网上读者的需要。

三、网络语言

前面已经谈到语言对于写作的重要性,语言不但是组成文章或作品的要素,也是写作的工具。当电脑写作与网络写作冲击着纸面写作的同时,网络语言也迅速成长起来。

网络语言是网络写作与交流的产物,它和网络特别的表达方式有关。网络写作是一种在线写作,表达与反馈的共时性促成了语言的自足性。也就是说,一开始某些语言只是在某些人之间或某个聊天室、某个论坛里通用,交流双方心照不宣、彼此明了。由于传播迅速,当这种语言有了一定的支持者或者得到较大范围的认可,它就成了网络语言,并具有了极强的生命力。结果有一些网络语言干脆跳出了网络原来的圈子,在生活中也常常被许多年轻人挂在嘴边。在网络写作的领域里,网络语言呈现出了不同于传统书面语言的新的特征,即简约化与谐音化。

(一) 简约化

由于网络技术所带来的表达与交流的方便、快捷,使用网络语言出现了越简单越好的倾向,其结果是导致了缩略语与符号的盛行。缩略语是在中文或英文的常用短语和句子中,取其拼音或英文的开头字母组成的词语,如"YYDS"(永远的神)、"ftf"(face to face)等。更具特色的是那些表情符号,如":)"表示一张普通的笑脸,":－("表示悲伤或生气的脸,":－D"表示高兴地大笑,":－P"表示顽皮地吐吐舌头等等。此外还有源于日本的emoji表情符号,被称为"火星文"的"ORZ"等。

(二) 谐音化

网络语言另一种常见的情况就是用数字的谐音来表达一定的语义,或者用谐音汉字来表示某种专门词汇。前者如"7456"表示"气死我了","8147"表示"不要生气","886"表示"拜拜了"等;后者如"斑竹"表示"版主","大虾"表示"大侠","围脖"表示"微博"等。其实前者也还是出于简约、方便的考虑,而后者往往是写作者把字输错或故意输错,于是干脆将错就错而导致的,并且在网络上流行开来,为大家所熟悉。

虽然网络语言还无法成为一种规范,但随着网络和网络写作的发展,网络语言的普遍使用和形成规范也是极有可能的。如今已经有许多原本在网络中专用的词汇被大众接受,为日常所用,部分词汇还被汉语词典收录。但是网络语言所折射出来的某些问题也值得我们关注,正如南帆教授指出的:"如果这一切无非是网络写作常用的速记符号,人们没有必要过分惊奇。耐人寻味的是,这些符号的背后是否隐含了一个追求——追求语言与实在的重合、对称,甚至重新回到了'象形'或者'象声'时代？如果这些速记符号与简单的造句或者有限的词汇共同预示了一种简单化思维的蔓延,如果这即是速食文化的前锋,人们就不会仅仅用'有趣'这个词形容网络语言。"①

第三节 网络写作的方法

网络写作体现着自由与规范的双重特点。自由更多的是从文本的内容、语言方面着眼的,规范更多的是从形式、格式方面着眼的。

一、网络文本写作

(一) 电子邮件的写作

要进行电子邮件的写作,首先自己要申请一个电子邮箱。电子邮箱有免费的,也有收费的,最便捷的方法是直接到网站申请。有了自己的邮箱,就可以向别人的邮箱发邮件了。

如果仅仅是讲电子邮件文本的写作,那么只要在Word、Wps、记事本、写字板等文字处理软件里写就可以了。但是这种简单的文本还谈不上真正的电子邮件,完整意义上的电子

---

① 南帆.游荡网络的文学[J].福建论坛(文史哲版),2000(4):20.

邮件写作其实还包括了收发邮件的过程（主要是发邮件）。目前进行这种写作的方式主要有两种：一是直接登录网站上你的邮箱，利用网站提供的邮件服务程序进行写作；二是利用 Outlook Express、Microsoft Outlook 或 Foxmail 这样的专门软件来进行写作。这里主要介绍前者，至于后者，通过网络搜索或查阅电脑知识类书籍都可以找到。

首先，我们来熟悉一下电子邮件的格式。正是由于电子邮件的收发与写作都需要软件的支持，因此其基本格式就被软件设计者规定下来。就像传统写信会有信封款式一样，写电子邮件就必须得有电子邮箱，即收件人与发件人的地址，该地址用于标识某个用户，有了这个标识后该用户才能收发互联网上的电子邮件。如今通用的地址格式是由一位美国工程师设计的，它由用户名加上邮件服务器（收发或处理邮件的服务器）全机名或域名构成，这两者之间用一个符号"@"相连。如 somebody@sina.com.cn 就是一个合法的电子邮箱地址。

下面就以登录新浪网站为例来谈一下电子邮件的写作。有了自己的电子邮箱，那么先要登录网站，然后进入邮箱。在网站的邮箱服务页面上，点击左侧的"写邮件"按钮，就出现了写作电子邮件的页面。"收件人(To)"行写入对方的电子邮箱，如果有多个邮箱地址，中间用"，"号分隔。"抄送(Cc)"行和"密送(Bcc)"行也可写入其他收件人的电子邮箱，但"密送(Bcc)"行与"抄送(Cc)"行不同的是，写在这里的收件人将不会看到本人以外的其他收件人地址。"主题"行可输入给邮件起的标题或概括的主要内容。在页面的最下方是一个文本框，在这个文本框内即可写入邮件的具体内容。页面中间还有附件栏，可以将文本、图片、声音等文件作为附件加入，那么收件人在收到邮件的同时也能收到该附件。由于已经登录，发件人邮箱会在邮件中由系统自动加入。当文本内容写完之后，点击"发邮件"按钮，邮件立即发出。过一会儿出现"邮件已经成功发送到指定地点"的页面后即告邮件发送结束。从这个意义上说，收到的电子邮件也同传统信件一样会有一个"信封"，它包括收信人电子邮箱地址(To)、发信人电子邮箱地址(From)和信件主题(Subject)。

以前，传统信件是否已经被对方收到，发信人必须得到对方回音、回信、答复才行。电子邮件在这方面更为便利，只要在"对方读到信时给我回应"前的空格中打钩选中，就可以知道对方是否看到了。与传统信件相比，电子邮件文本的写作体现了以下特点。

1. **行款格式的简约化**

由于传统信件中的许多成分如寄信人、收信人、写信时间等都可以由电子邮件系统自动完成，我们写电子邮件就不必像传统信件一样要有强烈的行款格式的意识。收发双方其实达成了一个共识，即不用像传统信件一样去计较严格的格式。双方看重的是文本的内容，甚至只是看重那个附件。所以即使文本部分没有一个字，收信人也不会太在意，只要附件传来了就行。

2. **附加信息的多元化**

虽然目前免费电子邮件的服务系统对附件长度一般都有限制，但人们已经可以利用免费空间传递许多信息，文字、图片、声音、视频都可以跻身其中。付费用户则可以享用更多的空间，随着服务的完善与收费制度的普及，电子邮件所能加载的信息容量与品种一定会越来越多。

3. 文本内容的个性化

电子邮件文本的写作可以说完全体现了"自由"这一特点。你可以长篇大论（一般来说，较长的文字或专门的文稿以附件形式发送比较好），也可以寥寥数语，甚至只当写个便条。在表达上，可以是比较正式的书面语，也可以是随意的口语。但是，我们也应该看到，这种电子邮件所带来的文字形式的快捷联系的功能，已受到手机短信、微信的挑战，因而电子邮件需要不断提升服务的品质。

（二）帖子的写作

要进行帖子的写作，首先得登录网站，进入论坛。目前大多数论坛都要求写作者注册后才能发帖，不注册者（俗称游客）只能浏览，而且所发帖子必须遵守论坛的规定，否则会被删除。这些规定大致相同，其中包括必须遵守宪法所确定的基本原则；禁止危害国家安全，泄露国家秘密，破坏国家统一，损害国家荣誉和利益；不准散布谣言，不准散布淫秽、色情、赌博、暴力、凶杀、恐怖等内容或者教唆犯罪，扰乱社会秩序，破坏社会稳定；不准侮辱或者诽谤他人，侵害他人合法权益；不准进行国家法律法规所禁止的各种活动等。此外，论坛一般还反对发别人的帖子，如果要发，必须加上"转"的提示。

写帖、发帖的过程其实相当简单，只要在社区或论坛注册了用户名，然后登录到讨论区，点击相关按钮（如"我要发言"）就会出现文字输入的窗口，在文本框内写入即可。

帖子的内容是五花八门的，如杂感评论、诗歌散文、小说连载、布告通知，等等。但最能体现其特色的功能是发表意见、发布信息。这有点像纸面文体中的评论、消息，事实上它们在许多方面也都是相通的。帖子的写作更多地带有关注热点话题、更自由地表达与坚持自己意见、更注重在文字的简洁流畅和语言的新颖出奇上下功夫的特点。

1. 一帖一评

由于帖子的篇幅不能太长，往往一个帖子只评论一个话题。这和传统评论文体所强调的"一文一事"原则相似。由于发帖与读帖的场合一般都是在论坛里的讨论区，讨论区常常是按照不同的话题分类的，所以帖子的写作是很有针对性的。

2. 语言风格多样

前面指出过，在线写作有些接近于说话，帖子的文字表达就有明显的口语色彩，并喜欢用感叹句与反问句。但与此相对的是，口语化的文字中常常又能感受到文言的味道。如："读书为一纸文书，求得仕途经济进益的阶梯自然是读书的末流，而所谓读书彰显品位，焉知不是将读书功利化？三五知己，清茶晤心，这是雅人情致；若于稠人广众，搔首弄姿，故作茕独和寡之状，品着蓝山咖啡，那就是作秀。"或者通篇文言的也有。语言风格的多样，也正是帖子写作受人欢迎的原因之一。

3. 偏激与深刻

一些热门论坛里的帖子往往更新很快，所以帖子的"生命期"很短。要获得较长的"生命期"就得获得高点击率，挤进精华区。于是许多帖子就采取了"取其一端"的手段，以偏激的话语"推销"自己的"话语"，体现着"片面的深刻"，只要起到引人关注的效果就行。事实上，这些帖子中间所爆发出来的思想的锋芒、新锐的见解同样不可忽视。总之，作深度思考者有之，作世俗玩笑者有之，作无聊噱头者亦有之。

（三）博客的写作

前面已经提到，成为一名博客的方式，最常见的方式是托管博客，用户只要去博客网站免费注册申请即可拥有自己的博客空间，因此这也是国内网站所采用最多的方式。

在注册申请、填写个人资料后，即可获得自己的博客地址，登录后便可以发表文章，并对自己的文章、博客页面进行编辑。

博客文章的内容和帖子一样形态多样，但它与帖子的主要不同在于提供了一个专属个人，即博主的表达"窗口"，是个人性与公共性的结合，而且更突出个人性，可以认为是个人表达的公共平台。相比之下，论坛更突出公共性。博文的主要特点有以下几点。

1. 个性化

日记型的博客是主要种类，在这类博客中，博主借助这个平台，记录自己的生活，展开自己的叙事，抒写自己的性情，彰显自己的个性。博主在博客中的"叙事"，可以称之为"经验叙事"，它不完全等同于文学叙事。它是生活经验本身，有故事、有感悟、有线索，有时还有点细琐。这种"经验叙事"以前是隐藏在日常生活之中的，很少进入出版渠道或公共视野。今天的网络改变了这一状况，使得这种更加草根、更加平实的"经验叙事"为大家所熟悉、接受以及欢迎。除了内容以外，这种个性化还体现在写作形式上对文体的忽略，或者是借日记的形态干脆写成了"流水账"。

2. 主体性

因为博客是个人的表达平台，所以博主的主体性在博文中十分明显。除了上面讲的个性化外，博主可以自主管理博文，编辑和删除文章，而帖子一般只能由版主置顶和删除等；可以通过提出博文话题，引起讨论；可以通过编辑分类，使博文系列化、主题化；可以通过设置互动栏目，专门回答网友问题、阐述个人见解。从形式上看，博文展开时，博主的原创内容是和他人评价、网友留言组合在一起的，通过博主的编辑，可以使单个文本的丰富性、话题的体系化和拓展性都超过了论坛帖子。

关于微博的写作，在下一章有专门说明。

训练与实践

一、例文评析训练

请评析下面的帖子。

生育登记不以结婚为前提，不能被严重误读

近日，四川卫健委发布通知，新版《四川省生育登记服务管理办法》（以下简称《办法》）将于2023年2月15日起实施。《办法》取消了对登记对象是否结婚的限制条件，在舆论场上引发热议，甚至有人上纲上线地认为，这是鼓励出轨、鼓励私生子。

生育登记不再以"结婚与否"作为前提条件,意味着在法律层面明确非婚子女不受限制和歧视。其实,早在1950年,《中华人民共和国婚姻法》就规定"非婚生子女享受与婚生子女同等的权利,任何人不得加以危害或歧视"。而《办法》的实施,正是这一原则的落实,也是为了让非婚子女顺顺利利登记,更是法律精神的体现。

诚然,生育登记取消结婚限制,可能不符合部分人关于传统家庭组成模式的认知,在道德接受方面存在一定阻碍,比如"出轨"和"私生子"问题。但是,非婚生育的原因是极其复杂的,不应该以一概全。有的可能是因为女方怀孕后,男友意外去世,女方希望留下这个孩子;有的可能是女方在分手后发现自己怀孕,而自己可能因为年龄等原因没有再生育的机会,从而选择留下这个孩子。更残酷的现实是,如果女方选择大月份流产,会严重影响身体健康,甚至会有生命危险。因此,对非婚生育一词,绝不能将其污名化。

随着中国的人口政策发生了根本性的转变,特别是2022年我国人口呈现61年来首次负增长,改变过往严苛的生育审查政策、提振生育意愿、增加生育人口成为社会的共识。不仅仅是四川省,安徽、广东等地在生育登记办法中,都取消了将结婚作为限制性条件,这从本质上来说是对个人生育权利的保障,也有利于打造生育友好型社会。

在"非婚生育"的话题上,拥有绝对发言权的是单亲妈妈群体,而不是部分只会绘声绘色"脑补"的网友。对单亲妈妈来讲,她们或许出于主动的选择,或许迫于现实的无奈,从而选择抚养孩子,她们并没有将包袱丢给社会,而她们需要的只是社会对她们的包容和理解,而不是无休止的道德审判。

打造生育友好型社会,保障单亲妈妈和孩子的权利,也需要政策做好兜底保障。从《办法》也能看出,我们的政府正在提供更便捷周全的生育服务,正在不断降低公共服务的门槛。但是,我们也要看到,在加强不同部门间信息沟通、简化信息填报流程和未婚生育子女上学等方面,我们的工作任重而道远。

生育不以结婚为前提,绝不是提倡未婚生育,而是让人们在面临生育这一人生大事时,更有信心和底气。

二、写作技能训练

1. 连接网络,通过电子邮箱,与教师或同学建立电子邮件联系。
2. 连接网络,进入论坛,进行注册,在讨论区发帖参与。
3. 连接网络,通过搜索引擎查找有关"写作""网络写作""网络文学"的网站,登录注册,参与投稿。
4. 设计一个主题,在班级中组织一次原创短信写作比赛。
5. 结合网络写作实践,谈谈自己的体会。或者作深入研究,就网络写作话题写成一篇小论文,并在网上发表。

第九章
融媒：新媒体传播

在当下实践中,媒介融合还是一个不断探索的过程:美国马萨诸塞州理工大学的伊契尔·索勒·普尔(Ithiel De Sola Pool)教授1983年在《自由的科技》中最早提出"媒介融合"(Media Convergence);美国新闻学会媒介研究中心主任安德鲁·纳齐森(Andrew Nachison)在2001年将媒介融合定义为"印刷的、音频的、视频的、互动性数字媒体组织之间的战略的、操作的、文化的联盟"。他认为在"媒介融合"的过程中,最重要的不是集中了多种媒介的操作平台,而是不同媒介之间的合作模式;美国西北大学教授李奇·高登(Rich Gordon)根据技术带来的传播语境的变革,在2003年拓展了"媒介融合"的具体形态,归纳界定了媒介所有权融合、策略性融合、结构性融合、信息采集融合、新闻表达融合五种媒介融合模式。

融媒体有狭义与广义之分:狭义的融媒体指形式不一样的两种以上媒体(含两种媒体)通过融合从而形成某种全新的媒体形式,如电子杂志、互联网电台、互联网电视等;广义的融媒体涵盖了媒体的各种形态,包括内容资源、采编流程、传播渠道、组织架构、营销方式等要素的融合。

从目前传播实践来看,融媒体在基础平台建设之外,更应该充分利用媒介载体,实现"资源通融、内容兼融、宣传互融、利益共融"的新型传播理念。

要实现融媒传播效果,首先必须构建新型服务平台,而不仅仅局限于原来的信息服务;其次要以用户为中心,做好用户运营工作是关键,要充分利用好媒体所有各类资源,扬长避短,组合发力,实现资源的最优配置,充分拓展具有"强关系"的媒体用户。

随着媒体的发展,传统媒体用户不断转移到新媒体上,要充分拓展媒体"强关系"的用户,就必须加强对新媒体的研究与运用。正因为新媒体是融媒体平台上的主力军,大学生介入融媒体写作,需从实际出发,认识和学习新媒体及其写作。

第一节 新媒体:媒体的今生

"新媒体"相对"旧媒体"而言,是一个内涵和外延都不断发展演变的概念。

"新媒体"一词最早见于1967年,由美国哥伦比亚广播电视网的技术研究所所长P.戈尔德马克(p. Goldmark)在开发电子录像(EVR)的计划书中提出。在计划书中,他把电子录像称为新媒体(New Media)。1969年,美国传播政策总统特别委员会主席E.罗斯托在向尼克松总统提交的报告书中多次使用"New Media","新媒体"一词开始在美国流行并逐渐扩展到全世界。20世纪80年代随着计算机技术的发展,新媒体开始广泛普及。

新媒体虽然得到了广泛的采用与传播,但对其内涵,各国长期没有达成共识。新媒体概念经历了一定的演变过程,在不同阶段它指向不同技术与不同形态的媒体。尽管学者们对新媒体的定义各有不同,但有一些关键词成为理解新媒体的核心共识。

一是时间新。时间新一方面表现为相对于原有媒体,从时间看接近当下产生的媒体就是新媒体,报纸、期刊等印刷媒体出现后,相比于原来的语言传播及结绳记事、烽火、壁画等辅助传播载体就是新媒体,广播、电视出现后,相比于印刷媒体就是新媒体,网络(包括手机网络)出现后的数字媒体则又取代了以前的媒体成为新媒体。时间新的另一个方面表现为媒体传播更及时,跨时空的即时性大大缩短了信息传播的时间差,由定期到及时、即时传播。

二是技术新。技术新一个方面表现为新媒体的新技术发展。报纸、广播、电视、网络等媒体发展史同时是印刷技术、电子技术、网络技术、数字化技术、大数据技术等技术的发展史。技术新另一个方面表现为技术赋能带来的内容的新,传播的新,正是因为有了大数据技术、语音识别技术、5G技术、增强现实(AR)技术、虚拟现实(VR)技术、可穿戴技术等,才有了24小时直播、慢直播,才有了AR视频、VR视频、新闻游戏等沉浸式信息产品……技术新赋予新媒体的核心指向智能化、人性化。

三是形态新。这里形态指的是传播形态。王君超在《未来传播形态的三个重要维度》里认为传播形态是指传播在一定技术环境中的表现形式和情景,它是媒体系统的具象化。传播形态的核心要素包括媒体形态、受众、传播方式、传播技术、传播环境与情景。麦克卢汉说媒介即信息,新媒体作为新的信息带来了传播形态的革新。相对于报纸、广播、电视等传统媒体,当前的新媒体的发展方向是平台型媒体(Platisher)。平台型媒体是指既拥有媒体的专业编辑权威性,又拥有面向平台用户所持有的开放性的数字内容实体。平台型媒体的核心是内容的生产和新技术的融合,个体用户不再是被动地获取信息,而是主动地生产信息、获取信息、传播信息,互动性传播成为显著的特征,信息的传播方式更多样化、信息表达更融合化、多媒体化。人们对媒体的依赖导致"微博化""微信化"等现象增多。

综上所述,新媒体是与"旧媒体"相对而言的概念,其内涵和外延都在不断发展演变。当前的新媒体,是以数字技术、互联网技术和移动传播技术等为基础,通过数字化交互性固定或即时移动多媒体终端向用户提供信息和服务的传播形态和平台。

第二节 写作与新媒体传播

媒体的信息传播总是要凭借一定的符号来实现,不同的传播媒体有着不同的传播符号,不同媒体的写作文体和表达方式也就不同。新媒体的出现往往伴随着写作的变革与文体的创新。

印刷传播之前,稀缺的书写载体需要最简洁的文字表达,诗词歌赋文体最普及。印刷时代报纸出现后,出现了新闻、连载小说等新文体。广播出现后,情景剧盛行,原有的文体写作在广播传播时需要根据广播特点变换表达方式。电视普及后,视频类型不断丰富,写作的可视化、通俗化是其在电视媒体传播的前提。网络出现后,除原有的写作文体在不断发展外,更出现了微博体、短视频等新文体。

具体来说,变化之一在"谁写作"。传统媒体容量有限,总体数量较少,再加上媒体层层把关,能在传统媒体写作发布的人也就较少。而新媒体不再受容量限制,写作者不再受发布平台数量的限制,人人可以参与写作。

变化之二在"为什么写作"。原来的写作更讲究的是抒发情感、铭功纪德,王禹偁的"传道明心,不得已而为之",可算是传统写作的经典动机理论,注重强调的是宏大叙事体制下利国利民的公心。新媒体写作传播者身份复杂,写作动机复杂多变,既有公心,也有私心,新媒体写作传播背后动机私人化和功利化的倾向更加明显。

变化之三在"写什么"。传统媒体写作多写熟悉的题材,因为写作素材难以超越个体经历。而新媒体语境下,素材丰富,题材的束缚对于新媒体写作传播者来说,不再是无法突破的领域。只要平台可以发,读者喜欢,即使是陌生的领域,也可以通过搜索资料完成写作。

变化之四在如何表达。如何表达既涉及语言风格、结构、篇幅,还涉及表达形式等。关于语言风格,传统写作更讲究完美表达、规范表达,重视语法逻辑、雅俗共赏的语言美,而在新媒体的传播语境中,写作与读者的距离拉近,读者直接决定写作传播的效果与收益,因此,写作者更注重读者阅读体验,写作不再那么刻板。新媒体语言出现了很多新造词,如"给力""社死""23333"(哈哈哈)等,也不再讲究语言的连贯,而出现短句、拼凑的词语、啰唆的表达等,如"怒赞"、"打 call"(对某件事物的支持)、"可可爱爱"(可爱程度增加)等,一改传统写作语言庄重、华丽的风格,更倾向于简洁明快、幽默轻松。关于结构篇幅,原有文体已经形成相对固定的范式,而在新媒体平台语境传播时,很多文体发生了变化。如为适应碎片化阅读,很多信息传播时讲究开头或篇尾的重复表达,以形成一致性认知;或关键信息提前,不讲究信息的完整,在引起读者兴趣后再呈现片段性信息;或为适应读者阅读需求与期待,通过多个连续章节将篇幅不断拉长,结构根据内容表达的需要变得更加多样,但总体看来篇幅缩减是新媒体传播的趋势。新媒体写作的表达形式更是不囿于原有的单一表达方式,图文并重甚至图优于文的多媒体呈现方式是视觉化时代的新趋势,以能够快速有效地满足视觉期待的方式呈现,是新媒体传播的极致追求。

第三节 新媒体的写作

一、微博写作

微博即微型博客,是基于用户关系的信息分享、传播、获取的平台,是博客在微信息传播时代的产物。与博客相比,微博发布的内容更加琐碎,发表的方式更加快捷。

微博的始祖"推特"(twitter)一次最多只能发送 140 字符,在中国影响比较大的微博尽管起初字数不一,但都是以微信息为主,网易微博最初限定字数为 163 字,新浪微博和腾讯微博最初限定字数为 140 字,搜狐微博不限制字数,但多数使用者也以微表达为主。尽管当下以新浪微博为代表的微博可以发布长微博了,但在呈现页面还是短短数百字为主。虽然目前微博已经开通了视频号,但总体上以"文字+图片"和"文字+视频"内容为主。

要进行微博的写作与传播,首先用户要去微博网站或微博 APP 免费注册申请。在注册申请、填写个人资料后,即可获得自己的微博地址,登录后便可以写作。

在当下信息传播中,微博成为很多人获取信息的平台,虽然人人都可以写微博,但不是人人都能写好微博,具有传播力的微博写作首先需要充分认识到微博文本的特征,其次需要一些写作、传播技巧。

(一) 微博写作的文本特征

微博内容虽然简短,但也需要注意因为微博平台的信息传播特性所形成的文本特性。

1. 篇幅简短,要素齐全

微博写作要遵循短小精悍的原则,麻雀虽小,五脏俱全。如果是微博新闻,需要具备必要的"5W"(何时、何地、何人、何事、何因)新闻要素,如果文字有限,通常突出时间和事件。如图9-1:

图 9-1 人民日报微博新闻

【正在直播:♯二十大开幕会♯全程直播】中国共产党第二十次全国代表大会,今天上午10时在北京人民大会堂开幕。♯二十大开幕会直播♯↓↓↓@人民日报 正在现场,共同关注!♯二十大报告♯

以上是人民日报官方微博在 2022 年 10 月 16 日所刊发的新闻,虽然不足 100 字,但新闻要素齐全。

如果是其他信息,也需根据传播目的提供完整要素,如:

♯海尔兄弟全网找人♯ 确认过眼神,你们就是兄弟俩要找的人🐱

9 月 15 日晚 7 点,2023 年海尔集团校园招聘空中宣讲会正式开启,戳这里,2000 多个岗位任你挑选,职通海尔,未来可期👻

以上是海尔官方微博在 2022 年 9 月 15 日所刊发的招聘信息,招聘时间、招聘方式、招聘岗位等要素具备。

2. 结构紧凑,角度单一

由于微博篇幅短,内容不分段(长微博除外),这就要求微博写作结构紧凑。内容呈现的是一句话,或是一段话。若是信息比较复杂,就需要选择一个片段、一个观点、一个情景等单一角度写作。对于信息比较复杂的事件,往往通过连续性的报道来完成。

如 2023 年 3 月 13 日第十四届全国人大一次会议闭幕,国务院总理李强在人民大会堂三楼金色大厅出席记者招待会并回答中外记者提问。人民日报微博从 10:42 到 11:50 发布了标题为【♯政府工作就是要贴近老百姓实际感受♯】【♯必须吃改革饭走开放路♯】【♯

李强总理谈港澳发展#：#香港澳门明天一定会更美好#】【#我国人口红利并没有消失#】【#中国经济长风破浪未来可期#】【#李强总理回应中美脱钩论调#】【#确保14亿中国人饭碗牢牢端在自己手中#】等多个原创微博，聚焦国务院总理李强的第一次公开亮相。

3. 发布快捷，形式多样

由于不受时间、地点、终端的影响，微博真正实现了全天候、大信息量的"直播"，微博技术使微博报道方式不再受限于文字，只要按照提示一步步做下来，就可以随意添加图片、视频、音乐、长文链接等多媒体形式，多媒体报道一方面可以丰富报道形式，使微博写作更符合读者视觉化阅读需求，一方面可以补充因文字表达限制而缺失的信息。

如人民网2022年10月13日的微博：【#百秒说非凡十年#|把人民军队建设成为世界一流军队】#见证这十年# 强国必须强军，军强才能国安。这十年，英雄的人民军队在中国特色强军之路上书写了新的时代篇章，焕发出新的时代风采。▶人民网的微博视频

文字后面链接的视频《百秒说·非凡十年 国防与军队建设》，该视频是人民日报社制作推出的《百秒说·非凡十年》系列短视频之一，该组短视频围绕迎接宣传贯彻党的二十大精神工作主题主线，以"快、准、新"的评述，通过一幅幅生动的实景画面、一个个鲜活的数据，讲述真实、立体、全面的中国，生动展示党的十八大以来我国取得的历史性成就和发生的历史性变革。

（二）微博写作技巧

1. 善用微博符号

要善用微博标题符号"【】"、话题符号"##"和"@"功能，形成鲜明的微博写作风格。

与其他的写作不同，微博如果有标题的话，标题内容一定要用"【】"框起来。

微博是善于发起话题讨论的平台，为提高转发率和传播力，微博写作一定要注意话题的设置，将话题置于符号"##"之间，而且一条微博可以不局限于一个话题，话题位置也比较灵活。一般来说，新闻媒体微博的第一个话题通常在标题中或标题后，而企业微博的第一个话题通常放在标题前（没有标题的话，话题放在正文前）。

要善于运用微博"@"功能，保持随时"@"别人的意识，能够提醒特定用户阅读微博内容，实现即时互动。运用"@"功能时，在名称后加空格或标点，他（或者她）就能看到。需要注意的是"@"的数量不要过多，以1—3人为佳，若超过3人，众多用户名拥挤在一起会造成视觉挤压。如：

【#甘宇回忆荒野求生17日#：拉闸泄洪也淹了逃生路 被救前夜狂风暴雨感觉快冻死】荒野失联17天，山体垮塌、无路可走、没有食物、时间模糊、濒临失温……这些令人恐惧经历，在采访现场，甘宇讲起来却非常平静。四川泸定地震时，他因为救助伤者，和同事罗永拉闸泄洪保护下游村庄，错过最佳逃生时机。@出圈 @许研敏 专访甘宇@甘gy宇，他详细回忆这段永生难忘的历程，讲述选择背后的思考。#甘宇回忆17个死里逃生的日夜#

上面微博是新京报2022年10月25日的微博,话题置于标题中,另一个话题置于文末。在文内"@"微博用户出圈、许研敏和甘gy宇。

2. 语言简洁通俗

用简短文字呈现完备的要素,难度是比较大的,但绝不能因为篇幅原因而忽略必备的要素,语言既需要精炼又需要通俗,用接地气的语言表达读者关注的内容。如:

> 【万幸!♯女子丢35万手镯2地铁警接力找回♯】国庆期间,韩女士从株洲乘坐高铁抵达南京南站后换乘,在徐州站下车后,发现戴在手上价值35万元的手镯不见了,立即向值乘第一趟车的柳州铁警报了警。民警查看监控视频发现,手镯消失在南京南站换乘的7分钟内。接到柳州警方通报后,南京南站铁警进一步排查,锁定疑似在卫生间捡拾手镯的王某。当晚,电话通知王某后,其主动到派出所送回了手镯。韩女士领回手镯后,向两地警方表示感谢并送上锦旗。

该微博信息时间要素模糊,地点多,关系不明;可以简化事实,删除不必要的细节,使用简洁、通俗的语言,具体可改写为:

> 【♯2地铁警接力找回35万手镯♯】3日韩女士从株洲坐G1546高铁到南京南站后换乘另一车次去往徐州,在徐州站下车才发现35万元的手镯不知什么时候丢了,她立马报警。接警的徐州铁警求助G1546值乘的柳州铁路公安处,柳州民警查看监控,发现手镯消失在南京南站换乘的7分钟内。经南京南站铁警进一步排查,12日,韩女士拿回了在卫生间被人捡走的手镯。

3. 善于运用细节

微博由于随时更新,善用细节,讲好故事是写作最重要的一点。如:

> 【泪目!♯失散亲兄弟刚相认就牺牲在上甘岭♯】因家中贫困,家人被迫以一斗米的价格把4岁的弟弟卖给了别人……通过团里组织的诉苦大会,志愿军战士邱大云在战场上找到了失散的弟弟邱大华。政委于永贤为兄弟俩拍下一张合照,这也是二人唯一的合照。上甘岭战役中,兄弟俩先后牺牲在阵地上 ♯抗美援朝出国作战72周年♯ @央视国家记忆

这是央视军事微博2022年10月25日发布的一则微博,在这个简短的信息里,我们看到了分别、重聚、永别的人物故事,更看到一张兄弟俩唯一合照的细节,非常具有感染力。

4. 原创写作为主

微博写作根据内容可以分为原发微博、转发微博及回复微博三种类型。最具有传播力的微博是原发微博,因为原发微博的内容具有原创性,容易被其他微博转发。

若是写作中运用到其他报道的图片、视频等内容,可以通过链接或注明来源的方式,尊重原创版权。

如下面微博信息的写作是摘自新京报《救与被救:寻找甘宇的17天》

【#甘宇回忆荒野求生17日#】回家后,甘宇还是会做那个噩梦。梦里的山林被迷雾笼罩,模糊中只有树影在晃动,眼前的大山突然轰地一声坍塌,许多落石朝着他滚过来,他不知道该往哪儿跑,只能惊恐地喊着"救命,救命!"……10月21日,甘宇地震时受伤的左脚终于拆线。

这时可以直接在文末链接新京报《救与被救:寻找甘宇的17天》的报道长文,也可以在文中以"@新京报"的方式链接新京报微博信息,或是在文末标注为"(by 新京报)"或是直接简写为"(新京报)"。

(三) 注意事项

1. 合适的发布时间

合适的发布时间,指信息发布时间要注意,为提高阅读量和传播度,一般选择用户休息的时间发布内容。不同的微博号定位不一样,但都需要根据主要的受众群体的作息时间和使用微博时间确定发布时间。

一般来说,白天受众使用频率较为平稳,而一早一晚是两大高峰。所以要根据一早一晚的使用习惯注意发布不同类别的内容,一般来说早上发布早安问候类内容,晚上可发布容易引起共鸣的内容。其他时间可根据自己账户的特性安排。

对于原创信息,最好放在热门时间段,这样做的目的是发布之后获得更多的关注。一些次要的或是转发以增添风趣的帖子,可在其他时间段发布。

而对于新闻媒体微博账号和政务微博账号来说,及时公开发布就显得尤为重要,第一时间发出权威的、官方的声音,有利于第一时间传播真相,抢占舆论的制高点。而对于网友的质疑、评论,更是需要第一时间回应,避免造成矛盾的激化,形成群体性事件。

2. 恰当的发布数量

媒体微博账号对于非突发类、非紧急类微博信息发布需要合理地规划微博发布的数量,突发类紧急信息需要微博发布时除外。

如果微博发布的数量太多,间隔时间太短,频率太快的话会引起受众的反感。但微博发布的数量太少,长时间不发微博的话(连续3天以上不发微博),可能会导致读者失望,甚至会导致用户逐渐流失。

通常,非新闻媒体微博账号每天发布的原创信息在3至10条,节假日企业微博信息的发布数量可以比工作日少20%—50%。

控制发布数量的同时也应掌握好两条微博发布时间的间隔。一般情况下,微博如果选择了转发选项,就要控制一下时间间隔。

臧龙松在《微步天下》指出,一般情况下两条微博发布之间的间隔要控制在5分钟——5小时(不包括0:00—8:00这个时间段)。间隔超过5个小时,会让人觉得微博信息更新的速度太慢;如果时间间隔低于5分钟,对读者来说是一种信息过量。

3. 热度的适当强化

当不同账户在同一时间段,带话题的微博能增加传播度,若能成为热门话题,就有可能进入微博热门话题榜,被更多人看见、阅读与传播,所以微博写作应该注意适当的强化热度,运用好微博话题和微博超话。

微博话题可以申请主持人,话题主持人可以通过对话题页的编辑、增加简介等完善话题页,也可以发起关注与讨论,提升自己的微博影响力,还可以对一些微博进行推介,让它们处于更显著的位置,起到推广作用。

微博超话是微博的兴趣社区内容,通过超话社区平台运营,可以增加粉丝黏度,聚集精准目标群体。发起超话需要进入超话页面发帖参与,一个超话可以最多申请3个大主持人和10个小主持人,每个微博用户最多可以主持3个超话。

4. 优化的阅读体验

当前很多读者通过手机终端阅读,阅读终端屏幕更小,所以更要有意识优化轻量型阅读体验。

对于微博来说,碎片化信息传播本身就是一种轻量型阅读体验的构建,但除了内容写作上需要满足行文简洁、表达准确、逻辑严谨、重点突出、观点鲜明的最基本要求,在表达方式与形式方面也需要给受众营造轻量型阅读体验。这种体验感越强,就越具有传播力。

多媒体形式表达是需要注意的第一个方面;互动参与是需要注意的第二个方面,互动参与时互动方式需要明确,参与步骤需要简单,过多的步骤会消耗读者的耐心;强化可扫描元素是需要注意的第三方面,微博写作的可扫描元素包括标题、主题句、核心事实和观点、图标等可视表达形式,等等,这些可扫描元素可以用不同字体或不同颜色或特殊符号来标识。

如在党的二十大召开之际,中国日报微博2022年10月10日发布的微博(图9-2):

> 【♯中国日报国风版面♯邀你来做!参与有福利!】"2012—2022是怎样的十年?"今天,我们邀请你来制作一份"国风报纸头版"回顾♯我和祖国这十年♯。笔给你,专刊头版由你决定!关注@中国日报,长按识别图片二维码参与《十年刊·致祖国》制作。在话题♯国风致敬中国这十年♯下,分享你的独家"十年刊"图片,点赞最高的20人,就有机会获得两张100元的Q币充值卡!

图9-2 中国日报微博配图

该微博从内容写作到图片选用再到互动参与方式及不同字体标识都在合力优化轻量型阅读体验，选择年轻人喜爱的国风，用新闻插画的形式呈现事件，大胆地把"新闻编辑"的笔交给用户，通过巧妙设计，解构成一个充满美感且可操作性强的互动过程，最大限度上满足了读者的复合式阅读行为。

二、公众号写作

微信公众号是基于微信面向公众传播信息的平台，从功能来分类，公众号有订阅号、服务号、企业微信（原企业号），目前最具传播力的公众号类型是订阅号。在此，公众号写作主要指的是订阅号文章的写作。

订阅号类似于报纸那样每天提供信息，为媒体和个人提供一种新的信息传播方式，一般情况，每天只可以群发一条信息，消息里面可以建立 8 篇文章。和腾讯有合作的特殊订阅号，也可以一天群发多条信息。

公众号的篇幅有限，读者的注意力也有限，精准地抓住读者的注意力，写成点击率与转发率俱佳的文章，需要从选题、写作、传播技巧多个方面发力。

（一）选题

选题是文章的写作前提。与传统媒体相比，公众号写作更加注重内容的生产与对用户的精准把握。

公众号写作的法则之一是写什么比怎么写更重要，先找出一个好选题，远比把一个较差的选题写出"花"更具传播力。

1. 选题的标准

选题需要在符合公众号定位的基础上能吸引大多数读者的共鸣，选取具有新闻价值和情感价值的选题。信息与情感、情绪共鸣是选题要考虑的关键因素。

首先选题不能违法违规，有悖公序良俗，这个是底线。只有规避传播负面影响的内容，才有利于公众号长远发展。

其次是关注具有新闻价值的话题，新闻价值要素包括时新性、重要性、接近性、显著性、趣味性、反常性等。新闻价值越高，内容越稀缺，信息里诉求越于我有益，话题的传播穿透力就越强。

最后，具有新闻价值，再包含着容易引起读者共鸣的情绪、情感因素，有穿透性的精神力量的话题往往都是热点话题，话题越热，传播度就更广。情绪很多，核心情绪包括开心、辛酸、愤怒、怀旧、暖心、焦虑等，情感主要包括爱情、亲情、友情三大情感。

2. 热点话题

热点泛指引发广大网民关注和讨论的各种话题，可分为可预见性的热点和不可预见性的热点。

各种节日、节气、纪念日、名人的诞辰等节点通常都是非常重要的情绪传播节点。这类情绪传播节点就属于可预见性的热点，可预见的节点可以自己整理，也可以在网上搜索购买互联网热点日历，以提前预判。

对于不可预见性的热点,应该及时关注微博热搜、抖音热搜、百度热搜、新闻排行榜等各种排行榜,及时关注新华网、澎湃新闻等媒体文章的阅读量排名,写作者通过这些热搜、排名很容易就能发现热点话题。

需要注意的是,有些热点只出现在某个平台上,带有平台特性,如在某视频网站上"鬼畜"热点多,但它不"出圈"。还有些热点可能是人为伪热点,即通过花钱上热搜。

如果一个话题在微博、抖音、知乎等多个平台都在热搜榜,话题突破了单一平台,甚至百度搜索都会给你自动关联相关话题时,那可能就是真热点。

如果一个话题不仅在线上媒体平台很热,而且渗透到了线下,即在朋友群里、工作生活场景里很多人都在讨论,这些线下的观察,可以帮助我们去判断热度的大小。

(二) 写作角度

同样的选题,能否找到好的角度是成败的关键。

1. 以小见大

从个案选题,找到最吸引人的点,通过一个一个案例指向共同的主题或普遍的现象背后内在本质的东西,或是从特定圈层过渡到更大圈层,从而实现以小见大。

如2022年8月24日,河南平顶山抽干湖水,抓捕湖中怪鱼直播超3700万网友围观,原来怪鱼是2条鳄雀鳝。公众号槽值推出了《霸占热搜的放生,比杀生可怕多了》一文,从河南平顶山放生的鳄雀鳝,再到各种奇葩的放生、盲目的放生,指出任性放生的恶劣影响。

2. 以大见小

如果一个选题涉及的面比较大,我们不妨从一个小角度出发,选择将选题与特定圈层结合,如与特定地域、特定职业、特定人群等相结合,以特定圈层为核心受众目标,形成病毒式传播。

每到假期,《西游记》等经典影视剧就会反复播放,网络上利用那些经典影视片段的二次制作视频也被广泛传看,公众号新世相在2022年8月1日推出了《年少偏爱孙悟空,打工才知八戒香》,把西游记与职场的内卷结合起来,突出了职场打工人这一特定人群,从职场人视角看西游记,发现几乎人人内卷,除了猪八戒,干成猪八戒,是打工人的终极理想。老内容、新视角,用有趣的方式聚焦了内卷与躺平。

3. 反差组合

反差组合也叫硬组合,指把两个完全不相关甚至是相反的东西组合在一块儿,形成一种强烈的反差认知刺激。

如公众号"百草园书店"2021年父亲节时推出了《没有父亲的父亲节》一文,父亲节是感恩、感谢、祝福父亲,与之相反的是怨恨、仇视父亲,该文抓住父亲节话题,在大家通过各种方式表达对父亲的爱与感恩时,以亡父为对象,表达对父亲曾经的怨、如今的想、遗憾与思念。该文戳中了好多连一句简单的"父亲节快乐"都没有了诉说对象的读者。

4. 变换角色

一个事件中有多个元素,事件的人物有多个角色,每一个元素、角色都是独立的个体,在一个完整的事件中会发挥着不同的作用,所以每一个元素、角色都是可选的角度。

写作时,放弃大部分人写的元素、角色,选择一个很少或者几乎没有人写的元素、角色更具传播力。

如鲁迅,人尽皆知的是文学家、思想家、革命家、教育家等。每年的诞辰都会有各种文章纪念他,公众号视觉志 2022 年 9 月 25 日推出了《鲁迅生日 party 画面流出,场面高能》,文中说:"今天,周树人 141 岁了,想给他过个生日——一个热闹、欢快、资金充裕的生日。为周家大先生,不是为革命家、教育家鲁迅。"

(三) 正文写作

1. 标题

因为公众号标题与内容不在一个页面呈现,标题对于公众号文章的传播就显得更为重要,衡量是不是好标题关键在于读者是否愿意点击与分享。

有传播力的标题应该是那种具有吸引力,想看"来不及思考"就点击的标题,但绝不能是文题不符的标题党。

拟制具有吸引力的标题,需要合理运用好三大基本法则。

一是与我有关法则。标题有身份识别提示,让大家感知与我有关;或是揭示利益,增强相关性。

如《35 岁的生活,哪一句是真的?》《90 后变老,从理解章鱼哥开始》《卷王之王:我的大学四年》。

二是信息差法则。标题中既有"敏感词",又有信息资讯差,有信息增量。即时性的、揭秘性的、专家独家透露等信息,能够呈现读者想知欲知而未知的信息,还有干货分享、实用攻略等,即使没有很强的时效性,但也因实用性而具有吸引力。

如《网红月饼里只有咸蛋黄,蛋白都让谁吃了》《他被网暴,今年最大冤案》《躺平与内卷是什么意思? 终于有人讲明白了》。

三是好奇心法则,好奇心是人类摆脱不掉的怪癖,题目中突出悬念、矛盾、冲突、反转、不一样的事实、观点等,可以通过设置悬念、对比、疑问、对话、呈现细节、突出数字等方式拟制。

如《救援甘宇的故事里,第四个好人》《她国庆发的朋友圈,我不想点赞》《刷完 260 万条〈西游记〉弹幕,我笑出鹅叫》。

2. 开头

最具吸引力的公众号正文以图、文、视频等进行跨媒介叙述。文字写作与传统媒体表达内容相比,更需要亲切化、人格化的表达,而图文等多种媒介信息形态的使用,一是要注意配合读者的阅读节奏,二是要扬长避短发挥各自的信息传播优势。

如何开头,写法很多,文字开头更便于展开和方便读者选择,我们主要介绍以下几种。

(1) 提问式

提问可以包括疑问、设问、反问,不论是哪一种放在开头都被称为提问式。

如《刷完 260 万条〈西游记〉弹幕,我笑出鹅叫》就是这样开头:

> 宅在家中,休息时分,你会选择怎么看视频?
>
> 对于越来越多的人来说,看视频已然不是在纯粹观看内容,而是在另一样东西上找乐子——弹幕。
>
> 相比起视频的剧情,似乎众声喧闹的弹幕,才是我们真正的"快乐源泉"。
>
> 甚至不少人选择视频网站时,对弹幕质量的追求,要高于剧作本身。
>
> 不为别的,就怕你看了就根本停不下来。
>
> 借用资深观众的话形容:剧都翻"烂"了,每一天的弹幕都还是新的。

该文以"你会选择怎么看视频"提出问题,很快就切入主题"弹幕是快乐的源泉",接着"借口说话":即使剧翻烂了,但每一天弹幕都是新的。

有些文章上来第一句话不是提问,但开头的落脚点是提问,这种写作方式我们也称之为提问式。

在提问式开头时需要注意以下几点。第一,提问是为了吸引读者,所以提出的问题要引起读者注意和思考。第二,提出的问题本身或潜在回答能加强情感,引发读者共鸣。第三,从文章的结构来说,提问要承上启下,既承接标题,又开启下文。

(2) 切入式

切入式指一开头就概括热点事件或人物。

如:《霸占热搜的放生,比杀生可怕多了》这样开头:

> 饶是见惯了各种大场面的网友,可能也鲜少遇到如此阵仗的"吃瓜现场"。
>
> "中央公园湖里有怪鱼出没,体型大且凶猛!"
>
> 从 7 月中旬,有消息传出"在河南平顶山市,发现了一条尖嘴长牙的大鱼"开始,"湖中怪鱼"的一举一动便牵动着万千网友的心。
>
> 之后长达一个多月,抛网捕捞、求助专业团队、抽干湖水的抓捕行动,更是让无数人好奇:什么情况?
>
> 如今,这场让 5 300 万网友悬着一颗心的捕捞行动,终于有了结果:抓到了,两条,都是"幽灵火箭"鳄雀鳝。
>
> 听到这一消息,网友们激动不已。
>
> 庆幸"终于拿下罪魁祸首"的有,展开联想研究"鳄雀鳝能不能吃"的有,质疑"两条鱼而已至于么"的也有。
>
> 对于种种说法和猜测,只能说一句:先别高兴太早。
>
> "怪鱼"是抓到了没错。
>
> 但其背后的问题,却还没完。

该文概述了"大型吃瓜现场"的缘由、结果,概述了网友的一些反应,从网友反应中,指出最主要的反应是高兴,进而提出与之相反的观点"别高兴得太早,背后还有很多问题"。

热点之下与大多数不一样的观点反应,对于关注的受众来说,特别容易吸引读者的注意力。

在热点切入式开头写作时需要注意以下几点。第一,热点概述要紧抓受众关注的事实,尤其是一些核心细节、反应等,至于热点事件中其他人物、详细经过等可以不用写。通常也要在对热点概述时给予一个判断或评价。第二,概述热点事件中细节或网友的反应后关键还在于要快速切入写作主体。概述细节时要注意指出自己的发现或态度,在多元反应中聚焦最核心的反应,可以从新闻报道评论中找到点赞最多的,互动最多的。第三,细节或受众反应与主题的关系要明晰,是指出相反(挖掘隐藏在背后的),还是强化(放大某一个点)。不论是什么样的关系,一定要是紧密相关的。

（3）交流式

交流式开头,指开头营造一种交流感,写作者通过对话方式与读者交流,使读者在阅读时就像和老朋友交谈般亲切、愉快。

如《别在网上晒自拍,有只眼睛正盯着你》这样开头:

> 在开始今天这篇文章之前,我想先问大家一个问题:
> 你有没有想过,你晒在社交平台上的自拍,会被用来做什么?
> 可能很多人从没想过,包括我在内。
> 但今天我搜索到两则关于"脸"被盗用的新闻。
> 都让我无比难以置信、震惊和恐惧。
> 照片是怎么被盗用的?
> 你可能也猜得到。
> 当我们把照片发到开放的社交平台,就如同在互联网中被迫"裸奔"。
> 在互联网时代,要获取一个人的"脸"实在太容易了。
> 我们经常主动或被动地交出自己的脸,不假思索。
> "发送"——在社交平台上晒出照片;
> "嘀"——刷脸开门、刷脸上课。
> 却很少有人想过,在按下确认键后,谁正在屏幕背后盯着我们的脸?
> 我们的脸又会被用来做什么?没人敢预测。

该文开头以对话的方式,指出在技术飞速发展的当下,我们每个人都要思考如何能活得自在而安全这一问题。这种对话感的开头都有具体的指代,"你、我、我们",就像面对面的日常对话。

有些虽然没有出现"你、我",但日常问题的一个个具体呈现,也是一种交流式的诉说,如《35岁的生活,哪一句是真的?》这样开头:

> 工作的PPT要看,孩子的作业也要看。
> 账单要看,父母的体检单更要看。
> 多了很多事,工作上的,家人的,亲戚的……

这些,都一股脑地压在了35+人群的肩头上。

压力是一方面,时间似乎更显急迫:事业需要新目标,人生需要新设定。人到35岁,不管你愿不愿意,都被卷入了人生的新阶段。

最近,一则短片《你好35岁》真实地展现了35+人群的种种状态与心态,很多人有了感同身受的同频共振,由此也引发了人们刷屏式讨论。

35岁的河流,你我都终将走过,那一天到来的时候,也许没有老牛说的那么浅,也没有松鼠说的那么深……

在交流式开头写作时需要注意两点,一是写作时心中要有一个明确的对象,而不是一群对象,比如说:"在开始今天这篇文章之前,我想先问读者们一个问题:你们有没有想过,你们晒在社交平台上的自拍,会被用来做什么?"这种表达方式也是一种交流式开头,但对读者来说,就不会有一种与我交流的亲切感受。二是语言要口语化,尽量多使用短句。如"照片是如何被盗用的?""我们经常不假思索地主动或被动地暴露自己的脸"这样的语言就不如原文表达更亲切。

(4) 自白式

"自白式"就是以第一人称的口吻来叙述"我这个人怎么样""我要干什么"等,通常指向人物特征,读者就像和人物面对面,听他讲故事。

如:《〈废物故事〉两个"废物"一同游荡》这样开头:

"我们那个地方的人都把我们这样的人叫废物,我们俩也自称废物。"

"我除了来北京做纪录片这件事情之外,其他生活是空白,没有钱,没有爱情,对家里面也照顾不上,我们都是废品。我爸还骂我草包,到现在还是这样子。"

2021年,几经周折和几近崩溃之后,郑仪飞和剪辑师剪出了一个97分钟版本的纪录片,取名为《废物故事》。最终版本是关于一个持摄像机的男孩与另一个以说唱来对抗家庭学校、理解世界的男孩一同游荡的故事,他们偶尔觉得自己挺了不起,更多时候觉得糟糕透了。

该文写郑仪飞导演的故事,开头就用人物自白开头。

自白式开头关键是需要读者对你的人物故事感兴趣,这就需要以下两个技巧:一是进行自嘲和自黑,二是做的事很特别,在特别的事、特别的自我认定中吸引读者接着看为什么这么说,为什么这么干。

(5) 投稿式

投稿式从开头就指出文章的写作缘起是源于读者的想法、观点,或是从开头就出现读者的声音、观点等,从群众中来,到群众中去,这样写一方面可以让投稿的读者感到被认同,积极转发,一方面让更多的读者看到自己也可以成为故事写作的动机和角色,吸引阅读。

如《完了,你也被这对夫妻骗了20多年》开头这样写:

你有没有发现,最会演戏最爱骗你的,不是渣男是爸妈。

读者@丁当说:"妈妈打电话说她和爸爸出去旅游,其实她是生病了,直到检查报告没问题,才告诉我在医院。她甚至害怕以后没机会跟我说话,故意打电话给我,瞬间眼泪下来了。"

而我这次回家,爸妈也神神秘秘的,总背着我搞小动作——

每次吃药避开我,药的种类越来越多,平时电话里说的"没事",总有几次是假的吧。

茶几上多了个小盒子,里边是折叠老花镜,视力5.0的我妈竟然开始老花了?

那些说过的谎和瞒着的事,他们大概是永远不会主动和我说的。

但其实,有时候我们选择埋下一个秘密,本质是对一种关系的"保护"。

今天,我想跟你一起扒扒爸妈的真面目,"多的是你不知道的事"。

读者投稿式开头的关键在于写清读者与写作的关系,综合多个读者投稿来写,需要概括后明晰自己写作的价值,若是单个读者的投稿,则应该选择非常切合写作主题的个案,要典型、具体。

(6)对比式

对比式开头指开头就通过对比,凸显写作对象的不一样或新变化,或是写作者观点态度的与众不同。

如:《围剿小广告28年》开头这样写:

81岁的裴廷印把一辈子的时间都花在了两样事儿上:原子弹和小广告。

1959年,18岁的他离开家乡,踏上开往青海的火车,最终在人迹罕至的金银滩草原扎根,成为首批参与共和国核事业建设的支边青年之一。此后的35年里,他完整见证了中国第一颗原子弹和氢弹从无到有的过程,基地也从几间土坯房逐渐扩建成了"原子城",他也结婚生子,从"小裴"变成了"老裴"。

1994年,退休后的裴廷印和妻子一起回到北京。从核工业战线上撤下后,他又开始了另一场旷日持久的战争。这一次,他的作战对象看起来毫无杀伤力,不过是一张张不足烟盒大的纸片——小广告。但与它们交战并非易事,很长一段时间里,除了越揭越多,裴廷印还经历了小广告越粘越紧,越贴越高的过程。

对比式开头通过对比聚焦,关键在于聚焦对比的事实或观点是写作的核心。

不论怎样的开头方式,通常包含这样的要素,一是有吸引力的由头,二是有信息增量,有不广为人知或是意料之外的信息,三是干净利落结尾,指向文章写作的主体。

3. 主体

主体写作是文章写作的重心,不同类型的文章有不同的结构方式。

(1)事件类报道

事件类报道多见于新闻媒体公众号,如果事件类报道以文字为主的话,主体可以根据事件的新闻价值点采用倒金字塔结构、正金字塔结构、沙漏式结构等不同写法。

如《女子假装去世妈妈回复自己的微信,网友:看完早已泪流满面……》采用了倒金字塔结构,先介绍最有价值的事实女子假装去世妈妈给自己回复微信,再介绍为什么这样做以及回复的具体内容和网友的看法;《烈士父母要为烈士还贷款,结局很暖……》因为要凸显暖心结局,所以采用了正金字塔的结构写作;《而失联17天的甘宇找到了!最新消息传来》则因为大家更关注甘宇情况,采用了沙漏式结构,在先告诉甘宇最新获救情况后再介绍具体发生了什么。

如果事件类报道以视频为主的话,需要配以简短文字介绍事件的不寻常或视频无法呈现的背景、新闻要素、深度分析与解释性信息。如2022年11月29日神舟十五号发射,人民日报公众号30日同步推出了客户端制作的《飞天圆梦!致敬逐梦苍穹的每一份坚守》微视频,配以文字:"11月29日23时08分,神舟十五号载人飞船发射成功。57岁的费俊龙不懈训练17年再征苍穹,56岁的邓清明执着坚守25年终圆飞天梦,46岁的张陆艰辛训练12年首次飞天。追梦者终圆梦!这是中国航天人的品格,更代表着新征程上中国人民共同奋斗的笃定与豪迈。"

因为媒体公众号更注重用讲故事的方式增加可读性和亲切性,因此在对文娱新闻、社会温情新闻等报道的探索中,形成了"梨花体"这种写作风格,即文字居中,以伪诗歌形式,将图片(视频)与文字隔开,穿插排列,循序渐进。用梨花体写作时,需要去掉无用信息及多余的形容词、修饰词,把复杂句子变成短句,多表达自己的主观情感,讲述动人的细节、故事。梨花体编排一方面可以用图片、视频或动态图补充、还原细节,一方面可以避免大段文字造成的阅读疲劳。

(2)人物类文章

不论是新闻媒体人物类报道还是非新闻类公众号的人物类文章,通常采用人物经历故事线的方式聚焦于所写人物的独特性。

如《围剿小广告28年》,从开始围剿、围剿转折年、矛盾冲突、缓和与坚持几个阶段写了与小广告斗争28年的故事,但这个故事不仅仅是裴廷印与小广告的故事,更是中国民间与官方力量合力围剿小广告的故事,因为写人物,通常不仅仅是写人物故事,而是揭示人物背后的主题与启示。

人物类报道以文字为主,正文中通常配合多组图片或短视频片段表现情感、表现人物或动态信息,图、视频宜少而精,在事实佐证外通常对情绪调动发挥重要的作用。

图文等多种媒介信息在叙事时,需要充分发挥每一种信息形态的长处,在多形态配合时,信息内容不完全重复,而每一种信息形态又能各自独立完成叙事,共同完美配合以满足读者的阅读节奏。

在图片选用时,需要注意的是头图的选择运用。头图是指公众号文章开头的图片,需要与标题关联度足够高,表达要直接,用图片加强或延伸标题中表达的内容,尽量选择最有爆点的图片,优先使用动态图,因为动态图不仅更容易抓住眼球,而且比静态图表达更准确、更具体。

图文等多种媒介信息使用注意事项适合于所有公众号写作。

（3）观点类文章

观点类文章，通常采用层层递进或是总分总的结构方式组织材料。

核心观点放在最后的话通常采用层层递进的结构方式，观点由头引出后再用多个事例层层深入，最终得出结论。如《霸占热搜的放生，比杀生可怕多了》，先从河南抓捕鳄雀鳝事件出发，进而拓展到放生各种动物，甚至放生矿泉水等多个事例，指出放生所带来的危害，再结合善意行为所带来的网暴新闻事件，最终指出核心观点：善意放错了地方就是恶意。

核心观点放在前面的话通常采用总分总的结构方式，通常是写出总观点后再从不同案例展开，或是总观点后再从多个角度、多个小观点分析论述，如《活在热搜之外的美人们》，开头指出总观点：美不是热搜中美人们的、盛世美颜这么简单，美是可以有更多想象力的延展的；之后通过从事和"美"有关的摄影家、作家、医美机构护士、插画师、舞者等多个小角度展示不同的美。

观点类文章通常配以读者的意见、态度的截图或不同案例的动态图、图片，以佐证观点、呈现细节，调整情绪节奏。

正文主体不论以怎样的结构写，写作时都需要注意行文的逻辑和情绪节奏。行文逻辑指正文的每一部分都围绕一个事件、人物或话题展开，有明确的起承转合，并且有递进。

4. 结尾

结尾写作，对于公众号来说非常重要，有穿透力、吸引力的结尾不但为文章增色，而且能激发读者自动转发文章。

文章结尾的方式很多，我们主要介绍最常用的三种。

（1）总结式结尾

如果文章很长，案例多、小观点多，在结尾时进行总结，提示开头的提问或含而不露的信息，再使用一些升华主题的语句感染读者，就会使文章既有观点又有情绪。

如《神话崩塌了，淄博该怎么办？》就采用了这样的方式结尾：

> 最后，小视想说，在互联网时代，任何一个城市想要蓬勃发展，都该学学淄博这段时间的表现。
>
> 学学如何把流量当存量，学学如何让游客们衣食住行都方便，而不是任凭民宿动辄涨价三五倍还毁约。
>
> 我们赞美淄博的诚意，赞美淄博的大气。
>
> 但这种诚意与大气，应该是必需品，而不是稀缺品。
>
> 别因为当下的稀缺，就捧杀了淄博。
>
> 不捧杀的最好做法，就是呼唤更多淄博，更多常态化的淄博。
>
> 如果说这也是一种收场，那么淄博需要。
>
> 我们每一个人，都需要。

使用这种结尾时，需要注意：一是总结的应该是文章的关键点，二是升华，让读者产生共鸣,最好使用金句。

(2) 警句式结尾

警句式结尾是指利用名言警句作为结尾,名言警句比自己的话更有号召力,通常能起到意味深长的作用,升华主题。

如《这届年轻人"怂"了？我看未必》这样结尾:

> 说白了,这些 20 多岁的年轻人,既不是"垮掉的一代",也不是所谓"职场的救世主"。他们和曾经年轻过的你我一样,真实地、平凡地、努力地活着,过好自己的每一天。
>
> 正如杰克·凯鲁亚克所说,"没有人永远年轻,但永远有人正年轻"。面对生活,我们感到惶恐,但这并不需要回避。他们面对内心的恐慌与焦虑、并积极与之对抗的经历,既让人产生共鸣,也为我们指出方向:
>
> 不用怕,走好自己的路,生活自有安排。

使用这种结尾时,需要注意:一是名言警句尽量不要太长,人物越广为人知越好,二是名言警句越切题越好,且越包含情绪共鸣越好。

(3) 交流式结尾

交流式的意思,主要是指在结尾时运用对话,或是关联读者的工作、生活境遇,让读者产生交流感、产生共鸣。

《中老年时尚顶流,是位 90 后》这样结尾:

> 所以,如果你发现妈妈、奶奶、外婆,越来越"敢穿"了,不要急着去定义她们,而是应当尊重她们的喜好与审美。或者,像梁晓晴一样,加入她们去试一试呢？

写好交流式结尾,关键在于多用"你、我",多用设问,使用口语化、人性化的语言,短句,适当使用一些语气词,让读者有参与感和代入感,而不是只做一个局外人。

(四) 传播技巧

公众号不但要写好,更要注意传播互动的技巧,提高转发率。

1. 互动技巧

第一,可通过技术增加互动,强化互动阅读体验。很多 H5 网页产品和新闻游戏都以互动形式营造沉浸式体验,形成较好的传播力。如央视新闻公众号在 2022 年 119 全国消防日推出了《"会害怕吗？""□不怕□□□……"》一文,读者可以通过点击文章空白处,手动解锁隐藏内容,了解消防员背后的故事。不一样的阅读体验能够引发读者的阅读与转发。在互动设计时需要注意的是,应该更好地迎合受众的浏览行为,注重"滑动"优于"点击"的理念。前述报道若是设置为滑动手势要更有利打造读者的良好互动体验。此外,以用户为主,以互动行为为主的内容生产更有利于读者自发传播,如 H5 网页产品《复兴大道 100

号》。这时互动动作要尽可能简单，让更多的人可以参与，互动动机要明确，或是关联相关利益点，或是指向情感共鸣处。

第二，把评论区当作一个内容创造阵地，即积极回应读者疑问、反馈、观点。需要注意的是，评论区的互动要营造一种人格化、个性化的对话感。首先要精选一些表达态度且具有普遍性的留言回应，对于质疑的观点可以诙谐幽默地应对，对于错误的观点要及时引导，对赞同的留言可以选择一个予以同意式回复。其次可以建立持续互动机制，在有限的内容和运营人员的能力范围内，用规范的机制保证持续互动。如新华社在推送的结尾都会加一句"在评论区……"这类的点赞引导语或是明确互动规范引导读者参与互动。此外谁推送稿件谁负责回复评论、筛选评论，营造互动氛围。一个手机屏幕展现留言数大约 10 条，所以一般一个报道精选 10 条以上的留言互动，量化互动条数，养成多选多放评论的习惯。评论精选要注意尺度问题，一般重大时政报道，评论一般只选 5 条。还有一些可预见性报道，可以通过提前预告的形式，把评论区做成一个可参与互动、引人围观的现象。如 8 月 8 日是世界猫日，公众号新世相在 2022 年 8 月 7 日推出活动预告《明天下午 2 点，我们要直播全世界的猫》，评论区里回复了"赶快来预约""有回放""感谢猫猫""狗狗日是明年 3 月 23"等。

2. 联合推广

公众号运营者，可以尝试成为一个"联络员"，若自己账号发布的图文内容都是原创，可以找定位相符的账号合作转载，若读者需要的内容是自己不擅长的，可以找更专业的人来做内容，可以通过原创授权转载长期导入粉丝，还可以多认识一些优质账号的运营者，或加入一些微信公众号的合作互推群。需要注意的是，找的互推公众账号类型应尽量与自己平台有区别，最好是互补关系，这样获得的粉丝才是有价值的。

公众号文章写作也需要经营轻量型阅读体验，前面微信写作已经指出的优化阅读体验的方法，同样适应于公众号文章写作。

三、短视频文案写作

（一）短视频概念

近几年，短视频异军突起，据中国互联网络信息中心（CNNIC）发布的第 53 次《中国互联网络发展状况统计报告》，截至 2023 年 12 月，我国网民规模为 10.92 亿人，较 2022 年 12 月新增网民 2480 万人，我国短视频用户规模达 10.53 亿人，同比增长 4145 万人，占网民整体的 96.4%。对比同比增长的网民数据，可以看出短视频用户增长数是整体网民增长数的 1.67 倍。在这个注意力碎片化的时代，与文字与图片相比，动态短视频将视听元素完美结合，是感官刺激的最佳形式，优质内容的短视频创作成为最具传播力的表现形式。

关于短视频的定义，学界尚无统一观点。从字面意义来看，短视频首先是通过视频长度来加以区分的。优酷网创始人古永锵认为，短视频短则 30 秒，长则不超过 20 分钟。快手 CEO 宿华表示，"57 秒、竖屏"可能就是短视频行业的工业标准，然而今日头条却认为"57 秒短视频"应该称为小视频，它的短视频的标准是四分钟，因为四分钟是目前短视频最主流的时长,也是最适合播放的时长。美国皮尤研究中心早在2012年就开始研究YouTube网站上的视频观看数据,并得出结论:最受欢迎的视频长度在2.1分钟左右,这样的视频比当地的电视新闻时间要略长,但比网上的晚间新闻合集要短。知名研究机构ComScore在2014年的一份报告中公布,网络视频的平均时长(不包括网络视频广告)在4.4分钟左右。

在行业发展的初期,谁掌握了定义短视频的标准,就意味着谁在这个行业中拥有了发展的关键机会。不同平台受众不同,对短视频的时长认定也就不同,随着受众喜好的变化,近年来一部分短视频时长越来越短,一部分时长在不断延长。

短视频不仅短,与原有的视频相比,在生产与制作方面呈生产主体多元、制作周期短、门槛低、内容广泛等特点。

综上所述,短视频指的是以秒为单位,时间上相对短(目前以在5分钟以内为主),具备制作周期短、制作门槛低、内容广泛且碎片化、社交性突出、传播效果高等特点的一种新型视频表现形态。

(二) 短视频文案写作

短视频传播涉及平台选择、拍摄、剪辑、运营全流程,每一个流程都会影响短视频的传播效果。但在此,我们仅聚焦短视频文案的写作。

文案原指放书的桌子,后来指在桌子上写字的人,现在指的是公司或企业中从事文字工作的职位,也指以文字的形式来表现已经制定的创意策略。

短视频文案指出于表现短视频创意目的,向目标受众传递特定信息的文字,包括账号简介、标题、画面文字、讲述话术等。

在这里,我们需要突破文案就是广告文案的狭隘的认知,在短视频时代,文案对短视频就像调料一样:一般的视频,好文案能让其出彩;好的视频,好文案更让其锦上添花。文案是短视频不可缺少的组成部分。

首先,视频只能呈现被记录的当下,对拍摄前什么样、未拍摄的后续进展、深层的主题等方面无法呈现,而这些恰恰是文字的长处。

其次,视频内容要展开才能看到,而标题文案则能先于完整视频与观众快速建立情感链接,引发共鸣。

更重要的是文案对短视频被推荐具有重大影响。目前短视频平台都有一个核心技术叫做偏好算法匹配。虽然短视频平台不同,算法推介稍有不同,但算法逻辑都需要注意流量池、叠加推荐、热度加权。

文案与算法有着非常紧密的关系。一个短视频上传到平台后,平台会通过机器解析视频中的关键信息,然后提取出来关键词形成标签后根据标签推送给一定数量的观众,再根据观众观看互动效果来判断是否推向更大的流量池。

机器可以通过解析图像、文字提取关键信息,但相比较而言,文字比图像解析、提取更容易,因此机器会优先提取文字。这使得文案在机器智能推荐中占有很高的权重。

如一短视频自媒体博主拍摄到爷爷带孩子买零食回来，视频内容非常普通，但配上恰当文案，就获得了很好的传播效果。文案如下：

说好了让你减肥，今天又被我逮到爷爷带你去买好吃的，你俩尴尬的样子真的好可爱。你知道吗？妈妈真的好羡慕你啊，能有这么疼爱你的爷爷奶奶♯隔辈亲♯每一个幸福瞬间都值得被记录♯记录真实生活

1. 账号简介

进入自己短视频账号，添加昵称、自我介绍。这部分的写作要有利于形成账号标签。清晰的账号标签，有利于平台识别与智能推荐这些内容。

账号标签主要指的是注册账号后对账号的个性化设置，包括昵称、个人介绍、头像等。个性化设置以好记、好理解、好传播为原则，着重介绍自己的账号定位、喜好和内容输出特点等。

账号内容虽然可以修改，但最好不要随意修改。当然随着粉丝群体与影响力的扩大，该调整时必须及时调整优化。

2. 标题文案

对于一个完整的短视频来说，其他部分文案可以没有，但标题文案必须有。短视频标题文案指的是我们发布短视频时要填写的关于短视频的描述性文字。

需要注意的是短视频标题文案与常见的新闻标题不同，虽然有时候写作内容上有重复。

如一则短视频新闻，新闻标题是《"我不是一个人！我们是一群人"镜头拉开的一瞬间帅爆了》，而标题文案是：

3月28日，四川，武警小哥哥：我不是一个人，我们是一群人！网友：当镜头拉开的一瞬间满满的感动！这就是中国军人！♯英姿飒爽♯中国军人♯帅爆了♯致敬人民子弟兵♯保家卫国

短视频标题文案写作主要注意以下几点：

一是要真实。标题文案写作要与短视频内容保持一致，看完标题文案就能让观众大致知道短视频的内容，不要离题太远，更不要做标题党。

二是要简洁。字数太多会影响视觉体验，除特殊叙述类标题，一般是几个到二十几个字。标题文案要留有余地和悬念，要能激起观众观看视频的欲望。

三是有故事性。故事性指通过文字讲述一个故事，将内容故事化，吸引观众阅读。从理论上讲，故事性通常包含人物、时间、地点、事件、结局等要素，但标题文案由于字数限制，往往无法包含各类要素，最简单的构成是包含人物和事件两要素。

四是共鸣性。在具体写作中突出细节、情绪语词使用，能较好地促使事实或观点引起观众共鸣。

3. 画面文字

如果要为短视频添加新闻标题，可以参照公众号标题的写作。标题如何写，具体技巧

在公众号标题写作中介绍得比较详细了,此处不再赘述。但短视频标题还有一些特别的地方,因为短视频是线性传播,标题除了概述、评论内容吸引读者外,还更突出场景性和情绪性,拓展视频的感染力,所以经常把网友说的话纳入标题,多以多行标题的形式呈现。如短视频内容是2023年4月4日清明节湖南长沙市民冒雨祭奠袁隆平,标题为:

他离开我们两年了
市民冒雨祭奠袁隆平　敬献鲜花稻穗
"袁爷爷是我们心中伟大的英雄"

如果短视频本身内容就比较丰富,信息完整、密度高,观众看点多,画面文案就必须少,甚至可以没有,如果短视频信息不清晰或不完整,信息密度差一些,就需要用文字补充。

画面文字在新闻类短视频、盘点类短视频和搞笑类短视频中比较常见。

新闻类短视频中画面辅助文案通常是补充新闻画面没交代清楚的、画面没有的要素或突出新闻细节、放大信息焦点,或是增加诱发情绪共鸣的描述。如2023年4月2日新闻事件类短视频内容为新疆破城子边境大风,标题文案为:"4月2日央视新闻报道:新疆破城子边境检查站常年大风不断,篮球架被13级风吹倒又自己站起来",新闻标题为:"新疆破城子边境的风有多大　篮球架被风吹倒　又自己站起来",都比较好地说明了内容(图9-3)。但视频中出现跑动的人时,他们去干什么视频无法呈现,于是就增加了画面文字"这风真大,赶快检查一下营区",视频中篮球架又被风吹回站立状态,增加了画面文字"不麻烦各位警官,我自己起来了"和"据报道,新疆破城子边境检查站常年大风不断,7级以上大风一年要刮近100多天,当天吹倒篮球架的风有13级"。

图9-3　新闻类短视频截图

盘点类短视频,通常指向共同现象或共同情感,表情达意,视频画面信息跳跃性比较大,画面组接的逻辑关系、画面结构往往就需要文字补充。

图9-4　盘点类短视频截图

如2022年11月9日,央视新闻抖音号推出消防员的盘点短视频,标题文案为:"他们过着'一半'的生活,只为守护我们的圆满!今天,119全国消防日,致敬火焰蓝!#你可以永远相信中国消防"(图9-4)。画面辅助文案配合不同画面,起到了勾连结构、点题、放大细节与情绪的作用,文案为:

吃饭到一半,头发剪一半,洗澡到一半,游泳到一半,献血到一半,直播到一半,宣讲到一半,约会到一半,婚礼到一半,消防员的一半。一半是不以为奇的日常,一半是响铃就冲的本能,一半是做不到的陪伴,一半是不缺席的战场,一半是为了救人流血流汗，一半是忘了自己也是孩子，一半水，一半火，一半日，一半夜，一半醒，一半梦，一半笑，一半哭，一半是英雄，一半是凡人，感谢你们长久守护。

还有一些短视频会用到画面文字，主要是起到娱乐的效果，这在搞笑类短视频最常见。不过前面提到的"不麻烦各位警官，我自己起来了"也起到娱乐效应。

4. 讲述话术

讲述话术指的是讲述时的语言表达艺术，在分享讲述类（包括软文分享带货类）短视频中体现得最明显。

分享讲述类短视频在配合画面的讲述时如果直接平铺直叙就缺少吸引力。运用好讲述话术，需要注意开头、主体和结尾不同的作用。开头可以运用场景、悬念等方式先增加观众兴趣，快速引起大家注意，表达要简洁。在主体讲述时，讲述要清晰，要注意用细节吸引人，注意悬念的设置与反转的运用，最主要的是节奏的把握，可以利用画面或同期声对话改变节奏，也可以用具体细节或情节转折或互动引导等改变节奏后铺陈，再讲述。结尾需要注意对内容的升华。

如短视频博主张踩玲发布的视频《我帮59岁婆婆完成19岁的少女梦》中，开头文案为："哎妈，我挺紧张的，今天要做个大事，我婆婆马上59岁生日了，然后她要回加拿大了，我今天要给她一个大惊喜。"主体讲述婆婆温蒂的滑冰梦以及滑冰梦的遗憾，自己缝制还没有完成的滑冰蓝裙被当作垃圾扔掉，没有人给她化过妆，甚至连结婚的新娘妆都是自己化的。但她却努力培养两个女儿滑冰，滑冰很贵，但没有告诉女儿，怕女儿知道了公主梦有多奢侈后公主就不快乐了，也就不是公主了，亲手为女儿做蓝色滑冰裙……"从少女到妈妈，再到今天成为奶奶，40年生活的琐碎，总能让一个女人忘了自己，但是那个自己不应该被忘记，所以我努力找回了当年她被妈妈丢掉的蓝裙子，也想让时光短暂地为59岁的温蒂倒流一次。"这段文案后接婆婆温蒂美美的"公主滑冰"画面。主体讲述时配合化妆对话、滑冰等现场画面改变节奏。"公主滑冰"完美落幕后画面反转为日常装扮，配合无声文字文案作为结尾：

这是我为温蒂准备的生日礼物，可惜她带不走。回到家，日子马上就回归到柴米油盐。人这一辈子，有多少纯真和骄傲，都这样被岁月吞噬了。我只想问岁月要回那19岁的少女梦，哪怕只有短暂的两分钟。

再如某一主持人讲述如何预防手机泄露隐私时文案这样写："手机里的监听功能你关闭了吗？其实手机里面有一个监听功能，你知道吗？如果这个功能不关闭，你的个人隐私就会全部泄露。大家有没有发现，你这个手机很神奇，比如我们要是和朋友聊天买双鞋，接下来的一两天你就会收到某宝某东，反正啊，都是各类电商平台给你推的鞋子的广告链接……如果大家不会，步骤有点长，建议大家先点赞收藏，现在呢，我分4步教给大家如何去关闭……抓紧分享给你的家人朋友，关注我，每天分享更多的实用干货。"

在短视频文案写作时，互动性文案是创作的新方向。如何预防手机泄露隐私时文案写得就比较具有互动性,选题是否有价值是能否吸引观众的关键,其次是各种互动技巧,如开场一般以疑问句或反问句开始,或不说透设置悬念,叙述时注意日常实用性或情绪共鸣性点题,指出其视频的价值,在强调核心问题后提供解决方案,视频过程中加入互动指令(如"点赞、收藏,不然你找不到我了")或诱导性话语(如"你怎么看,欢迎留言"等话语)。最主要是形成个性化标签,吸引目标受众,留住偶然刷到视频的潜在目标受众。

在视频文案写作时加入关键信息点、逻辑词、连接词非常重要,这样做可以在表达上抓住观众的记忆点,让重要信息不被错过。

文案写作需要根据视频类型,确定不同的表达形式。解说类、搞笑类、日常生活记录类等类型不同,具体内容写作技巧各不同,但不论哪一种类型的文案写作,都需要集中呈现信息点,避免文案脱离视频内容。

(三) 注意事项

1. 内容人格化

视频文案,与一般平面媒体文案不同,要做好人格化内容输出,在形式表达上,要坚持自己舒服的拟态交流方式,把观众当成面对面的朋友交流内容,内容注意口语化、具体化表达的转化,能用短句绝不用长句,每个短视频作品可以交替出现一些固定元素或固定开场白或结束语,呈现个性化标志,拉近与观众的距离。

2. 文案标签化

标签化是短视频文案的主要特征。短视频文案在写作时需要正确添加标签。标签有平台系统根据大数据识别自动生成的,有用户自己拟制的。利用好平台自动生成的标签能够提高被推荐的机会,但自己精心拟制恰当的标签更能够精准找到用户。

自己拟制的标签需要精准把握观众的心理,越垂直越好。如亲子关系类,可以设置"♯亲子♯爸爸带娃♯人类幼崽"等。

标签首先需要准确,不要出现错别字,同时表达要简洁、通俗,内容越垂直越好;其次需要有利于搜索,所以一般不会太长,以 2—6 字为佳,有时候也会出现句子,如前面出现的"♯你可以永远相信中国消防"。

因涉及多个标签,文案标签化需要注意标签的层次性,一般按照这样的逻辑顺序来安排:与领域相关的标签、与内容相关的标签、近期热度较高的标签。标签一般 3 至 5 个最佳,数量太少不利于平台推送、分发,太多则会淹没重点。

如某一讲授申论写作的短视频号分享"什么是中国式现代化"这一知识点时,标题文案里有多个标签,原有顺序分别是"♯中国式现代化♯公务员考试♯知识分享♯人民日报",安排的层次性稍有不当,应微调为"♯公务员考试♯知识分享♯中国式现代化♯二十大报告",同时用"二十大报告"这一热点话题标签替换"人民日报"标签(人民日报是"中国式现代化"这一知识点的报道媒体)。

3. 文案素材库

文案写作可以利用好素材库,一方面是利用好平台本身就配备的素材库,有的时候从文案素材库里仿写就能形成比较好的文案。一方面是利用好自己建设的素材库,文案是个人思想的产物,只有坚持学习、写作,才有可能长久地输出文案。我们建立文案素材库是为了更好地积累写作经验,更好地运用好文案为短视频服务,而不能为文案而文案。

如前面爷爷带孩子买零食的短视频被某一视频号改变标题文案后转载,传播效果并不好。改变后的标题文案如下:

> 长辈的爱是捂住嘴巴也会从眼里漫延出来,从行动里渗透出来,床头柜的零食盒,袖口里的零花钱,不是牛奶过期了,是你回去晚了。

文字的感染力是文案的最终目的,而文字的感染力主要来自以下几个方面:准确信息、具体内容表述、生动形象的表现、突出的创意和主题。

最后需要注意,文案写作如果是需要配音的,需要计算文案的配音时长,如果是静默配图出现的,需要根据配图的组合起到多种作用,尤其是调整情绪的作用。

训练与实践

一、写作知识训练

1. 微博写作的文本特征是什么?
2. 公众号文章选题标准是什么,如何寻找选题?常见的开头、结尾方式有哪些?
3. 什么是短视频文案?

二、例文评析训练

1. 阅读下面微博(对原内容有改动),并从微博文本特征和写作技巧方面进行分析。

> ♯女儿继承父亲警号后听到呼叫泪崩♯【♯警号030281 三年后归队♯】近日,云南省楚雄市公安局三街派出所民警李姿逸继承了她的父亲、因公殉职民警李俊曾使用过的警号。她说:"老爸,我很想你,李俊,我会成为你。030281,是警号,也是父亲,是你也是我。"警号继承仪式上,楚雄市公安局指挥中心及各派出所的对讲机先后呼叫警号030281,欢迎030281归队。2020年4月11日,民警李俊倒在了他热爱的岗位上。近3年后,那个曾经在葬礼上痛哭不已的女儿重启了父亲的警号。(记者 周磊 王研) 新华社的微博视频

2. 阅读并分析某公众号2023年3月22推出的文章《咱能实现"榴莲自由"了?没那么简单》。

> 近日,有"水果之王"美誉的榴莲上了热搜。只因有新闻称,海南三亚1 400亩榴莲已成功挂果,预计今年6月成熟上市。这让网友们提前期待起"榴莲自由",甚至口出豪言:"国产榴莲,要卖就是10元3斤!"
>
> 想起这些年因为国产突然降价的阳光玫瑰葡萄,榴莲会不会也因国产而变

成大众水果？岛妹一番求证，发现事情没那么简单。

一

靠着独特风味，榴莲在中国坐拥万千粉丝。

2019年后，中国进口鲜榴莲数超过车厘子；2022年，中国榴莲进口总量高达82.5万吨，价值超40亿美元。常见的泰国进口金枕榴莲每斤要卖数十元，单斤猫山王要价小200元，而有"树上黄金"之称的黑刺榴莲，小小一个卖七八百元。

榴莲凭啥这么贵？还不是进口闹的。要知道，中国本地不产榴莲，对榴莲一直是"只进不产"。

那为啥中国不种自己的榴莲？答案很直接：种不成。

作为热带水果，榴莲"祖籍"马来西亚，后在泰国、菲律宾、印尼等东南亚国家特定区域种植。要想养活榴莲，种植地的纬度、光热、温湿度必须精准合宜。榴莲树枝杆脆弱易折，当地多刮点风都不行。

但虽说难，中国一直在尝试。海南早在20世纪50年代就从东南亚国家引种培育，但限于种植条件，一棵1958年引进的榴莲树，蹲了几十年，才结了1个果。当时研究人员一度下了定论：海南不适合种榴莲。

进入21世纪后，一些海南果农继续从东南亚国家引种榴莲，没想到还真有榴莲树开花结果。海南保亭某地的44棵榴莲，开花率甚至可达9成以上，单棵收果好几十个。

民间种植的零星成功，让海南省农科院热带果树研究所等机构看到了希望。他们赶赴东南亚多国调研，发现榴莲主产区泰国清迈与海南三亚、陵水、保亭等地纬度相近、温湿度及光热条件相似，于是敲定相关地区开展榴莲生产试验示范。

这一试，就有了如今的第一批国产榴莲——

三亚育才生态区榴莲基地负责人杜百忠告诉岛妹，他从2020年开始规模化种植榴莲。起初，榴莲苗存活率仅有六成。为了解决存活问题，基地与省农科院和东南亚榴莲种植专家开展合作，幼苗存活率已提高到98%。

为啥几十年前榴莲种不活，现在又开花结果了？杜百忠认为，一是20世纪引进的榴莲基本为实生苗，不像现在的嫁接苗，从幼苗到开花结果一般四五年，且还能利用本地开花结果的榴莲树作为母树嫁接、扩大繁殖；二是数据采集、肥水管理及病虫害防治等关键技术条件大幅改善，榴莲得以通过精准化种植实现量产。

二

但这量产有多大？真的能覆盖整个中国市场吗？

先说产量。目前三亚全市共种植约1万亩榴莲，今年有1000余亩陆续挂果，主要集中在三亚育才生态区，今夏亩产量约500斤。

杜百忠说了，今年三亚榴莲首次量产，产量只够供应当地部分市场或用作品牌推广。要想全国一二线城市都能吃上国产榴莲，至少要等到 2024 年产量翻番。

有网友说了，赶紧扩种呗！但现实是，三亚只有部分地区适合种榴莲。这种木棉科果树，个子高、枝条脆弱，受不住频繁登陆的台风，这也是种植专家一再建议海南榴莲产业要适度发展的原因。

而即便"未来 3 到 5 年打造 5 万亩榴莲产业园"的规划立马实现，按每亩 4 000 斤的顶格产量计算，也不过 10 万吨，只够给中国每年 80 万吨的榴莲市场需求量"塞牙缝"。

至于价格，按以往经验，外来水果一旦国产化，售价也会更亲民，可三亚榴莲还没到考虑市场定价的时候。一位榴莲苗木商说得直白："有量才有市场价，现在没量就只有品尝价，以后达到一定量产，价格才会下来。"考虑到榴莲"4 年挂果、8 年盛果"，等待周期可不短。

话说到这，国产榴莲到底对"吃货"有啥好处？

最直接的，就是咱自己种的榴莲可省去通关时间，大家有望吃到新鲜树熟、无需化冻的高级货。三亚方面说了，当地榴莲糖度高，保证新鲜直达、口感一流；杜百忠也告诉岛妹，去年榴莲局部结果，隔着六七米就能闻到果香，随便摘一颗 10 斤多的榴莲尝鲜，口感香甜软糯到"超乎预料"。

就算"榴莲自由"暂且还是一个梦想，但毫无疑问，作为进口榴莲的补充，国产榴莲会给中国市场消费者带来更多"新鲜选择"。

3. 分析同一选题的不同微信公众号文章，比较哪一个写得更好，好在什么地方？

三、写作实践训练

1. 选择某一微博网站或是 APP，进行注册，开设自己的微博，写作、发表自己的微博。

2. 订阅不同的微信公众号，根据公众号的定位看其如何选题、如何写作的。根据当下的热点事件，尝试如何写得更具有吸引力。

3. 尝试运营一个短视频账号，为短视频写好文案，关注其传播效果。通过实践看短视频文案写作应该注意什么，如何写得更好。课堂交流一下经验与体会。